KB013192

자유주의의 도덕관과 법사상

자유주의의 도덕관과 법사상

2016년 8월 30일 초판1쇄 발행
2019년 7월 30일 초판2쇄 발행

지은이 | 민경국
교정교열 | 정난진
펴낸이 | 이찬규
펴낸곳 | 북코리아
등록번호 | 제03-01240호
주소 | 13209 경기도 성남시 중원구 사기막골로 45번길 14
        우림2차 A동 1007호
전화 | 02-704-7840
팩스 | 02-704-7848
이메일 | sunhaksa@korea.com
홈페이지 | www.북코리아.kr
ISBN | 978-89-6324-494-5 (93320)

값 20,000원

* 본서의 무단복제를 금하며, 잘못된 책은 바꾸어 드립니다.
* 이 도서의 국립중앙도서관 출판예정도서목록(CIP)은 서지정보유통지원시스템 홈페이지(http://seoji.nl.go.kr)와
  국가자료공동목록시스템(http://www.nl.go.kr/kolisnet)에서 이용하실 수 있습니다.

자유주의의
도덕관과 법사상

민경국 지음

Hayek

Buchanan

Mises

문제의 제기

동유럽과 옛 소련의 계획경제를 주축으로 하는 사회주의는 죽었지만 자유시장, 법치, 제한된 민주주의를 핵심으로 하는 자유주의에 대한 비판은 조금도 줄어들지 않았다. 그러한 비판을 한 현대적 거장은 복지국가의 철학적 기반을 닦아놓은 미국의 철학자 존 롤스(Rawls, 1971)다.[1] 서민층('최소 수혜자')의 삶을 돌보지 않는 자본주의 체제, 가난한 자를 무시하는 자본주의 체제는 심각한 불의를 저지르고 있다고 설파했다(민경국, 2007: 425). 자유주의에 대한 비판으로서 흥미로운 것은 이근식 교수의 비판이다(이근식, 2006).[2]

"자본주의 경제는 …… 시장의 실패(분배 편중, 불황과 실업, 독과점, 외부 효과, 공공재화의 부족)와 자본주의 실패(시장의 실패 외에 인간소외, 윤리의 타락, 전쟁유발 등)라는 구조적 문제를 갖고 있다."

---

1) 롤스는 1971년 자신의 저서 『정의론』에서 시장경제를 비판했다. 특히 사유재산권의 중요성을 희석시키는 데 대단히 열정을 보인 인물이었다. 동유럽 사회주의가 망한 이후에도 자유시장 경제에 대한 과거의 비판을 변동 없이 1999년에 재판으로 출판했다.

2) 이근식 교수는 2006년 3월 3일 안민 포럼에서 "자유주의는 무엇인가?"라는 주제를 발표했다. 시장실패로 정부개입을 주장하는 또 다른 예는 자유경제원의 현진권이다. 그는 좌파 교과서가 교과서 시장을 지배하는 이유에 대해 시장실패라고 보았으며, 이를 제거하기 위해서는 국정화를 해야 한다고 주장한다(「조선일보」 칼럼 2015. 10. 7).

자본주의를 축으로 하는 자유주의가 윤리를 타락시키는 부도덕한 범법자(犯法者)로, 그리고 전쟁을 일으키는 전범자(戰犯者)로 낙인찍히고 있다. 그러한 시각은 자유주의를 모든 사회악의 근원으로 보는 마르크스주의의 시각과 조금도 다르지 않다.

잘 알려져 있듯이 우리나라 헌법 제119조 제1항에서는 자유시장을 천명함과 동시에 제2항에서 정부계획과 규제를 인정하는 경제질서를 천명하는데,[3] 이에 대한 헌법재판소의 입장이 흥미롭다(92헌바47).

> "우리나라 헌법상 경제질서는 자유시장경제를 바탕으로 하면서도 이에 수반되는 **갖가지 모순**을 제거하고 사회복지·사회정의를 실현하기 위해 국가적 규제와 조정을 용인하는 사회적 시장경제를 채택하고 있다(강조는 필자)."

헌법재판소의 판결에서 말하는 '갖가지 모순'이란 무엇인가? 이에 대한 대답은 저명한 헌법학자였던 고(故) 권영성 교수가 대단히 간결하고 명료하게 제시하고 있다(권영성, 1995: 156).

> "자본주의 경제가 고도로 발전하면서 갖가지 결함과 모순이 드러났다.
> ① 자유로운 경제활동이 무제한으로 허용된 결과 기업들이 대형화·독점화하여 시장을 지배하고 근로자들은 노동조합을 결성하여 이에 대항했다.

---

3) "대한민국의 경제 질서는 개인과 기업의 경제상의 자유와 창의를 존중함을 기본으로 한다"는 헌법 제119조 제1항은 경제자유를 중시하고 있다. 그러나 바로 이어서 제119조 제2항에서는 정부의 계획과 규제를 옹호하고 있다. "국가는 균형 있는 국민경제의 성장 및 안정과 적정한 소득분배를 유지하고 시장의 지배와 경제력의 남용을 방지하며 경제주체 간의 조화를 통한 경제의 민주화를 위해 경제에 관한 규제와 조정을 할 수 있다"고 규정하고 있다. 제1항의 범위 내에서 제2항이 적용되기 때문에 두 항은 서로 충돌할 수 없다는 인식이 지배적이다. 그러나 그 인식은 틀렸다.

② 가격기구는 인위적으로 조작되어 본래의 기능이 마비되고 자원도 합리적으로 배분되지 않게 되었다. ③ 빈익빈 부익부 현상으로 소득불균형이 심화되고 이러한 과정이 반복되면서 사회적 계급대립이 첨예화되었다."

흥미로운 것은 오늘날의 이러한 비판과 우려가 과거 1960년대의 그것과 전혀 다르지 않다는 점이다. 대표적으로 어느 헌법학자의 예를 들자.

"자본주의는 원래 기업가 개인의 이기심을 토대로 한 무계획적·무정부적 체제이기 때문에 그대로 방치하면 주기적인 공황이 필연적으로 야기되어 이로 말미암아 국가 생산력의 저하, 근로자의 실업, 기타의 타격, 국민대중의 경제생활의 불안정 등 이 역시 막심한 폐단을 나타내게 된다."(박일경, 1964: 545)

다양한 형태로 자유시장을 비판하지만, 공통점은 정부의 계획과 규제가 없으면 시장에는 질서가 없고 그래서 주기적 공황도 생기고 국가의 생산력도 저하되고 실업도 많고 소득의 불안도 생겨난다는 것이다. 그러므로 시장경제는 정부의 계획과 규제가 필요하다는 것이다. 필요한 국가계획과 규제는 대기업의 투자활동을 제약하는 경제민주화, 특정 산업이나 기업그룹에 대한 보호육성, 소득수준과 관계없이 모든 사람에게 국가가 물적·금전적 형태로 지급하는 보편복지, 분배평등을 지향하는 사회정의다.

우리가 이 책에서 주목하는 문제는 왜 그러한 비판이 가능한가다. 그 이유는 시장경제는 적합한 도덕과 법질서를 기초로 한다는 인식이 부족하기 때문이다. 시장시스템은 법, 정치, 국가, 윤리, 종교 등 다른 사회적 과정들과 분리·고립되어 존재한다는 잘못된 믿음 때문이다.[4] 그런 믿음 때문에 질서

---

4) 이러한 믿음을 전제한 것이 오늘날 경제학 교육의 대부분 내용을 차지하는 주류경제학이다. 그러므로 윤

사상이 없다.

질서사상은 인간들이 생산적인 관계를 형성하는 틀을 중시하는 사상이다. 이는 '질서로서의 생각(thinking in order)', 그리고 시장질서는 법·국가·윤리와 밀접하게 관련되어 있다는 '질서의 상호 의존성(interdependence of orders)'이라는 시각이다(민경국, 1998). 질서사상이 없는 치명적인 결함 때문에 시장에 대한 인식은 물론이요 입법과 경제정책도 틀렸다. 국가의 규제와 계획만 늘어났다. "사회주의는 죽었지만 공룡처럼 비대한 국가는 살아있다"는 뷰캐넌의 진단(Buchanan, 1993)이 아직도 유효하다.

그 결과는 처절하다. 경제적 자유와 번영의 상실로 이어진다. 오늘날 우리 경제가 겨우 3% 내외의 만성적 저성장, 12% 이상의 청년실업 빈곤층의 확대를 보이는 것도 질서사상이 없는 시장인식과 입법정책 탓이라는 것을 직시해야 한다.

시장은 법적·정치적 또는 다른 사회적 과정과 분리되어 작동하는 것이 아니다. 그들과 독립적인 것도 아니다. 시장시스템은 사회적 과정의 특정한 국면, 즉 상업적 관계다. 시장경제는 다른 질서와 상호 의존적이라는 사실의 발견은 독일의 질서자유주의를 창시한 발터 오이켄의 공로다(Eucken, 1952: 14). 질서의 상호 의존성은 다음과 같다. 시장경제는 사법질서(private law)를, 반대로 사법질서는 시장경제를 전제한다는 것을 말한다. 자유주의 법치국가는 시장경제를 전제하고, 시장경제는 자유주의 법치국가를 전제한다는 점이다(Hayek, 1960/1996).

리와 시장, 법과 시장, 시장과 정치 등에 대한 연구가 독립적이고 분리되어 있다. 윤리는 윤리학자에게, 법은 법학자에게, 정치는 정치학자에게 맡기고 경제학자는 오로지 수요와 공급만을 연구한다. 모형으로 생각하거나 질서의 상호 의존성을 무시하는 시장분석은 이론적으로 그리고 공공정책적으로 치명적이다. 그러한 결과로 생겨난 것이 시장실패를 정당화하는 주류경제학, 의회가 만든 것은 내용이 무엇이든 법이라고 믿는 법실증주의, 원시사회에 대한 향수에서 생겨난 분배정의, 보편복지 등이다.

자유주의적 법치국가에 해당하는 원칙이 시장질서의 생성을 가능하게 하는 원칙이다.[5] 시장질서이론은 자유주의 법치국가의 경제학적 의미다. 따라서 법치국가와 시장시스템은 열린사회 또는 자유사회의 두 가지 국면이다 (Hoppmann, 1990: 14). 법치국가와 시장시스템은 관계만 상호적인 것이 아니다. 경제적 · 정치적 · 문화적 · 종교적 삶은 서로 고립된 것이 아니라 서로 조건적이고 서로 영향을 주고받는다. 따라서 시장시스템은 경제적 기계가 아니다. 시장은 멋대로 생겨나고 작동하는 것도 아니다. 시장에 적합한 법적 · 제도적 · 도덕적 틀이 있다. 애덤 스미스가 주장하듯이 시장에 '보이지 않는 손'이 작동하려면 이에 적합한 법질서는 물론이요 적합한 덕성도 필요하다.

하이에크가 밝히듯이 시장의 '자생적 질서'가 가능하기 위해서는 이에 '적합한' 도덕률, 법질서 같은 행동규칙이 필요하다. 사람들이 지키는 행동규칙들은 그들의 자유로운 행동영역을 결정한다. 자생적 질서를 형성하기 위해서는 개인들이 어떤 구체적인 목적을 달성하는가는 중요하지 않다. 규칙과 결부된 행동 국면, 다시 말해 '규칙을 따르는 행동(rule following animal)'이 중요하다. 시장경제는 결코 도덕으로부터 해방된 영역이 아니라는 점이다.[6]

이와 같이 질서사상을 염두에 둘 경우에만 시장시스템에 대한 올바른 이론적 그리고 공공정책적 인식이 가능하다는 것을 직시할 필요가 있다. 질서사상을 전제할 경우에만 한국사회를 '자유의 길(the Road to Freedom)'로 안내할 수 있다고 믿는다.

따라서 우리가 주목할 문제는 세 가지이다. 첫째로 시장경제는 인간의 본능에서 생겨난 질서도 아니고 사물을 이해하고 선악을 구분할 수 있는 지

---

5) 그 원칙은 시장을 구성하는 원칙과 같다. 소유의 원칙, 계약의 자유, 열린 시장, 책임원칙, 건전한 통화다. 이러한 원칙은 소유의 안정, 동의에 의한 이전, 약속이행 등 데이비드 흄의 자연법 3원칙과도 일치한다.

6) 물론 질서의 상호 의존성을 확대 · 심화시킨 인물은 하이에크다. 그는 한편으로는 자유, 정의, 민주주의, 그리고 다른 한편으로는 시장질서의 상호 의존성을 분석했다.

적 능력, 즉 이성에 의해서 계획하여 만든 질서도 아니다. 시장질서는 이성과 본능의 중간에 있는 자생적 질서이다. 그러한 질서의 성격은 무엇이고 어떻게 그런 질서가 가능한가의 문제는 매우 중요하다.

두 번째 문제는 시장질서의 기초가 되는 도덕에 대한 문제이다. 인간은 본능적으로 사회주의자이다. 인간은 생물학적으로 반(反)시장적이다. 어떻게 그 같은 생물학적 진화를 넘어서 문화적 진화를 거쳐 시장윤리가 생성 발전되었는가의 문제는 시장질서를 이해하는 데 매우 중요하다.

마지막 세 번째는 시장질서의 기초가 되는 법의 성격에 관한 문제이다. 입법부에서 다수의 지지를 받았다고 해서 법이 될 수 없다. 어떤 성격의 법이 시장경제에 적합하고 정의로운 법인가, 그리고 그런 법의 원천은 무엇인가의 문제도 자유시장을 이해하는 데 없어서는 안 될 중요한 문제이다.

책의 구성

이 책은 다음과 같이 세 개의 부분으로 구성했다. 제I부에서는 '자유주의 시장경제란 무엇인가?'라는 문제를 다루었다. 이 문제를 올바르게 해결하기 위해 스코틀랜드 계몽주의 전통에 비추어 다섯 가지 주제를 다루었다.

첫 번째 주제인 '진화론적 인식론: 하이에크의 두뇌이론'에서는 지식 문제를 다루는 하이에크의 진화론적 인식론에 대해 설명했다. 경제현상을 비롯하여 법, 도덕, 정치 등 모든 사회현상을 야기하는 인간행동은 목적과 수단의 세계에 대한 지식을 필요로 한다. 그래서 지식 문제가 중요한 주제라는 것을 인식할 필요가 있다. 그 주제는 지식습득, 지식의 진화적 성격, 그리고 지식의 한계, 인지와 행동은 규칙을 따른다는 것, 인간 정신은 스스로를 완전히 설명할 수 없다는 점이다. 이러한 주제가 계획경제에 대해 갖는 의미를 설명했다. '시장경제, 자생적 질서 그리고 자유주의'와 관련된 두 번째 주제에서는 시장경제는 가격구조와 행동규칙을 통해 스스로 조정되고 스스로 통제하는 자생적 질서라는 것을 보여주었다. 시장은 질서 없이 혼란을 야기한다는 것. 그래서 질서가 생성·유지되려면 국가계획과 규제가 필요하다는 믿음은 잘못이다. 세 번째로 다룬 주제인 '정치철학으로서의 경제적 자유주의'에서는 경제적 자유를 무시하는 반면에 시민적 자유를 중시하는 사회주의의 자

11

유론을 비판했다. 경제적 자유는 모든 자유의 근원이라는 이유에서 경제적 자유주의는 정치철학적 의미가 있다. 네 번째 주제로서 '자유주의에 비춰본 보수주의'에서는 자유주의를 보수주의와 동일시하거나 자유주의가 보수주의의 틀 안에 있다는 주장을 반박하는 내용으로 구성되어 있다. 보수주의는 산업정책과 시장실패, 교과서 국정화를 옹호하는 국가주의에 해당한다.

'자유주의 관점에서 본 숙의민주주의'와 관련된 다섯 번째 주제로, 자본주의는 소통부재로 사회구성원들의 욕구를 충족할 수 없기에 그들이 함께 모여 기업, 복지, 고용 등 경제이슈를 심의 · 숙고하여 시장을 통제해야 한다는 숙의민주주의를 비판한 내용이다. 시장이야말로 비언어적인 거대한 소통체계라는 것, 정치적 소통은 권력정치를 극복할 수 없다는 것을 보여주었다.

이 책의 제Ⅱ부 '자유시장과 도덕의 진화'에서는 시장경제와 도덕의 상호의존성 문제를 다루었다. 첫 번째 주제인 '자유와 책임에 대한 인식: 신경과학과 하이에크'에서는 개인의 행동과 그 결과에 대한 책임을 정당화하는 '자유의지'가 존재하지 않는다는 신경과학의 인식을 하이에크의 두뇌이론과 자유론에 비추어 비판했다. 두 번째 주제인 '도대체 왜 이기심이 아름답단 말인가?'에서는 시장은 이기심에 의해 작동하고 번영을 가져다주기에 이기심이 아름답다는 주장은 틀렸다는 것을 보여주고자 했다. 시장을 통해 이기심이 통제될 때 비로소 그러한 이기심이 사회적으로 소망스런 결과를 가져다준다는 것을 직시할 필요가 있다. 그 통제 메커니즘이 시장의 자율적 조정 · 통제 메커니즘과 각종 도덕률 그리고 인간은 규칙을 따르는 동물이라는 것을 보여주었다.

'도덕의 진화: 하이에크와 다윈이즘'이라는 세 번째 주제에서는 시장제도는 생물학적 진화에 의해서는 설명될 수도, 자연적 본능으로 환원될 수도 없고, 문화적인 것을 유전적 선택과 전달의 결과라고 말하는 것은 언어의 남용이요 이론의 오해라는 하이에크의 인식을 설명했다.

네 번째 주제인 '자유주의 관점에서 본 불교 윤리'에서는 불교철학이 강조하는 도덕은 연대감, 그룹에 대한 의존심, 나눠먹기, 낯선 사람 기피, 경쟁·불평등 혐오 등 본능적 성향들인데 이들은 인간의 본능과 신경구조가 형성되던 석기시대에 적응된 산물이라는 것을 강조했다. 마지막 다섯 번째 주제인 '자유사회와 도덕규칙의 진화'에서는 재산·인격존중, 화폐, 계약, 자기책임 등 시장경제의 기반이 되는 도덕률은 문화적 진화의 결과로서 본능과 이성의 중간에 있다는 것을 보여주었다.

이 책의 제Ⅲ부 '자유시장과 법'에서는 스코틀랜드 계몽주의 전통에 비추어 시장경제에 적합한 법은 어떤 성격의 것인가의 문제를 다루었다. 맨 먼저 다룬 주제는 '법치주의, 자유 그리고 번영'이다. 법치의 개념을 분명히 하면서 이것이 자유와 번영의 관계를 밝혔다. '자생적 질서와 자유의 법: 프리드리히 하이에크'라는 두 번째 주제에서는 한국의 헌법학 교과서에서 이해하고 있는 법실증주의 법치 개념을 하이에크가 말하는 '진짜 법치'와 비교했다. 세 번째로 다룬 주제는 '법의 도덕성: 론 풀러'다. 도덕과 법을 엄격히 분리해야 한다는 법실증주의가 지배하여 법이 정권의 도구로 전락할 때, 법은 내적으로 도덕성을 갖추어야 한다고 주장한 미국의 법철학자 론 풀러(Lon L. Fuller: 1902~1978)의 주장을 분석했다.

네 번째 주제인 '자유의 법: 브루노 레오니'에서는 중앙집권적인 법 생산 체제인 입법부의 법 생산과 분권적인 법 생산체제인 '법관의 법'(보통법)을 비교하면서 분권적 법 생산체제가 개인의 자유와 재산을 보호하는 데 더욱 효과적이라는 것을 보여주었다.

마지막 다섯 번째 주제인 '아나키즘의 자유와 법: 비판적 분석'에서는 무정부주의의 법과 자유의 문제를 다루었다. 아나키즘이 시장경제, 법치 그리고 제한된 정부를 핵심으로 하는 자유주의의 대안이 될 수 없다는 것을 보여 주었다. 장래의 자유주의는 스코틀랜드 전통의 자유주의라는 것을 강조했다.

그래서 이 책의 마지막 에필로그(후기)에서는 자유, 법치, 정의 그리고 제한된 정부로 구성된 자유주의의 청사진을 그렸다. 문명된 번영을 가능하게 하는 이 청사진은 우리가 달성해야 할 이상이다. 아무쪼록 이 책을 통해서 시민뿐만 아니라 정부관료 정치인들이 시장과 법, 도덕에 대해 올바르게 인식하여 한국경제가 간섭의 질곡에서 벗어나 번영을 약속하는 '자유의 길(the road to freedom)'로 갈 수 있기를 희망한다.

열악한 출판시장에도 불구하고 이 책의 출판을 흔쾌히 수락하고 발간에 수고를 아끼지 않은 북코리아 이찬규 사장님과 임직원 여러분께 심심한 감사를 드린다.

CONTENTS

CONTENTS

I

자유주의와
시장경제

1
진화론적 인식론:
하이에크의 두뇌이론

경제현상을 비롯하여 법, 도덕, 정치 등 모든 사회현상은 개인들의 행동에서 야기된다. 카를 포퍼는 그 행동을 '문제해결행동'이라고 불렀다. 삶이란 문제해결행동과 관련되어 있다는 이유에서다. 사회현상을 이론적으로나 공공정책적으로 이해하기 위해서는 인간의 그러한 행동을 이해해야 한다. 그런데 문제해결행동의 핵심 요소는 개인들이 세상에 관해 알고 있는 지식이다. 행위자가 직면한 문제를 해결하려는 노력은 자신을 둘러싼 세상에 관해 이미 가지고 있는 기대와 추측에 의해 유도된다. 따라서 '그들이 그러한 지식을 어떻게 습득하는가?', '그들이 습득한 지식은 어떤 성격인가?'의 문제는 사회현상을 이해하고 설명하는 데 중요하다.

그러한 문제를 다루는 학문분야가 인식론이다. 인식론에는 두 가지가 있다. 하나는 구성주의적 또는 합리주의적 인식론이다. 이는 르네 데카르트, 토머스 홉스, 존 롤스 그리고 밀턴 프리드먼, 조지 스티글러의 신고전파 경제학등에 의해 대표되는 프랑스 계몽주의 전통이다. 그 전통은 인간은 자신의 이성 또는 감각을 통해 확실한 '객관적' 지식을 얻을 수 있는 능력이 있다는 전제에서 출발한다. 어떻게 그것이 가능한가를 문제시하지 않는다. 인간의 행동결정에 필요한 지식은 이미 주어진 것으로 이해하고 있다.

그러나 인식론의 다른 하나는 인간 이성과 인간이 갖는 지식 그 자체를 문제시한다. 이것이 진화론적 인식론이다. 20세기 후반 이후에 생명과학(science of life)으로 등장하기 시작한 진화론적 인식론은 캠프벨(D. T. Campbell)에 의해 처음으로 명명된 것이다. 따라서 우선 진화론적 인식론을 설명할 필요가 있다. 이어서 '인간은 지식을 어떻게 습득하고, 습득된 지식은 어떤 성격인가?', 그리고 '인간 지식의 한계는 무엇인가?'를 규명할 것이다.

진화론적 인식론

인간이 세상에 관한 지식을 어떻게 습득하는가의 문제에 대한 접근은 모든 생명체의 삶을 '지식습득 과정'으로 보는 진화론적 인식론이다. 캠프벨(Campbell, 1974: 413)에 의해 처음으로 작명된 진화론적 인식론의 인식 대상에 대해 폴머(Vollmer, 1987: 140-160)와 라트니츠키(Radnitzky, 1987: 115)는 매우 포괄적으로 다음과 같이 설명하고 있다.

① 인간은 물론 다른 동물에 이르기까지 모든 종(species)의 인식을 다루는 포괄적인 인식론이다.

② 신체상의 인식도구들(신체, 시각, 청각 등)과 같이 생물학적 진화과정의 산물들을 연구 대상으로 한다.

③ 도덕규칙, 관행, 관습, 법, 시장, 화폐 등과 같은 문화적 진화의 산물(포

퍼의 제3세계, 하이에크의 자생적 질서)을 인식 대상으로 한다.

④ 개인의 사고방식, 의견, 판단, 취향, 태도, 인지 등과 같은 정신적 실체

(포퍼의 제2세계)

⑤ 과학지식

진화론적 인식론의 핵심적인 주제는 그러한 대상들이 우리의 삶을 가능하게 하는 지식을 내포하고 있고, 그들은 시행과 착오(오류의 제거) 메커니즘 또는 '추측과 논박' 메커니즘을 특징으로 하는 진화의 선물이라는 것이다. 포퍼는 다음과 같이 말하고 있다(Popper, 1973: 289-290).[1]

"모든 유기체는 밤낮으로 문제들을 해결하기 위해 늘 동분서주한다. …… 문제의 해결은 시행과 착오의 방법에 따라 전개된다. 새로운 반응, 새로운 형태, 새로운 기관, 새로운 행동방식, 새로운 가설들이 실험을 통해 개발되고 그들은 오류의 제거를 통해 통제된다."

진화론적 인식론은 인간 이성의 구조적 무지를 전제로 한다. 경제 문제는 구성주의 인식론이 전제하는 자원배분이나 소득분배의 문제가 아니라 '지식 문제(knowledge problem)'로 여기고 있다.[2] 자원이 희소한 것이 아니라 지식이 희소하다고 전제하는 것이 진화론적 인식론이다. 인간 삶의 근원적인 문

---

1) 포퍼는 또한 다음과 같이 말하고 있다. "시행착오 메커니즘은 새로운 과학적인 문제의 등장 및 이에 따른 새로운 과학이론의 등장뿐만 아니라 새로운 행동형태, 심지어 살아있는 유기체의 새로운 형태의 등장에도 적용될 수 있다."(Popper, 1973: 342)

2) 사회과학이나 사회철학은 일반적으로 인성(人性)의 문제에서 출발한다. 이때 흔히 따지는 것은 인성이 이기적이냐 이타적이냐의 문제다. 홉스(Th. Hobbes) 전통에서는 인간은 이기적이라고 전제하고 이로부터 사회철학을 전개한다. 공동체주의는 이타심을 전제로 하여 사회철학을 전개한다. 이 두 전통의 공통점은 인간이 가진 지식은 완전하다는 전제다. 따라서 지식 문제는 이미 해결된 것이라고 믿고 있다.

제는 지식 문제다. 잘 못사는 이유도 무지 때문이다. 알기만 하면 우리의 욕구와 희망, 또는 타인의 욕구와 희망을 더 잘 충족할 수 있다. '왜 인간의 지식에는 한계가 있는가?'의 문제, '왜 인간은 완전한 지식을 갖지 못하는가?'의 문제다.

생물학 분야에서 노벨상을 받은 로렌츠(K. Lorenz)는 "삶을 지식 습득과정 (Leben als erkenntnisgewinnender Prozeß)"이라고까지 파악할 정도로 생물이나 인간에게 중요한 것을 지식 문제로 여겼다(Riedl, 1987). 빼놓을 수 없는 것이 하이에크의 정신이론이다. 그가 21세 때 써놓고 30년이 지난 뒤인 1952년에 발간한 유명한 저서『감각적 질서』에서 진화론적 인식론을 개발했다.[3] 주목할 것은 그가 주장한 인식론의 사회철학적 의미다. 그 의미를 찾기 전에 우선 하이에크가 개발한 정신이론을 설명한다.

정신이론과 인지

하이에크는 '지식 문제'라는 인식론적 주제를 다루기 위해 인간이 자신의 외부세계를 어떻게 인지하는가를, 즉 알려는 행동(앎의 행동)을 설명하고 있다. 인간은 외부환경에 대한 인지를 통해 그에 대한 지식을 습득하기 때문이다.

하이에크는 인간의 인지를 설명하기 위해 질서를 다음과 같이 세 가지로 구분하고 있다(Hayek, 1952/2000: 79).

---

3)　이 책은 오늘날 신경생물학(Edelmann), 진화심리학(Cosmides/Tooby)의 길을 개척한 책으로 알려져 있다.

① 물리적 질서: 어느 한 유기체의 외부세계의 질서다. 그 세계를 구성하고 있는 사건들은 그에게 물리적 자극으로 작용한다.

② 신경질서: 유기체의 외부세계의 자극이 신경섬유에 가해진 충격들의 질서다. 이 질서는 전체적인 물리적 질서의 한 부분이기는 하지만 우리가 직접 알 수 없으므로 재구성이 필요하다. 생리적인 신경질서는 외부의 자극을 분류하는 시스템이다. 그것은 세상을 보고 해석하는 인지도구다.

③ 현상질서: 감각적 인상들의 질서, 즉 정신질서로 우리에게 직접적으로 알려져 있다. 그러나 이 질서에 관한 지식은 말로 표현할 수 없는 암묵적이며, 우리는 정신질서를 결정하는 모든 관계를 결코 밝혀낼 수 없다(Hayek, 1952:39).

하이에크의 중심된 주제는 물리적 질서와 나머지 두 질서 사이에는 구조적인 동일성이 없는 데 반해 물리-화학적 작용을 하는 신경질서와 정신질서는 구조적으로 동일하다는 것이다. 따라서 '정신'이라고 부르는 것은 존재론적으로 독립된 실체가 아니다. 정신질서는 외부의 자극에 반응하는 두뇌와 신경시스템의 생리학적 과정의 산물 그 이상이 아니다. 다시 말해 인간의 사고는 물리-화학적으로 작동하는 신경작용의 결과다.

그럼에도 그가 '정신질서'라는 개념을 이용하는 것은 우리가 직접 알 수 없는 물리적인 신경과정에 관한 설명을 위해 도움이 되기 때문이다(정신과 육체의 실용적 이원주의). 정신이 하는 일은 외부세계에 대한 인지(알려고 하는 행동)다. 인지란 무엇인가? 우리가 어떤 것을 감각적 자료로 인지하기 위해서는 이를 다른 감각적 인상과 구분해야 한다. X 이외의 다른 것들과의 관련성에서 X를 예를 들면 책으로 인지할 수 있다. X만 가지고는 이를 책으로 인식할 수 없다.

그래서 인지는 감각적 인상들을 분류하고 그들 사이의 관계를 형성한다. 그런데 분류를 위해서는 분류도식이 존재해야 한다. 이러한 분류도식은 신경들 간의 연결시스템(생리학적 연관들), 간단히 말해 신경질서다. 따라서 인지란 이 분류도식에 따른 외부세계에 대한 해석이다. 어떤 외부의 물리적 자극의 정신적 특질(감각적 질)은 분류장치에 의해 결정된다. 분류장치가 바로 정신적 현상을 만들어내는 기본적인 현상이다. 분류장치는 중추신경 내에서 형성되는 생리학적 산물이다.

인지는 외부세계의 객관적 사건의 재생산이 아니라 분류도구의 주관적·능동적인 해석이다. 다시 말하면 있는 그대로 인지하는 것이 아니라 개인 각자의 고유한 인지 틀에 따른 해석이다. 대상들을 분류도식에 따라 관련 부분을 간추려낸다는 의미에서 인지는 추상적이다. 신경생리학적 과정으로서 분류도구는 여러 원천이 겹쳐진 결과다. 첫째로 그것은 형태 발달과정의 산물이다. 두뇌의 물리적 구조는 공통된 방식으로 진화했는데, 인지와 관련하여 인간 사이에 매우 강한 일관성을 보여주는 것은 그 때문이다.

둘째로 분류도구는 인간 개체의 발달과정의 산물이다. 그 과정에서 습득한 분류도구는 개체가 성장해온 고유한 환경과 경험에 의해 형성된다. 정신이 사람들마다 상이한 방향으로 진화한 이유도 그 때문이다. 동일한 외부세계라고 해도 개인들은 서로 상이하게 인지한다. 그러나 문화적 진화 중에서도 형태발달과정처럼 두뇌구조의 일부가 유사한 방식으로 진화하기도 한다. 개체들이 성장해온 문화적 환경과 경험이 유사한 경우 개인들은 유사한 분류도구를 개발한다. 이러한 경우 인지와 관련하여 매우 강한 동질성을 보여준다. 사람들의 정신구조가 우리와 동일한 규칙에 의해 지배되기 때문에 우리가 말하고 전달하고 표현하는 모든 것을 그들도 이해할 수 있다(Hayek, 1967: 60).

정신이론의 사회철학적 의미

하이에크의 두뇌이론은 다양한 사회철학적 의미가 있다. 첫째로 인지와 분류도구 그리고 정신은 진화적 선별과 변형과정의 산물이라는 점이다. 두 번째는 인간의 인지가 역동적 주관주의라는 점이다. 세 번째로 인지의 성격 상 지식은 제한되어 있다는 점이다. 전체를 다 아는 것이 아니라 부분적이고 추상적이며 오류도 있을 수 있다. 네 번째로 인지와 행동은 규칙을 따른다는 점, 인간 정신은 스스로를 완전히 설명할 수 없다는 점은 모두 하이에크의 정 신이론이 주는 중요한 철학적 의미다.

인지의 진화적 성격

하이에크의 정신이론이 갖는 첫 번째 사회철학적 의미는 인지와 분류도 구 그리고 정신이 진화적이라는 것이다. '지도(map)'와 모델(model)의 비유적 설 명이 그의 이론의 진화적 성격을 말해준다. 정신에는 반영구적인 신경연결 망이 있는데, 이것이 지도다. 이는 과거의 경험으로부터 형성된 것이다(Hayek, 1952/2000: 197-206). 정신은 지도에 비추어 개인이 현재 위치해 있는 특수한 환 경에 대한 모델을 제공한다. 지도는 현재의 맥락에서 진입해 들어오는 감각 적 정보를 분류하기 위한 배경이다. 그러나 모델은 지도보다 역동적이고 변 동하기 쉽다.

모델과 지도 사이에는 피드백 과정이 있다. 현재의 다양한 환경으로부 터 들어오는 투입이 지도를 변경시킨다. 반면에 지도는 특정 모델을 창출한 다. 환경에 대한 개인들의 적응은 지도·모델 만들기의 지속적인 변화과정 이라고 볼 수 있다. 예를 들면 먹을 수 있는 것으로 분류했지만 신체에 치명적인 결과를 가져온 경험을 통해 분류도구가 변동된다. 그러한 변동은 인지와 지식의 변동을 가져온다. 이러한 진화과정에서 지식의 개발과 축적이 가능하다. 지식은 결코 귀납적으로 얻을 수 없다는 하이에크의 주장은 포퍼와 유사하다. 귀납법은 심리적 사실도 아니고 일상적인 삶의 사실도 아니며 과학적 절차도 아니다. 일반화할 수 있는 능력이 먼저이고, 가설은 행동안내로서 효능에 비추어 검증된다.

개인에게는 수많은 행동유형이 있는데, 자신의 존립에 기여하느냐 여부에 따라 어떤 것들은 보유 또는 거부되기도 한다. 이에 발맞춰 적절한 기질을 산출하는 신경계의 구조는 테스트를 거쳐 보유 또는 거부되기도 한다(Hayek, 1978: 43). 지식의 성장은 반복적인 시행과 착오과정의 산물이다. 따라서 인간의 지위는 생물학적 · 사회적 진화의 산물이라는 캠벨의 인식도 흥미롭다(Campbell, 1974: 414). 인간의 진화는 적응능력, 타고난 지혜의 습득만으로 이루어진 것이 아니다. 인간에게는 학습, 모방, 언어, 과학, 문화 등 앎을 위한 메커니즘의 습득이 필요하다는 것이 그의 주장이다.

환경이 변하면 개인은 자신의 행동과 목표만이 아니라 생존을 확보하는 데 필요한 인식구조도 적응시킨다. 그러한 구조들의 지속적인 존재를 가능하게 하는 것은 외적 영향에 반응할 수 있는 인간의 능력 때문이다.[4] 포퍼는 다윈의 진화이론처럼 지식습득과 성장을 마치 이론들의 생존을 위한 투쟁처럼 이해하고 있다. 문제해결행동을 시행과 착오의 방법으로 본다. 따라서 진

---

4) 칸트는 인지를 분류행위 대신에 합성행위로 이해한다. 정신의 합성행위 없이 우리는 어떤 지식도 가질 수 없다. 칸트에게 세상에 관한 인식을 위한 개념들, 즉 범주들의 수효와 기능은 고정되어 있고 선험적이다. 경험에 의해 변화되거나 재구성되지도 않는다. 그래서 칸트의 인식은 선험적 · 형이상학적이다. 반면에 하이에크는 생리학적이다. 경험과 앎을 가능하게 하는 분류도구는 경험에 의해 변동될 수 있는 전기화학적으로 작용하는 신경작용의 산물이다. 이에 대해서는 쿠케타스(Kukathas, 1989: 49) 참조.

화론적 인식론은 지식의 성장에 관한 이론이다.[5]

그러나 다윈을 지식습득에 적용할 수는 없다. 인간에게는 의식적이든 초의식적이든 장래 도태될 위험을 예견하고 그에 대비하는 적응 노력이 있다. 적응에 적합한 행동을 개발하고 선택하는 행동을 한다. 그래서 맹목적이고 속수무책인 다윈의 선별 메커니즘을 경제적·문화적 진화에 적용할 수 없다.

지식의 주관성과 기업가 정신

정신이론이 갖는 두 번째 사회철학적 의미는 지식의 주관성이다. 외부 환경에 대한 인지와 해석에서 중요한 역할을 하는 것이 과거의 신경감각적 경험과 모델, 이미지의 형태로 기억된 지식이다. 이러한 지식에 분류상 잘못이 있을 경우 재분류라는 의미에서 수정을 위한 출발점이기도 하다. 외부세계의 복잡성을 축소하고 새로운 범주를 개발하여 재분류·재해석하는 일에는 고도의 창조성이 내포되어 있다. 그러한 재해석과 재분류를 통해 새로운 지식이 창출된다. 인지와 해석은 언제나 새로운 지식의 산출, 그리고 새로운 관점의 형성, 창조적 해석과 관련되어 있다. 인간은 수동적이거나 자극반응에 따라 행동하는 것이 아니라 창조적이라는 점이다.

우리가 세상에서 발견하는 질서는 자연적 필연성의 인식이 아니라 인간 정신의 창조적 활동의 결과다(Gray, 1984: 21). 전적으로 질서정연한 것처럼 보이는 세상은 우리가 세상을 인지하는 방법의 결과다. 세상이 그렇게 존재하기 때문이 아니다. 그러한 창조적 인지로부터 물리적 세계를 재화의 세계로, 물리적인 대상을 경제적 자본으로 변화시키고 그러한 인지를 기초로 행동을

---

5) 포퍼는 그 동일성을 다음과 같이 극적으로 표현하고 있다. "아메바에서부터 아인슈타인에 이르기까지 지식의 성장은 항상 동일하다."(Popper, 1973: 312).

산출하는 두뇌(신경)작용의 창조성은 예측 불가능하다. 오스트리아학파가 강조하는 창조적 인간은 그러한 인지의 주관주의 특성을 반영하는 인간 개념이다. 물리적 대상을 물리적 속성대로 인지하는 것이 아니라 용도로 인지하는 것, 다시 말하면 그 용도에 대한 개인들의 믿음, 태도, 의견 등도 신경작용의 창조적 결과다.

복잡성 축소를 위한 정신적 모델 형성, 범주의 새로운 추가 또는 삭제를 통한 재분류는 인지가 진화하는 모습을 보여주는 요소들이다. 잘못된 인지를 버리고 새로운 인지와 해석을 산출하는 것은 인지와 행동을 외부세계에 적응시키는 노력이다. 인지도구와 분류의 범주는 불변적이 아니라 외부세계에 대한 적응에 적합하게 진화한다. 그러한 진화의 결과가 지식의 진화요 축적이다. 현재의 인지는 과거의 경험으로부터 획득한 생리학적 기억 이미지와 대비된다. 현재의 인지는 언제나 그러한 이미지와 연결시켜 해석한다. 이러한 식으로 인지와 해석의 연속성이 깨지는 것을 방지한다. 그와 동시에 현재의 인지는 기존의 인지와 분류범주를 보완하거나 수정한다. 어느 한 대상에 관한 지식은 대상을 인지하는 주체를 떠나서는 존재할 수 없다는 것을 의미하는 지식의 주관성을 주지할 필요가 있다. 이런 주관주의는 사회과학을 자연과학과 분리하는 과학의 이원주의의 핵심이다.

인간 이성의 구조적 무지

진화론적 인식론의 세 번째 사회철학적 의미는 인간 이성의 구조적 무지다. 궁극적으로 정신질서는 일원론에 의해 물리적 질서의 일부분을 구성한다. 그러나 우리는 물리적 질서에서 그것이 차지하는 위치를 분명하게 정할 수 없다(Hayek, 1952/2000: 22). 그 위치를 정하려면 자신의 정신을 넘어서는 초월적 위치에 설 수 있어야 하는데 이것이 불가능하기 때문이다. 개인이 가지고 있는 지식은 주관적이며 인지하는 자신과 결부되어 있다. 개인의 지식은 장소적으로나 인적으로 결부되어 있다. 개인의 주관적인 인지 역사를 떠나 관찰자의 입장에 선다는 것은 불가능하다. 따라서 인식에 있어 윤리적 사유의 객관성을 얻기 위해서는 자기초월적 입장을 취해야 한다는 구성주의적 합리주의의 주장은 틀렸다. 또한 인간의 인지활동 특성과도 맞지 않는다.

흥미롭게도 인지를 위해 이용하는 분류 메커니즘과 독립적인 지식을 습득할 방도가 없다. 그래서 인간 지식의 한계 또는 성격은 인지의 성격과 밀접한 관련이 있다. 유기체는 자신의 환경에 적응하는 과제를 단순화하기 위해 분류도구를 이용하여 환경에 대한 모델을 구성한다. 자신의 환경으로부터 자신의 존립에 중요한 사건들을 예측하기 위해 적합하다고 여기는 것들을 골라서 모델을 만든다.

정신이 전체 현실의 중요한 요소들을 적절히 재생산할 수 있는 정도는 극도로 제한되어 있다. 두뇌는 복잡한 환경의 전체 과정은 알 수 없다. 그러한 연유로 현실의 구성에서 불확실성이 존재한다. 개인은 자신의 삶과 밀접한 관련성이 있는 지식만을 가지고 있다. 그래서 선별적이다. 외부세계의 모든 상황이 아니라 오로지 자신에게 고유한 상황에 대해서만 알고 있다. 지식이 전체에 관한 것이 아니라 부분적이고 지역적이다. 인지장치도 완전하지 못하다. 개인들이 가진 지식이 선별적이고 지역적 성격의 현장지식이라고 해도 오류가 가능하다. 개인들은 경험과정 속에서 지식의 오류를 찾아내고 이를 수정한다. 우리가 알고 있는 것은 오로지 부분적이기 때문에 무엇을 모르는지조차 모를 정도로(unknown ignorance) 우리의 무지는 무한대다.

인지와 행동의 초의식성

인간 이성이 구조적으로 무지하다는 것은 인간 정신이 말로 표현할 수 없는 초의식적 규칙에 의해 안내되고 있다는 점이다. 인간은 사회적 삶에서 뿐만 아니라 인지와 정신 그 자체도 추상적 규칙에 의해 지배된다. 그러한 규칙들 중에는 말로 표현하거나 전달하기가 불가능한 것들이 있다. 어감에서처럼 언어의 잘못된 사용을 확인할 수 있지만 왜 언어학적으로 잘못인지를 설명할 필요는 없다. 또는 문법을 모르면서도 그 규칙을 위반하여 말할 경우에는 잘못을 지적한다. 법 감정, 정의감과 같이 정의로운 행동규칙을 말로 표현할 수 없지만 이에 대한 위반을 확인할 수 있다.

그러한 초의식적 규칙의 존재는 명시적 지식의 고질적 한계를 의미할 뿐만 아니라 우리 자신의 정신을 완전히 설명할 수 없다는 것을 말해준다. 인간 정신은 자신의 작동을 지배하는 가장 기본적인 규칙을 이해하기가 불가능하다. 이러한 불가능 정리는 집합론을 창시한 독일의 수학자 게오르크 칸토어(Georg Cantor, 1845-1918)의 정리에서 나온 것이다. 이에 따르면 분류 시스템에는 분류되는 것보다 더 많은 부류(class)가 있어야 한다. 이를 설명하기 위해 하이에크가 이용한 예를 들면(Hayek, 1952/2000: 320), 길이에 따라 대상들을 분류하는 기계가 상이한 길이를 확인할 수 있는 것처럼 정신활동으로서 대상들을 분류하기 위해서는 분류될 대상들의 특성들보다 더 복잡한 분류공식이 필요하다.

"두뇌의 작동을 일반적인 용어로 이해할 수 있다고 하더라도 우리는 결코 동일한 두뇌를 가지고 특정한 상황에서 그것의 작동에 관한 상세한 설명에 도달할 수 없다. 그 작동의 결과가 무엇이 될 것인지도 결코 예측할 수 없다. 이를 달성하기 위해서는 보다 더 복잡한 두뇌를 요구한다. 비록 그것이 동일한 원리에 따라 형성되었다고 하더라도 말이다."

이 정리는 오스트리아의 수학자 괴델(K. Gödel, 1906-1978)의 정리처럼 보이지만, 이는 모든 의식적이고 특히 합리적 과정에 적용되는 다음과 같은 일반원칙의 특수사례일 뿐이다. 즉, 그러한 합리적 과정을 결정하는 요인들 중에서 언어로 표현될 수 없거나 심지어 의식할 수도 없는 규칙들이 있어야 한다는 원칙이다(Hayek, 1967: 62). 그러한 원칙에 따르면 의식적인 사고는 의식할 수 없는 규칙들, 다시 말하면 초의식적인 메커니즘에 의해 지배된다는 점을 직시할 필요가 있다. 하이에크는 『감각적 질서』에서 이를 산꼭대기에 비유하여 의식적인 경험과 초의식적인 경험의 관계를 설명하고 있다(Hayek, 1952/2000: 240).

"의식적인 경험들은 이러한 관점에서 구름 위에 우뚝 솟은 산 정상에 비유할 수 있다. 산 정상은 눈에 보이지만, …… 보이지 않는 하부구조를 전제로 한다."

인지와 행동을 안내하는 규칙들은 위계적으로 구성되어 있다. 가장 근본적인 규칙들은 언제나 초의식적이다. 확인하거나 말로 표현하기가 불가능하다. 그러한 규칙들은 우리의 사고 '범주'를 형성한다. 따라서 흥미로운 것은 의식성은 목적 지향성의 출발점이 아니라 초의식성의 결과라는 점이다. 우리가 의식하는 것은 초의식적 작용이 이미 끝났음을 의미한다. 주목할 것은 초의식적 규칙들이 주어져 있지만 불변적인 것이 아니라는 점이다. 우리의 삶을 지배하는 모든 규칙은 진화적 선별과 변형의 산물이라는 것을 직시할 필요가 있다. 더구나 초의식적 규칙은 의식적인 것에, 그리고 의식적인 것은 초의식적 사고에 영향을 미친다.[6] 어느 하나의 초의식적 행동규칙을 의식화하거나 소멸되면 새로운 초의식적인 것이 등장한다.

이성의 치명적 자만

하이에크의 진화론적 인식론이 의식적으로 목적을 추구하는 행동을 중시하는 구성주의적 합리주의 전통의 경제학을 비롯한 사회이론에 주는 의미는 매우 크고 광범위하다. 의식적 사고를 지배하는 초의식적 규칙은 접근하기가 불가능하다는 것, 인간 정신은 스스로를 설명하는 것이 불가능하다는 것, 인간지식은 초의식적이라는 것 등은 구성주의와 정면으로 충돌한다.

지식의 문제: 계획경제 vs 시장질서

계획경제가 가능한가? 사회주의 계획경제가 왜 망했는가? 직접 만나지 않고서도 모르는 사람들과 어떻게 의사소통이 가능한가? 정부가 재화나 서비스의 생산계획을 세우기 위해서는 소비자가 원하는 상품의 양과 질 그리고 디자인, 원하는 시점과 장소 등에 관한 지식이 필요하다. 그러한 지식은 우리의 사회적 삶을 좌우하는 실용적 또는 현장지식이다. 그러한 지식은 각처에 분산되어 존재하고 새로이 생겨난다. 정부가 어떻게 그러한 지식을 수

---

6) 새로운 행동과 인지규칙을 습득하거나 의식적으로 그들을 언어로 표현하면 새로운 초의식적 규칙의 지배를 받게 된다. 이들이 언어로 표현되거나 모습을 볼 수 없게 되면 또 다른 초의식적 규칙이 등장한다.

집·가공하여 경제계획을 세울 수 있는가? 정부가 수집해야 할 지식은 일반적으로 세 가지 유형으로 구성되어 있다.

① 통계적으로 표현할 수 있는 지식
② 통계 수치로 표현할 수는 없지만 말로 표현할 수 있는 명시적 지식
③ 말로조차 표현할 수 없는 암묵적 지식

생업에 종사하는 사람들의 머릿속에 들어 있는 각처에 분산된 이러한 지식을 전부 수집할 수 있는가? 정부관료들은 주민에게 물어볼 것이며, 주민은 통계수치로 답하거나 말로 답할 것이다. 그러나 사람들이 가진 암묵적 지식은 말로 표현할 수 없다. 그러한 지식은 습관과 기질에 구현되어 있다. 말로 표현할 수 없는 초의식적 규칙을 통해 우리의 행동을 지배한다. 계획에 필요한 지식이 복잡해서가 아니라 초의식적 지식을 수집하기가 불가능하기 때문에 계획경제는 물론이요 규제도 불가능하다. 따라서 정부가 직접 그러한 지식을 수집하지 말고 개인들이 자유로이 사용하도록 내버려두는 것이 합당하다.

자유와 시장경제의 존재이유는 그러한 지식의 문제 때문이다. 역으로 생각하면, 완전히 아는 사람이 존재한다면 자유는 불필요하며 시장경제도 불필요하다. 사회주의 계획경제를 반대하는 사람들도 필요에 따라 시장경제를 규제해야 한다고 주장한다. 그 같은 규제도 성공할 수 없다. 정신은 스스로를 완전히 설명할 수 없으므로 스스로를 통제할 수도 없다. 하물며 규제하는 정부관료 자신을 비롯하여 수많은 사람의 정신을 조종·통제하는 것은 불가능하다. 그럼에도 인간 스스로 사회를 합목적적으로 만들 수 있는 지적 능력을 가지고 있다고 주장한다면 하이에크의 1988년 저서 『치명적 자만』이

보여주듯이 그것은 지적 자만이고 그 결과는 사회주의 몰락이 보여주는 것처럼 치명적이다. 요컨대 시장경제는 인간 이성의 구조적 무지에 대한 적응의 산물이다. 우리가 자유주의를 주장하는 것도 인간 이성에 대한 겸손에서 비롯된 것이다. 그 대신에 우리는 지식의 발견과 이용을 촉진하는 사회적 과정과 시장과정에 의존해야 한다.

이성의 역할과 사회질서

인간은 사회의 밖에 서서 전체 사회에 관한 관점에서 사회를 이해하고 이를 재구성할 수 있다는 믿음이 있다. 전형적인 구성주의다. 이성의 한계가 없다는 뜻이다. 그러나 진화론적 인식론에서는 이성을 그러한 능력으로 보지 않고 문명과 진화의 산물로 본다. 가치를 계산·비교하고 사고와 행동에서 모순을 확인할 수 있게 된 것은 우리의 정신과 행동을 지배하는 규칙 덕택이다(Hayek, 1978: 20). 문명이 창출한 것이 이성이라고 한다면 이성은 자신을 창출한 문명을 극복할 수도 없고 세상을 바라볼 수 있는 원점을 확인할 수도 없다. 따라서 이성이 출현할 사회적 과정은 자유로워야 한다.

그럼에도 현대의 좌파진영을 이끌고 있는 유르겐 하버마스는 이해관계, 이념, 전통에 의한 일그러짐 없이 지식을 습득하고 소통할 수 있도록 우리의 인지능력을 사회의 구조로부터 해방시킬 방도를 찾고 있다. 미국의 정치철학자 존 롤스도 행동을 지배할 사회적 인적 관계에서 해탈하여 부(富), 사회적 지위, 타고난 능력 등의 영향으로부터 자유롭게 정의의 원칙에 대한 합리적인 결정을 할 수 있는 개인을 상정하고 있다.

그러나 하이에크의 정신이론에 비춰본다면 그러한 시도는 헛된 일이다. 인간이 자신의 주관적인 인지 역사를 떠나 관찰자의 입장에 선다는 것은 불가능하다. 우리의 인지 능력은 사회적 과정에 깊이 뿌리박혀 있기 때문이다. 이성을 통해 사회적 과정을 통제·지시하면 이성의 힘은 물론이요 지식의 축적도 정지된다. 지식은 이성의 산물이 아니라 자유와 실험의 산물이다.

2
시장경제, 자생적 질서
그리고 자유주의

인간의 삶에서 질서는 매우 중요하다. 이것을 부정하는 사람은 아무도 없다. 질서 없이는 인간 개개인이 살아갈 수 없기 때문이다. 질서가 없으면 경제성장과 번영은 고사하고 가장 기본적인 욕구마저 충족될 수 없다. 그렇기 때문에 법학에서는 물론 인류학에서조차 질서의 존재를 중시한다.[7]

우리가 주목하는 것은 정말로 자유시장이 질서 없이 혼란을 야기하는가의 문제다. 시장에서 질서가 생성·유지되려면 국가계획과 규제가 필요한가? 이러한 인식은 동서양을 불문하고 오래전부터[8] 우리 사고의 핵심이 된 이분법적 사고공식에서 비롯된 것이다. 즉, 모든 현상을 자연적인 것과 인위적인 것으로 구분하는 공식이다. 분류공식에 따라

인간행동의 결과로 생겨난 것은 전부 인위적이라고 분류한다.

---

7) 예를 들면 인류학자 에번스 프리차드(Prichard, 1954: 49)는 이렇게 말하고 있다. "질서가 없는 세계에서는 가장 기본적인 욕구마저 충족될 수 없다." 동물행동학자 리들(Riedl, 1975: 20)은 "질서 없는 세계는 상상할 수도, 인식될 수도, 의미도 없다. 질서가 있을 때 비로소 추론도 가능하다"고 말하고 있다.

8) 기원전 5세기 소피스트학파를 거쳐 아리스토텔레스가 이어받은 생각이다.

그렇다면 인위적 질서는 두 가지 상이한 사회현상을 포함시켜야 하는 문제가 야기된다. 첫째로 인간에 의해 미리 계획되어 인위적으로 만든 것들이 많다. 대표적인 예가 기업, 정부조직, 군대, 중앙집권적인 계획경제 등이다. 이들을 인위적 질서로 분류하는 것은 문제가 없다. 그러나 문제는 두 번째이다. 즉 언어, 화폐, 도덕규칙, 관행, 관습 등 사회문화적인 현상도 인위적 질서에 포함시켜야 한다. 왜냐하면 그들도 인간행동의 결과이기 때문이다. 그러나 이 두 번째는 인간행동의 결과이기는 하지만 인간의 계획과 의도의 결과가 아니라는 사실에 주목해야 한다. 언어는 누가 계획하여 만든 것이 아니다. 사람들이 수천 년 동안 살아오면서 의도하지 않게 생성된 것이다. 그 것은 "자생적 질서"이다.

인간계획의 결과로서가 아니라 진화적인 발전과 성장의 결과인 모든 도덕규칙, 제도 그리고 경제구조는 인위적인 것도 아니고 인간의 본능에서 생겨나거나 물리적 질서처럼 인간의 가외적인 행동 없이 형성되는 자연적 질서도 아니다. 자연적 질서는 인간계획 없이도 형성된다는 점에서 자생적 질서와 유사하지만, 본능처럼 인간의 가외 행동이 없다고 해도 형성된다는 점에서는 자생적 질서와 다르다. 자생적 질서는 인간행동의 결과라는 점에서 인위적 질서와 유사하지만, 인간계획의 산물이 아니라는 점에서는 인위적 질서와 다르다. 그래서 인위적인 것과 자연적인 것 사이에 있는 제3의 범주로서 '자생적 질서(spontaneous order)'라는 표현은 매우 적합하다. 이는 이성과 본능의 중간에 위치한 질서다.

하이에크는 이러한 질서의 발견을 스코틀랜드 계몽주의자들의 공로로 돌리고 있다. 그는 자생적 질서이론을 현대적 의미로 해석하고 이를 시장경제에 적용했다. 자생적 질서의 범주에 속하는 것이 시장경제다. 따라서 인위적 질서와 비교하면서 자생적 질서가 무엇인가를 설명하고, 이어서 어떻게 계획 없이도 질서가 형성되는지를 설명할 것이다.

두 가지 종류의 질서

인위적 질서와 자생적 질서는 서로 어떻게 구분할 수 있는가? 이 문제를 위해 와이셔츠 생산 이야기부터 시작하고자 한다.

와이셔츠 생산 이야기

'와이셔츠 생산 이야기'는 시브라이트의 유명한 저서 『낯선 사람들의 일행』의 내용 일부를 전용한 것이다(Seabright, 2004: 13-15). 이것은 분업의 자생적 형성을 설명하기 위한 레오나드 리드의 '연필 이야기'와도 동일하다. 그들은 모두 시장은 보이지 않는 손에 의해 스스로 질서를 만들어가는 자생적 질서임을 말해주고 있다. 셔츠를 생산하기 위해 얼마나 많은 사람이 필요한가? 이 문제는 겉으로 보기보다 매우 복잡하다. 지난 토요일 나는 셔츠를 샀다. 이것은 특별한 일이 아니다. 아마도 아시아인 중 2,000만 명쯤이 나와 똑같이 샀을 것이다. 흥미로운 것은 다른 2,000만 명과 마찬가지로 나도 그 셔츠를 살 의도를 셔츠 제작회사나 정부 또는 그 밖의 어느 누구에게도 알려주지 않았다는 점이다. 이는 내가 산 셔츠를 만들기 위해 세계의 사람들 사이에 어떻게 국제적 분업이 이루어지는가를 상징적으로 말해준다.

누구나 인종이나 성별, 출신에 대한 차별 없이 자발적으로 그러한 분업에 참여한다. 셔츠를 만들기 위한 목화는 호주에서 생산한다. 면사와 면직물은 미국에서 생산하며, 목화씨는 영국에서 공급한다. 셔츠 깃의 플라스틱은 브라질에서, 방적기와 방직기는 독일에서 제조한다. 염료는 프랑스에서 생산한다. 재봉은 독일의 기술자가 맡는다. 지구촌 각처에 분산되어 셔츠 생산의 국제적 분업에 참여한 사람들은 내가 지난주 토요일에 그것을 살 것이라는 것을 전혀 알지 못했을 것이다. 내가 셔츠를 사기 직전에는 나도 그러한 셔츠를 전혀 알지 못했다. 그들은 모두 나뿐만 아니라 다른 2,000만 명을 위해 셔츠 생산에 참여했을 것이다. 흥미롭게도 지구촌에 흩어져 사는 셔츠 수요자들은 셔츠에 대한 상이한 취향을 가지고 있을 것이고, 체구도 서로 다르고, 소득수준도 상이할 것이다. 그들은 서로 독립적으로 셔츠 구입을 결정했을 것이다. 오늘은 또 다른 2,000만 명이, 내일은 3,000만 명이 셔츠를 구입할지도 모른다.

셔츠 생산에서 볼 수 있는 국제적 분업은 누가 미리 계획해서 이루어진 것이 아니다. 개인들이 자신의 삶을 추구하는 과정에서 의도하지 않게 성립된 것이다. 전 세계적으로 셔츠의 생산과정들 그리고 수요과정들이 자생적으로 조정된다. 그런데 어느 한 개인이나 그룹이 지구촌에 셔츠 공급 책임을 지고 있다고 가정해보자. 총지배인의 과제는 전 세계적으로 공급을 계획해야 한다. 예를 들면 미국 대통령이나 다른 어떤 지도자가 세계의 셔츠 수요 보고서를 작성할 것이다. 국가적 단위의 특수계획위원회도 설치되어 생산계획을 세울 것이다. 국제연합(UN)은 셔츠 생산의 국제적 협력을 어떻게 개선할 것인가를 논의하기 위해 회의를 개최할 것이다. 그 생산을 미국 아니면 국제연합이, 그것도 아니면 한국이 주도할 것인가를 둘러싼 논쟁이 벌어질 것이다. 로마교황청은 충분한 셔츠를 공급하기 위해 평화로운 합의를 호소할 것이다. 비정부조직(NGO) 또는 유명한 배우들은 셔츠가 인권에 속하는 문제라고 목소리를 높일 것이다.

전문가들은 직조기 또는 방적기의 생산을 두고 독일이 마땅하다거나 중국 아니면 브라질이 마땅한가에 대해 뜨거운 논쟁을 벌일 것이다. 또 다른 전문가들은 셔츠 공급을 개선하면서도 환경 문제 또는 쓰레기 문제를 지적하여 셔츠 생산을 절감하라고 요구할 것이다. 가장 높은 생산성을 가진 셔츠공장에는 훈장도 수여할 것이다. 그러한 공장을 운영하는 공장 지배인의 복장에는 호화찬란한 훈장이 주렁주렁 매달릴 것이다. 도덕주의자들은 셔츠가 성적 자극을 준다고 비판하거나 지나치게 서구적이라는 이유로 성적·문화적으로 중립적인 셔츠를 생산하라며 시위를 벌일 수도 있다. 그렇게 되면 셔츠 생산과 관련하여 온갖 불협화음이 지구촌을 지배할 것이다. 생산은 지체되고 저질 생산이 지배할 것이다. 양적으로도 턱없이 부족하여 내가 셔츠를 구입할 수 있었을지도 의심스럽다.

세계적 분업과 협력을 사전에 계획하기는 불가능하다. 사전에 정부가 국내 분업을 계획하기 불가능한 것도 마찬가지다. 누가 무엇을 가장 잘 생산하는지를 아무도 알 수 없으며, 누가 어떤 디자인의 셔츠를 원하는가를 정부나 국제기구가 확인하는 것은 불가능하기 때문이다. 더구나 셔츠의 디자인과 색상, 모양 등에 대한 취향을 전부 알아내어 수요계획을 수립하기는 불가능하다. 생산능력과 취향은 대부분 암묵적·초의식적이기 때문에 계획담당자에게 그러한 지식을 말로 전달하기도 불가능하다.

그런데 셔츠의 생산과 유통을 시장에 맡기면 어떨까? 그러면 원하는 사람들은 자신의 선호와 판단에 따라 자발적으로 목화 생산 또는 면사·직물, 생산에 참여할 것이다. 셔츠 생산과 유통에 참여하는 사람들도 있을 것이다. 그러한 자발적 생산체제에서는 수천만의 수요자를 위해 수만 종류의 셔츠를 생산하는 거대한 자생적 시도는 전체의 조정 없이 가능하다. 이것이 자생적 질서의 위력이다. 참여자들은 제각기 이해관계와 자신의 욕구 충족에 관심을 갖고 스스로 결정을 내린다. 인도의 농민은 면직물 수요자로부터 받는 가격과 목화의 성공적인 재배를 위해 필요한 비용과 모든 노력을 생각하기만 하면 된다. 독일의 기계생산자는 수출 주문과 자신의 종업원만 고려하면 된다. 화학 염료 생산자는 셔츠의 아름다움을 생각할 필요가 없다. 아름다움을 생각하는 사람은 셔츠 디자이너다. 거대 기업은 수송과 판매 그리고 자신의 노동자만 생각하면 그만이다.

기업들은 전체 과제 중에서 오직 작은 부분에만 책임이 있다. 전체에 대해서는 그 누구에게도 책임이 없다. 그래도 전체 시스템이 작동하는 것은 기적에 가깝다. 자생적 질서란 그러한 묘미가 있다. 그러나 시장경제 참여자는 유감스럽게도 그러한 경이적인 것을 망각한다. 시장경제 체제하의 시민은 언제든 식료품, 옷, 가구 그리고 기타 수천 가지 유용한 것들을 구입할 수 있다는 것을 안다. 그것은 수렵과 채취를 하면서 살아가던 석기시대의 우리 조상들에게는 상상할 수도 없는 일이었다. 전체적으로 계획하고 통제하는 어떤 지성의 간섭 없이는 생겨날 수 없다고 믿는 사회주의나 간섭주의자에게도 시장에서는 현실적으로 상상할 수 없는 일이 벌어지고 있다.

자생적 질서와 인위적 질서

와이셔츠 생산 이야기에서 볼 수 있듯이 생산체제는 계획체제와 시장체제로 구분할 수 있다. 계획체제는 인위적 질서, 즉 조직이다. 시장체제는 자생적 질서다. 두 체제가 어떻게 서로 구분될 수 있는가? 인위적 질서를 '조직'이라고도 부른다. 질서를 잡는 주체가 미리 계획을 세우고 이 계획에 따라 구성원들에게 사회적·경제적 위치와 지위를 수행할 역할을 배정하는 것이 질서다. 조직은 지시와 명령을 내리는 상급자들, 명령과 지시를 수행하는 하급자들로 구성되었고, 그래서 인간관계가 수직적이다. 하급자들끼리의 행동은 지시와 명령을 통해 조정된다. 특히 주목할 것은 인위적 질서에는 구성원들이 모두 함께 참여하여 달성해야 할 공동의 목적이 있다는 점이다. 그러한 공동 목적을 위해 계획하여 만든 질서가 조직이다. 계획경제에서 공동의 목적이란 분배정의 또는 균형성장, 고용목표 등 다양한 집단적 목표이다. 구성원들은 이러한 집단적 목표를 위한 수단이다.

이러한 질서의 대표적인 예가 중앙집권적 경제질서 또는 간섭주의 경제다. 사회주의, 국가주의, 민족주의 등은 모두 그러한 조직질서를 위한 이념이다. 중요한 몇 가지 예를 들면, 평준화 교육을 실현하기 위한 학교 선택권과 학생 선발권이 없는 교육제도는 사회주의의 배급제도와 동일하다. 선택권이 대폭 제한되어 있는 연금제도와 의료보험제도 또한 연금과 의료의 배급제도와 동일하다.

자생적 질서는 조직(인위적 질서)과는 전적으로 다르다. 자생적 질서는 그 구성원들이 모두 참여하여 공동으로 추구할 집단적 목적을 달성하기 위한 질서가 아니다. 오히려 자생적 질서에서는 무수히 많은 개개인이 스스로 목적을 정하고 자신의 지식을 이용할 수 있다. 따라서 자생적 질서는 다목적 수단이다. 자생적 질서는 평등질서라고 볼 수 있다. 왜냐하면 자생적 질서의 사회적 관계에서는 지배와 복종이 존재하지 않기 때문이다. 조직질서의 수직적 인간관계 대신에 수평적 인간관계가 지배하는 질서다. 자생적 질서는 외부의 명령이나 지시를 통해 개개인의 행동이 조정되고 통제되는 것이 아니라 내적인 과정을 통해 스스로 조정되고 통제된다. 자신의 목적을 추구하는 개인들이 서로 상대방의 목적과 행동에 적응하는 과정에서 그들의 행동이 조정된다.

자생적 질서를 구성하는 요소, 다시 말하면 자율적인 의사결정 단위체는 개별인간, 가족, 기업, 이익단체 등과 같은 특정 목적을 가진 조직들이다. 이 조직들은 내부적으로는 수직적 관계이지만, 외부적으로는 다른 기업들이나 조직들 그리고 개인들과 독립적인 행동단위다. 자생적 질서는 모든 구성원이 참여하여 공동으로 달성할 목적 대신에 그들이 공동으로 지키는 공동의 행동규칙들을 전제로 한다. 이러한 행동규칙은 특정 목적을 내용으로 하는 규칙이 아니라는 의미에서 추상적 성격을 가지고 있다.

따라서 그러한 규칙은 다목적을 위해 존재한다. 그리고 자생적 질서의 기반이 되는 행동규칙은 특정 행동을 금지하는 내용만 가지고 있다. 금지되지 않은 행동은 개인들의 재량에 맡긴다. 자생적 질서의 기초가 되는 행동규칙들은 계약방법에 관한 관행과 관습, 신뢰, 소유권 존중, 약속이행, 엄격성, 공정성, 정의감, 부지런함, 진지함, 정직성 등 수많은 행동규칙이 존재한다. 이러한 수많은 행동규칙도 암묵적인 행동규칙이 대부분이다. 이러한 행동규칙들은 문화적 진화의 장구한 역사적 과정 속에서 자생적으로 형성되었다. 이들 자체도 자생적 질서라고 볼 수 있다. 자생적 질서의 기초가 되는 법 규칙들도 있다. 이들도 자생적 질서의 진화와 함께 장구한 역사적 과정을 거쳐 형성되었다. 소유권법, 계약법, 형법 등의 사법(私法)은 바로 자생적 질서를 위한 중요한 법 규칙이다. 이들 중에는 공공정책의 대상이 될 수 있는 법 규칙도 있다.

주목할 것은 시장시스템의 자생적 질서는 이러한 추상적인 행동규칙들을 지킴으로써 형성되고, 이들 없이는 존속할 수 없다는 점이다. 그런데 인위적 질서의 기초가 되는 조직규칙은 자생적 질서의 기초가 되는 규칙과는 전적으로 다른 성격을 가지고 있다. 행동을 통해 달성하고자 하는 목적을 내포하고 있다. 그것은 특정 행동을 적극적으로 지정하는 명령이나 지시다. 추상적 성격이 아니라 구체적이다. 그러한 성격의 입법이 시장경제에 대한 계획과 규제를 위한 법이다. 특정한 집단적인 분배 목표와 자원배분 목표를 염두에 두고 작성된 모든 규제법이 이 범주에 속한다. 정부조직법, 공기업법, 행정법 등 공법은 그 같은 성격의 법이다.

　　정부의 계획과 규제에 의해 만들어진 질서에는 질서 잡는 사람(질서 잡는 힘)이 보이기 때문에 질서가 눈에 보인다. 다시 말해 질서 잡는 사람, 계획하는 관료가 눈에 보인다. 이는 마스터플랜을 보면 알 수 있다. 인위적으로 만든 정부조직법, 행정법, 규제법을 보면 알 수 있다. 그러나 자생적 질서는 눈에 보이지 않는다. 말 그대로 보이지 않는 손이 작용하여 질서가 형성되기 때문이다. 그러므로 정부의 계획과 규제 없이 저절로 형성되는 질서의 존재를 믿으려 하지 않는다. 그러나 자유자본주의도 질서가 있음이 분명하다. 눈에 보이지 않을 뿐이다. 자생적 질서가 보이지 않는다고 해서 존재하고 있다고만 주장할 수는 없다. 이론적으로 질서의 원리를 재구성해야 한다. 그 원리는 무엇인가?

자생적 질서와 시장경제

　　시장시스템은 질서가 있지만 예를 들면 배진영 교수가 지적하듯이(배진영. 2013: 26)어느 누구에 의해서도 의식적으로 계획하여 만든 구조가 아니다. 어떻게 자생적인 질서가 가능한가? 하이에크는 질서를 다음과 같이 정의하고 있다.

　　"질서는 다양한 종류의 수많은 요소가 서로 연관을 맺고 있어서 그중 시간적·공간적 일부에 대한 지식을 통해 나머지에 관한 정확한 기대를 형성하거나 최소한 정확하다고 판명될 가능성이 있다고 기대할 수 있는 사물의 상태를 말한다."(Hayek, 1973: 36)

그러한 의미에서 모든 사회는 질서가 있어야 한다. 그러한 질서 없이는 어느 누구도 자신의 목적을 달성할 수 없다. 질서 없이는 타인들의 행동에 대한 기대를 형성하기가 곤란하다. 그래서 질서는 중요하다.

주목할 것은 와이셔츠 생산 이야기에서 볼 수 있듯이 의도적으로 창출하지 않고서도 그러한 질서가 존재하고 있다는 점이다. 시장경제에서 어떻게 자생적인 질서가 가능한가? 자생적인 질서가 가능하기 위해 시장경제가 해결해야 할 문제는 무엇인가? 이 문제는 자원배분이나 소득분배가 아니라 지식의 문제다. 이 문제는 다음과 같다.[9]

- 어떻게 개인들이 자기에게 유익한 지식을 이용하고 새로운 지식을 발견할 동기를 갖는가?
- 경제상황에 관한 개인들의 주관적인 지식이 어떻게 확산되어 타인들이 이용할 수 있게 되는가?
- 개인들의 지식 사용이 어떻게 통제되어 지식의 오류가 밝혀지는가?
- 지식의 오류가 시장기능에 미치는 부정적인 영향을 억제하기 위해 그 오류가 어떻게 처리되는가?

---

9) 이에 관해서는 스트라이트(Streit, 1995: 199) 참조. 완전한 설명을 위해서는 개인들이 가진 지식의 성격, 그리고 지식의 불완전성에 대한 이유를 설명해야 한다. 이는 하이에크의 저서 『감각적 질서』(1952)에서 다루고 있다. 이 책에서는 이 문제를 다루지 않을 것이다(민경국, 2007: 제1장).

그 문제를 해결하는 시장과정에는 개인들의 이익추구와 문제해결을 조정하는 행동조정과정, 그리고 잘못된 행동을 통제하는 행동통제과정이 있다.[10]

조정과정과 자생적 질서

다른 사람의 협조 없이는 그 누구도 혼자서는 살 수 없다. 행동조정은 그래서 중요하다. 행동조정이 이루어지지 않으면 목적을 달성할 수 없다. 개인들의 행동이 타인들의 행동과 조정되기 위해서는 타인들이 원하는 것을 알아야 한다. 타인들의 행동에 대한 기대를 형성해야 한다. 그래서 누구나 타인들의 행동에 대한 믿을 만한 기대를 형성하기 위해 지식을 습득하려고 노력한다. 그러나 이러한 노력에는 근원적인 인지적 한계가 있다. 각처에 분산되어 존재하는 현장지식을 수집·가공할 수 있는 한계가 그것이다. 그래서 타인들의 행동에 대해 기대를 형성할 수 있게 하는 장치가 필요한데, 이것이 각처에 분산되어 존재하는 지식을 총합하여 전달하는 메커니즘이다.

인위적 질서에서는 외부의 실체, 즉 계획을 담당하는 계획담당자가 이러한 일을 행한다. 그러나 정부의 계획담당자가 이러한 일을 성공적으로 수행하는 것은 불가능하다. 시장에는 이러한 일을 성공적으로 수행하는 것이 있는데, 그것이 바로 가격기구다. 시장경제에는 수십만 가지의 가격이 존재한다. 이러한 가격들은 수십만 명 또는 수천만, 아니 수억의 인간이 각사 가

---

10) 정부의 계획과 규제를 통한 질서는 눈에 보인다. 계획이 질서이고 규제가 질서다. 제3자(학자)가 위에서 내려다보면 질서 잡는 사람이 완장 차고 이리저리 뛰어다니는 것도 보인다. 법전을 통해 알 수도 있다. 그러나 자생적 질서는 눈에 보이지 않는다. 따라서 이러한 질서를 이해하기가 매우 어려우며 이론적으로 아래에서 위로 올라가면서 재구성하는 수밖에 없다. 우리는 인간이 행동하고 있다는 사실을 안다. 눈에 보이는 행동하는 인간에서부터 출발하여 자생적 질서의 패턴을 재구성하는 수밖에 없다. 그 결과가 질서 형성의 요소로서 가격기구의 역할과 행동규칙의 역할 규명이다.

지고 있는 생각과 지식을 반영한다. 암묵적 지식도 반영된다. 인간은 가격이 주는 정보에 의존하여 타인들의 행동에 대한 기대를 형성한다. 가격의 안내 없이는 행동의 실마리를 전혀 찾을 수 없다. 즉, 인간의 행동조정이 불가능하다. 가격구조는 방향을 나타내는 이정표와도 같다.

시장에서 자생적으로 형성되는 가격구조는 대단히 복잡하다. 가격을 통해 그 어느 누구도 전부 알 수 없는 지식들이 수억의 인간에게 전달된다. 시장은 거대한 의사소통체계다. 아무도 이러한 가격을 흉내 낼 수 없다. 특히 개별가격들은 직접적 혹은 간접적으로 서로 연관되어 있다. 이러한 의미에서 가격기구는 거대한 코스모스다. 시장이 하나로 작동한다는 말이다. 그래서 시장을 부분시장으로 구분할 수 없다. 공정거래법의 시장점유율은 잘못된 개념이다. 왜냐하면 부분시장을 전제하기 때문이다. 정부가 어느 한 가격에 개입하면 그 개입의 파고(波高)는 전체 가격기구에 영향을 미친다. 전체 가격이 왜곡된다는 말이다.

통제과정과 자생적 질서

인간 이성의 구조적 무지는 각처에 분산되어 존재하는 수많은 지식을 전부 조직할 수 없는 무능뿐만이 아니다. 무지는 지식의 오류 가능성도 의미한다. 만약 오류 가능한 지식의 사용 또는 낡은 지식의 사용을 묵인한다면 시장경제는 질서가 유지될 수 없다. 따라서 시장경제에서는 잘못된 지식의 사용을 처벌하고 새로운 지식의 창출과 성공적인 지식의 습득을 위한 메커니즘이 필요하다. 통제 메커니즘이 그것이다. 이 같은 통제 메커니즘으로 작동하는 것 역시 가격기구다.

잘못된 지식의 사용과 잘못된 행동은 가격을 경유하여 손익으로 표현된다. 다시 말해 가격은 개인들이 행한 계획의 성공과 실패를 판정해준다. 성공과 실패는 행동조정의 실패와 성공을 의미한다. 타인의 행동에 대해 형성한 기대가 어그러졌다는 것을 의미한다. 가격이 손실 또는 이윤을 경유하여 기대의 성공과 실패를 말해준다. 성공하면 가격을 경유하여 이익으로 나타나는 반면에 실패는 손실로 나타난다. 이로써 가격은 인센티브 역할을 한다.

그런데 우리가 주목하는 것은 가격이 성공의 원인을 말해주지 않는다는 점이다. 실패의 원인도 말해주지 않는다. 장차 성공을 위해서는 지금 무엇을 해야 할 것인지도 말해주지 않는다. 원인과 해야 할 일은 개인들의 인지 능력에 따라 스스로 해결해야 한다. 이른바 경영판단이 이러한 것이다. 인간은 자신의 인지 능력에 의존하여 현재 가지고 있는 지식을 변경하거나 새로운 지식을 찾는다. 이로써 어긋난 기대를 수정하거나 새로운 기대를 형성한다. 그리고 이러한 지식을 이용한 결과는 다시 가격을 경유하여 손익으로 나타난다. 지식의 사용을 통제하는 것 역시 자생적으로 이루어진다. 이러한 통제를 통해 시장시스템에서 혼란이 야기되는 것을 막는다. 통제란 결국 타인들에 대한 올바른 기대의 안정성을 유지하기 위한 현상이다.

자생적 질서와 진화

시장시스템은 질서 있는 구조다. 그러나 어느 누구도 의식적으로 만들 수 있는 구조가 아니다. 시장의 자생적 질서는 수많은 사람의 이익추구와 문제해결행동의 조정과 그들의 잘못된 행동의 통제에서 생겨난다. 개인의 주관적 지식은 가격을 통해 사회적으로 이용하는 것이 가능하다. 전체로서 어느 누구도 알 수 없는 지식의 이용을 가능하게 하는 것이 시장이다. 개인들은 타인들과 행동을 조정하기 위해서나 시장에서 밀려나지 않기 위해 부단히 노력한다. 그러한 노력이 자신의 환경에 적응하는 개인들의 행동이다. 적응행동 때문에 시장 전체에서 진화적 과정이 형성된다. 그 과정에서 문제해결책의 혁신, 즉 새로운 지식의 개발과 창조가 생겨난다. 성공적이지 못한 문제해결책은 도태되고, 성공적인 것은 모방을 통해 확산된다. 하이에크는 시장시스템을 진화와 자생적 질서의 쌍둥이 이념이라고 말한다.

그러한 진화과정은 하이에크의 '경쟁으로서의 발견적 절차'로 해석될 수 있다. 새로운 지식을 창출하는 절차다. 경쟁이 없으면 알 수 없거나 미사용된 사실을 발견하는 절차다. 그러한 절차를 통해 성공적인 문제해결책이 발견되고 확산된다.

경쟁을 통해 비로소 성공 여부가 확인된다. 개발된 신상품의 성공 여부를 미리 안다면 경쟁할 필요가 없다. 그러므로 시장은 새로운 지식의 실험장이라고 볼 수 있다. 실험을 통해 성공한 것은 모방과정을 통해 확산된다. 전통적인 경제학에서는 완전한 지식을 전제로 하고 경쟁을 시장참여자의 수에 따라 구분하고 있다. 이러한 식의 이해는 시장의 기능원리를 이해하는 데 전혀 도움이 되지 않는다.

그런데 우리가 주목할 것은 두 가지다. 첫째로 경쟁의 구체적인 결과를 예측하는 것은 불가능하다는 것이다. 그러한 예측에 필요한 구체적인 사실은 경쟁을 통해 비로소 발견되기 때문이다. 우리의 지적 능력으로는 경쟁의 원리만 설명할 수 있을 뿐이다. 이것은 지식의 문제 때문에 시장경제와 경쟁을 국가의 목적을 위해 조직하기가 불가능하다는 것을 의미한다. 두 번째로 경쟁은 정부의 특정한 목적을 달성하기 위한 수단이 될 수 없다. 왜냐하면 시장경제는 자생적 질서이므로 공동으로 달성할 목표가 없기 때문이다. 목표가 있다고 한다면 누구나 제각기 추구하는 개별적 목표만 존재할 뿐이다.

욕구를 충족하기 위한 수단이 희소하기 때문에 개인적 자유의 결과로서 경쟁이 발생한다. 다시 말하면 어떤 특정한 목적을 위해 경쟁과 시장경제가 생겨난 것도 아니라는 것이다. 특정한 목적을 위한 수단으로 경쟁이나 시장경제를 이용할 수 없는 이유가 이들의 성격 때문이다. 경쟁은 그 어떤 방법보다 광범위한 지식의 이용과 새로운 지식의 창출을 야기한다. 그리고 이러한 경쟁으로 비효율적인 생산은 억제되고 보다 좋은 품질의 상품을 싼 값에 공급하도록 유도한다. 경쟁이 억제되면 이러한 효과가 없어진다. 시장을 균형으로 파악해서도 안 된다. 균형성장이나 불균형성장이라는 개념은 자생적 질서의 시장경제와는 전혀 관계가 없다. 균형사고는 현실에 적합한 생각이 아니다. 이러한 개념에 따른 경제정책은 시장경제의 자율적인 행동조정과 행동통제 그리고 발견적 절차의 질서 추진력을 손상시킬 뿐이다.

행동규칙과 시장경제

시장에서 자생적으로 질서가 가능한 이유는 가격구조 이외에도 행동규칙 때문이다. 행동규칙들은 해야 할 행동 또는 해서는 안 될 행동이 무엇인가를 알려주는 역할을 한다. 사회규범, 사회적 상징, 문화, 제도 등이 모두 행동규칙이다. 이러한 것들은 수많은 세대를 거쳐오면서 인간이 겪은 경험과 지식을 반영한 것이다. 행동규칙들을 '지식의 저장고'라고 하는 것은 이 때문이다. 그리고 이러한 지식은 오랜 사용으로 보증된 지식이다(Kasper/Streit, 1998: 192). 그렇기 때문에 하이에크는 전수 받은 이러한 행동규칙에 대해 경외감을 가져야 한다고 충고하고 있다(Hayek, 1973: 193). 이러한 것들이 존재하기 때문에 타인들의 행동에 대한 인간의 기대형성이 가능하다. 개개인들은 타인들과 교환관계를 가질 수 있고 이로써 행동들이 상호 조정된다.

자생적 질서와 행동규칙의 역할

구조적인 무지에도 불구하고 인간이 타인들과의 관계에서 성공적으로 행동할 수 있는 이유는 그러한 행동규칙을 따르기 때문이다 우리의 행동을 지배하는 행동규칙들은 행동 효과를 결정하는 특수상황에 관한 불가피한 무지에 대한 적응이다. 인간의 이성은 복잡한 현실을 다루기에 불충분하다. 규칙준수 행위는 복잡한 현실을 다루기 위해 배웠던 방식이다. 인간이 살아가려면 상이한 시간에 연속적으로 다양한 행동을 해야 한다. 그리고 적응해야할 상황도 항상 변동하고 복잡하다.

그런데 행동할 때마다 행동의 결과에 영향을 미치는 모든 구체적인 상황을 고려하기가 불가능하다. 또한 행동할 때마다 새로이 의사결정을 내릴 경우 행동의 일관성을 유지할 수 없다. 우리는 규칙을 따름으로써 우리의 행동에 일관성 또는 질서를 부여할 수 있다. 장기적인 관점에서 우리가 해야 할 바를 하는 데도 도움을 준다. 우리는 결코 특정한 상황의 모든 사실을 고려하여 행동할 수 없다. 우리의 삶에 질서를 부여하는 유일한 방법은 행동을 안내하는 추상적인 규칙과 원칙들을 지키는 것이다. 규칙을 지킬 경우 보다 좋은 결정을 얻기 위해 특정 사실들을 무시할 수 있다.

우리는 특수한 상황의 모든 사실을 충분히 고려하여 행동할 수 없다. 불가피하게 우리는 선별된 지식을 기초로 하여 행동하지 않으면 안 된다. 중요한 것은 선별원칙이다. 행동할 때마다 계산하는 것(케이스 바이 케이스 결정)보다 규칙에 의존하여 선별하는 것이 더 성공적이다. 그렇다고 사람들이 매번 행동할 때마다 규칙에 따를 것인가 말 것인가를 결정해서 행동하는 것은 결코 아니다. 인간은 행동 차원에서만 규칙을 따르는 것이 아니다. 환경에 대한 인지와 행동을 결정하는 정신작용에서도 규칙을 따른다. 행동 이전의 인지와 정신적 과정도 수많은 규칙의 결합에 지배되고 있다. 두뇌가 의식적인 정보 이용보다 훨씬 더 많고 훨씬 더 포괄적으로 저장된 지식을 동원할 수 있는 이유는 두뇌의 무의식적 과정 때문이다. 이는 진화적 선별에서 매우 유익한 역할을 했다.[11]

규칙은 세 가지 종류가 있다. 하나는 언어로 표현되어 있으면서 성문화된 행동규칙이 있다. 공식적 제도라고 할 수 있다. 다른 하나는 말로 표현된 것으로서 사람들이 오랫동안 지켜온 행동규칙이 있다. 마지막으로 언어로 표현되지 않은 암묵적 · 초의식적 행동규칙이 있다. 두 번째와 세 번째는 문화적 진화의 결과로 형성되는, 후천적으로 학습을 거쳐 습득하는 행동규칙이다. 인간에게는 그러한 규칙을 따르는 능력이 있기 때문에 비로소 자생적으로 질서가 형성된다. 동양인이든 서양인이든 모든 인간은 규칙을 따르는 동물이다. 특히 그들이 지키는 행동규칙의 대부분은 특정한 행동을 금지하는 성격을 가지고 있다. 그러한 행동규칙들은 개인의 자유영역을 확립해준다. 역사적 과정에서 금지된 영역이 점차 허용되어 인간의 자유영역이 확대되었다.

행동규칙의 진화

행동규칙들은 어떻게 생성되는가? 수십만, 수백만 가지의 행동규칙들 역시 대부분 자생적으로 형성된다는 서로 묻고 대답하고 합의하는 등 인위

---

11) 하이에크는 수학자이자 철학자인 화이트헤드(A. N. Whitehead: 1861~1947)를 인용하여 무의식적 두뇌작용의 중요성을 강조하고 있다(Hayek, 1949/1998: 131).

적으로 계획하여 만든 것이 아니다. 행동규칙과 제도들을 뜻하는 문화란 모두 자생적이다. 행동규칙 자체도 자생적 질서다. 우리의 두뇌는 문화를 수용할 수 있도록 해주는 기관이기는 하지만 문화를 고안하고 계획할 수 있는 기관은 아니다. 문화는 수백만의 개별적인 두뇌들에 의해 형성된다.

포퍼가 제3의 세계라고 말하는 그 세계는 생물학적 발전과정과는 전적으로 상이한 발전과정의 결과다. 고도로 발전된 두뇌구조는 문화적 전통의 수용에는 유용했다. 정신은 이와는 독립적으로 존재하는 독자적인 구조나 질서, 즉 도덕규칙을 의미하는 문화의 일부분으로서만 존재할 수 있다. 그러한 문화는 그 부분들을 사람들이 수용하고 변동시키기 때문에 존재하고 발전될 수 있는데, 그 과정을 이해하려면 생물학적 진화가 체계적으로 무시하는 문화적 진화의 거름과정(filtering process)에 주목해야 한다. 다른 모든 가치와 마찬가지로 우리의 도덕원칙은 이성의 산물이 아니라 그 전제다. 그것은 우리의 지성이 봉사할 목적들의 일부다. 진화단계에서 가치시스템들은 우리의 이성이 봉사하는 목적들을 공급한다. 따라서 도구적 합리성에서 전제하는 목적들을 선별하는 것이 문화적 진화에서 형성되는 도덕적 가치이다.

도덕원칙들은 우리의 삶을 지배하는 반면에 우리는 왜 그것들이 그러한지, 그것들이 무엇인지를 말할 수 없다. 인간사만큼이나 오래된 도덕은 외부에서 부과된 것이 아니라 처음부터 우리의 마음속에 가지고 있다. 그러한 것 없이는 인간사회의 집단적 삶이 불가능하고 합리적으로 행동할 수 없다. 공유된 가치들(제도적 구조)은 목적을 규정하고 행위자에게 행동할 경계선을 확립해준다(Hayek, 1979: 156). 그래서 '규칙합리성'이라는 말이 생겨났다.

개인들은 자신의 삶의 조건을 개선하기 위해 각자 자신의 행동계획을 세워서 이를 수행한다. 성공적인 행동방식을 지속적으로 이용하다 보면 그들은 그러한 행동방식을 특정한 상황에서 행동할 방법을 위한 '행동규칙'으로 취급한다. 그들이 그러한 행동방식을 행동규칙이라고 의식할 필요가 없다. 다른 사람들이 성공적인 행동방식을 목격하고 이를 모방하면 특수한 방식으로 행동하는 사람들의 수가 증가한다. 모방과정이 지속되어 특수한 규칙을 이용하는 수가 많아지면 다른 사람들로부터도 그러한 유사한 행동을 하리라는 기대를 갖는다. 문제의 행동이 모방을 통해 확산되면 '일반적으로 수락된' 행동규칙이 된다. 공유된 행동규칙 또는 넓게 말해 공유된 문화다.

성공적인 행동계획들이 제도로 변화한다. 제도는 이전 세대의 선구적인 노력의 의도하지 않은 결과다. 문화적 진화의 전형적인 예가 칼 멩거가 보여준 화폐의 등장이다. 더 많은 사람들에게 더 큰 주관적 가치를 부여하는 재화를 가진 사람들이 더 용이하게 그리고 더 많이 교환할 수 있고, 그래서 경제적으로 성공한다는 것을 발견했다. 화폐는 인간행동의 결과이지만 계획된 결과가 아니다. 돈이라는 제도를 창출하겠다는 마음이 있어서가 아니었다. 사람들은 소비하고 싶은 재화를 습득하기 위해 거래하고, 될 수 있는 대로 용이한 거래를 원한다는 생각뿐이었다.

그러한 진화사상의 원조는 데이비드 흄과 애덤 스미스 등이 개발한 스코틀랜드 계몽주의 사상이다. 그 사상은 경험을 통한 학습과정을 중시하는데, 이는 지식에 대한 경험주의를 반영한 것이다. 이를 가장 분명하게 설명한 인물은 하이에크다. 그는 정신적 범주를 외부세계와의 상호작용의 결과로 이해한다. 그렇기 때문에 하이에크는 스코틀랜드의 도덕철학자들에게 의존하여 자생적 행동질서의 기초가 되는 행동규칙을 문화적 진화의 결과로 파악한다. 문화적 진화와 자생적 질서는 쌍둥이 아이디어, 즉 동전의 양면이기 때문이다(Hayek, 1969).

시장질서에 대한 비판의 오류

외적인 쇼크와 파동(요동)에 대해 저항할 수 있고 시장시스템의 내적인 변화들을 제어할 수 있는 시장시스템의 탁월한 능력의 원천이 시장경제의 자율적인 행동조정과 자율적인 행동통제 그리고 시장경제의 발견적 절차다. 시장시스템의 내적인 자율능력 때문에 시장질서가 스스로 유지되고 조직될 수 있다. 그리고 그러한 능력 때문에 우리는 빈번히 시장시스템의 자생적 질서를 자연적인 유기체에 비유하고 있다. 물론 인간사회의 자생적 질서를 자연 속에 있는 유기체와 비유할 수는 없지만, 그럼에도 불구하고 시장질서는 유기체의 내적인 규제능력을 연상시키는 탁월한 능력을 가지고 있다.[12] 그러나 간섭주의자들은 시장경제는 경기변동과 함께 매우 불안정적이고, 심지어 공황(마르크스)을 몰고온다고 주장한다. 그렇기 때문에 정부가 시장경제에 개입해야 한다는 것이다.

물론 금융시장의 불안정에서 보듯이 특정 시장이 때때로 변덕스러운 변화와 불안정성을 보여주고 있다는 것을 전적으로 부정할 수는 없다. 기술혁신과 문화적 변동이 기존의 경제활동 패턴을 붕괴시킬 수 있다는 것도 부정할 수 없다. 인간의 취향과 선호구조, 그들의 지식이 다양하게 변동할 경우 시장경제가 이에 적응하지 못하면 이 경우에도 불안정이 야기된다는 것이 분명하다(Gray, 1995/2007).

그러나 이러한 자생적인 상황을 극복하기 위해서는 정부의 계획과 규

---

12) 시장시스템의 자생적 질서에는 경기변동, 특히 경기침체도 존재한다. 지식을 개선하려는 지속적인 노력을 통한 행동조정이 완전하고 시장가격을 전달하는 지식이 해석의 여지 없이 분명하다면 경기변동이 존재하지 않고 성장이 꾸준히 이루어진다. 그러나 가격에 대한 주관적인 해석, 소문, 의심 등에 의해 경제주체들은 경제활동을 줄이거나 확대한다. 경제주체들의 행동이 서로 연관되어 있기 때문에 대부분의 경제주체들은 동일한 방향으로 행동을 취한다. 따라서 자생적 질서에도 경기변동이 있기 마련이다.

제가 필요하다는 주장은 매우 잘못된 것이다. 이러한 불안정성 또는 구조변화는 성장을 위한 자연스런 진통이다. 그리고 개개인들이 경기변동에 노출되는 것은 경기변동 없이 고르게 변하지 않는, 그러나 장기적으로 성장을 보장하는 시장참여에 대한 대가다. 정부의 규제와 간섭은 이러한 성장을 가로막는다. 더구나 규제와 간섭은 혼란만 야기한다. 개입에 필요한 지식의 문제 때문이다. 그러한 개입과 규제는 자율적인 행동조정과 자율적인 행동통제를 통해 안정화의 길로 가는 것을 인위적으로 차단하는 결과를 초래한다. 위기 상황일수록 정부가 경제에 개입하기보다는 경제주체들의 행동을 제약하는 기존의 법적 규제들을 해체하는 일이 더 중요하다. 새로운 행동을 개발하고 실험할 수 있는 자유의 영역을 확대하는 일이 경제의 안정화를 위한 정부의 과제다.

시장경제의 불안정성을 논하고 정부의 규제와 간섭이 필요하다는 것을 주장하는 사람들은 흔히 1930년대의 대공황을 들고 있다. 특히 케인스주의자들이 이러한 주장을 한다. 시장에 유효수요의 부족이 생겨날 수 있고 이 때문에 공황이 생겨난다는 것이다. 정부가 나서서 유효수요의 부족을 상쇄해야 한다는 것이다. 그러나 우리가 주목하는 것은 이러한 입장에 대한 하이에크의 반격이다. 이 대공황은 결코 자생적 질서의 시장경제에서 생겨난 자연적인 경기변동이 아니었다. 그러한 공황이 발생한 근본적인 원인은 시장경제에 대한 규제와 간섭 때문이었다. 하이에크는 잘못된 투자를 공황의 근본 원인으로 여기고 있다. 과거 지속적으로 증가된 통화량으로 인해 생산구조가 왜곡되어 이것이 수요구조에 맞지 않기 때문에 생겨난 결과로 해석하고 있다. 유효수요를 증대시켜 경제를 균형경로에 올려놓기 위해 정부가 나서는 것도 틀렸다. 그러한 간섭주의를 추진하기 위해 필요한 지식을 정치가들이나 관료들이 가지고 있지 않기 때문이다. 경기변동을 상쇄시키는 데 필요한 모든 것을 이미 알고 있는 정치가나 관료들 그리고 학자란 존재하지 않는다. 자신들의 삶을 개선하려고 노력하는 경제주체들이 경기변동에서 생겨나는 생활의 어려움을 극복하기 위한 현장지식을 더 잘 알고 있다.

안정정책을 통해 경기변동을 상쇄시키려는 노력은 '지식의 오만' 또는 '이성의 남용과 몰락'이라는 하이에크의 비판을 면하지 못한다.[13] 경기변동을 극복하기 위한 정부의 최선의 정책은 경제주체들의 활동을 방해하는 규제를 없애버리는 일이다. 경제주체들이 타개책을 개발하고 실험할 수 있는 자유를 허용해야 한다는 것이다. 한국의 IMF 경제위기도 경제에 대한 정부의 규제와 계획 때문이지 시장경제의 자생적 질서를 부인하는 사건은 결코 아니다. 위기의 근원적인 발생요인은 기업을 통제하는 데 중요한 역할을 해야 할 은행과 금융권이 정부의 손에 있어 그러한 역할을 수행할 수 없었기 때문이다. 은행은 자신의 수익성과는 관계없이 정부의 지시에 따라 도산할 기업을 살리거나 정부의 마음에 드는 기업에 특혜를 부여했다. 그 결과가 금융위기였다.

재벌기업의 해법은 무엇보다도 금융기관의 자율화다. 도산할 기업, 수익성이 없는 사업에 투자하려는 기업에게 돈을 빌려주지 않는 것이다. 금융시장의 자유경쟁 확립은 재벌 문제의 해결을 위한 첩경이다. 이것이 미제스의 지혜가 아닌가?(Mises, 1949) 그러한 자율화는 금융기관이 자신의 도산에 대해 스스로 책임지는 것을 포함한다. 그러나 유감스럽게도 정부의 정책은 그렇지 않다. 기업에 대한 중요한 통제기능을 행사할 금융시장에 대한 정부의 간섭은 과거나 지금이나 거의 달라진 것이 없다. 시장에 대한 정부규제가 없

---

13) 이러한 지식의 문제 외에도 우리가 주목하는 것은 정치적 의사형성과정이다. 경제개입은 민주주의 정치과정을 통해 형성된다. 그러나 민주정부가 정말로 경기변동을 보살피는 선량한 책임자인가의 문제는 남아 있다. '선량한 정치가'라는 가정은 낭만적인 국가관에서 비롯된 것이다.

으면 대량실업, 저성장 위기 등 혼란이 야기된다는 증거로 2008년 금융위기를 들먹인다. 친시장 개혁으로 무법천지가 된 금융시장의 독재와 오만에서 위기가 비롯되었다고 목소리를 높인다. 그러나 그러한 비판은 틀렸다. 안재욱 교수가 입증하듯이(안재욱, 2008) 규제를 풀었기 때문에 위기가 야기된 것이 아니라 미국 연방준비은행의 방만한 통화정책과 정부의 주택시장 간섭이 주범이었다. 주택시장의 버블과 금융위기가 그러한 정책의 결과였다.

오늘날 우리가 겪고 있는 저성장·고실업도 규제 없는 시장 탓이 아니라 통화팽창과 금리를 비롯한 다양한 정부규제로 야기된 생산구조의 왜곡 때문이다. 따라서 우리가 직시해야 할 것은 대부분의 경제 문제는 경제적 자유를 극대화하는 친시장 정책이 아니라 정부가 과거에 도입한 각종 규제와 정부지출 확대 등의 결과라는 것이다.

3
정치철학으로서의
경제적 자유주의

좌파는 경제자유와 시민적 자유를 구분하고 경제자유를 무시하는 반면에 시민적 자유를 중시한다. 그 대표적인 정치철학자가 존 롤스(J. Rawls)다(민경국, 2007: 184, 448). 그의 기본적 자유(basic liberties)의 목록에는 경제자유 그리고 이와 밀접한 관련을 가진 생산수단의 사적 소유가 빠져 있다. 롤스의 철학에는 독특하게도 재산권이론이 없다(민경국, 2007: 434 이하). 그 대신에 언론·출판·결사의 자유 등과 같은 시민적 자유 그리고 참정권을 의미하는 '정치적 자유'만 들어 있을 뿐이다. 경제적 자유는 롤스가 제기한 정의의 제1 원칙으로서 자유의 원칙에 의해 보호를 받지 못한다. 이와 같이 그는 경제적 자유를 배제함으로써 스스로 자신의 자유주의를 '정치적 자유주의'라고 부르고 있다. 경제적 자유를 무시하거나 경시하는 입장은 영국의 노동당과 미국의 좌파 전통이다. 그 같은 전통에서는 경제적 자유는 얼마든지 제약해도 된다는 생각이 배어 있다. 경제적 자유, 경제적 자유주의는 단순히 경제적인 것이기 때문에 정치사상에서 배제하려고 한다.

그러나 주목할 것은 경제적 자유를 경시해도 된다는 생각은 철학적으로

나 이론적으로나 또는 우리의 역사적 경험으로 보나 적절하지 못하다는 점이다. 자유는 분리할 수 없는 하나이기 때문이다. 오히려 경제적 자유와 경제적 자유주의는 경제에 국한된 것이 아니라 시민적 자유 그리고 민주주의 발전과도 밀접한 관련이 있기 때문에 경제적 자유주의는 정치철학의 핵심이라는 것을 밝히고자 한다. 이를 위해 우선 경제적 자유에 대한 오해를 설명할 것이다. 이어서 경제적 자유와 시민적 자유는 분리할 수 없는 하나라는 것을 철학적, 이론적 그리고 역사적 경험을 통해 입증할 것이다. 이로써 경제적 자유주의와 경제적 자유는 정치철학의 핵심요소라는 것을 보여주고자 한다.

경제적 자유에 대한 몇 가지 오해

사람들은 오늘날 자유주의를 '경제적 자유주의' 또는 시장자유주의라고 생각하는 경향이 있다. 이러한 경향은 자유주의 자체를 폄훼하려는 의도에서 나온 것이다. 더구나 하이에크, 프리드먼 등은 경제적 자유만 중시했고 다른 자유를 등한시했다고 비판하기도 한다. 그래서 그들의 자유주의는 경제적 자유주의자라며 암묵적으로 그 권위를 격하시키려 한다. 자유주의가 오로지 경제적 자유만을 의미하는가?

경제적 자유와 행동의 자유

경제적 자유는 넓은 의미에서 행동의 자유 개념의 한 부분이다. 경제적 자유란 '자생적 질서'의 개념을 경제 분야에 적용한 것이다. 행동의 자유란 목적을 실현하기 위해 움직일(행동할) 자유를 말한다. 환경변화에 적응하려는 자유, 새로운 것이 등장하는 환경변화를 자신에게 유리하게 형성하고자 하는 자유다. 이러한 행동의 자유에서는 상업적 또는 비상업적 행동도 전부 포함한다.[14]

행동의 자유를 적용할 수 있는 부문의 대표적인 예는 '비영리조직' 또는 비상업적인 활동을 위한 조직이다. 이런 조직이 할 수 있는 역할은 예를 들면 일자리 찾아주기, 가난의 해소, 의료시설 운영, 환자 돌보기, 청소년 범죄 예방, 빈민의 삶의 개선, 장학사업, 마약퇴치, 연구지원 등과 같은 것들이다 (Hayek, 1981: 76-79).[15] 그 밖에도 비영리조직이 활동할 수 있는 영역은 매우 다양하다. 이러한 독립부문의 활동은 이익단체의 역할과는 차이가 있다. 이익단체는 기본적으로 자기 몫을 차지하기 위한 이른바 분배목적을 둔 상업적 연립이기 때문이다.

자유주의는 그러한 비영리적 활동, 이타적인 활동까지 포함한다. 그렇기 때문에 자유주의를 단순히 시장자유주의 또는 경제적 자유주의라고 말할 수 없다. 경제적 자유라고 해서 오로지 경제적인 것만 존재하는가의 문제도 있다. 우리가 돈을 버는 목적을 최종목적으로 할 경우에만 순수한 경제적 자유라고 말할 수 있다. 예를 들면 수전노 같은 사람의 활동의 자유가 그렇다. 그러나 최종목표로서 경제적 목적이란 없다. 경제적 목적 또는 경제활동은 다른 목적을 위한 수단이다. 경제적 자유라고 해서 그것이 시장자유만을 의미하는 것은 아니다. 경제적 자유는 모든 활동을 포함하는 자유다. 오해를 없

---

14) 행동의 자유는 사소한 일을 행하는 것까지 포함한다. 교역과 생산은 물론 옷을 입고, 밥을 먹고, 집안을 정리하는 것 등의 행동의 자유도 사소한 것 같지만 문명의 과정에 대단히 큰 기여를 한다(Hayek, 1971: 45).

15) 이러한 제3 섹터를 강조하여 공동체주의를 구성한 학자 중 대표적인 인물은 에치오니(A. Etzioni)다. 그는 1993년에 발표한 『공동체주의 정신』에서 소규모 공동체의 사회적 역할을 매우 중시하고 있다.

애기 위해 '행동의 자유'라고 부르는 것이 옳다.

　행동의 자유 가운데 대표적인 것이 경제적 자유다. 집안을 정리하는 자유, 목사가 주어진 자원을 효율적으로 이용하는 자유 등도 경제적 자유다. 이타적 행동이든 이기적 행동이든 모든 행동에는 경제원칙에 따른 행동이 내재되어 있다. 적은 돈으로 교회를 효과적으로 운영하는 것도 경제적이다. 들어온 돈을 자선단체가 가장 효율적으로 사용하는 것도 경제적이다. 교회가 추구하는 목적을 위해 헌금을 효율적으로 사용하는 것도 경제적이다. 그 어느 활동도 경제적이지 않은 행동은 없다.

경제적 자유는 가난한 자들을 위한 자유

　대부분 경제적 자유라고 말할 경우 오로지 생산자의 자유만 의미하는 것으로 이해하고 있다. 사람들은 이러한 이해를 기초로 하여 자유주의를 비판하고 있다. 즉 자유주의는 원칙적으로 누구나 경제적 자유를 가지고 있지만 사실상 그러한 자유는 생산수단을 가진 생산자 또는 기업인과 같이 소수파의 자유일 뿐 생산수단이 없는 사람들에게는 경제적 자유란 의미가 없으며, 그렇기 때문에 자유주의는 가진 자의 이념일 뿐이라고 비판한다. 경제적 자유란 가진 자만을 위한 자유라는 것이다. 정말로 경제적 자유가 가진 자에게만 유리한 자유인가? 경제적 자유가 가진 자만의 자유라는 주장에는 중요한 사실을 간과하고 있다. 그것은 누구나 경제적 자유를 직접 행사하지 못하고 생산수단의 소유자만이 그러한 권리를 행사한다고 해도 그 행사로부터 수많은 사람이 편익을 얻는다는 사실이다.

　예를 들면 기업의 생산 활동의 자유는 일자리 창출과 소득의 향상 그리고 상품공급의 증가를 야기하고 이러한 편익은 생산수단을 갖지 못한 사람들에게 주는 중요한 편익이다. 시장경제와 자유주의는 약자를 위한 체제이고, 빈곤을 퇴치할 수 있는 가장 효과적인 체제다. 경제적 자유가 오로지 가진 자만의 자유라는 주장이 잘못이라는 것은 다른 자유와의 비교를 통해서도 분명히 드러난다. 좌파들이 중시하는 출판의 자유도 소수가 행사하지만 그러한 행사는 수많은 사람에게 편익을 가져다준다. 학문의 자유도 마찬가지다. 소수가 학문의 자유를 향유하지만 그러한 학문의 자유권 행사의 결과로서 새로운 과학기술의 발견, 의료기술의 발견은 모든 사람에게 이익을 가져다준다.

경제적 자유를 순전히 생산자와 기업인의 자유라고 해도 그러한 자유의 행사는 소수만이 행사할 수 있는 출판의 자유나 학문의 자유와 마찬가지로 보편적인 편익을 야기한다. 따라서 내가 그러한 자유를 이용할 경우 그 자유의 편익을 얻는 사람은 나만이 아니다. 다른 사람이 이용한다고 해도 나에게도 유익하다. 그러나 경제적 자유를 순전히 기업인의 자유 또는 생산자의 자유로만 국한할 수 없다. 소비의 자유, 직업선택의 자유도 경제적 자유의 중요한 구성요소다. 생산자의 자유는 소비자를 위한 자유이다. 경제의 궁극적 목적, 기업의 궁극적 목적은 소비자의 이익을 위한 것이기 때문이다.

자유주의와 시장자유주의

따라서 자유주의는 단순히 시장자유주의가 아니다. 그것은 결코 경제적 자유주의만을 의미하는 것이 아니다. 자유주의자들은 경제적 자유 외에도 언론의 자유, 사상의 자유, 그리고 출판의 자유와 결사의 자유 등 수많은 자유를 등한시하지 않는다. 아니, 등한시할 수 없다. 그 이유는 이렇다. 즉 정신적 자유로서 의견의 자유의 예를 들면, 의견의 자유는 인간 상호 간에 의견을 교환하는 과정을 촉진시킴으로써 더 많은 지식이 발생하고 축적되어 사회적인 문제를 더 잘 해결할 수 있다는 확신 때문이다. 자유주의가 생겨난 것도 그러한 확신 때문이다. 정신적 자유에 의해 확립된 지식의 확대와 지식의 향상, 지식의 축적 그리고 이로써 개인들이 자신의 목적을 달성할 수 있는 힘의 증대 등 이 모든 것이 자유주의자들이 제일로 기대한 것이었다. 예를 들면 하이에크는 자신의 저서 『노예의 길』 제11장 '진리의 종언' 맨 뒷부분에서 정신적 자유의 중요성을 이렇게 설명하고 있다.[16]

> "서로 다른 의견을 가진 사람, 서로 다른 지식을 가진 사람들의 상호작용은 정신적 삶의 본질을 구성한다. 우리의 지식의 성장은 그러한 다양성에 기초를 둔 사회적 과정이다. 우리의 이성적 지식(Vernunftwissen)의 성장은 다양성에 기반을 둔 사회적 과정이다."

하이에크는 지식의 사회적 성장과정을 통해 개인들의 이성이 성장한다는 것을 강조하고 있다. 요컨대 정신적 자유는 개인들이 사회적 과정을 통해 학습하고 경험을 축적할 수 있는 터전이다. 이것 없이는 인간 이성의 개발이 이루어질 수 없다. 그런데 우리가 주목하는 것은 인간정신이 사회적 과정으로서 지식의 성장과정을 계획하거나 조직할 능력이 있는가의 문제다. 인간의 그러한 시도는 불가능하고 그 자체가 모순이다. 왜냐하면 인간정신이 자신의 성장을 비로소 가능하게 해준 사회적 과정을 감시하려고 하기 때문이다. 그럼에도 정신적 자유를 억압하여 지식의 성장과정으로서 사회적 과정

---

16) 하이에크는 이러한 인용문에 이어서 이렇게 말하고 있다. "이러한 지식의 성장과정의 본질은 과정의 결과를 아무도 예측할 수 없다는 것, 어떤 견해가 이러한 지식의 성장과정을 촉진할 수 있고 어떤 다른 견해가 그렇게 할 수 없는가를 알 수 없다는 것이다. 간단히 말해 성장과정을 억압하지 않고서는 그 어떤 견해도 성장과정을 지배할 수 없다는 것이다."(Hayek, 1981: 208)

을 억압하려고 한다면 이러한 시도는 지식의 성장을 가로막고 얼마 안 가 정신적인 정지 상태를, 결국에는 정신의 황폐를 초래할 뿐이다.

자유주의가 물질적인 증대만을 강조한다는 주장, 물질적 증대를 위해 경제적 자유만을 강조한다는 주장은 전부 옳은 것이 아니다. 자유주의자들은 특히 옛 소련이나 동유럽의 사회주의 체제하에서 언론, 출판, 의견, 사고의 자유 같은 정신적 자유의 억압을 체험했다. 이러한 체험을 한 그들이 어떻게 정신적 자유(´시민적 자유´라고도 부른다)를 무시한단 말인가!

경제적 자유를 중시하는 이유

그럼에도 자유주의자들이 경제적 자유를 강조하는 이유가 있다. 그 이유는 많은 반(反)자유주의 지식인이나 정치가들, 특히 좌파들은 경제적 자유를 박해하는 대신에 학문의 자유, 언론·출판의 자유 같은 시민적(즉, 정신적) 자유 그리고 참정권을 의미하는 정치적 자유를 중시하기 때문이다. 그러한 좌파진영을 대표하는 인물은 미국의 유명한 정치철학자 존 롤스다. 그는 사유재산이나 경제적 자유를 무시해버렸다. 그 대신에 언론의 자유, 학문의 자유, 종교의 자유 그리고 정치에 참여할 권리 같은 자유[17] 등을 중요시했다. 그렇기 때문에 롤스의 1992년 저서 『정치적 자유주의』의 제목이 말해주듯이 그는 단순히 ´자유주의자´가 아니라 ´정치적 자유주의자´다. 그리고 이는 실제로 사회민주주의나 다름없다.

자유주의자들은 20세기 내내 국가권력이 경제 부문에 깊숙이 개입함으로써 개인의 자유가 그 어떤 부문보다 위태로워진 것을 목격했다. 좌파는 정치적 자유나 학문의 자유, 그리고 사상의 자유에 대한 침해를 격렬히 막아냈

---

17) 롤스는 정치에 참여할 권리를 ´정치적 자유´라고 말하고 있지만, 사실상 이것은 자유가 아니다.

다. 그러나 경제적 자유를 억압하는 데 앞장섰다. 좌파 지식인들은 자신의 자유에 속하는 언론·사상·학문의 자유를 누리면서 타인들의 자유를 억압하는 논리를 개발했다. 남의 자유는 중요하지 않고 나의 자유만 중요하다는 식의 사고방법을 가진 것이 좌파들이다. 이들의 연구결과는 경제적 자유를 위태롭게 했다.

위태롭게 한 요인은 시기적으로 다르다. 1950년대를 기준으로 놓고 본다면 그 이전에는 사회주의 계획경제와 복지국가의 확장으로 인해 경제적 자유가 위태로워졌다. 이 시기에 서방국가에서는 케인스주의와 신고전파의 시장실패이론이 정신세계와 정치세계를 지배했다. 동유럽에서는 계획경제 이론이 지배하고 있었다. 개인의 자유에 대한 억압을 초래한 정부의 개입 형태는 다양하다. 대표적인 예를 들면 다음과 같다.

- 정부가 기업인으로 행세하며 기업을 규제하고 기업의 경영을 간섭한다.
- 누진세 및 세수를 증대시켜 개인의 재산권을 침해한다. 개인의 소득과 재산의 사용을 정부가 박탈해간다.
- 복지확대를 위해 증세는 물론 정부부채의 증가와 통화의 증발을 불렀다.

그런데 1950년대 이후에는 국가가 경제에 개입하여 개인의 자유를 위태롭게 하는 요인이 달라졌다. 그 요인이란 '부제한석 민주주의'다. 현대의 민주국가에서 민주주의는 단순한 투표 메커니즘이 아니라 수많은 이익단체가 정부로 하여금 자신들에게 유리한 정책을 만들도록 정치에 영향력을 행사하는 경로가 되었다. 자유주의자들은 압력단체로서 이익단체들의 그룹이기주의가 국가를 경유하여 경제적 자유를 심각하게 유린하는 것을 목격했다. 그 대표적인 예가 경제에 대한 노동조합의 강력한 영향력의 증대다. 그리고 이권추구를 위한 각종 정치적 행위가 난무했다.

자유주의자들이 행동의 자유의 주요 구성요소로서 경제적 자유를 강조한 것은 그 같이 경제 부문에서 개인의 자유가 그 어떤 부문보다 위태롭게 되었기 때문이다. 자유주의는 경제적 자유가 다른 어떤 자유보다 중요하다고 여기기 때문에 경제적 자유만을 중시한다는 좌파의 해석은 전적으로 오해에서 비롯되었다는 것이다.

좌파 지식인들이 정신적 · 시민적 자유만을 중시하고 경제적 자유를 박해하고 있기 때문에 자유주의자들은 경제적 자유의 중요성을 부각시키지 않으면 안 되었다. 그렇다고 해서 자유주의자들은 언론 · 사상 · 학문의 자유 같은 정신적 자유를 희생시킬 수는 없었다. 이러한 자유를 희생시켜 경제적 자유만을 부각시킨다면, 이것은 '경제적 자유주의'일 뿐 '자유주의'가 아니다. 경제적 자유를 다른 자유와 마찬가지로 중요하다고 보기 때문에 수식어 없이 자유주의다. 두 영역의 자유를 똑같이 중요하다고 보는 이유는 무엇인가? 이는 이론적으로 그리고 실천적으로 매우 중요한 문제다.

자유는 분리할 수 없는 하나

좌파 지식인들이 경제적 자유를 무시하고 시민적 자유만을 중시하는 것은 자신들의 활동은 정신적 활동이기 때문에 매우 고귀한 반면에 다른 사람들의 활동은 물질적 또는 행동의 차원이기 때문에 정신적 차원보다 낮다는 전제에서 나온 것이다. 이러한 전제를 가진 이념적 전통은 영국의 노동당

과 미국의 좌파(이는 미국적 자유주의다), 그리고 철학자로는 롤스를 비롯한 사회
민주주의 철학의 핵심이었다. 우리는 이러한 분리가 간섭주의와 국가권력의
비대화를 초래하여 경제적 자유는 물론 시민적 자유까지 훼손하는 결과를
초래했다는 것을 직시할 필요가 있다.

그러나 경제적 자유와 시민적 자유의 통일성을 믿고 있었던 인물은
1980년대 영국의 수상이었던 마거릿 대처(M. Thatcher)였다(민경국, 2012). 그녀는
시민적 자유가 더 고귀하다고 믿으면 경제적 자유를 상실한다는 것을 잘 알
고 있었다. 그래서 경제적 자유와 시민적 자유는 똑같이 중요하고, 오히려 경
제적 자유가 제한되면 시민적 자유의 제한이 뒤따른다고 믿었다. 그녀는 자
유는 분리할 수 없는 하나라고 여겼다.

사고와 행동의 통일체

정신적 자유는 중요하고 경제적 자유는 경시해도 된다는 좌파들의 입
장은 우리의 이성의 발달과 지식의 축적에 대한 오해에서 비롯된 것이다. 즉,
생각만이 중요하고 행동은 중요하지 않다는 발상에서 나온 것이다. 그러나
이것은 전적으로 잘못된 시각이다. 사고의 과정(정신적 과정)은 견해, 아이디어,
의견을 토론하고 교환하고 변형하고 이런저런 말투로 바꿔 표현하는 과정이
다.[18] 언론의 자유, 사상의 자유, 의견의 자유가 모두 그러한 사고의 과정을
위한 것이다.

그러나 우리가 주목하는 것은 견해나 아이디어를 현실에 적용하고 응

---

18) 이러한 정신적 과정에서 발견되는 것은 말 잘하는 사람이 누구인지, 누가 가장 인상적으로 말을 하
는지, 어떤 아이디어가 가장 미학적이고 웅변적인지, 어떤 아이디어가 가장 논리적으로 부합하는지
를 발견하는 과정이다.

용하는 행동이다. 이러한 행동은 실제와 부딪치는 행동이다. 따라서 그 같은 행동과정은 아이디어나 견해, 의견의 옳고 그름, 적절 또는 부적절을 판별하는 과정이다. 경험적으로 검증하는 과정이다. 경험적으로 유예될 수 있는 아이디어와 견해가 어떤 것인지, 실제로 오류가 어떤 것인지를 발견하는 과정이다. 그런데 생각과 행동이라는 두 가지 과정은 분리될 수 없다. 그 둘은 서로 분리될 수 없는 하나로 작동하기 때문이다. 새로운 아이디어, 새로운 견해 또는 새로운 의견은 생각과 행동의 상호작용에 대한 결과다.[19] 행동과 사고의 상호작용과정에서 우리의 이성이 개발된다(Hoppmann, 1988: 382). 생각이 없는 행동과 행동이 없는 생각은 아무런 의미가 없다. 실천이 없는 생각, 실천 없는 아이디어 또는 의견은 공리공론에 지나지 않는다.

우리가 주목하는 것은 이와 같이 생각과 행동은 분리될 수 없는 통일된 하나라는 것이다. 이러한 통일성은 행동의 자유와 정신적 영역의 자유(언론의 자유, 의견과 표현의 자유, 종교와 사상의 자유, 학문의 자유 등)와 관련이 있는 생각의 자유와 밀접한 관계, 불가분의 관계를 가지고 있다는 것을 말해준다. 따라서 생각과 행동은 상호관계가 있기 때문에 정신적 자유와 행동의 자유 그리고 경제적 자유는 똑같이 중요하다. 생각과 행동의 상호작용으로 우리의 이성이 개발된다면 우리의 이성을 개발하기 위해 정신적 자유와 행동의 자유라는 두 가지 자유 모두 동일한 가치가 있다. 행동 없이는 사고도 의미 없고, 사고 없이는 행동도 의미가 없기 때문에 행동의 자유 없는 생각의 자유는 의미가 없다. 경제적 자유는 정신적 자유를 위한 포기할 수 없는 기초다.

---

19) 그런데 우리가 주목하는 것은 생각이란 구성주의적 합리주의처럼 논리적 사고, 연역적 사고를 말하는 것이 아니다. 또한 논리적이고 연역적 사고를 말하는 것이 아니다. 그것은 이성의 적용을 의미한다. 사고란 다음과 같은 의미를 가지고 있다. 즉 심사숙고, 우려하다(Bedenken)/생각을 바꾸다(Umdenken)/기억 회상(Gedenken)/기억 · 추억 회상(Andenken)/의심하다(Verdemken), 마음속에 가지고 있는 것을 생각하다, 마음속에 가지고 있다, 좋은 생각과 나쁜 생각을 가지고 있다(Hoppmann, 1988: 383, 주석 16).

좌파는 이러한 상호작용 대신에 정신적 과정을 지나치게 중시했다. 행동 없는 생각은 공허할 뿐이다. 탐구의 자유, 신앙의 자유, 토론과 언론의 자유는 새로운 진실이 발견되는 마지막 단계에서야 비로소 중요하다. 그전 단계에서는 행동의 자유가 중요하다. 새로운 견해, 새로운 아이디어의 원천은 기존의 아이디어와 견해를 현실에 적용하고 실천하는 행동이라는 것에 주목할 필요가 있다. 말만 하거나 토론만 하고, 의견만 교환하거나 이런저런 말투로 바꾸어보는 것만으로는 아무런 소용이 없다.

생각의 자유를 중시하고 행동의 자유를 무시하는 사상은 "인간은 생각한다. 고로 존재한다"는 존재의 원인을 사고에서 찾는 데카르트 사상의 연장이다. 이 사상은 인류의 발전을 인간의 의식적 사고로부터 생겨난다고 보기 때문에 정신적 자유를 중시하고 행동의 자유, 경제적 자유를 경시한다. 경제적 자유 같은 행동의 자유를 무시하거나 이들을 희생시키는 대신에 정신적 자유만 칭송하는 것은 건축물의 꼭대기 부분을 건축물의 전부로 간주하는 것과 마찬가지라는 하이에크의 말은 사고과정과 행동과정의 등가성을 적절히 표현한 말이다(Hayek, 1971: 43).[20]

우리가 주목하는 것은 행동의 자유는 모든 인간이 가지고 있는 아이디어, 가치, 목표, 능력, 재주를 실제로 적용하고 집행하는 영역이고 그 결과로서 물리적·사회적 환경을 형성하는 과정이라는 것이다. 예를 들면 시장경제의 가격 또는 관행이나 관습들 그리고 각종 상품과 서비스 같은 상품세계를 형성하는 것이 행동 자유의 영역이다. 행동 자유에서 생겨나는 대표적인 것이 시장경제의 자생적 질서다. 행동의 자유는 새로운 기술에 대한 아이디

---

20) 그리고 그는 『자유의 헌법』에서 이렇게 말하고 있다(Hayek, 1971: 44). "지적인 과정은 이미 형성된 아이디어들을 정교하게 만들고, 좋다고 여기는 것들을 선별하고, 나쁘다고 여기는 것들을 제거하는 과정이다. 그런데 새로운 아이디어들은 행동과 물질적 현상이 서로 만나는 영역에서 흘러나온다. 자유를 지적인 영역에만 적용할 경우 그것은 없어져버린다."

어, 새로운 상품에 대한 아이디어, 또는 새로운 견해의 생성을 위한 기반일 뿐만 아니라 복잡한 문명을 실제로 정하는 것도 사고의 자유가 아니라 행동의 자유다. 그리고 이러한 행동의 자유로부터 형성되는 행동과정은 새로운 아이디어를 개발하고, 이들을 표현하고, 견해를 교환하고, 토론하는 과정보다 훨씬 더 복잡하다.

경제적 자유는 시민적 자유의 보루

좌파 지식인들은 경제적 자유 또는 행동의 자유는 억압해도 되고 시민적 자유, 즉 정신적 자유는 건드려서는 안 된다고 믿고 있다. 이러한 믿음은 행동의 자유를 억압해도 정신적 자유에 아무런 영향이 없다는 전제에서 나온 것이다. 그러나 경제적 자유에 대한 억압은 아무런 영향이 없는 것이 아니라 다른 자유의 보루이기 때문에 오히려 다른 자유의 억압을 초래한다. 이러한 사실을 보여주려고 노력했던 인물이 하이에크와 밀턴 프리드먼이라는 것은 잘 알려져 있다. 특히 경제 자유를 상실하게 되면 다른 자유도 잃어버린다는 것을 보여준 저서가 하이에크의 『노예의 길』이다. 경제적 자유의 제한은 의견의 자유, 신앙의 자유, 언론의 자유 같은 시민적 자유의 제한을 초래한다는 것이다.

예를 들면 외환거래에 대한 국가통제는 산업 자유의 통제와 전체주의로 이끌어간다. 외환통제는 정부를 비판하는 사람의 해외탈출 방법을 봉쇄하는 수단이다. 외국의 잡지나 신문 또는 서적 구입을 봉쇄하는 수단이다. 반정부 인사의 해외여행의 자유를 봉쇄하는 수단이다. 이로써 외환통제는 언론의 자유, 의견의 자유를 억압하여 여론을 조작할 수 있는 수단이 된다. 마찬가지로 출판과 인쇄의 국가독점도 언론의 자유와 사상의 자유 또는 신앙의 자유를 제약하는 중요한 수단이 될 수 있다.[21] 사유재산권을 기반으로 하는 시장 사회는 과도한 국가권력을 막기 위한 보루로 작용한다. 만약 국가가 인쇄와 언론 매체의 독점적 소유자라고 한다면 언론·출판의 자유는 아무런 쓸모가 없다. 자유로운 매체의 반향 없이는 의견의 자유와 시위의 자유가 미치는 영향과 효과는 대폭 감소한다. 수송수단이 국가에 의해 독점된다면 거주 이전의 자유 또는 주거 선택의 자유는 있을 수 없다. 필요한 공간을 국가가 할당할 권한을 가지고 있다면 집회의 자유는 있을 수 없다.[22]

우리가 확인하는 것은 정신적 자유만을 중시하고 경제적 자유를 무시하는 것은 사회민주주의의 치명적인 오류라는 것이다. 이것은 민주노동당의 강령이 정치적으로 매우 위험하다는 것을 말해준다. 민주노동당의 강령은 계획경제와 동일하다. 부의 생산을 정부가 통제할 것을 요구하는 강령이다. 그러나 이러한 강령에 따라 부의 생산을 통제할 경우 그 결과는 인간의 모든 생활을 통제하는 결과를 초래한다. 간섭주의가 심하면 심할수록 기업들은 정부의 정책을 비판하기가 그만큼 더 어려워진다. 친정부적 태도 여하에 따라 간섭의 잣대를 들이대기 때문이다. 기업조사, 세무조사를 정치적으로 이용하게 된다.

예를 들면 기업들이 자유주의를 지향하는 언론 매체 또는 시민단체를 지원하는 경우 그러한 지원을 막기 위해 세무사찰을 감행하여 기업인들의 정치적 선호의 표현을 억압한다. 그러한 사례도 경제적 자유가 언론의 자유 그리고 종교 활동의 자유에 얼마나 영향을 미치는가를 보여주는 중요한 사례다. 조세를 통한 경제적 자유의 제한도 궁극적으로 정치적 여론의 통제를

---

21) 이에 관해서는 프리드먼의 『자본주의와 자유』(최정표 역, 형설출판사, 1999) 제1장 '경제적 자유와 정치적 자유의 관계'를 참조하라.

22) 하이에크의 논문을 편집 번역한 책 『자본주의냐 사회주의냐』(민경국 편역, 문예출판사, 1989) 143쪽 참조.

야기한다. 정부는 다양한 방법으로 경제적 자유를 억압하는데, 이러한 경제적 자유의 억압을 정치적으로 이용한다. 따라서 경제적 자유가 적으면 적을수록 국가는 다른 자유를 억압할 수 있는 여지가 그만큼 커진다.

계획경제는 경제적 자유만을 억제하는 것이 아니라 경제적 자유의 억제는 결국 전체주의를 초래한다. 사회적인 목표를 달성하기 위해 경제적 자유를 억제하는 국가는 개인의 자유권 전체를 위태롭게 한다. "부(富)의 생산을 통제하는 것은 인간생활 그 자체를 통제하는 길"이다(Hayek, 1982: 119). 따라서 경제적 자유는 돈 버는 자유라는 뜻보다 더 많은 의미가 있다. 그것은 국가의 전지전능한 횡포를 막기 위한 대항력으로 작용한다. 국가권력을 억제하는 기능을 행사하고, 이로써 정치적 자유와 정신적 자유를 보호하는 역할을 한다.

자유주의가 논의의 중심에 두는 것은 권력의 문제다. 특히 국가권력 문제다. 왜냐하면 국가권력은 총과 칼, 교도소를 가진 권력이기 때문이다. 사회적으로 소망스럽다고 생각하는 정치적 목표를 달성하기 위해 경제적 자유에 간섭하는 국가는 개인의 자유권을 위태롭게 한다. 국가의 경제개입은 항상 강제와 결부되어 있기 때문이다. 이러한 국가의 전권(專權)을 억제하기 위해 다양한 수단을 개발했으나 가장 효과적인 방법은 사유재산권의 보장과 함께 경제적 자유를 보장하는 것이다. 사유재산권은 인류의 가장 소중한 발견물이다. 이것은 화폐의 발견보다 더 소중한 것이다. 자유주의는 경제적 자유를 국가의 전권에 대응하기 위한 가장 효과적인 수단으로 이해한다.

경제적 자유가 권력을 제한하는 기능은 대단히 중요하다. 사적경제로 조직된 경쟁시장과 시장사회는 국가의 과도한 권력에 대한 가장 효과적인 대항력이다. 그것은 민주적 선거제도보다 훨씬 효과적이다. 따라서 경제적 자유를 물질 추구를 위한 자유라고 매도해서는 안 된다. 경제 자유는 다른 자유의 전제조건이기 때문에 경제적 자유로 인해 정신적 자유도 높은 가치를 갖는다는 것을 간과해서는 안 된다.

자유의 역사가 주는 교훈

제러미 벤담을 비롯한 19세기 철학자들은 시민적 자유와 정치적 자유, 민주주의와 대중선거가 모든 사람에게 경제적 자유를 가져다준다고 주장했다(Friedman, 1982/1990: 24). 그러나 서유럽의 경우를 보면 그 인과관계는 바뀌었다.[23] 봉건시대의 폭정을 극복한 것은 경제적 자유였다. 봉건사회에서 사람들은 대단히 불평등했으며 경제활동도 불평등했다. 계급에 따라 적용하는 법도 달랐다. 귀족은 약자에 대해 특권을 향유했다. 상인들은 이러한 사회구조에서 적절히 행동할 수 없었다. 이러한 불평등한 사회구조를 극복한 것이 경제적 자유였다. 경제적 자유의 확립과 밀접한 관련을 갖고 있는 것이 자생적으로 형성된 '상관습법(Merchant Law)'이다. 그리고 이러한 법의 집행도 국가에 의존하지 않았다. 상인단체인 길드가 집행과제를 맡았다. 이러한 법 규칙들은 유럽 전역으로 확산되어 오늘날 유럽 또는 그 밖의 지역의 민법 형성에 결정적인 영향을 미쳤다. 그런데 우리가 주목하는 것은 상관습법이 광범위하게 확산될 수 있었던 이유다.

첫째로 그것은 상인에게는 물론 생산자들에게도 광범위하게 경제적 자유를 허용했다. 이러한 관습법을 채용한 도시는 수많은 기업인이 폭정을 일삼는 봉건지역을 등지고 몰려들 만큼 매력적이었다. 오늘날의 의미로 해석

---

23) 아래 부분은 어떤 문헌의 내용을 요약하여 인용했다. 그러나 그것이 어떤 문헌인지 잃어버렸다. 그 문헌을 찾으려고 노력했지만 찾지 못했다. 이 부분을 삭제하려고도 했지만 내용이 훌륭하여 인용된 원전을 밝히지 못했지만 그대로 살려두기로 마음먹었다. 그 문헌을 찾는 대로 기회가 있으면 다른 글에서 밝힐 것이다.

하면 기업 하기 좋은 지역이었기 때문이다. 그리고 상인들이 가는 곳마다 이러한 관습법이 확산되었다. 두 번째로 이러한 법 규칙이 특정 계층이나 특정 지역 출신을 우대하거나 차별하지 않고 보편적이었다는 점이다. 외국인이든 누구나 예외 없이 적용되었다. 봉건시대의 차별적인 법 적용이 극복되었던 것이다. '법 앞의 평등'이라는 정의가 자생적으로 실현되었다.

이러한 경제적 자유와 개인의 재산이 효과적으로 보호되었기 때문에 경제적 번영이 뒤따랐다. 기술혁신과 새로운 지식의 창출이 그 원인이었다. 요컨대 유럽의 산업혁명이 이러한 것이다. 이러한 혁신과 함께 생겨난 경제적인 번영은 시민적 자유와 정치적 자유의 등장을 용이하게 만들었다. 특히 유럽지역의 무역 개방 그리고 자본과 노동의 자유로운 이동, 상인과 생산자들의 자유로운 이동은 정치에도 강력한 영향을 미쳤다. 자의적인 입법과 자의적인 행정저 관행은 개혁하지 않으면 안 되었다. 그렇지 않았으면 유럽의 지배자들은 자본과 생산요소를 끌어들여 경제적 번영을 이룰 수 없었을 것이고, 따라서 그들이 강력한 권력을 유지하는 데 필요한 막대한 세수입도 확보할 수 없었을 것이다.

그러한 자유지향적인 개혁과정에서 종교의 자유, 학문의 자유, 언론의 자유 같은 시민적 자유도 확립되었다. 이러한 시민적 자유를 위한 물적 기반이 경제적 자유를 통해 형성되었기 때문이다. 경제적 자유의 등장과 함께 등장한 것이 중산층이었다. 경제적 번영으로 인해 교육받은 중산층이 두껍게 형성되었다. 경제적으로 성공한 자유로운 기업가들, 노동자들, 자본가들은 재산가들이 되었다. 그러한 사람들이 두꺼운 중산계층을 형성했다. 그들은 과거에는 대부분 봉건적 지배자의 가신이었거나 농노였던 사람들이다. 말하자면 무산자들이었다. 봉건사회에서 차별받던 계층이었다. 이들은 과거의 정치질서에 도전했다. 그 대신 정치적 자유와 민주주의를 요구했다. 유럽 사람들은 보다 많은 자유와 헌법적 보장을 요구했다. 이렇게 해서 민주주의 시대, 열린 자유시장경제 시대 그리고 자본주의 시대가 서구사회에 꽃을 피우게 되었다.

유럽사회의 간략한 역사적 개관에서 우리가 확인하는 것은 시민적 자유와 정치적 자유는 경제적 자유에 뒤이어, 그리고 경제적 번영에 힘입어 생겨났다는 것이다. 이러한 진화과정은 비단 서구사회에서만 목격할 수 있는 것은 아니다. 그것은 동양사회에서도 목격될 수 있다. 한국이 대표적이다. 많은 학자들이 입증하듯이 한국도 자유시장경제로부터 경제적 번영을 이룩했다. 이러한 번영에 뒤이어 정치적 자유와 민주주의가 확보되었다. 따라서 좌파가 그리워하던 민주정치를 실현할 수 있었던 것도 자유경제를 통한 경제발전 덕택이라고 볼 수 있다. 이런 진화과정을 중국에서도 목격할 수 있다. 민주화, 즉 정치적 자유의 요구가 강력하게 제기될 잠재력이 있다.[24] 그러나 경제적 자유와 번영에 뒤이어 나타날 정치적 자유로의 진화과정이 정부의 강압에 의해 봉쇄당하고 있다. '사적 소유권이란 술보다 더 위험하다'는 엘리트주의적인 믿음이 지배하던 과거의 인도를 보라! 경제적 자유가 봉쇄된 채 정치적 자유와 민주주의가 시행되었다. 그러나 경제적 자유의 위반은 민주주의를 부패시켰고 민주정치의 발전도 정체시켰다.

한국의 민주주의가 어떤 사회에 못지않게 발전할 수 있었던 것도 경제적 자유의 확립에 기인한 것이다. 경제적 자유와 시장경제의 바탕이 없었다면 민주주의는 완벽한 부패로 얼룩졌을 것이다. 시장경제를 가진 민주주의

---

24) 민주주의란 선거를 통한 집단적 의사결정방법이다. 부카르트와 레위스-벡(Burkhart/Lewis-Beck: 1994)이 열거한 정치적 권리를 보면 다음과 같다. 의미 있는 선거과정을 통해 주요 정치적 자리를 배분하는 방법이다. 그리고 의미 있는 선거를 통해 입법부의 구성, 공정한 선거법, 선거 캠페인 기회 등이다. 이러한 민주주의는 자유와는 그 성격이 완전히 다르다. 자유주의와 민주주의의 차이에 관해서는 민경국(1996)을 참조할 것.

만이 안정적으로 작동할 수 있다. 이런 의미에서 자유시장 경제는 결코 민주주의의 적은 아니라는 윤평중 교수의 말은 정확하다(윤평중, 2016: 136). 경제적 자유는 정치적 그리고 시민적 자유에 긍정적인 영향을 미친다. 하지만 유감스럽게도 정치적 자유가 경제적 자유에 미치는 영향은 부정적이다. 인도를 보자. 오랫동안 민주주의 제도를 도입하여 의회를 구성하고 의회에서 입법을 수행하는 이른바 제대로 된 의회민주주의다. 그러나 인도는 경제적으로 시장경제체제가 결코 아니다. 계획경제체제를 도입했으며 기간산업은 국유였다. 그리고 가격규제를 비롯하여 은행과 기업에 대한 규제가 매우 심하다. 시장경제라고 부르기에는 부적합한 경제체제였다. 심지어 네루 수상은 사유재산은 술 취한 사람이 운전하는 것처럼 위태롭다고까지 말했다.

독일의 예도 마찬가지다. 정치적 자유가 경제적 자유를 제한하는 대표적인 예다. 스웨덴 그리고 유럽사회 전체가 정치적 자유는 대단히 성숙되어 있지만 경제적 자유는 제한되어 있다. 한국의 경우도 마찬가지다. 경제적 자유가 정치적 자유를 가져왔지만 정치적 자유는 경제적 자유를 보장하고 있다고 볼 수 없다. 그래서 민주주의는 자유주의 및 시장경제와 부합될 수 없다.

시민적 자유와 경제적 번영

흥미로운 문제는 언론의 자유, 종교의 자유, 출판의 자유 등과 같은 정신적 자유가 경제적 번영에 미치는 영향이다. 종교 자유와 경제적 번영의 관계에 관한 통계적 연구다. 그 상관관계는 정치적 자유와 경제번영의 관계보다 높다. 상관관계가 가장 높은 것은 물론 경제적 자유와 경제번영이다. 그리고 종교적 자유와 경제적 자유의 상관관계도 정치적 자유와 경제적 자유의 상관관계보다 높다. 정치적 자유란 정치에 참여할 자유를 의미한다. 그러나 그

관계는 종교적 자유와 시민적 자유보다 낮다.

　이러한 연구결과가 시사해주는 것은 한국에서 종교 자유가 경제적 자유의 발전에 미친 영향을 간과할 수 없고 시장경제가 종교적 관용의 실현에 미친 중요한 역할도 무시할 수 없다는 것이다. 종교 자유가 경제번영에도 기여했을 것이다. 또 다른 통계적 연구도 매우 흥미롭다. 정신적·정치적 자유가 경제성장에 미치는 영향은 그리 크지 않다. 경제성장과 경제적 자유의 상관계수는 시민적·정치적 자유와 경제성장 간의 상관계수보다 3배나 더 크다. 프리덤하우스의 연구결과에 따르면 그것은 6배나 된다. 따라서 경제적 자유가 정치적·정신적 자유보다 경제적 번영에 훨씬 더 크게 기여하고 있다.

　관용은 사유재산제의 존재를 전제로 한다는 사실에 의해서도 관용과 시장경제는 불가분의 관계에 있다는 것이 입증된다. 사유재산제에서는 시장에서 가격을 통해 소득과 재산이 자생적으로 분배되고, 가격을 통해 자원들이 다양한 용도로 배분된다. 그러나 사유재산권이 인정되지 않는 사회에서는 정부가 분배 그리고 자원배분을 담당한다. 이러한 사회에서는 정부가 인종이나 종교적 감정에 연계하여 그러한 과제를 수행할 위험성을 배제할 수 없다. 사유재산권이 인정되지 않은 사회주의권에서 종교의 자유와 관용이 전혀 존재하지 않았던 것은 역사적인 우연이 아니었다.

　종교의 자유는 신앙의 자유, 종교적 박해가 없는 자유, 종교적 표현의 자유, 종교출판의 자유, 그리고 종교조직과 종교 결사의 자유를 말한다. 종교적 표현의 수단도 다양한 것이 시장경제다. 시장경제를 가진 사회에서 종교의 자유가 더욱 융성할 수 있다. 출판과 배포도 사유재산제를 전제로 하는 사회에서 활성화될 수 있다. 사유재산권이 제한되는 경우에는 교회도, 출판도 그리고 집회도 자유롭지 못하다.

경제적 번영과 민주주의

시민적 자유(정신적 자유)는 분명히 경제성장을 야기한다. 그 이유는 개인의 자유를 확립해주기 때문이다. 민주주의와 경제성장과의 관계는 어떤가? 민주정부가 경제성장을 야기하는가? 이 문제에 대해 수많은 사람이 연구했다. 그러나 이러한 연구결과는 일치하지 않는다. 민주주의라고 해도 경제발전이 지체되기도 하고 성장하기도 한다는 것이다. 독재정부가 경제발전에 우호적이라고도 말하는 학자도 있다. 따라서 민주주의가 성장에 미치는 영향은 불확실하다는 것이 일반적 주장이다. 그러나 이러한 결론은 무조건 옳은 것이 아니다. 무제한적 민주주의는 의회에서 정한 법은 무엇이든 법이라고 보는 관점이다. 이러한 민주주의는 시장경제와 양립하는 민주주의가 아니다. 그러한 민주정부는 자유주의와 부합하지 않는다. 자유주의와 부합하지 않는 민주주의는 경제적 번영을 야기할 수 없다(Hayek, 1979, North, 1992). 제한적 민주주의에 가까운 것이 미국이다. 미국의 경우 민주주의도 발전되었고 자유시장경제도 발전되었다.

그러나 민주주의가 발전된 유럽 국가들을 보자. 스웨덴, 독일, 프랑스 등의 민주주의는 복지국가민주주의 또는 사회민주주의다. 이러한 민주주의는 경제성장의 중요한 제도적 기반으로서 자유를 보장하는 제도 대신에 자유를 침해하고 이를 억압하는 제도를 생산한다.[25] 그 증거는 그들의 경제적 자유의 정도가 대단히 낮다는 점이다. 그래서 그들은 경제적 자유도가 높은 나라보다 성장률이 대단히 낮다.

우리가 주목하는 것은 경제적 번영이 민주주의에 미치는 영향이다. 이

---

25) 독일의 자유도에 대한 세계 랭킹은 2000년 15위, 2001년 19위, 2002년 17위, 2003년 18위, 2004년 17위였다. 스웨덴의 각 해당연도 세계 랭킹을 보면 19위, 23위, 21위, 18위, 24위였다. 싱가포르는 2000년 세계 3위였다. 그러나 그 후 줄곧 2위를 차지했다. 이에 반해 홍콩은 2000년 1위, 그리고 그 후에도 줄곧 1위를 차지했다.

문제도 정치학에서 매우 중시하는 문제다. 경제적 번영이 큰 나라들 가운데 민주정체를 가진 나라가 가난한 나라들보다 많다는 사실에서 경제가 발전할수록 독재정치가 민주정체로의 전환되거나 경제가 발전할수록 민주정체를 가진 나라는 독재로 전환될 가능성이 적다는 이론이 생겨났다. 그런데 중요한 것은 경제발전이 독재보다는 민주정치에 왜 우호적인가의 문제다. 그 첫 번째 대답은 가장 흔한 것인데, 그것은 철학자 존 롤스가 대변하고 있다(Rawls, 1971). 인간은 물질적 욕구가 충족되면 비물질적 가치를 추구한다는 선호이론을 적용하여 경제발전은 민주주의를 촉진하고 이를 유지한다는 이론을 정당화하고 있다. 물질적 욕구가 충족되면 민주와 참여라는 가치를 더 중시한다는 것이다.

경제성장이 독재보다 민주정치에 우호적인 이유를 설명하는 이론은 비교적 최근에 개발되었다. 통계적 방법을 이용하여 경제발전이 민주주의에 우호적이라는 것을 입증하려 하고 있다. 그러나 중요한 것은 역시 그 이유다. 이를 인센티브로 설명하고 있다. 즉 현재 독재체제이든, 민주체제이든 경제가 발전하고 소득이 높을수록 지배자가 독재를 획득하기 위해 투쟁할 경우에 드는 비용이 독재를 통해 얻는 이득보다 크기 때문에 지배자는 민주주의를 택하거나 이를 유지하려고 한다(Boix/Stokes, 2003: 520).[26] 경제가 성장할수록 그 격차는 커진다는 것이다. 경제적 자유와 정치적 자유의 관계는 또 다른 통계적 분석에 의해서도 입증되고 있다. 그 내용은 경제발전이 정치적 자유를 향상시킨다는 것이다.

우리가 주목하는 것은 민주정부든 독재정부든 과도정부든 상관없이 모

---

26) 현재 독재체제이든 민주체제이든 빈곤한 나라의 경우에는 독재체제를 통해 지배자가 얻는 이득이 민주화를 택하거나 기존 민주체제를 유지하여 얻는 이득보다 크다는 것이다. 따라서 지배자는 독재를 선호하거나 민주주의를 포기한다는 것이다.

든 정부는 개인의 자유에 비추어본다면 문제가 많다는 것이다. 시민은 한편으로는 공공정책 프로그램에서 생겨나는 부담을 회피하려 한다. 다른 한편 그들은 공공정책으로부터 될 수 있는 대로 많은 편익을 얻으려고 한다. 따라서 강제와 명령 그리고 통제 등 자유를 제한하는 것은 모든 정치적 행위의 불가피한 부분이다. 이에 반해 자유시장경제는 상이한 아이디어를 가진 사람들, 상이한 자원을 가진 사람들이 서로 자신들의 이해관계를 관철하기 위해 창조적으로 협력한다. 그들이 제각기 맺는 인간관계는 강제나 명령에 의한 것이 아니라 자발적이다. 자발적으로 관계가 이루어지는 이유는 그러한 관계가 상호 간 이익이 되기 때문이다. 그들은 위로부터의 지시 또는 강제 없이도 무엇을 달성할 수 있는가를 매일 경험한다. 시민이 안정적으로 사적 재산권을 향유할 수 있고 자신의 재산권을 교환할 자유, 여행할 자유, 그리고 이주할 자유를 안정적으로 향유할 수 있는 경우에만 정부의 강압적인 권력이 제한되고 분산될 수 있다.

시장경제가 정부에 의해 통제되고 조종된다면 기업가적인 자유로운 행동, 책임 있는 행동이 소멸된다. 그렇게 되면 사람들은 정부에 예속되고 모든 것을 정부에 의존한다. 시민의 창조성과 독립성, 자립심이 상실된다. 이것이 유럽사회의 무역도시의 몰락과 함께 생겨난 문제였다. 그리고 이것은 13세기 이후 폐쇄된 중국, 중앙집권적인 중국의 형성으로부터 생겨난 결과였다. 이제는 유럽사회가 복지국가의 비극으로 홍역을 치르고 있다. 어쨌든 주목할 것은 경제적 자유를 단순히 물질적인 것만 추구하는 자유라고 격하시켜서는 안된다는 것이다. 그것은 정신적 · 시민적 자유의 활성화를 위한 기초로서, 그리고 이러한 자유를 보호하기 위한 보루로서 작용한다는 것이다. 그리고 경제적 자유는 경제성장을 통해 정치적 자유와 민주정치의 발전을 야기한다는 것이다. 경제성장을 통한 민주정부의 생성과 공고화에 기여한다는 것이다.

4
자유주의에 비춰본
보수주의

한국사회에서 '자유주의'라는 말은 듣기가 어렵다. 그 대신에 '보수주의'라는 말이 매우 널리 사용되고 있다. 이 말은 어떤 의미로 사용되는가? 보수주의라고 자처하는 보수시민단체와 지식인들은 단순히 보수주의라는 명분으로 좌편향정책에 대한 반대가 매우 적극적이다. 그러나 스스로 보수정당이라고 자처하는 새누리당은 좌파정책을 서슴없이 채택하면서 자신들이 지향하는 이념을 '따뜻한 보수주의'라고 말한다. 보수신문 매체도 자유자본주의와 상이한 이념체계로서 이른바 '자본주의 4.0'을 지지하기도 한다.

이쯤에서만 보아도 보수주의의 내용이 매우 불분명하고, 그래서 우리를 혼란스럽게 한다.[27] 흥미로운 것은 보수주의가 어떤 가치를 왜 추구하는가, 그리고 그 가치를 보호하기 위해서는 어떤 경제정책이나 입법정책이 필요한가의 논의도 없다. 보수주의 학자나 정치인들은 입법정책과 경제정책의 도

---

27) 양동안 교수는 다음과 같이 쓰고 있다(양동안, 2011: 124). 즉, "우리나라에서 보수주의라는 용어가 널리 사용되기는 했지만 그 용어를 사용하는 사람들이 보수주의의 의미와 내력을 정확히 알고 사용하는 예는 많지 않다."

출을 가능하게 하는 보수주의의 사회관(觀), 시장관, 국가관, 법관에 대한 고유한 철학도 없고 이론도 없다. 그래서 보수주의의 철학적 빈곤이라고 말하는 편이 옳다.

우리를 더욱더 당혹하게 만드는 것은 자유주의와 보수주의를 동일시하는 사회 일각의 시각이다.[28] 왜 보수주의가 자유주의와 동일한지에 대한 철학적·이론적 논의도 없다. 보수주의는 자유민주주의를 추구한다고 말한다. 그렇다면 자유주의는 보수주의 틀 속에 있는 이념이란 말인가? 이는 자유주의가 독립적으로 발전해온 이념이라는 사실을 무시하는 처사가 아닐 수 없다. 그럼에도 유감스럽게도 웹사이트 자유경제스쿨(freemarketschool.org)에서는 한때 보수 가치를 말하면서 자유경제스쿨을 보수집단으로 착각하고 있었다. 심지어 안타깝게도 '한국하이에크소사이어티'를 보수주의 학회로 착각하고 보수주의를 살리기 위한 심포지엄을 개최하기도 했다.[29] 이상한 일이 또 하나 있다. 우리나라 헌법 제119조와 관련해서 보수주의라고 자처하는 지식인들은 제1항과 제2항을 동시에 중시하고 있다.[30] 자유주의자라면 제2항은 잘못된 조항이라고 말하면서 제1항을 고수한다. 물론 야당과 사회주의자들은 제1항을 경시하고 제2항을 중시한다(유원일, 2011).[31] 이와 같이 보수주의 개념을 사

---

28) 남시욱은 보수주의는 "자유민주주의와 시장경제를 정치적 이념으로 한다"고도 말한다(남시욱 2006: 5). 그러나 왜 그러한가에 대한 철학적·이론적 논의가 없다. 강정인은 보수주의를 "자유민주주의와 권위주의의 이중성"이라고 말하고 있다(강정인, 2010: 51). 강정인은 사용하는 사례분석에서 그 같은 결론을 낸다. 그러나 그 같은 이중성에 대한 철학적·이론적 연구가 없다.

29) 2011년 11월 14일 한국하이에크소사이어티(회장 조동근)가 심포지엄을 개최했다. '대한민국 보수의 현재와 미래'라는 주제로 열린 보수주의를 살리기 위한 학술회의였다. 이를 반박하기 위해 그 학회에서 이 글을 발표했다.

30) 제1항은 다음과 같다. "대한민국의 경제 질서는 개인과 기업의 경제상의 자유와 창의를 존중함을 기본으로 한다." 제2항의 내용은 다음과 같다. "국가는 균형 있는 국민경제의 성장 및 안정과 적정한 소득의 분배를 유지하고 시장의 지배와 경제력의 남용을 방지하며 경제주체 간의 조화를 통한 경제의 민주화를 위해 경제에 관한 규제와 조정을 할 수 있다."

31) 국회의원 유원일과 사회민주주의연대가 2011년 7월 17일에 주최한 "대한민국헌법, 사회민주주의와 통

람마다 다르게 이용하기 때문에 정치적 가이드로서 아무런 역할도 수행할 수 없고 이념적인 혼란만 초래할 뿐이다.[32] 따라서 영국과 미국을 비롯한 서구에서 보수주의를 어떤 의미로 사용하고 있는가, 보수주의의 정치적 원칙은 무엇인가를 규명하는 것은 우리나라에서 보수주의를 이해하는 데 매우 중요하다고 본다.

하이에크는 자신의 유명한 논문에서 "왜 나는 보수주의가 아닌가?"라는 도전적인 문제를 제기하고 있다(하이에크, 1960/1998 II: 321). 그가 말하는 것처럼 보수주의는 실용주의적·기회주의적 이념인가?[33] 혹은 슈메이커가 주장하고 있듯이(Schumaker, 2008/2010: 575) 보수주의는 확고한 원칙이라기보다는 단지 기질적 성향(변화를 싫어하는 기질)의 이념인가? 뷰캐넌은 자신의 유명한 저서에서 하이에크의 문제 제기를 이어받아서 "왜 나도 보수주의가 아닌가?"라고 질문을 던지는데(Buchanan, 2005: 4-8),[34] 왜 그가 그 같은 문제를 제기하는가? 자유주의는 보수주의와 어떻게 다른가? 공통점은 없는가?

이 글의 목적은 자유주의에 비추어 서구에서 개발된 보수주의 이념의 내용을 규명하면서 위에서 제기한 문제들을 해명하는 것이다. 이 글의 입장을 요약하면, 보수주의는 이념전쟁에서 사회민주주의나 사회주의, 공산주의를 배격하지만, 자유주의와 개인주의의 기본원칙을 전폭적으로 수용하지 못

했는가?"라는 토론회의 자료집에서 좌파의 입장을 확인함.

32) 정치적 언어가 불분명하면 정치적 행동을 안내할 수 없다. 그래서 하이에크가 공자(孔子)의 말을 인용하여 어휘의 정확한 의미의 중요성을 강조하듯이 말이 의미를 잃게 되면 우리는 손과 발을 움직일 여지가 없다(Hayek, 1988: 106). 최광 교수는 이념적 언어가 정확하지 않으면 공공정책에 대한 논의가 어렵다고 말한다(최광, 2011). 양동안 교수는 사상과 관련된 정치적 용어를 부정확하고 부적절하게 사용할 경우 "국가 재앙"을 초래한다고 경고하고 있다(양동안, 2011: 6).

33) 하이에크는 "왜 내가 보수주의자가 아닌가?"에 관한 매우 흥미로운 논문에서 보수주의를 다루고 있다. 이 논문은 1960년 그의 『자유의 헌법』 맨 마지막 장, 후기에 수록되어 있다.

34) 뷰캐넌은 2003년에 발표한 『나도 보수주의자가 아니다』의 제1장에서 보수주의를 다루고 있다.

하는 이념이라는 것이다. 보수주의는 시장이론과 공공선택론 같은 사회이론이 없고, 그래서 원칙이 없는 실용주의적 · 기회주의적 이념이 될 위험성이 있다는 것이다. 그리고 복지정책은 보수주의의 당연한 정치적 의제이지만, '제한된 정부(limited government)' 대신에 '강한 정부(strong government)'를 강조한 나머지 복지정책의 한계를 설정하지 못한 것이 보수주의의 치명적인 결함이라는 것이다.

우선 보수주의가 등장한 서구의 역사적 배경을 설명하여 보수주의가 추구하는 최고의 가치는 자유주의가 최고의 가치라고 믿는 개인의 자유(또는 재산권)가 아니라 '기존 질서의 안정'임을 밝힐 것이다. 그런 다음 인식론과 불평등론이라는 보수주의의 두 가지 철학적 기초를 자유주의와 비교 · 설명할 것이다. 유감스럽게도 보수주의가 강조하는 능력주의(meritocracy)는 자유주의 시장경제에는 부적합하다는 것을 보여줄 것이다. 그리고 그것은 엘리트(권세가, 부자)의 겸손 대신에 자만심과 거드름을 부추긴다는 것, 이러한 태도를 잠재우기 위해 보수주의가 노블레스 오블리주(nobles oblige) 또는 부자의 사회적 책임을 요구하는 것도 자유사회와는 거리가 있다는 것을 보여줄 것이다.

이어서 자유주의에 비추어볼 때 보수주의는 시장의 자생적인 힘에 대한 이론이 없기 때문에 그 힘을 불신하는 시장관(市場觀) 또는 사회관(社會觀)을 전제하고 있다는 것을 설명할 것이다. 그리고 '제한된 정부' 대신에 '강한 정부'를 강조하는 보수주의의 국가관과 '원칙 없는' 공공정책을 자유주의와 대비하여 설명할 것이다. 특히 우리가 강조하고자 하는 것은 복지정책은 보수주의의 당연한 정치적 의제라는 것, 그러나 복지정책의 한계를 설정하지 못한 것이 보수주의의 치명적인 결함이라는 것을 보여주고자 한다.

보수주의가 추구하는 가치

보수주의가 추구하는 가치는 무엇인가? 그것이 자유주의가 최고의 가치로서 추구하는 개인의 자유(재산권)인가, 시장경제인가? 이 문제에 대한 답을 찾기 위해 보수주의가 등장한 정치사적 배경을 설명하는 것이 합당하다고 여긴다. 보수주의는 시대 상황이 변할 때마다 다양한 방식으로 사회제도의 변화에 대응했다. 보수주의의 등장을 촉진한 시대적 배경은 여러 가지가 있지만, 이 글에서는 세 가지로 나누어 설명하고자 한다.

하나는 18세기 영국의 정치사상가 버크(E. Burke: 1729-1797)를 중심으로 한 보수주의 이념의 등장배경이다. 둘째는 19세기 산업혁명 시기이면서 자유주의 시대에 등장한 영국의 콜리지(J. C. Coolidge)와 프랑스의 보날드(L. G. Bonald)를 중심으로 한 보수주의의 등장이다. 그리고 마지막으로 20세기 사회주의 시대에 등장한 보수주의, 특히 커크(R. Kirk), 벨(D. Bell), 크리스톨(I. Kristol) 등을 중심으로 미국에서 등장한 보수주의다. 이러한 역사적 등장배경의 설명을 통해 우리가 확인할 수 있는 것은 보수주의가 추구하는 가치는 개인의 자유가 아니라 질서(안정)다. 그 안정을 기존의 질서와 동일시하고 있으며 변화는 안정을 해친다는 것이다.

프랑스 혁명과 보수주의

보수주의는 주지하다시피 1789년의 프랑스 혁명 시기에 일어난 일들에 대한 반발의 결과였다.[35] 프랑스 혁명의 목표는 과거로부터 전수된 모든 관

---

35) 물론 그 이전에도 종교개혁 시기, 특히 영국의 신학자인 리처드 후커(R. Hooker) 등의 글에서 그 태동을 볼 수 있지만, 실제로 보수주의가 그 관점을 영향력 있게 발언하기 시작한 것은 버크의 논설문

행과 관습, 전통, 법 규칙, 헌법 등 인간의 사회적 관계를 유도하는 제도들을 타파하여 사회를 새로이 구성하는 것이었다. 프랑스 혁명의 이념적 목표를 볼테르만큼 가장 잘 표현한 인물은 없을 것이다. 즉, "만일 당신이 훌륭한 법을 원한다면 지금의 법을 모두 불살라버리고 새것을 만들어라"라고 말했던 것이다. "바꿔! 바꿔!"가 혁명의 화두였다. 그 현대판은 1968년 유럽의 '문화혁명', 중국의 문화혁명이다.

오랫동안 확립되어온 모든 제도는 불합리하기 때문에 새로이 기획하여 합리적으로 사회제도를 재구성해야 한다는 것이다. 과거의 전통과 단절하고 새로이 사회를 재구성하는 것이 인류를 질곡에서 해방시키고 번영의 길로 안내하는 최선의 길이라고 여겼다. 전래된 모든 것은 사장시켜야 할 대상이었다. 인간끼리의 전통적인 위계질서와 권위관계도 없애고 전통적인 주인-대리인 역할, 전통적인 지배자 역할도 깨끗이 청산하고 새로이 지정하는 것이 혁명의 목적이었다. 백지에 그림을 그리듯이 합리주의적 계획에 기초한 급진적인 사회개혁을 시도했다.[36)]

버크가 프랑스 혁명에 대해 비판한 핵심은 혁명이 기존의 사회질서, 즉 전래된 전통, 관습과 관행, 도덕적 잣대, 법질서, 생활양식 등 인간관계를 형성하고 이를 안내하는 현행 사회제도에 대한 위협이었기 때문이다. 그가 보여주었던 것은 전래된 모든 사회제도를 구습이라는 이유로 이들을 전부 개혁하겠다는 것이 얼마나 위험하고 파괴적인가를 보여줌과 동시에 한 사회를 엮어놓은 역사와 전통이 인간사회의 안정에 얼마나 중요한지를 일깨워주었다. 우리가 주지해야 할 것은 버크가 지키고자 했던 중요한 가치는 사회질서의

『프랑스 혁명에 관한 성찰』 이후라고 할 수 있다.

36) 당시의 슬로건은 전통적인 것, 과거의 것은 전부 버리고 새로이 시작해야 한다는 것이었다(민경국, 2004: 21).

안정이었다는 점이다. 혁명적 개혁은 이 같은 가치의 훼손이라고 여겼다. 재산권이나 자유라는 가치는 그 자체만으로는 가치로 여기지 않았다(Barry, 1987). 전통과 관행들이 가치 있는 것은 자유와 재산권을 확립하기 때문이 아니라 사회질서의 안정에 기여하기 때문이다.

이 같은 시각이 버크의 보수주의가 애덤 스미스와 흄 등의 스코틀랜드 계몽주의 전통의 자유주의와 다른 점이라고 본다. 이들도 당시 보수주의자들과 동맹하여 프랑스 혁명을 반대했다. 그러나 반대한 이유는 기존의 사회질서의 위협보다 그 혁명이 초래할 개인의 자유와 자유거래의 법과 제도에 대한 위협 때문이었다. 그들은 전통과 관행, 도덕규칙 자체를 중시한 것이 아니라 시장경제의 생성과 발전에 기여하기 때문에 중시했다.

19세기 자유주의 시대와 보수주의

사회주의가 등장하기 전의 19세기 자유주의 시대는 영국을 비롯한 유럽이 산업화의 물결로 점철되었다. 농업과 수공업 시대와는 전적으로 다른 사회로 변화하기 시작했다. 생산방식의 변화는 물론 시장이 광범위하게 확대되어갔다. 종전의 시대에 비해 경제활동도 자유로웠고 세계화라는 개념이 실제 상황을 기술하기에 적합할 정도로 국제적인 무역의 자유도 확대되었다. 그러나 일각에서는 이 같은 변화에 대해 몹시 두려워했다. 이 두려움을 표현하면서 등장한 것이 보수주의였다. 니스벳이 1986년 자신의 유명한 책『보수주의』에서 보여주고 있듯이(니스벳. 1986/2007: 103-104) 쿨리지(J. Coolidge), 사우디(R. Southy) 등 영국의 보수주의자들은 상업의 발달과 산업화는 분열적이고 파괴적이고 사회를 해체한다는 이유로 시장경제의 발전을 비판했다.[37]

---

37) 사우디(R. Southy)는 공장체계로 야기된 병폐와 인구의 도시집중을 철저히 비난했다. 신흥도시에

산업혁명에 대한 보수주의적 비판은 프랑스도 예외가 아니었다. 보날드를 비롯한 보수주의자들은 상업·산업·도시화가 프랑스 혁명과 자연권적 교의만큼 파괴적이라고 주장했다. 도시생활이 개인들끼리의 사회적 유대를 파괴하고 혼인과 가족의 유대까지 이완시켰다고 했다. 그래서 그들은 토지에 기반을 둔 농업사회의 회복을 강조했다. 사회주의가 등장하기 전 19세기 자유주의 시대에 자유주의의 개혁정책과 자본주의에 대한 보수주의의 적대감은 매우 컸다. 그래서 페이비언 사회주의를 이끌었던 버나드 쇼(B. Shaw)가 자본주의에 대한 보수주의의 비판은 사회주의자들의 비판보다 더 격렬했다고 논평했던 것이다(니스벳, 위의 책, 103).

어쨌든 보수주의의 등장요인은 상업의 발달로 인해 기존의 사회질서에 대한 위협과 사회의 혼란에 대한 두려움 때문에 기존의 사회질서를 보호하려는 동기였다. 개인의 자유의 확대와 시장경제의 발달은 혼란을 야기하고 인간을 원자화한다는 것, 사회적 결속을 해체한다는 것이다. 19세기 보수주의 등장배경과 관련하여 우리가 확인할 수 있는 것은 보수주의가 개인의 자유와 시장경제는 미래의 불확실성을 야기하기 때문에 이들을 상대적으로 덜 중시하고 그 대신에 사회질서의 안정을 더 중시한다는 점이다.

20세기 사회주의 시대와 보수주의

미국에서 사회주의 시대의 전형은 1930년대의 뉴딜과 이를 확대한 1960년 존슨 행정부의 '위대한 사회(the Great Society)'다. 구체적인 정책 프로그

서 일하는 노동자들의 부도덕한 행위, 그리고 도시집중으로 인한 각종 질병을 모두 산업화의 탓으로 돌렸다. 산업화와 상업이 종교와 도덕성에 대한 상식적인 원칙에 대해 교육받지 못한 사람들을 부도덕의 온상으로 내몰았다는 것이다. 디스레일리(R. Disraeli)는 영국사회가 제니방적기 같은 기계로 뒤덮여 있음을 개탄하면서 기계를 실업의 원흉으로 여겼다(니스벳, 1986/2007: 103).

램은 '빈곤과의 전쟁' 계획, 강제적인 인종통합, 사회보험 등이었다. 이것은 전후 미국의 좌파적 이념의 최고 절정이다. 그 정책 프로그램은 소수파와 빈곤층에 대한 법적 보호와 재정적 지원으로 구성된 '우대정책(affirmative action)'이다. 이는 급진적인 사회개혁으로서 법적, 정치적 그리고 철학적으로 매우 심각한 문제를 야기했다. 이러한 배경에서 러셀 커크, 대니얼 벨, 어빙 크리스톨 등을 중심으로 사회주의를 비판하면서 보수주의가 등장했다. 영국에서는 스크러튼이 활동했다.

흥미로운 것은 20세기 사회주의 시대에 자유주의는 보수주의와 동맹하여 사회주의와 이념전쟁을 벌였다는 점이다. 이는 19세기 사회주의가 등장하기 전의 자유주의 시대와 전적으로 다르다. 이 시기 자유주의는 보수주의의 적이었다. 반사회주의 투쟁을 위한 보수주의와 자유주의의 동맹과 관련하여 우리가 인식해야 할 점은 그들의 동맹 동기는 전혀 다르다는 것이다. 자유주의가 사회주의를 반대했던 이유는 후자가 개인의 자유와 재산을 제약했기 때문이다. 그러나 개인의 자유를 상대적으로 덜 걱정하는 보수주의가 사회주의 개혁을 반대하는 근본적인 이유는 기존의 사회질서를 위협하기 때문이다. 그 같은 개혁은 사회적 혼란을 부른다는 것이다.

보수주의의 철학적 기반

보수주의의 등장배경에서 우리가 확인할 수 있는 것은 보수주의가 추구하는 최고의 가치는 기존 질서의 안정이다. 그 이념은 안정을 해친다는 이유로 변화를 싫어하고 기존의 사회질서를 옹호한다. 따라서 보수주의는 '현재의 상황(status quo)'을 중시하는 기질적인 성향의 이념이다(한스 헤르만 호페, 2001/2004: 305; 슈메이커, 2010: 337). 여기에서 제기되는 문제는 두 가지다.

첫째로 보수주의가 안정이라는 가치를 중시하여 변화보다 '현재 상황'에 가치를 부여하는 이유는 무엇인가. 이에 대한 대답이 보수주의의 인식론적 입장이다. 인간의 이성은 불완전하기 때문에 변화의 결과를 예측할 수 없다는 것이다. 두 번째로 사회주의 시대의 평등분배에 대한 보수주의의 반대에서 볼 수 있듯이 왜 보수주의가 평등분배를 반대하는가. 이에 대한 대답이 불평등론이다. 인간은 자연적으로나 후천적으로 불평등하기 때문에 이를 반영한 현재 상황을 평등의 방향으로 개혁하는 것은 혼란을 야기한다는 것이다. 여기서는 자유주의의 관점에서 보수주의의 이 두 가지 철학적 기초를 설명할 것이다.

인간 이성의 한계와 보수주의

흥미로운 문제는 보수주의가 제도의 장래 변화보다는 제도의 현재 상황을 중시하는 이유다. 이는 인간 이성에 대한 비관주의 때문이다. 보수주의자는 제도의 변동이 자생적이든 인위적이든 그 변화가 장차 초래할 다양한 형태의 결과에 대해 무지하기 때문에 변화를 싫어한다. 보수주의가 낯선 것, 새로운 것을 싫어하는 이유는 이것들이 어떤 결과를 초래할지 알 수 없기 때문이다. "모르는 것을 수락하기보다는 현재가 나쁘다고 해도 이를 참고 견디는 것이 더 좋다는 태도"다(Buchanan, 2003: 2).[38]

---

38) 하이에크는 다음과 같이 말하고 있다. "보수주의의 근본적인 특징 중 하나는 변화에 대한 두려움이다."(Hayek, 1960/1997: 318) 슈메이커도 다음과 같이 말하고 있다. "현대 보수주의는 전통적 보수주의와 마찬가지로 (사회의 바탕을 해칠지도 모르는) 사회개혁의 예기치 못할 결과를 두려워한다."(슈메이커, 2010: 337)

인간 이성에 대한 비관주의에서 보수주의를 이끌어낸 중요한 인물은 버크다. 그의 보수주의 인식론적 기초는 다음과 같이 세 가지 요소로 구분할 수 있다(Barry, 1987: 93).

① 보수주의는 지나치게 조잡한 합리주의를 부정한다.
② 보수주의는 개별이성 대신에 수세대를 거쳐 형성된 집단적 경험과 지혜의 우월성을 신봉한다.
③ 그 우월성을 구현한 것이 전통이나 관행, 관습 등 전래된 사회제도로 기술될 수 있는 현재 상황이고, 그래서 이를 중시한다.

요컨대 보수주의는 경험과 전통을 중시하는 이념이다. 그 이념은 이 같은 인식론적 입장에서 프랑스 혁명을 비판했다. 왜냐하면 이 혁명은 인간 이성에 대한 무제한적인 신뢰를 부여했던 데카르트, 홉스 등의 '구성주의적 합리주의'(Hayek, 1973: 14)를 전제했기 때문이다.[39] 보수주의는 자연권적 개인주의를 기반으로 하는 로크의 전통과 노직(R. Nozick) 그리고 로스바드(M. Rothbard)의 '권리이론적 자유주의'도 반대한다. 이들도 합리주의를 전제한 이념이기 때문이다. 보수주의는 합리적 · 철학적 · 논리적이며(호페, 2001/2004: 329), 순수한 개인주의적 · 추상적 권리개념에 반대한다. 보수주의는 자연권을 기반으로 하는 자유주의를 제일의 적으로 간주한다는 것은 『보수주의의 의미』라는 저서로 유명한 영국의 보수주의 정치철학자 스크러튼이 입증한다(Scruton, 1981). 1953년에 발표한 『보수주의 정신』으로 유명한 보수주의 정치철학자 커크(R. Kirk)도 매우 흥미롭다. 커크는 미국의 자유주의 전통에 대한 해석에 로

---

39) 하이에크는 '구성주의적 합리주의'를 다음과 같이 정의하고 있다. 즉, 개별이성은 모든 사회제도를 원하는 바대로 개혁하여 새로이 구성할 수 있는 능력이 있다는 믿음이다(Hayek, 1973: 14).

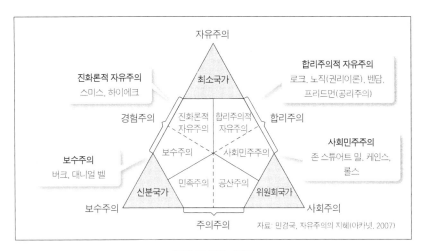

<그림 1> 이념 삼각형

크의 자연권이론을 도입한 하르츠(Hartz, 1955)를 거부한 인물이다. 그는 로크의 자연권이론에 반대한다. 그 대신 미국의 정치적 전통에 버크의 보수주의를 도입했다.

벤담(J. Bentham)을 중심으로 한 '급진적인 철학'인 공리주의도 보수주의와 거리가 멀다. 공리주의는 모든 제도와 정책을 사회적 행복(사회적 후생함수)의 합리적인 테스트에 예속시키기 때문이다. 급진적 철학으로서 공리주의와 권리이론적 자유주의는 위의 <그림 1>의 이념 삼각형에서 볼 수 있듯이[40] '합리주의적 자유주의'에 해당한다.[41]

이 같은 인식론에 근거하여 보수주의가 비판하는 것은 오하라가 말하

---

40) 이 그림은 민경국(2007: 49)에 있는 그림을 수정한 것이다.

41) 흔히 이념을 설명할 때 수평선을 긋고 보수주의나 자유주의를 우측, 좌측에 사회주의를 정한다. 그리고 그 중간에 중도우파 또는 중도좌파 식으로 설명하는 태도를 버려야 한다. 왜냐하면 동일선상에 사회주의 또는 사민주의를 자유주의에 놓는 것은 사회주의나 자유주의는 등가적이라는 것을 의미하기 때문이다. 이 둘은 등가적일 수 없다. 왜냐하면 사회주의는 나쁜 이념이고 실패한 이념이기 때문이다(민경국, 2011a: 32).

듯이(O'Hara, 2011: 32) '사회공학 사고'(social engineering thinking)을 바탕으로 하는 사회개혁이다. 20세기 사회주의 시대에 자유주의자 하이에크가 '과학주의(scientism)'라고 비판했던 것이 바로 그 같은 사고였다는 것은 이미 잘 알려진 사실이다(Hayek, 1979). 그러나 유감스럽게도 보수주의의 인식론적 비관주의는 일관되게 관철되지 못했다. 뒤에 가서 설명하겠지만 보수주의자들은 지적으로 현명하고 도덕적으로 훌륭한 인간이 지배해야 한다는 것을 의미하는 '엘리트주의'를 전제하여 보수주의 철학을 전개하고 있다.

그런데 흥미로운 것은 인간 이성의 한계를 인정하고 경험과 전통을 중시하는 고전적 자유주의다. 이는 애덤 스미스와 데이비드 흄 등이 확립했고 하이에크, 뷰캐넌 등이 계승한 '스코틀랜드 계몽주의' 전통의 '진화론적 자유주의'다(그림 1 참조). 개인의 자유와 제한된 정부, 그리고 법의 지배를 중시하는 고전적 자유주의도 개별 인간의 이성에 대한 불신과 집단적 경험과 지혜의 우월성을 강조했다. 이러한 점에서 보수주의와 자유주의는 일치한다. 버크(E. Burke)와 스코틀랜드 계몽주의 철학자들이 프랑스 혁명을 비판했던 것도 이 같은 인식론적 관점을 공유한 데서 비롯된 것이다.

더구나 흥미롭게도 스코틀랜드의 자유주의자들이 성장한 제도에 대한 경외감을 증진하고, 특히 언어, 법, 도덕, 관습 등을 통해 자유사회를 이해하는 데 버크, 터커(J. Tucker) 등 전통적인 보수주의자들의 공헌도 매우 컸다(Hayek, 1960/1997 II: 318). 스코틀랜드 계몽주의자들이 성장한 제도에 대한 이해를 증진하기 위해 다윈(Darwin) 이전에 이미 진화론적 접근법을 개발했던 것도 보수주의가 보여준 성장한 제도의 중요성을 강조했기 때문이다. 다시 말하면, 하이에크가 말하는 '다윈 이전의 다윈주의자들(darwinists before Darwin)', 즉 문화적 진화이론가들(Hayek, 1973: 22-23)을 탄생시킨 것이 영국의 전통적인 보

수주의였다.[42]

그러나 우리가 직시해야 할 것은 보수주의가 자유주의와 동일한 합리주의를 전제한다고 볼 수 없다는 점이다. 보수주의는 반(反)합리주의를 전제한다. 이에 반해 고전적 자유주의는 이성을 조심스럽게 이용해야 한다는 점에서 '비판적 합리주의(critical rationalism)'를 전제한다. 인간의 이성을 통해 사회를 계획할 수는 없지만, 배우고 학습할 수 있는 능력 그리고 '자유의 원칙'을 실현할 수 있는 정도로 인간은 합리적일 수 있다는 것이다. 보수주의는 특정한 제도를 역사적으로 전수받았다는 사실 자체에 의미를 부여하고 그것을 존중한다. 그러나 자유주의자들은 존재하는 것을 보유해야 할 이유가 없다고 본다. 오히려 자유로운 진화와 변화를 방해하는 법적 제도나 정책이 있다면 이들을 제거하는 것이 자유주의의 입장이다.

자유주의자들도 지식의 한계와 구조적 무지를 인정한다는 점, 그리고 변화의 결과에 대해 무지하다는 점은 보수주의와 일치하지만 후자는 기존의 제도들에 대해 찬양한다는 의미에서 과거 회고적(backward looking doctrine)이다. 이는 현재 있는 것(being)을 지키는(conserve) 이념이다. 아직 없는 것을 지킨다는 것은 언어의 남용이다. 자유주의는 기존의 사회제도를 보유하려는 것이 아니라 스스로 변동하도록 허용할 자세가 되어 있다. 만약 변화를 방해하는 정책이나 법적 요인들이 있다면 이를 제거한다. 자유주의는 변화에 대해 매우 낙관적이라는 의미에서 **미래 전망적**(forward looking doctrine)이다(하이에크,

---

42) 진화이론과 관련하여 한 가지 지성사의 오류를 수정해야 할 것이 있다. 즉, 다윈의 진화이론이 먼저 생겨났고 사회과학이 이를 적용해왔다는 주장이다. 그러나 법과 도덕, 언어 등과 같은 제도들의 진화를 설명하기 위해 스코틀랜드 계몽주의자들이 개발한 이론을 생물학에 적용한 것이 다윈의 진화이론이다(민경국, 2009). 흔히 일각에서는 시장경제, 법, 화폐 등의 진화를 설명하는 데 다윈을 불러들여야 한다고 주장한다. 그러나 그럴 필요도 없고 그래서도 안 된다. 필자가 다른 장소에서 상세히 설명한 바와 같이 생물학적 진화이론을 인간사회의 제도 진화에 적용할 경우 이는 인간사회를 오도할 심각한 위험이 뒤따른다(민경국, 위의 논문). 물리학을 경제학에 도입하여 생겨난 문제를 연상할 필요가 있다.

1960/1997: 317, 336). 그러나 유감스럽게도 보수주의는 이 같은 입장을 변화와 진화에는 적용하지 않고 있다. 이것은 변화를 몰고오는 자유에 대한 두려움 때문이다. 뒤에 가서 자세히 설명하겠지만, 이 두려움은 시장경제에 대한 보수주의의 비관적 태도에서 드러난다.

인간의 불평등과 보수주의

보수주의의 두 번째 전제는 사회구성원으로서 인간에 대한 해석과 이해다. 보수주의는 인간이라고 해서 모두 같은 것이 아니라 그들 사이에는 타고날 때부터 우열(優劣)이 있다고 주장한다(Agre, 2004).[43] 그래서 사회는 사회적 신분에 있어서나 경제적 지위에 있어서 위계질서가 핵심이고, 인간 사이에 불평등은 자연스러운 것이라고 믿는다. 보수주의는 그러한 사회적 위계질서를 지지·보존하려고 한다. 그래서 기존의 불평등을 평등이나 그 밖의 다른 상황으로 전환하는 개혁에 전적으로 반대한다. 그러한 전환은 기존의 사회질서에 대한 위협이요 전환의 결과는 혼란이기 때문이다. 이와 같이 인간의 불평등에 기인한 위계질서를 중시하는 것이 보수주의의 특징이다(Barry, 1987: 90; 슈메이커, 2010: 324). 서열상으로 우월한 사람들이 공공의 문제에서 다른 누구보다 더 많은 영향력을 행사해야 한다고 주장한다. "개명된 지도자들"(슈메이커, 2010: 325)이 나라를 다스려야 한다고도 말한다. 전형적인 엘리트주의다.

보수주의의 이 같은 엘리트주의는 역사적으로 두 가지 형태로 구현되었다. 첫째로 일종의 '귀족주의(aristocracy)'다. 보수주의는 탁월하고 우월한 자

---

43) 뷰캐넌이 2005년 자신의 저서 『왜 나도 보수주의자가 아닌가?』에서 보여주는 바와 같이 플라톤은 어떤 사람은 노예로 태어나고 어떤 사람은 주인으로 태어난다고 말함으로써 자연적 위계를 주장한다(Buchanan, 2005: 4). 이것이 보수주의의 인간관을 구성한다.

들이 전통적으로 전수받은 도덕적 기준 및 가치, 그리고 그들의 사회적 역할과 지위들은 그들이 독점해야 하고 특혜적 조치를 통해 보호받아야 한다고 주장한다. 이 같은 생각을 반영한 것이 전통적 보수주의가 지향했던 귀족주의다. 탁월하고 우월한 자들은 지배적 위치에 있는 귀족가문이다. 그러나 보수주의는 점차 변동하여[44] 오늘날에는 귀족주의 대신에 능력주의(meritocracy)의 이상(理想)을 수용했다.[45] 이는 계급이나 가문, 출신과 성별, 인종에 관계없이 능력이나 도덕적 품성이 높은 공로(merit)가 가장 큰 사람이 사회의 서열구조에서 높은 자리를 차지해야 한다는 원칙이다. 그래서 능력주의는 두 번째 종류의 엘리트주의다. 구체적으로 말해, 능력주의는 경제에서 승리하는 자는 지적 능력은 물론 성실 · 근면 · 절약 · 신용 등의 덕목을 갖춘 사람이어야 한다는 원칙이다(민경국, 2007: 203-204, 215). 이것이 오늘날 보수주의의 분배정의다. 이 같은 시각에서 보수주의는 사회 정의 같은 평등분배에 반대한다.

보수주의는 자유주의와 어떻게 다른가? 자유주의자들도 인간 본성의 끝없는 다양성, 즉 개인능력과 잠재력의 폭넓은 차이가 인류의 가장 큰 특징이라는 것을 인정한다(Hayek, 1960/1996 I: 151). 그러나 자유주의자들은 인간을 우열로 분류하지 않는다. 그 같은 분류를 위한 객관적인 도덕적 잣대나 분류기준을 찾아낼 수 있는 지적 능력이 없기 때문이다. 그 잣대나 기준은 주관적일 수밖에 없다. 보수주의자들과는 달리 자유주의자들은 그러한 능력을 가진 엘리트를 상정하는 것조차 반대한다(Buchanan, 2005: 7-8).

귀족주의에서 볼 수 있는 것처럼 보수주의는 서열상 우월한 사람들의 가치나 지위를 보호하기 위해 그들에게 특권이나 특혜를 부여한다. 그러나

---

44) 왜 귀족주의에서 능력주의로 변동했는가의 이유는 다양한 사회계급의 출신도 여러 재능과 덕성을 지닐 수 있다는 점을 인정했기 때문이다.

45) 어빙 크리스톨 또는 대니얼 벨 등의 보수주의다.

자유사회에서는 보호받을 특권이란 존재할 수 없다. 특권부여는 법의 지배 원칙의 치명적인 위반이다. 설사 엘리트라고 해도 다른 사람들과 동일한 법적 조건하에서 자유경쟁을 통해 자신들의 지위를 스스로 지키도록 내버려둬야 한다는 것이 자유주의 원칙이다.

능력주의와 보수주의

보수주의의 분배원칙은 능력이나 공로의 차이에 따라 재산이나 지위의 차이가 나야 한다는 능력주의 원칙이다. 능력주의란 얼마나 노력했는가, 성실했는가와 같이 행동의 도덕적 성격에 따라 개인들에게 소득을 분배해야 한다는 것을 말한다. '공로원칙'이라고 부르는 보수주의의 분배원칙은 개인들의 소득이 그들의 행동에 대한 타인들의 도덕적 판단에 좌우되게 만드는 원칙이다.

그러나 분배원칙은 문제점이 많다는 것은 이미 잘 알려져 있다(민경국, 2007: 206-209). 인식론적 이유에서 자유주의는 그 같은 분배원칙을 부정한다. 뷰캐넌이 자신의 저서 『왜 나도 보수주의가 아닌가?』에서 또렷하게 보여주는 것처럼(Buchanan, 2005: 7) 인간의 우열을 분류할 잣대를 알 수 없는 것과 마찬가지로 공로를 측정할 도덕적 잣대를 아는 사람은 아무도 없다. 더구나 개인의 지위와 소득을 정하는 그 같은 분배원칙은 투입 지향적 원칙이다. 어떤 일을 해내는 데 따르는 투입(노동, 능력, 재주, 성실성 등)으로 개인의 소득수준이 결정된다는 의미에서 투입 지향적 분배원칙이다.

그러나 이미 잘 알려져 있듯이 이는 매우 애매한 분배적 결론에 도달한다. 개인의 행동결과로서 그 성과가 타인들에게 아무런 가치가 없다고 해도 그 성과를 위해 성실하고 근면했다면 보상해야 하기 때문이다. 연구 성과가 나쁘다고 해도 노력과 성실성이 가상하다면 상응한 보상을 해야 한다는 애매한 결론에 도달한다.

우리가 직시해야 할 점은 능력주의의 분배 의는 국가의 규제를 초래한다는 점이다. 노력이나 능력 또는 공로와 관련이 없는 소득형성에 국가가 개입해야 하기 때문이다. 예를 들면, 이른바 '불로소득'의 문제가 그 한 예다.[46] 능력주의를 강조하면 재산상속의 정당성이 의문시될 수 있다. 그러나 상속을 반대한다면 이는 보수주의가 중시하는 가족의 가치와 충돌한다.

자유주의에서 경제적 성공과 지위는 개인의 행동의 도덕적 성격이 아니라 개인의 행동의 성과나 능력이 시장사람들에게 얼마나 가치가 있는가에 달려 있다. 시장경제의 소득결정은 투입이 아니라 결과 지향적이다. 물론 경제적 성공을 위해 수요자들에게 유익한 결과를 공급하기 위한 능력과 노력, 성실성은 필요하지만 그렇다고 그 같은 것만 필요한 것이 아니라 운이 따라야 한다. 못난 사람도 운이 있으면 경제적으로 높은 위치를 차지할 수 있다. 물론, 운에 의한 경제적 성공도 시장의 수요자들에게 유익한 가치를 제공했는가에 의해 결정된다. 개인이 통제할 수 없는 경제적 상황에 의해서도 개인의 경제적 성공이 좌우된다. 성공을 위해서는 시장 상황도 우호적이어야 한다. 예를 들어 에베레스트 등정의 성공이 노력과 능력에 의해서만 결정되는 것은 아니다. 등반가가 회피할 수 없는 예측 불가능한 운이나 상황에도 좌우된다. 마찬가지로 시장경제에서 개인의 소득 결정은 노력, 능력, 성실성 이외에도 운이나 상황에 의해서도 결정된다. 그래서 자유사회에서 부자나 권세가는 우쭐대거나 거드름을 피울 하등의 이유가 없다. 스스로 통제할 수 없는 우연이나 시장 상황에 의해 부를 축적했기 때문이다. 자유사회에서 성공한 사람들이 겸손해야 할 이유다.

---

46) 외적인 이유로 부동산 가치가 급상승한 결과로 얻은 재산증대에는 정부가 개입해야 할 것이다.

성공과 실패가 능력이나 도덕적 공로에 의해서만 결정되는 능력주의 사회에서는 사람들이 살아가기가 쉽지 않다. 실패한 자는 무능력자 또는 성실하지 못한 게으름뱅이로 낙인찍히기 때문이다. 실패를 운 때문이라거나 재수가 없기 때문이라는 등 변명의 여지가 없다. 그러나 다행스럽게도 실패해도 변명의 여지가 있는 것이 자유사회다. 그리고 타인들이 실패한 사람들에게 "너는 능력은 있는데 운이 나빴어!"라든가 "열심히 했지만 너에게 시장 상황이 우호적이지 못했어!"라는 말로 위로할 여지가 있다(민경국, 2007: 211-212).

그렇다고 소득 결정이 완전히 운에 의해서만 결정되는 사회가 바람직한 사회는 아니다. 왜냐하면 허무주의가 팽배할 것이기 때문이다. 자유사회는 엄격한 능력주의 사회도 아니고 완전히 운에 의해 지배되는 사회도 아니다. 그 중간에 위치한 사회가 자유사회다. 그래서 자유주의는 때로는 선하고 때로는 악할 수 있으며, 때로는 재능이 있고 때로는 어리석은 사람 등 모든 사람이 살 수 있는 사회다.

자유주의에서 정의는 개인의 소득 결정과 관련된 것이 아니라 인간행동과 결부되어 있다. 그러한 정의 개념에서는 정의로운 행동이 무엇이냐가 아니라 무엇이 정의롭지 않은 행동이냐를 묻는다. 예를 들면 폭력, 사기, 기만, 횡령 등 개인의 자유와 재산을 침해하는 행동은 정의롭지 못한 행동이다. 정의의 규칙은 이 같은 행동을 막는 데 초점을 맞춘 행동규칙이다. 절차적 규칙이라고 해도 무방하다. 이 같은 규칙을 지키면서 열린 기회를 포착하여 재산을 모으고 지위를 차지한다. 공로원칙을 준거로 한다면 자본주의의 분배에 깊이 개입해야 할 것이다. 개인의 도덕적 행동과는 관계없이 유리한 환경이나 운 때문에 재산이 증가한 경우, 이러한 요인에 의한 재산획득은 제한해야 할 것이기 때문이다.

보수주의와 노블레스 오블리주

　결론부터 말하면 보수주의 사회는 귀족주의든 능력주의든 엘리트의 중요성을 강조하므로 그 같은 사회는 엘리트의 자만심과 거드름을 부추기는 사회라고 할 수 있다. 엘리트의 우쭐댐을 잠재우기 위해 생겨난 개념이 '노블레스 오블리주(nobles oblige)'다. 현대적 표현이 부자의 사회적 책임이다. 아니면 우월한 자, 지배자, 주인 등의 온정주의의 표현이 '노블레스 오블리주'다. 보수주의의 특징은 노블레스 오블리주다. 이는 큰 권리와 특권을 누리는 사람이 더 큰 의무와 책임을 짊어져야 한다는 것이다(슈메이커. 2010: 655). 이는 귀족사회의 유물이지만 오늘날에도 지배계층에게 특권을 부여하고 이에 상응하는 의무를 부여하는 제도가 많다. 이 전통에 따라 능력주의를 강조하는 현대 보수주의자도 이를 강조하고 있다. 부자의 사회적 책임론이 그것이다.

　오늘날 노블레스 오블리주를 요구할 수 있는가? 그것은 최소한 암묵직으로 특권 같은 것의 존재, 그리고 위계질서가 고정되어 있다는 것을 전제한다. 그러나 자유사회에는 법적으로 보호받을 어떤 특권도 인정되지 않는다. 그래서 '노블레스'는 존재할 수 없다. 더구나 개인들의 재산과 지위는 재주와 능력, 위험 선택, 운, 시장 상황 등 수많은 요인에 의해 결정되기 때문에 동일한 사람이나 그 자손이 항상 성공한다는 보장도 없다. 그래서 사회의 위계도 고정되어 있는 것이 아니라 매우 유동적이고 불안정하다. 부자가 가난해지고 가난한 자가 부자가 되는 세상이다.

　노블레스 오블리주를 현대적 의미로 해석한다면 부자의 '사회적 책임'에 지나지 않는다. 자유사회에서 부의 축적은 특권에서 이루어진 것이 아니라 시장의 수요자들에게 가치 있는 재화나 서비스를 공급한 대가다. 이미 상응한 대가를 치렀기 때문에 그 이상의 의무나 책임이 없다. 그래서 자유사회는 노블레스 오블리주를 요구할 조건이 없다. 보호받을 특권도 없고, 분배적 위계도 유동적이며, 부의 축적은 이에 해당하는 대가를 지불했기 때문이다. 그래서 자유주의자들은 부자들에 대한 사회적 책임 또는 노블레스 오블리주 요구를 주저할 수밖에 없다. 자유사회에서는 부자나 권세가는 우쭐대거나 거드름을 피울 하등의 근거가 없다. 개인의 성공 가운데 상당 부분은 스스로 통제할 수 없는 우연이나 시장 상황에 의해 좌우되기 때문이다. 이것이 자유사회에서 성공한 사람들이 겸손해야 할 이유다.

보수주의 이념의 사회질서관

보수주의의 사회관과 관련하여 세 가지 문제를 다루고자 한다. 첫째로 흥미로운 것은 사회에 관한 전통적 보수주의의 유기체적 관점이다. 정말로 인간사회를 유기체의 생물학적 구조에 비유할 수 있는가? 보수주의가 어떤 의도로 인간사회를 유기체에 비유하려고 했는가? 둘째로 자유와 질서에 대한 보수주의의 입장이다. 이 문제와 밀접한 관련성을 가진 세 번째는 보수주의가 시장경제를 어떻게 보고 있는가의 문제다.

사회유기체론과 보수주의

유기체의 생물학적 구조는 자연적으로 형성된 질서다. 이는 인간에 의해 임의로 만들 수 있는 구조가 아니다. 스스로 생성되는 특징을 가진 자연적 진화의 결과다. 그러나 이 같은 관점보다 보수주의가 사회유기체론을 이용한 목적은 다른 데 있다. 위계질서의 권위를 정당화하기 위해 사용했다(슈메이커, 2010: 324; Barry, 1987: 90).[47] 다시 말하면, 유기체론은 특정 그룹의 특권, 인간의 차등, 명령과 복종 관계, 특정 개인들의 기득권, 그들의 특수 지위나 역할의 유지를 옹호하기 위해 사용한 개념이다(Hayek, 1973: 53). 인간사회를 유기체와 비유하는 것이 타당한가?

흥미로운 것은 마치 유기체의 각 기관이 위계적으로 고정된 위치와 기능을 가지고 있는 것처럼 사회의 구성원들도 그 기능에 따라 자연적으로 고정된 위치가 할당되어 있다고 여기고 있다. 간이나 위 또는 두뇌와 같이 유기체를 구성하는 중요한 특수 기관(器官)들의 위치를 바꾸거나 역할을 억제하면 유기체가 치명적인 것처럼 위계적인 기존의 사회질서를 바꿀 경우 사회의 안정이 위태로워진다는 것이다.

유기체는 일단 성숙하면 유기체를 구성하는 개별요소들이 차지한 고정된 위치를 일거에 전부 보유한다. 유기체는 원칙적으로 수가 고정된 요소들로 구성된 일정 불변적인 시스템이다. 그리고 유기체적인 구조를 구성하는 요소들은 유기체 그 자체의 목적에 예속되어 있다. 그래서 그들은 유기체의 부속품이라고 보아도 무방하다. 유기체 전체의 생존을 위해 각 기관에 역할이 배정되어 있다. 각 기관은 자율성도 없다. 유기체는 목적을 위해 인위적으로 만든 조직과 같은 의미다.[48]

자유주의가 보는 질서관은 무엇인가? 이는 유기체로 보는 질서관과 어떻게 다른가? 자유주의는 사회질서를 '자생적 질서(spontaneous order)'로 이해한

---

47) 슈메이커는 사회에 대한 보수주의의 시각을 다음과 같이 표현하고 있다(슈메이커, 2010: 324). "유기체적 사회는 서열로 이루어져 있다. 인간의 몸에 중요한 부위(모발과 편도선처럼)와 덜 중요한 부위가 있듯이 정치체 내에서도 더 중요한 인간과 집단이 있는가 하면 덜 중요한 인간과 집단이 있을 수 있다." 자연권이론적 자유주의자로 분류할 수 있는 호페도 확인하고 있듯이 보수주의는 자연적 위계를 중시한다(호페, 2001/2004: 307).

48) 보수주의가 권위주의적 질서를 전제하고 있는 이유도 그 같은 질서관 때문이다. 보수주의는 권위주의를 전제한다는 강정인 교수의 주장은 옳다(강정인, 2010: 51).

다. 이 질서의 특징은 주지하다시피 보호되는 기득권도 없고 특권 계급도 없다. 그리고 위계질서가 아니라 수평적 질서다. 권위주의적 질서도 아니다. 흥미로운 것은 자생적 질서를 구성하는 요소들(기업, 가계, 개인, 민간 집단)의 경제적 위치가 고정되어 있는 것도 아니고 그들의 사회적 기능도 주어지거나 고정된 것이 아니라는 점이다. 그들의 위치나 기능은 자생적으로 신속히 변동한다. 구성요소들이 공동으로 달성할 공동의 목적도 없다. 사회의 자생적 질서는 이를 구성하는 요소들의 수가 지속적으로 변동한다. 내적인 구조도 지속적으로 성장한다.

마지막으로 명확히 해야 할 점이 있다. 즉, 사회를 유기체로 보는 보수주의 시각은 유기체는 외부의 간섭 없이도 내적인 질서가 유지된다는 입장을 강조하기 위해 사용된 개념이 아니라 오로지 사회의 자연적 위계를 정당화하기 위해 그 같은 개념을 도입한 것이다. 그러나 사회질서는 이와는 전혀 성격이 다른 자생적 질서에 속한다.

보수주의와 인위적 질서

커크, 스크루튼, 크리스톨 등의 보수주의자들은 어떤 권위 없이는 사회의 질서와 안정은 기대할 수 없다고 주장한다. 이 주장은 자생적 질서의 존재를 부정하고 인위적 질서를 옹호하는 주장이다. 자유주의는 경제적 · 사회적 환경변화에 대해 사회질서가 스스로 적응할 수 있는 자생적인 힘을 믿는 데 반해 보수주의는 외적인 어떤 현명하고 선한 권위 없이는 질서의 생성과 유지가 가능하지 못하다고 믿는다. 시장경제는 자생적인 힘을 통해 변화하는 환경에 적응할 수 있다는 사실을 받아들이는 것이 자유주의의 중요한 한 부분이다. 이에 반해 사회질서와 시장경제는 지혜로운 사람의 의식적인 통제가 필요하다고 믿는 것이 보수주의 핵심 부분이다. 보수주의자들이 그 같은 믿음을 갖는 이유는 무엇인가?

그 근본적인 이유는 사회질서이론, 구체적으로 말해 수많은 인간의 행동을 조정하는 일반적인 힘을 설명하는 이론, 즉 경제적 메커니즘에 관한 이론이 없기 때문이다. 보수주의 전통의 핵심은 추상적인 이론에 대한 불신이다(Hayek, 1060/1997: 325; 호페, 2001/2004: 316).[49] 경험이 입증하는 것 외에는 논증의 힘도, 이론적 상상도 믿지 않는 것이 보수주의의 전통이다. 그들이 믿는 것은 개명된 지도자들이다(Hayek, 1960/1998 II: 319; 슈메이커, 2008/2010: 325).

보수주의는 경제적 메커니즘에 대한 이론을 불신하기 때문에 정책의 원칙도 불신한다. 자생적인 적응을 야기하는 힘을 이해하지도 못하고 오히려 이를 불신하기 때문에 원칙의 정치에 대한 헌신도 없다. 상황변화에 따라 그때그때 필요한 기회주의적이고 실용주의적인 간섭을 허용한다. 원칙의 정시는 자생적 질서를 전제로 한다. 보수주의의 취약점은 이미 버크에서부터 예정되어 있었다. 그에게는 이론이 없었다. 그러나 애덤 스미스를 비롯한 자유주의자는 "보이지 않는 손" 이론을 개발했다.

보수주의는 사회질서의 자생적인 힘을 이해하지 못하므로 정책의 원칙을 구성하기 위한 기초를 소유하고 있지 못한 것이 자유주의와 전적으로 다르다. 그래서 이론을 무시하는 것은 보수주의의 치명적인 결함이 아닐 수 없다. 이념전쟁에서도 승리할 수 없다. 왜냐하면 이론은 이념전쟁을 위한 중요한 무기이기 때문이다.

---

49) 이론을 불신한다는 점에서 보수주의는 역사학파와 동일하다(호페, 2008/2010: 316).

자본주의에 대한 보수주의의 입장

자유주의가 사회주의 또는 사회민주주의를 비판하는 것과 마찬가지로 커크, 스크러튼 등 보수주의자들도 그 같은 좌익의 정책을 비판한다. 그러나 그들이 시장경제의 존재를 매우 긍정적으로 인정한다고 해도 이에 대한 비판도 만만하지 않다. 커크는 도시화와 산업화로 대중이 뿌리를 상실했다고 말한다. 벨과 크리스톨은 보수주의 이념을 성찰하면서 사회주의를 부정하고 경제적 자유주의를 제한할 필요성을 강조하고 있다.[50] 자본주의에 대한 그들의 입장은 다음과 같이 요약할 수 있다. 자본주의는 성공했지만 이 체제는 스스로 해결할 수 없는 가치의 위기를 야기한다는 것이다. 자본주의와 자유사회는 내적으로 자기파괴적 요소가 있다는 것이다. 지나친 자유와 개인주의는 내적 결속을 파괴한다고 주장한다. 자유사회의 위협은 사회주의 복지에서만 오는 것이 아니라 자유사회 자체에서 온다고 한다.[51] 이는 시장경제의 자생적 질서를 부정하는 주장이다.

그러나 루트비히 미제스, 프리드리히 하이에크, 밀턴 프리드먼 등 자유주의자들이 또렷하게 보여주고 있듯이 20세기의 위기는 가치의 위기가 아니라 반(反)시장적인 국가 개입에 의해 야기된 경제위기다. 정부개입은 지대추구를 야기하고, 이것은 결국 사회적 갈등을 야기한다. 이 같은 갈등은 공동체 정신, 배려의 도덕, 책임감 등 자유사회의 도덕적 발전도 파괴한다. 우리가

---

50) 벨은 『자본주의의 문화적 충돌』에서, 그리고 크리스톨은 『자본주의의 두 얼굴』에서 같은 주장을 한다.

51) 자유주의에 대한 이 같은 비판은 1930년대 자유주의가 몰락했을 때 그 원인을 말했던 독일의 경제학자 뤼스토프(A. Rüstow)의 비판과 흡사하다. 물질적인 풍요만으로는 충분하지 않다. 인간은 사회적 존재이므로 공동체적 결속을 필요로 한다. 자유주의는 이 같은 욕구를 무시한다는 것이다. 산업노동자는 높은 소득을 가지고 있음에도 농부보다 덜 행복하다는 것이다. 사회의 원자화와 이익집단들의 경쟁 등이 통합을 방해하는 요인들이라는 것이다. 우리가 처해 있는 거대한 위기는 경제위기라기보다는 통합의 위기라는 것이다(민경국, 2011).

직시해야 할 것은 시장경제는 자유를 보장하는 법 규칙(정의의 규칙)이 엄격하게 확립되어 있으면 배려의 도덕, 책임감, 성실성, 정직성 등과 같은 소중한 도덕적 가치도 시장 내적으로 형성되고 유지된다는 점이다(민경국, 2010). 교환시스템이 스스로 적절한 개인적 윤리를 창출하고 확산시킨다. 이 같은 확산은 시장경제의 발전을 촉진한다. 그래서 시장경제와 도덕규칙은 서로 공진화 관계에 있다는 것을 잊어서는 안 된다.

그러나 보수주의자들은 시장의 자유는 스스로를 파괴하는 자유가 포함되어 있다고 한다. 반시장적 소설, 반시장적 영화나 TV 방송, 반시장적인 것을 옹호하는 각종 출판 등이 시장 자유의 산물이라는 것이다. 이러한 주장에 대해 자유주의자들은 어떻게 반응할 것인가? 정부가 반시장적 출판물을 금지하는 보수주의적 태도는 옳지 않다. 관용이라는 자유주의의 도덕적 가치의 실현을 위해서다. 그리고 그 같은 반시장적 산업을 억제하는 유일한 방법은 시민의 반시장적 태도를 변화시키는 일이다.

흥미로운 것은 2008년 금융위기의 원인이다. 보수주의자들은 탐욕적인 자본가의 탓으로 돌리고 있다. 시장은 이러한 탐욕을 조장할 뿐 이를 조절할 능력이 없다는 것이다. 사회공학적 사고를 전제한 금융공학이 그 같은 탐욕을 실행에 옮기다가 당한 것이 금융위기라는 것이다. 정부가 나서서 이 탐욕을 효과적으로 규제하고 감시해야 한다는 것이다. 그렇지 못하고 오히려 '글래스 스티걸법(Glass Steagall Act)'의 철폐에서 보는 것처럼 투자은행과 상업은행의 업무분야 칸막이를 없애버려 탐욕을 조장했다는 것이다(O'Hara, 2011: 245). 사회주의자들의 비판도 이와 흡사하지만, 그들의 비판은 보다 포괄적이고 자본주의 체제 자체에 대한 비판으로 이어진다. 그러나 오스트리아학파가 보여주고 있듯이 자유주의 진영의 경제학에서는 2008년 미국발 금융위기의 원인을 시장의 내적인 오류 때문이 아니라 외적인 요인, 즉 방만한 통화정책

_(그리고 주택정책)에서 찾고 있다.

보수주의의 국가관

보수주의는 어떤 내용의 국가관을 전제하는가? 그리고 보수주의에서 국가의 과제는 무엇이고, 공공정책을 위한 어떤 원칙이 있는가?

보수주의의 국가관: 강한 국가

보수주의의 생각 가운데 가장 복잡한 것이 국가에 관한 문제다. 보수주의는 인간은 불완전하기 때문에 자발적으로 협조가 불가능하다고 한다. 그대로 놔두면 그 결과는 혼란이라는 것이다.[52] 자유와 질서는 갈등관계에 있다는 것이 보수주의 입장이다. 그래서 자유 대신에 질서를 선택한다. 이는 홉스의 관점과 유사하다. 그러나 로크는 질서 대신에 자유를 선택했다. 홉스든 로크든 보수주의든 자유와 질서는 조화로운 관계라는 것을 알지 못했다. 그러나 흥미롭게도 이를 간파한 인물이 애덤 스미스, 흄 그리고 하이에크 등의 자유주의자들이었다. 이들은 자생적 질서와 이에 속하는 시장경제에서 자유와 질서의 조화를 보았던 것이다.

어쨌든 보수주의는 국가 없이는 안정적인 사회질서가 불가능하다고 여

---

52) 사회를 유기체로 보는 보수주의의 시각은 유기체는 외부의 간섭 없이도 내적인 질서가 유지된다는 입장을 강조하기 위해 사용된 개념이 아니라 오로지 사회의 자연적 위계를 정당화하기 위해 그 같은 개념을 도입한 것이다.

긴다. 그래서 강한 국가를 요구한다. 국가 없이는 도덕도 불가능하다고 여긴
다. 그래서 보수주의는 국가에 대한 존중심이 비교적 크다. 보수주의자에게
국가는 법의 원천이자 도덕의 원천이다. 국가 없이는 개체성도 의미가 없다.
국가가 법의 원천이라는 것은 법은 국가와 독립적인 정당성이 없다는 것을
말한다. 이것이야말로 반자유주의적 법 개념이고 법실증주의의 전형이다. 법
과 국가의 관계, 법실증주의에 관한 보수주의적 입장은 국가의 의지와 능력
을 신뢰하고 있다는 증거다.

　　보수주의가 그 같은 신뢰를 갖는 이유는 무엇인가? 현명하고 선한 의지
를 가진 정부를 상정하고 있기 때문이다. 그리고 보수주의에 의하면 정부가
현명하고 선한 의지를 가진 사람들의 수중에 있으면 그들의 권력을 엄격하
게 제한할 필요가 없다고 한다. 따라서 보수주의의 성공은 그 같은 선한 인간
의 발견에 좌우된다고 할 수 있다. 그러나 자유주의는 악한 사람이라고 해도
그의 악행을 최소로 줄일 수 있는 체제다. 이것이 작은 정부, 큰 시장이다. 강
한 정부가 아니라 '제한된 정부'가 자유주의가 추구하는 정부 형태다.

민주주의와 보수주의

　　천민민주주의는 자유주의 개념이 아니라 보수주의 개념이다.[53] 천민민
주주의는 인간을 질적으로 천민과 양민으로 구분한다. 이러한 구분을 정치에
이용한 인물이 플라톤이 아니던가! 그는 보수주의의 원조였다. 엘리트주의를
강조하는 것이 보수주의다. '천민민주주의'라는 말도 보수주의의 산물이다.

　　자유주의자는 그러한 개념을 사용하지 않는다. 자유주의는 애덤 스미스

---

53) 자유경제원이 민주주의를 비판할 때 사용한 개념이다. 이것은 자유경제원이 자유주의를 지향하는
　　기관이라면 사용해서는 안 될 개념이다.

처럼 철학자나 거리의 짐꾼이나 동일하게 취급한다. 민주주의에서 1인 1표를 중시하는 것도 그러한 이유에서다. 뷰캐넌이 밝히고 있듯이(Buchanan, 2005) 보수주의는 민주주의를 좋아하지 않았다. 인간은 질적으로 위계적이라는 인간관을 전제하기 때문이다. 엘리트주의이기 때문이다. 보수주의가 선하고 유능한 정부의 존재를 믿는 것은 헤겔적 국가관의 유산에서 비롯된 것이다. 이같은 믿음은 정부의 비대화를 말하는 리바이어던의 문제, 그리고 정치가의 기회주의를 의미하는 주인-대리인 문제에 접근하기가 곤란하다.

그 같은 믿음은 흔히 말하는 자유주의 사회이론에 속하는 '공공선택론'에 대한 인식이 부족한 데서 비롯된 것이다. 온정주의적 국가관을 극복하는 데 중요한 역할을 한 것이 공공선택론이라는 것을 직시할 필요가 있다. 그리고 국가권력은 제한되어야 하고 이를 제한하는 효과적인 장치가 헌법이라는 것을 가르쳐준 것도 공공선택론이다. 자유주의자들은 공공선택론을 이용하여 왜 민주주의에서 정부지출과 규제가 증대하는가도 설명한다. 더구나 민주적 정치과정에서 그 같은 증대는 개인의 자유와 재산에 대한 침해로 이어지기 때문에 민주주의를 제한하지 않으면 민주주의는 자유주의와 충돌한다는 것도 자유주의자들의 중요한 인식이다. 자유주의가 전제하는 민주주의는 무제한적 민주주의가 아니라 '제한된 민주주의(limited democracy)'다(Hayek, 1978).

'자유민주주의'는 서로 상이한 의미를 가진 자유주의와 민주주의를 합성한 개념이다. 그 내용이 충돌하지 않으려면 민주주의가 제한되어야 한다는 것을 인식한 쪽은 자유주의자들이다. 보수주의는 자유민주주의 개념의 내적인 충돌을 알지 못한다. 보수주의는 누가 권력을 행사하는가에 관심이 있을 뿐 국가권력을 제한해야 한다는 것은 관심 밖에 있기 때문이다.[54] 따라

---

54) 근본적으로 보수주의는 자유주의보다 개인의 자유를 덜 존중한다. 그래서 보수주의에는 국가권력으로부터 개인의 자유를 효과적으로 보호할 장치에 대한 논의도 빠져 있다.

서 보수주의는 자유민주주의 개념의 내적 충돌을 막을 장치가 없다.

흥미로운 것은 보수주의는 안정된 사회를 위해 자발적 결사의 중요성을 강조한다. 예를 들면 가족, 종교단체, 지역 공동체, 각종 직업단체, 사회서비스를 공급하는 자선단체 등의 중요성을 강조하는 보수주의에 대해 자유주의가 반대할 이유가 없다. 자발적 조직은 자유주의가 최고의 가치로 여기는 개인의 자유의 결과이고, 원자적 인간을 극복하는 중요한 요소이기 때문이다. 조직의 활동이 개인의 자유를 침해하지 않는 한 그들의 활동은 자유로이 허용한다.

그러나 유감스럽게도 보수주의는 그 같은 집단들이 정치에 영향력을 행사하여 입법특혜나 정부특혜를 추구할 위험성을 간과하고, 오히려 정부는 그 같은 조직을 보호하고 지원해야 한다고 주장한다. 이는 공공선택론에 대한 인식이 없기 때문에 나온 주장이다. 그러나 자유주의는 특정 그룹에 대한 정부의 특혜는 법의 지배원칙에 대한 위반이라는 의미에서 엄격하게 금지한다.[55]

보수주의와 국가의 과제

보수주의가 상정하는 국가는 애덤 스미스, 미제스, 하이에크 등 자유주의자들이 상정했던 과제보다 큰 과제를 가지고 있다. 그리고 상황에 따라서는 수시로 그 과제가 증가될 수 있다. 중요한 몇 가지 예를 들어 그 과제를 설명하면 보수주의에서 국가의 과제는 원칙보다 매우 실용주의적이고 때로는 기회주의적이라는 것을 알 수 있다.

---

55) 전통산업에 속하는 농업, 중소 상공인에 대한 보호와 지원이 보수주의의 핵심이었던 것은 우연이 아니다. 이것이 자유주의와 보호주의를 분할시킨 중요한 요인이었다. 더구나 복지단체들에게 복지 서비스 공급을 위해 그들을 강력히 지원할 것을 요구한다.

(1) 경제안정

경제안정에 대한 보수주의의 입장은 다음과 같다(O'Hara, 2011: 174). 즉, 금융위기에서 볼 수 있듯이 시장은 변동이 매우 격심하기 때문에 이를 안정화하는 것이 국가의 과제다. 시장에 맡기는 것은 최적 해결이 될 수 없다. 은행의 도산, 대기업의 도산 등은 구제금융을 통해 해결해야 한다.[56] 이 같은 정책을 통해 야기되는 도덕적 해이나 제3자의 조세부담, 경제의 왜곡 등보다 실업이나 주민의 저축 손실 같은 경제 불안을 더 중시한다.

보수주의는 금본위제를 옹호했다. 금본위제의 이탈은 미지 세계로의 진입을 의미했기 때문이다. 케인스주의가 지배했을 때 많은 보수주의자들은 이를 환영했다. 이 같은 보수주의 입장은 기회주의의 전형적인 예다.

(2) 산업정책

장기적인 경제성장을 위한 국가의 간섭을 강조한다. 연구개발에 대한 국가의 지원 정책, 혁신기업에 대한 지원 등과 같은 산업정책을 중시한다. 그러나 보수주의는 국가의 지원정책이 차별을 통해 자유경쟁을 왜곡한다는 점을 고려하지 않는다. 보수주의는 지원대상의 산업이나 기업은 시장이 선별하고 선별된 기업에 대한 지원을 정부의 과제로 여기고 있다(O'Hara, 2011: 174). 산업정책의 명분으로 '잘하는 기업'을 지원해야 한다는 것이다. 그러나 보수주의는 유감스럽게도 그 같은 정부지원이 경쟁질서의 왜곡을 초래한다는 것을 고려하지 않는다.

---

56) 도덕적 해이 문제가 있지만 이를 두려워해서 도산을 방관하는 것은 값비싼 대가를 지불해야 한다는 것이다.

(3) 보호무역

자유무역에 대한 보수주의의 입장은 전통적으로 불분명하다. 버크와 같이 자유무역을 강조한 보수주의도 있었고, 19세기에는 특히 농업의 보호주의를 강조하는 보수주의도 있었다. 자유무역을 단순히 고전적 자유주의의 도그마라고 비판하면서 이는 사회의 진정한 이익을 침해할 뿐이라고 믿는 보수주의자들도 있었다. 오늘날에도 보수주의는 전면적인 자유무역을 주장하지 않는다. 문화적으로 중요한 부문은 보호받아야 하고, 환경이나 윤리적 고려에서 상품의 수입 여부를 결정해야 한다고도 한다. 경제를 불안정하게 만드는 자본자유화에도 반대하면서 금융 부문의 엄격한 국가의 감시감독을 강조한다.

(4) 사적 도덕의 문제

보수주의자들은 매우 도덕적이다. 마약, 음주, 동성애, 도박, 포르노그래피, 매춘 등은 부도덕한 것이기 때문에 이를 금지할 것을 주장한다. 그래서 그들은 개인적 도덕 세계에 대한 국가의 개입을 옹호한다. 이는 보수주의자가 자신의 가치를 타인들에게 부과한다는 의미에서 온정주의다. 도덕의 사적 영역에 대한 국가의 개입이다. 그러나 자유주의는 이러한 행동에 대해 개인들이 스스로 절제하도록 맡긴다. 그 같은 행동은 타인들의 자유와 재산을 침해하는 행동이라고 볼 수 없기 때문이다.

결론적으로 말해 보수주의는 반합리주의이기 때문에 사적 영역과 공적 영역을 구분할 수 있는 이론적 원칙이 없다.[57] 그래서 보수주의는 공공정책에서 실용주의적이고 때로는 기회주의적이라는 하이에크의 주장은 정곡을

---

57) 보수주의의 원조였던 버크는 불완전한 인간이 지나친 권력을 가지면 큰 피해를 만든다. 국가에 적절한 과제만 맡긴다. 그러나 무엇이 적절한가를 말해주지는 않는다.

찌르는 말이다.

(5) 복지정책

우리가 주목해야 할 것은 복지정책은 보수주의자들에게 새로운 것이 아니라는 점이다. 복지는 보수주의의 산물이다. 보수주의는 세 가지 관점에서 복지정책을 선호한다. 첫째로 복지정책의 전통을 지키기 위해 복지정책을 지지한다. 국가로부터 받을 복지에 대한 정당한 기대가 복지 전통을 통해 형성되었다고 여긴다. 보수주의가 무상교육을 반대하지 않는 이유도 이것이 하나의 전통이 되었기 때문이다. 복지와 무상의무교육을 자유주의 원칙에 따라 제한하거나 개혁하는 것은 전통과 관습에 의해 정당화된 기대를 수포로 만들기 때문에 보수주의자들은 기존의 복지정책을 수용하는 태도를 보인다.

둘째로 보수주의는 가부장적 온정주의 요소를 내포하고 있다. 보수주의자는 위계의 낮은 계층에 있는 사람들이 자신의 행동에 대한 책임을 질 능력이 적다고 생각한다. 보수주의 가치에서는 개인의 자유 그리고 그 결과로서 개인의 책임 비중이 자유주의만큼 크지 않다(Buchanan, 2005: 8). 이 같은 온정주의와 직결되는 것이 복지정책이다. 노블레스 오블리주, 사회적 책임도 개인적 도덕뿐만 아니라 사회적 윤리 차원에 해당하는 복지정책을 정당화하기 위한 개념이다. 셋째로 복지요구가 사회적 분위기를 압도하여 이를 거부할 경우, 보수주의는 거부 결과가 두려워서 복지요구에 순응한다. 보수주의의 이 같은 순응은 원칙이 없기 때문이다. 그 순응은 일종의 기회주의적 타협이다.[58]

---

58) 흥미로운 것은 잘 알려진 올라스키의 '온정적 보수주의(compassionate conservatism)'다(Olasky, 2000). 그는 정부의 직접적인 복지정책 대신에 상류층의 기부금을 통한 민간의 복지재단이나 교회단체에 의한 복지서비스 공급을 강조하고 있다. 노블레스 오블리주의 실현이다. 그리고 정부는 민간 복지단체들에 대한 재정적 지원을 담당할 것을 요구한다. 그러나 유감스럽게도 보수주의는 그

우리가 확인할 수 있는 온정주의 국가관 그리고 정치적 타협 등 위와 같은 여러 가지 이유로 볼 때 복지정책은 보수주의의 당연한 정치적 의제라는 점이다. 보수주의 정치가로 알려진 독일의 비스마르크(Bismark) 재상(Nisbet, 1986/2007: 97)과 영국의 처칠(Churchill)[59] 수상에게서 볼 수 있듯이 오늘날 같은 복지제도의 뿌리가 보수주의라는 것은 우연이 아니다.

그러나 우리가 직시해야 할 것은 복지정책이 넘어서는 안 될 경계선을 정하지 못한 것이 보수주의의 치명적인 결함이 아닐 수 없다. 오늘날 보수주의가 말하는 따뜻한 복지, 자본주의 4.0 또는 온정적 보수주의(compassionate conservatism) 등도 그 경계선이 없다. 그 이유는 선하고 현명한 온정주의 국가를 전제했기 때문이다. 그래서 보수주의는 강한 정부를 요구할 뿐 제한된 정부를 생각하지 못했다. 공공선택론의 인식이 결핍되어 있기 때문이다. 그러나 1947년 '몽펠르랭 소사이어티 창립학술회의' 이래 자유주의에서는 복지정책은 시장법칙을 최소로 침해하는 것이어야 한다는 원칙이 확립되었다(민경국, 2011).[60] 보수주의에는 그 같은 원칙이 없다. 그래서 보수주의는 복지를 이해 그룹의 정치와 정당의 산물로 만들 위험성이 있다.

같은 집단들이 정치에 영향력을 행사하여 입법특혜나 정부특혜를 추구할 위험성을 간과하고 있다. 가진 자는 복지수혜자들을 위해 세금만 내지 말고 자신이 먼저 배운 '고기 잡는 법'을 그들에게 가르칠 의무까지 부과하고 있다.

59) 처칠 수상은 가벼운 생각으로 비버리지(Beverage)에게 영국의 복지제도를 어떻게 해야 할 것인가를 연구하도록 용역을 주었다. 그러나 비버리지는 「비버리지 보고서」로 알려진 거대한 복지플랜을 제시했다. 처칠은 원래의 의도와는 완전히 다른 그 보고서를 보고 놀라서 보수당에 토론을 맡겼다. 보수당 사람들은 그 플랜을 '사회주의'라고 여기고 그 보고서를 거부했다(Cockett, 1995).

60) 몽펠르랭 소사이어티 학술회의에서 복지정책을 투입해야 할 것인가 아닌가의 문제가 아니라 어떻게 이를 추진할 것인가 문제라는 점에서 모두 일치된 생각이었다(민경국, 2011: 83; 민경국, 2011a: 30). 하이에크에 의하면 안정에 대한 사람들의 욕구가 증가했는데 이를 무시할 수 없다는 것이다. 실업자의 생계나 빈곤에 대한 대비책은 국가의 중요한 역할이라고 주장한다.

(6) 특권허용

특수한 자에 대한 군 면제 또는 특별 국방의무(국가대표 운동선수 군 면제, 대학원 졸업자에 대한 군대 특별대우), 장관 자녀 공무원 특별채용 등은 모두 특권이다. 그 이념적 원천이 귀족주의 또는 이른바 '능력주의'를 전제하는 보수주의라고 볼 수 있다. 자유주의가 극력 반대하는 이 같은 특혜와 특권이 있는 곳에는 보수주의가 있다.

보수주의의 허와 실

이 글은 보수주의라는 정치적 개념을 서구에서는 어떤 의미로 사용하고 있는가를 규명하면서 그것을 자유주의 이념과 비교한 것이다. 보수주의는 자유주의와 공통점보다는 상이한 점이 더 많다.

첫째, 자유주의와 보수주의는 사회주의(공산주의)의 집단주의적 개혁을 공동의 적으로 생각한다. 그 두 이념은 사회주의를 반대하는 이유가 상이하다. 자유주의는 개인의 자유를 최고의 가치로 여기는 이념이다. 이는 자유주의가 어떤 현실적인 이유로도 포기할 수 없는 가치다.[61] 포기한다면 더 이상 자유주의가 아니기 때문이다. 그래서 집단주의적 통제의 확대는 개인의 자유를 제한한다는 이유로 사회주의를 반대한다. 그러나 보수주의는 자유주의보다 자유를 덜 챙기는 이념이다.

보수주의가 추구하는 최고의 가치는 개인의 자유나 재산이 아니라 기존

---

61) 그 이유는 지식의 문제 때문이다. 그러나 보수주의는 지식의 문제 때문에 기존의 질서를 수호하려고 한다. 그리고 자유를 제한하려고 한다. 자유를 통해 생겨날 변화의 두려움 때문이다.

질서의 안정이라는 가치다. 집단주의적 개혁은 기존의 질서에 대한 위협이요 예측할 수 없는 혼란을 가져오리라는 두려움 때문에 그러한 개혁을 반대한다. 자유주의가 재분배를 반대하는 이유도 재산 그 자체의 침해 때문이다. 그러나 보수주의는 기존의 질서 안정에 해가 되기 때문에 반대한다. 현실적인 이유가 있다면 언제든지 개인의 자유를 제한하거나 포기할 준비가 되어 있다. 왜냐하면 기존 사회질서의 안정에 더 큰 관심을 가지고 있기 때문이다.

둘째, 자유주의나 보수주의는 인간은 다양한 차원에서 서로 상이하다는 것을 인정한다. 보수주의는 한 걸음 더 나아가서 인간의 우열을 구분하고 엘리트의 중요성을 강조한다. 전통적 보수주의는 귀족주의(aristocracy)를 전제했다. 현대에서 보수주의는 능력주의(meritocracy)다. 이는 능력과 도덕적 공로가 지위나 소득 분배를 결정해야 한다는 분배 의다. 따라서 보수주의 사회는 엘

〈표 1〉 자유주의와 보수주의 비교

	자유주의	보수주의
최고의 가치	개인의 자유(재산권)	기존 질서의 안정(현행 헌법질서)
인식론적 입장	비판적 합리주의(합리주의)	반(反)합리주의
정의	절차적 정의(정의의 규칙) [성과원칙]	능력주의(meritocracy); 사회적 책임론 귀족주의(aristocracy); 노블레스 오블리주
사회관	자생적 질서	인위적 질서; 유기체(위계질서)
국가관	제한적 정부(limited government)	강한 정부(strong government); 가부장적 국가
정치	원칙의 정치(큰 시장, 작은 정부); 헌법 제119조 제1항 존중	실용주의; 기회주의 규제받는 시장; 헌법 제119조 제1항과 제2항 존중[12]
복지	시장법칙을 최소로 침해하는 복지정책	온정주의; 한계가 부정확한 복지정책
적(敵)	보수주의 일부, 사회주의, 공산주의, 사민주의	자유주의 일부, 사회주의, 공산주의, 사민주의

리트가 지배하는 사회이다. 자유사회는 때로는 선하고 때로는 악할 수 있으며, 때로는 재능이 있고 때로는 어리석은 사람 등 모든 사람이 살 수 있는 사회다. 자유주의자는 성공한 자들에게 '노블레스 오블리주' 또는 '사회적 책임'을 요구하기도 어렵다. 그들에게 보호받은 특권도 없고, 분배적 위계도 유동적이며, 부의 축적은 이에 해당하는 대가를 지불한 결과이기 때문이다.

셋째, 보수주의는 자유주의가 강조하는 개인의 자유와 개인주의의 기본 원칙을 전적으로 수용하는 것이 아니다. 자유의 확대와 개인주의는 혼란을 야기한다고 믿기 때문이다. 그래서 사회질서와 시장경제는 지혜로운 정부의 의식적인 통제가 필요하다고 말한다.

넷째, 보수주의는 국가 없이는 안정적인 사회질서가 불가능하다고 여긴다. 그래서 '강한 정부(strong government)'를 요구한다. 심지어 국가 없이는 도덕도 불가능하고 개체성도 의미가 없다고 말한다. 국가는 법의 정당성의 원천이라고 말하여 법실증주의를 채용하고 있다. 흥미롭게도 현명하고 선한 정부(엘리트주의)의 필요성을 강조하고 있다. 보수주의는 가부장적 국가를 믿고 있다. 그러나 자유주의는 '작은 정부, 큰 시장'을 추구한다. 국가에 대한 불신 때문이다. 강한 정부가 아니라 '제한된 정부(limited government)'가 자유주의가 추구하는 정부 형태다.

다섯째, 사적 영역과 공적 영역을 구분하기 위한 이론이 없기 때문에 보수주의 정책은 원칙 없이 선한 정부의 재량적인 손에 맡겨버린다.

여섯째, 보수주의에서 복지정책은 결코 낯선 것이 아니다. 복지정책은 온정주의 국가관 등 여러 가지 이유로 보수주의의 당연한 정치적 의제다. 그러나 치명적 결함은 복지정책이 넘어서는 안 될 경계선을 설정하지 못했다는 점이다. 그 경계를 분명하게 정한 것이 자유주의다. 복지정책은 시장법칙을 최소로 침해하는 것이어야 한다는 자유주의의 헌법적 원칙이 복지정책이 넘어서는 안 될 경계선이다.

　　보수주의는 사회민주주의나 사회주의, 공산주의를 적극적으로 반대한
다는 의미에서 이 이념들과의 이념전쟁에서 자유주의와 동맹하지만, 보수주
의는 자유주의의 전제로서 개인주의의 기본원칙을 전폭적으로 수용하기를
거부하는 이념이다. 사회이론(자생적 질서이론: 공공선택론)이 없기 때문에 통일되
고 체계적인 보수주의 이념이 성립될 수 없으며 확고한 정책의 원칙을 확립
하기도 어렵다.

5
자유주의 관점에서 본
숙의민주주의

숙의민주주의(deliberative democracy)는 시장경제의 대안으로 독일의 사회주의자 유르겐 하버마스(J. Habermas)를 중심으로 하는 신좌파가 1990년대에 제시한 정치적 이념이다(Habermas 1984). 그는 마르크스의 경제학만이 가장 타당한 경제학이라고 믿는 인물이다.

시장경제는 소외, 불평등 같은 사회 문제를 야기하기 때문에 좋은 사회가 될 수 없고 공적 영역에서 시민 사이의 원활한 소통을 통해 정치적 이슈를 토론하고 숙고하고 심의하는 정치적 포럼이 중요하다는 것이 좌파의 인식이다.

숙의민주주의자들은 어떻게 자본주의를 비판하는가? 자본주의의 대안으로 그들이 제시한 숙의민주주의의 이념적 내용은 무엇인가를 설명하고 그러한 대안의 문제점을 밝히고자 한다.

숙의민주주의의 정치적 이상

우선 흥미로운 것은 숙의민주주의가 등장한 사상적 배경이다. 그 배경은 숙의민주주의자들이 이해하고 있는 자유주의의 인간관에 대한 비판이다. 그들은 그 인간관을 극복하고 '소통적' 인간관으로 대체하려고 한다.

자유주의에 대한 비판

자유주의는 사회에 앞서 개인들의 선호와 이를 실현하는 데 필요한 지식이 주어져 있다는 전제에서 출발한다는 것이 숙의민주주의자들의 해석이다. 사회적 관계가 없는 고립된 인간을 전제한다고 한다. 자유주의는 인간은 사회가 존재하기 전에 이미 합리적이라는 전제를 깔고 있다고 한다. 그래서 자유주의가 추구하는 제일의 목적은 개인적 선호의 효율적 충족을 가능하게 하는 사회제도의 실현이라는 것이 좌파의 인식이다.

그 같은 자유주의에 대한 좌파의 비판이 매우 흥미롭다. 전지하고 고립된 원자적 인간으로 구성된 사회는 개인들의 합 이상이 아니라고 비판하면서 인간 이성과 이해력은 사회에 앞서 이미 주어진 것이 아니라 사회적 과정에서 형성된 것이라고 주장한다. 인간 이성은 역사적으로 개발된 공동체의 산물이고 언어 같은 사회제도는 인간 상호 간의 현상이라는 것이 숙의민주주의의 통찰이다. 숙의민주주의자들은 합리성은 사회적 의미 이외의 어떤 것으로도 이해할 수 없고, 마찬가지로 개인의 선호도 본능적인 것을 제외하고는 제도의 맥락 이전에 존재할 수 없으며, 사회의 내생적 변수로 이해해야 한다고 큰 소리 친다.

따라서 숙의민주주의 옹호자들은 정치경제학의 일차적 과제는 이미 주어진 개인 선호의 효율적인 충족을 위한 메커니즘을 다룰 것이 아니라 그러한 선호와 이를 충족하기 위한 지식을 형성하고 소통하는 제도를 다루어야 한다고 주장한다. 숙의민주주의자들은 합리적이고 이기적·원자적 인간을 전제로 하는 자유주의의 제도적 장치는 공공영역을 메마르게 하고 정치적 안건이나 과제를 깊이 생각하고 논의할 수 있는 진정한 사회 조건을 위태롭게 한다고 주장한다.[62] 정치참여의 비율이 줄어들고 사회신뢰를 해체하여 냉소주의, 책임회피, 무임승차행동이 지배하는 이유도 그러한 경제적 자유주의 때문이라고 한탄한다.

따라서 개인의 자유와 자율이라는 자유주의 이상의 잠재력을 충분히 개발하기 위해서는 정치적 토론과 심의를 거쳐 만든 법과 제도를 통해 경제 자유를 엄격히 제한해야 한다는 것이 숙의민주주의자들의 주장이다. 이러한 주장에는 인간 이성은 민주적 심의를 통해 자생적으로 형성되는 시장과정을 엄격히 규제하고 통제할 수 있는 지적 능력이 있다는 믿음이 깔려 있다.

더구나 경제적 자유주의는 재산과 신분의 차이에서 야기되는 불평등 효과를 무시한 나머지 돈과 권력이 시민의 행동을 서로 조정하는 주요 수단이 되었고, 시민은 타인들의 목적을 위한 전략적 수단 그 이상이 아니라는 것이 자본주의에 대한 숙의민주주의자들의 인식이다. 경제적 자유주의에 대한 이 같은 포괄적인 비판에서 그 대안으로 제시된 것이 숙의민주주의다.

숙의민주주의의 내용

소득분배, 기업규모, 기업입지, 금융배분, 고용, 환경 등 경제·사회 문제를 모든 사람이 함께 모여 깊이 생각하고 숙고하여 공개적인 토론을 거쳐

---

62) 자본주의에 대한 하버마스의 비판에 관해서는 페닝턴(Pennington, 2003:722) 참조.

결정하고 결정결과를 집행하는 것이 숙의민주주의다. 외부의 간섭이나 계획 없이 자생적으로 형성되는 시장과정 대신에 토론하고 심의하는 의식적인 정치과정의 결정을 통해 계획적이고 의식적으로 인간의 경제사회적 삶을 조정해야 한다는 이념이 숙의민주주의다.

　　민주적 심의제도의 특성은 다음과 같이 세 가지로 나눌 수 있다. 첫째로 그것은 이해관계자들이 모두 참여하여 공개된 토론과정을 통해 관점, 견해, 이론 등 주관적 인지들을 자유롭게 서로 소통하기 위한 틀이다. 둘째로 그러한 틀은 모든 사람에게 똑같이 적용할 추상적인 행동규칙, 즉 어떤 목적을 규정하는 것이 아니라 강제, 허위, 조작, 위협, 협박, 사기, 기만 등과 같은 특정 행동을 금지하는 행동규칙들로 구성된다. 그러한 틀 내에서는 어떤 지배자도 없고 자유로운 담론이 지배하는 상태다. 셋째로 그러한 담론과정은 사람들이 선호와 가치, 이를 실현하기 위한 수단과 수단에 관한 지식을 학습할 수 있다. 소통행위는 이론과 선호의 가치를 가르치고 배우는 학습과정이다. 이러한 과정을 통해 사람들은 그들의 지적 시계를 넓힐 수 있으며 서로 새로운 분석과 해결책을 알리는 계기가 될 수 있다.

　　숙의민주주의에서는 소비자 대신에 시민 개념이, 그리고 시장에서처럼 싫으면 다른 공급자에게로 등 돌리는 탈출 메커니즘 대신에 비판하고 반대하는 항의 메커니즘이 등장한다. 상위계층은 의사결정에서 보다 큰 영향력을 행사하는 등 시장에서의 부의 불평등이 소통과정을 왜곡할 우려가 있기 때문에 심의적 의사결정을 하기 전에 그러한 불평등을 제거해야 한다. 이로써 숙의민주주의는 실질적 평등을 요구한다.

　　숙의민주주의의 문제점은 무엇인가? 그것이 자유와 번영을 약속하는 정치체제를 가능하게 하는가? 우선 주목하는 것은 숙의민주주의는 사장경제를 매우 크게 오해하고 있다는 점이다.

두 가지 종류의 합리주의

숙의민주주의의 결함을 논의하기에 앞서서 우리가 분명히 해야 할 점은 지성사의 양대 산맥을 구성하는 두 가지 종류의 계몽주의를 구분해야 할 필요가 있다는 것이다. 하나는 데카르트의 고전적 합리주의에서 비롯되어 홉스(Th. Hobbes), 벤담(J. Bentham) 등이 확립한 전통의 프랑스 계몽주의다. 다른 하나는 스미스(A. Smith) 등 고전적 자유주의를 확립한 스코틀랜드 계몽주의 전통이다. 이 전통은 오늘날 신자유주의의 거성으로 알려진 하이에크, 뷰캐넌 등에 의해 계승되고 있다.

숙의민주주의자들의 비판 대상은 이기적이고 고립된 합리적인 인간을 전제하는 프랑스 계몽주의의 인간관이다. 인간은 행동하기에 앞서서 사회에 들어가기 전에 이미 모든 것을 잘 알고 있다는 것이다. 이러한 인간을 전제하고 이론을 전개한 철학자는 존 롤스이며, 주류경제학의 후생경제학이다. 그들은 프랑스 계몽주의 전통의 구성주의적 합리주의를 계승하고 있다. 이에 따르면 인간은 자신의 삶을 위해 필요한 완전한 지식을 가지고 있을 뿐만 아니라 사회적 차원에서도 사회제도를 인위적으로 고안하여 사회를 임의로 조직할 수 있는 완벽한 지식을 가지고 있다는 것이다.

이 같은 전제는 세상에 대한 완벽한 지식을 요구하는 것이어서 불가능

〈표 2〉 진화론적 합리주의와 구성주의적 합리주의

진화론적 합리주의	구성주의적 합리주의
• 스코틀랜드의 계몽주의 전통	• 프랑스의 계몽주의 전통
• 흄, 스미스, 몽테스키외, 하이에크	• 데카르트, 벤담, 밀, 케인스, 롤스
• 사회적 · 진화적 인간관	• 고립된 · 이기적 · 합리적 인간관
• 정의의 규칙을 통한 자생적 질서	• 명령지시에 의한 인위적 질서(조직)
• 미래는 열려 있다	• 미래를 미리 정해놓는다
• 진짜 개인주의(자유주의)	• 가짜 개인주의(자유주의)

하며, 이성의 힘을 과대평가한 환상이다. 하이에크는 그 같은 인간을 전제로 하는 개인주의를 가짜 개인주의라고 비판한다(Hayek, 1948/1996).

반면에 스코틀랜드 계몽주의 전통의 자유주의가 전제한 인간은 자기 완료적인 고립된 인간이 아니다. 이 전통에서 사회와 독립적인 고립된 인간의 존재는 상상할 수 없다. 인간은 사회를 떠나 고립하여 존재할 수 없다고 본다. 더구나 인간은 완벽한 지식을 가질 수 없다는 것이 그 전통의 탁월한 인식이다. 사회적 관계 속에서 지식을 습득하고 모방하고 테스트하는 식으로 학습하는 것이 인간이다. 학습을 통해 개인 자신이 발전해간다. 사회관계 속에서 도덕적 행동도 개발하고 테스트하고 모방하고 학습한다. 인간 이성은 사회적 과정의 결과로 이해한다.

그러한 의미에서 스코틀랜드 전통의 인간관은 진화론적 합리주의다. 이는 현재 하이에크와 뷰캐넌이 대변하고 있는 합리주의다. 개인의 차원에서만이 아니라 사회적 차원에서도 진화론적이다. 뒤에서 자세히 설명하겠지만 법, 도덕, 관습, 시장, 언어 등 인류에게 유익한 제도들도 인간의 이성을 통한 계획에 의해 만든 것이 아니라 유익한 것은 선별되고 나쁜 것은 도태되는 등 장구한 역사적 걸러내기 과정에서 성장하고 진화한 결과라는 것이다.

더구나 인간은 행동을 결정하는 구체적이고 특수한 사실들을 다 알 수 없기 때문에 원활한 사회 작동을 위해 필요하거나 가능한 것은 일반적인 원리 또는 규칙뿐이다. 이러한 규칙과 제도는 순전히 자연적인 것도 아니고 인위적인 것도 아닌 자생적인 것이다. 그러한 자생적 질서 사상은 스코틀랜드 계몽주의의 진화사상이다. 현대의 그러한 진화사상의 대표자는 하이에크다. 그의 사상을 '진화론적 자유주의'라고 부르는 이유다.

흥미롭게도 숙의민주주의는 소통을 거쳐 학습하고 배우는 소통적 인간을 전제하는데, 그러한 인간관은 진화론적 합리주의 전통의 인간관과 일치한다. 뒤에 가서 설명하겠지만, 숙의민주주의자들은 그러한 인간관을 시장경제를 통제하는 규칙과 제도를 인위적으로 만드는 임의정치에 적용하고 있다.

시장의 소통체계와 자생적 질서

우리가 주목하는 것은 시장경제야말로 숙의민주주의자들이 주장하는 소통적 합리성을 전제하는 소통체계라는 점이다. 선호와 수단에 관한 지식, 세상에 관한 지식이 완전히 주어져 있다는 전제에서 출발하는 합리주의에는 한계가 있다는 하버마스를 비롯한 숙의민주주의자들의 주장은 전적으로 옳다. 이기적이고 원자적 인간관에 대한 그의 비판도 옳다. 그러한 비판은 자유주의에 대한 공동체주의의 비판과도 동일하다(민경국, 2007: 560).

그러한 인간관을 가지고는 시장의 역동적인 진화과정을 설명할 수도 없을뿐더러 특히 시장의 거대한 소통체계를 설명할 수도, 그리고 진정한 자유주의를 정당화할 수도 없다.

진화론적 합리성과 소통적 합리성

지금까지 시장경제와 경제적 자유주의를 위한 가장 중요한 논거는 이성의 좁은 도구적 설명에 의존하는 것이 아니었다. 그 논거는 스코틀랜드 계몽주의 전통에 따른 진화론적 합리주의였다. 이는 시장경제의 소통적 기능을 명시적으로 강조하는 합리주의다. 그러한 합리주의에서는 인간을 이기적이고 효용을 극대화하는 인간으로 가정하지 않는다. 주어진 선호를 최적화하는 인간도 아니다. 이러한 인간을 전제하는 시장은 자원을 배분하는 기계일 뿐이다. 살아있는 인간, 서로 배우고 학습하는 인간이 사는 세계가 아니다. 선호 목표 같은 평가적 요소는 물론이요 사고방식, 이론, 관점을 말하는 인지적 요소들은 시장에 참여함으로써 비로소 습득한 것이므로 시장참여자들의 주관적 상호작용의 결과라는 것이다.

스코틀랜드 계몽주의 전통의 정치경제학은 추론과 이성을 사회적 맥락 이전에 존재한다고 가정하지 않고 사회적 과정 속에서 형성되고 개발된다는 점을 강조한다. 인간이 살아가는 사회적 과정 속에서 우리의 가치와 희망 그리고 세계에 관한 지식을 비교하고 평가하고 타인들의 성공과 실패로부터 배우고 학습한다. 이러한 과정이 소통과정이고 발전이다.

사생적 질서와 진화론적 합리주의

인간은 완전한 지식을 가지고 있어서 법, 시장, 언어, 도덕, 사회구조를 계획하여 만든 것이 아니라는 것을 직시할 필요가 있다. 목적의식을 가지고 계획하여 만들었다는 의미에서 인위적인 것도 아니라는 뜻이다. 또 언어처럼 그러한 제도는 인간 본능으로부터 나온 자연적인 것도 아니다. 따라서 사회이론의 목적은 인간 개인들의 계획적인 행동이 의도하지 않은 결과로서 그러한 사회구조들의 의미를 설명하는 데 있다는 하이에크의 말에 귀를 기울일 필요가 있다. 하이에크는 그러한 구조가 자생적인 것이라는 제3의 개념을 도입한다.

언어, 화폐, 사유재산제도를 만들어낸 사람은 아무도 없다. 그것들은 성공적인 것이 확산되고 모방되는 과정, 즉 진화과정을 통해 형성된 것이다. 그러한 제도가 승리한 이유는 인간에게 편익과 삶의 개선을 가져다주기 때문이다. 그러한 편익은 사람들이 관찰을 통해 배운 것이다. 특정한 규칙을 지키는 인간 그룹이 번창하고 성장하는 모습을 보고 모방한 것이다. 그들은 그러한 행동규칙이 어떻게 왜 그러한 소망스런 결과를 가져오는지를 알지 못한다. 행동규칙의 진화에 관한 데이비드 흄의 사상을 간단히 요약한 것이다 (Hume, 1980/2014).

- 어느 한 사람이 도둑질하지 않고 자기 땅을 개간하고 곡식을 심는 등 생산에만 종사하는 것을 보고 다른 사람도 그러한 모습을 답습하는 과정에서 재산의 존중, 생산 활동에 대한 가치 같은 도덕이 형성되었다.
- 그룹 내의 교환을 다른 그룹에까지 확대하는 경우 그 그룹이 번영하고 성장하는 모습을 보고 그러한 행동을 학습하고 모방한다.

정의는 인간 이성이 계획하여 만든 것이 아니라는 흄의 주장도 그러한 자생적 질서를 말해준다. 인간은 그러한 규칙을 만들 수 있는 지적 능력이 없다는 이유에서다. 오히려 이성은 시장에서 얻는 다양한 경험을 통해 비로소 가능하다는 것이 그의 믿음이다. 정의는 본능에서 생겨난 것도 아니라고 한다.[63]

하이에크는 정의는 이성이나 본능의 산물이 아니라 진화의 선물이라고 주장하며 진화사상을 개발한다. 그 사상은 인간사회의 유익한 제도들은 인간이 자신들의 이익을 추구하는 과정에서 '자생적으로' 형성된다는 생각이다. 어느 한 사람이 타인의 재산을 침해하지 않는 새로운 행동을 반복적으로 할 경우 후자도 그러한 행동을 모방한다. 모방을 통해 그러한 행동이 확산되어 그 결과 의도치 않게 재산 존중 도덕이 형성된다는 것이 흄의 설명이다.

---

63) 이에 관해서는 흄의 인성론 제3권 『도덕에 관하여』 참조(Hume, 1980/2014).

새로운 행동의 등장과 모방을 통한 확산을 뜻하는 진화과정을 통해 재산, 계약 관련 법, 도덕, 언어, 시장, 분업적 생산방식 등의 행동규칙이 형성된다는 것이 스코틀랜드 계몽주의의 진화론적 주장이다.

자생적 질서의 인식론적 관심에 따르면 복잡성의 조건, 인간 정신의 인지적 한계로 인해 개인들은 법, 시장, 언어, 도덕 등 사회구조를 의도적으로 창출한 것이 아니다. 사회 내에서 행동하기 위해 문법규칙을 수용하듯이 인간은 그러한 규칙을 수용했다. 의식적으로 규칙의 성격, 내용, 효과를 생각하지 않고서 말이다. 순전히 결과를 보고서 수용한 것이다.

시장경제와 소통체계

이 맥락에서 주목하는 것은 인간 이성외 구조직인 무지의 세계에서 시장과 가격시스템의 장점이다. 이는 개인의 합리성이 아니라 초개인적인 과정이다. 이는 결코 서로 만나본 일이 없는 수많은 정신과 분산된 사람들이 가진 지식과 행동을 배울 수 있게 한다는 점이다. 이것은 사회주의를 통해서는 달성할 수 없다.

시장경제에는 두 가지 중요한 기능이 있다. 첫째로 시장의 자생적 조정 메커니즘이다. 인간은 서로 상이한 행동들을 상호 간 순응하고 조정한다. 그러한 조정에서 중요한 역할을 하는 것이 교환행동에 의해 야기되는 상대가격의 구조다. 그러한 구조에 적응함으로써 외부의 인위적 개입 없이도 수많은 사람의 행동이 서로 조정된다. 외부의 개입이 없다는 의미에서 그러한 조정은 자생적 행동 조정이다. 시장에서 자생적으로 행동질서가 형성된다는 뜻이다. 행동조정, 행동질서의 결과는 성장, 번영, 고용 등으로 구현된다. 자생적 행동조정과 반대되는 것이 인위적 조정이다. 명령과 지지를 통해 개인들의 업무, 기업들의 생산입지, 투자량 생산, 원료공급처, 원료조달처, 금융배분 등을 지정한다.

계획경제에서처럼 계획위원회가 인위적으로 생산과 고용, 투자 등을 조정하기 위해서는 그 위원회는 모든 개인과 기업들이 추구하는 가치, 목표, 그들의 생산능력, 개인들이 처한 상황 등 모든 관련 지식을 알아야 한다. 그러나 지속적으로 변동하는 개인과 기업들의 상황에 접근할 수 있는 인지적 능력의 한계 때문에 그러한 인위적 조정은 가능하지 않다. 특히 중요한 것은 시장경제의 두 번째 기능인데 시장은 기업과 개인들 상호 간의 학습절차, 다시 말하면 소통체계로서 작동한다는 점이다. 시장과정은 사람들이 생각, 지식, 선호, 아이디어들을 서로 테스트하고 평가하고 배우고 학습하는 과정이다.

공급 측에서는 새로운 가격, 신상품, 신기술, 새로운 조직형태 등과 같이 혁신을 통한 새로운 지식을 창출한다. 그 결과 가격을 경유하여 생겨나는 이익과 손실은 다른 공급자들이 인지하는 등 성공적인 지식은 모방하고 실패 같은 오류를 제거하는 방법을 배운다. 수요 측도 광고, 선전, 상품목록 등을 통해 새로운 가격 공급을 경험하고 구매를 배운다. 이러한 배움 속에서 어떤 욕구가 바람직하며, 욕구를 값싸고 신속하게 충족하는 방법을 배운다. 나아가 여가를 활용하는 법을 배운다. 사람들과의 접촉을 통해 새로운 삶의 방식도 습득한다.

따라서 경쟁시장은 지식을 발견하기 위한 사회적 수단이요 지식의 소통 메커니즘이라고 볼 수 있다. 뒤에 가서 설명하겠지만 언어적 소통, 비언어적 소통, 암묵적 소통 등 시장에서의 소통방법은 매우 다양하다. 언어적 소통은 구매자와 판매자 간의 대화를 통한 다양한 지식의 소통이다.

시장경제의 비언어적 소통

중요한 소통은 비언어적(nonlinguistic) 소통이다. 이것은 가격을 통한 소통인데 시장경제만이 가질 수 있는 소통방법이다. 비언어적 소통은 언어적 소통에 비해 여러 가지 장점이 있다(Wohlgemuth, 2005:91). 언어적 방법은 글로 쓰거나 목소리를 들을 수 있는 범위 내의 아는 사람들끼리 가능하다. 하지만 그러한 소통이 불가능한 경우가 있다. 익명의 사람들과 글이나 말로 표현할 수 없는 암묵적·초의식적 지식의 소통이 그렇다. 우리가 가진 지식의 대부분은 암묵적·초의식적이다. 의견, 아이디어, 취향, 선호 상황과 관련된 지식의 대부분은 그러한 종류에 속한다. 이는 재주, 아이디어, 재화에 대한 호·불호, 기업가정신 등에 내장되어 있는 지식이다.

흥미롭게도 암묵적 지식은 말과 글로 전달할 수 없지만 행동으로는 표현할 수 있다. 경제인들의 구매·판매행위를 거쳐 가격구조에 반영되는 것이 그러한 지식이다. 시장은 말보다 행동이 중요한 이유다. 따라서 가격에 사람들이 적응하는 것은 가격에 구현된 타인들의 의견, 선호, 생각 등을 숙고·심의하고 학습한다는 것을 의미한다. 경이롭게도 가격을 통한 비언어적 소통은 귀나 눈으로는 물론 인지능력으로도 전혀 알 수 없는 범세계적인 거시우주로까지 확대 가능하다. 서울에 사는 귤 수요자는 남미의 귤 수출업자와 가격을 통해 자신들의 의견과 생각, 선호를 소통한다.

시장경제가 자생적으로 질서가 형성되는 근본적인 이유도 가격구조가 거대한 소통체계 역할을 하기 때문이다. 흔히 가격구조를 인센티브 기능으로 이해한다. 그러나 가격구조의 소통기능이 그 기능보다 훨씬 더 근원적이다. 시장의 제1 덕목은 자원배분의 효율성이 아니라 지식소통의 탁월성이라는 것을 직시할 필요가 있다. 가격, 임금, 이자에 대한 규제는 개인들이 가진 지식의 자유로운 소통을 왜곡한다. 그런데 시장의 소통은 가격구조를 통해서만이 아니라는 것을 주지할 필요가 있다. 정직, 공정, 신의·성실, 직업윤리, 예의범절, 약속이행, 재산·명예·인격존중 등 사람들이 공동으로 지키는 수많은 도덕규칙도 소통기구다.

인간 사이의 경제적 관계가 형성되는 시장에는 그러한 행동규범들이 두텁게 쌓여 있다. 그들 속에는 수많은 사람이 장구한 역사적 과정에서 겪은 다양한 경험과 지식이 저장되어 있다. 타인들을 상세히 모르고서도 도덕률 때문에 그들의 행동에 관한 보다 정확한 기대를 형성할 수 있고, 그래서 낯모르는 사람들과도 서로 믿으면서 거래하고 분업과 협력이 가능하다. 도덕규칙들을 지키는 행위도 일종의 소통행위다. 예를 들면 약속이행의 규칙은 계약대로 물건을 인도할 테니 선불해도 된다는 지식을 알려준다. 가격구조와 마찬가지로 도덕률은 인간행동에 대한 기대의 형성을 가능하게 하는 소통체계다. 이러한 소통 때문에 우리는 복잡한 세상에서 풍요로운 삶을 살아갈 수 있다.

인간이 지키는 도덕규칙들은 반드시 글(성문화)이나 언어로 표현되어 있을 필요가 없다. 의식적일 필요도 없다. 그것들은 대부분 암묵적·초의식적이다. 사람들은 부지불식간에 그러한 준칙들을 지킨다. 그렇기 때문에 하이에크가 시장을 거대한 소통체계라고 말하는 것은 결코 과장이 아니다. 흥미로운 것은 시장질서의 이러한 소통체계를 무시하고 스코틀랜드의 계몽주의 전통과 동일한 소통적 합리성을 적용하여 정치질서를 소통체계로 만들려는 숙의민주주의자들의 의도다.

그러한 의도가 성공할 것인가? 심의정치가 시장경제만큼 소통의 합리성을 달성할 수 있는가? 이 문제는 경제학자 볼게무트(M. Wohlgemuth) 정치학자 마크 페닝턴(M. Pennington) 등 많은 학자들이 다루었다(Wohlgemuth, 2005; Penniugton, 2003). 여기서는 숙의민주주의에 대한 한계를 설명한 그들의 논리를 재구성할 것이다.

정치적 참여, 기회비용, 대의제

　숙의민주주의는 흥미롭게도 자아는 사회의 종속변수라는, 다시 말하면 상황과 결부되어 있다는 자아개념 그리고 개인이나 기업이 가진 지식은 상호 간에 배워 습득한 주관적 성격이 있다는 지식 개념을 강조한다. 숙의민주주의와 진화론적 자유주의는 이러한 인식론적 배경을 공유하고 있다. 그러나 흥미롭게도 그러한 인식론을 적용하는 대상에서 차이가 있다. 진화론적 자유주의는 소통의 사회적 과정으로서 시장의 중요성을 강조하는 데 반해 숙의민주주의는 개인들의 정치적 접촉과 담론의 핵심인 정치적 과정을 중시하고 있다.

　따라서 정치적 심의의 제1 목적은 무엇을 공동의 의지, 공동의 목표로 여길 것인가를 정하기 위해 사람들을 모이게 하는 것이다. 따라서 시민의 참여가 매우 중요하다. 정치학자 로버트 달과 마찬가지로 숙의민주주의자들도 효과적인 참여를 위한 실질적 기회평등의 실현을 강조하는 것은 결코 우연이 아니다. 그러나 그러한 기회의 평등이 이루어진다고 해도 참여의 문제가 해결되는 것이 아니다. 왜냐하면 정치적 참여는 정보탐색과 정보소통과 관련하여 기회비용을 야기하기 때문이다. 그런데 사람마다 그 비용이 서로 다르므로 정치적 심의에 참여할 의욕과 자세가 사람마다 서로 다르다.

　우리의 경험에 비추어볼 때 자기 일에 매우 바쁜 기업인, 회사원, 상인, 노동자 등의 참여율이 비교적 낮은데, 그 이유는 참여에 따르는 기회비용이 매우 크기 때문이다. 반면에 여가가 많은 말 잘하는 정치건달, 정당인, 이익단체의 간부 등의 참여율이 높은 이유는 기회비용이 낮기 때문이다. 역시 정치적 참여로부터 자긍심을 얻지 못하는 사람들도 정치적 무관심에 빠진다. 정치적 담론의 참여도 공공재화적 성격이 있다. 정치적 담론에 참여하고 선택대안들을 충분히 이해하고 정치인의 행동을 통제하려는 의욕은 크지 않다. 왜냐하면 그런 행동에 투입된 비용보다 편익이 적기 때문이다. 따라서 민주주의에서 그러한 집단적 선택의 비극이 있다는 자유주의자들의 비판에 귀를 기울일 필요가 있다.

그러나 시장경제에서는 그러한 비극은 없다. 소비자들이나 생산자들은 시장에 참여하고 잠재적인 거래 파트너의 욕구, 이를 효율적으로 충족시킬 수단에 관한 지식 습득에 투자할 동기가 강력하게 작동한다. 물론 시민 중에는 정치적 정보 수집에 투자하고 비공식적인 소통망에 가담하여 정치적 영향을 행사하는 사람들도 있다. 그들은 정치적 정보를 많이 습득함으로써 자긍심, 타인들의 존중, 참여의 즐거움을 얻는다. 그러나 시장에서만큼 참여와 지식습득 동기가 강력한 것은 아니다.

숙의민주주의는 의사결정 비용 때문에 필연적으로 참여자의 수를 줄일 필요가 있다. 의사결정 참여자의 수가 많으면 많을수록 개인들의 발언 기회 감소, 형태의 비용, 설득비용 등이 발생하기 때문이다. 그러나 시장에서 시장 참여자의 수는 결코 문제가 될 수 없다. 어느 한 군데로 모이는 것이 아니기 때문이다. 더구나 지속적인 담론과 정보에 근거한 의사결정을 위해서는 대의제가 필요하다. 나아가 다양한 이해관계를 대변할 대표자들로 구성된 특별한 입법기관이 필요하다. 그러한 입법기관의 구성과 입법에 강력한 영향을 미치는 것이 이익집단들이다. 그들은 이슈 개발, 이슈를 이해하기 위한 지식을 공급하고 다양한 방법으로 여론을 설득하여 자신들의 이슈가 여론의 주목을 끌게 만든다. 그들은 자산들의 대표자를 입법 구성원으로 만들려고 한다. 이익집단들은 입법부에 영향을 미쳐 자신들에게 유리한 정치적 담론이 이루어지게 만든다.

따라서 숙의민주주의는 강력한 이익집단, 특정한 지역, 산업에 유리한 입법과 정책을 공급하는 협상민주주의로 전락할 위험성이 존재한다는 공공선택론의 비판은 지극히 타당하다. 맨슈어 올슨(M. Olson)이 지적하듯이 그러한 민주주의는 이익집단을 형성하지 못한 그룹이나 다수의 형성에 도움이 되지 않는 그룹 산업을 차별하는 민주주의다. 그 결과는 '민주주의의 타락'이다.

숙의민주주의의 인식론적 한계

숙의민주주의의 목적은 정치적 목적, 공동의 의지를 정하고 이에 필요한 법과 제도를 만들기 위해 시민을 정치적 담론의 장으로 끌어들이는 것이다. 공동의 복지에 봉사하는 제도가 공동의 의지 없이도 자생적으로 생겨난다는 진화사상은 조직화된 정치적 담론에 참여한 사람들에게 절대 받아들일 수 없다.

따라서 숙의민주주의라는 이름 자체에서 이미 구성주주의적 합리주의의 태도가 자연스럽게 생겨난다. 이는 심의에 참여한 사람들은 인간의 복잡한 상호관계를 완전히 이해하고 이를 토대로 복지를 증진할 법과 제도를 만들어낼 수 있다는 믿음이다.

의식적 · 계획적 조종의 한계

사람들이 시장을 통해 자신들의 경제 · 사회 문제를 개별적으로 해결하는 것이 아니라 집단적으로 계획을 통해 해결하는 경우에만 자유롭고 인성의 진정한 실현이 가능하다는 것이 숙의민주주의자들의 인식이다. 카를 마르크스의 믿음을 답습하고 있는 그러한 인식에서 무의도적이고 초개인적인 익명성의 시장경제는 소외를 초래한다고 주장한다. 그러한 소외에서 해방되기 위해서는 의식적인 집단행동으로 전환해야 한다고 목소리를 높인다.

그러한 집단행동이 의도적이고 계획적인 심의를 통한 정치다. 이러한 정치를 통해 시장의 자생적 질서를 인위적 질서, 다시 말하면 조직으로 전환하는 것이 숙의민주주의의 의도다. 불특정한 수많은 사람이 참여하여 의견을 개진하고 평가하는 등 심의를 거친 법과 제도를 통해 시장경제를 규제해야 한다는 뜻이다. 그러나 그러한 주장은 사회적 차원에서도 사회제도를 인위적으로 고안하여 사회를 임의로 조직할 수 있는 완벽한 지식을 가지고 있다는 믿음을 말하는 구성주의적 합리주의의 미신에서 비롯된 것이다.

복잡한 사회를 의식적으로 정치적 목적에 합당하게 조직할 수 있으려면 모든 관련 요소가 어떻게 상호작용을 하는가에 관한 완전한 지식을 필요로 한다. 숙의민주주의자들은 관련된 모든 사람이 사회적인 심의포럼에 모여서 자기 생각, 선호 등을 자유로이 개진하면 완전한 지식을 갖는 데 장애물이 없고 경제를 계획하고 조직하는 데 따르는 인식론적 문제는 해결할 수 있다고 믿고 있다. 그러나 심의위원회가 관련 행위자들 간의 관계를 전부 파악하는 것은 불가능하다. 복잡한 사회를 구성하는 요소들 간의 관계가 너무도 복잡하기 때문이다. 시민은 심의절차를 거치기 위해 저녁시간도 휴식시간도 없을 정도로 끊임없이 심의회에 참석해야 한나. 이렇게 되면 심의회의는 민능주의에 빠질 뿐이다.

숙의민주주의자들은 가격이 없으면 어떤 계획도 불가능하다는 것을 이해하지 못하고 있다. 그들은 옛 소련과 동유럽의 사회주의 계획경제, 1960~70년대 스웨덴과 독일의 복지국가가 지식 문제 때문에 패망했다는 사실을 이해하지 못하고 있는 것은 매우 유감스럽다. 지식의 문제 때문에 수백만, 수천만 명의 계획과 행동을 인위적으로 조정하는 것이 불가능하고, 그래서 시장경제의 자생적 조정에 의존할 수밖에 없다. 시장에서는 결코 만나본일도 없고 타인들의 상황을 전혀 알 수도 없는 수많은 개인들 그리고 기업들끼리 상호 조정이 가능하다. 자생적으로 시장에서 형성되는 관련 가격구조의 변화가 그러한 조정을 가능하게 한다. 그러한 조정과정의 모습은 너무도 복잡하고 범세계적으로 방대하기 때문에 이해하기도 어렵고 재구성하기도 불가능하다. 물론 가격시스템은 불완전하기는 하지만 수많은 사람의 상호 연관된 결정의 기초가 되는 지식을 전달한다.

가격만이 아니라 행동을 조정하는 역할을 수행하는 것이 또 있다. 시장경제는 사람들이 공동으로 지키는 수많은 행동규칙으로 구성되어 있다. 시장경제는 구성원들이 공동으로 협력하여 달성할 공동의 목표가 없다. 그 대신에 공동으로 지키는 행동규칙이 있다. 그러한 행동규칙을 지키기 때문에, 그리고 나침반 역할을 하는 가격의 덕택으로 인간의 행동이 외부의 간섭 없이도 자생적으로 조정되어 혼란 없이 질서가 형성된다. 그러한 행동규칙은 도덕, 종교규칙, 상관행, 상관습 등 일반적·추상적 성격을 가지고 있다. 그것들은 수많은 사람이 오랜 역사적 진화과정에서 형성되었다.

그러나 시장의 자생적 조종을 의식적이고 계획적인 조정으로 바꿀 경우 시장의 자생력을 파괴하고 결국은 파국으로 이끈다. 그 결과는 옛 소련의 계획경제 붕괴, 독일과 스웨덴의 복지국가 붕괴다. 인위적 조정이 파국을 초래한 것은 1930년대의 세계 대공황, 2008년 미국 발 금융위기라는 것은 이미 잘 알려져 있다. 그럼에도 그러한 파국을 자본주의 탓이라고 말하는 것은 지식의 결핍 때문이다.

언어적 소통의 한계

숙의민주주의가 강조하는 소통은 말로 표현하거나 글로 쓴 지식의 소통이다. 명시적 지식만이 소통의 대상이다. 의견을 개진하고 토론하고 심의하는 과정이기 때문이다. 그러나 시장에서의 소통 관련 지식은 말로 표현하거나 글로 쓰기 어려운 암묵적 성격의 지식이다. 특정 재화에 부여된 상대가치, 재주, 능력, 재치, 착상, 기업가 정신 등은 언어로 소통이 가능하지 않다.

개인들은 각 재화들을 구성하고 있는 상이한 요소들의 가치를 비교하여 그 가치를 평가하고 말로 그 차이들을 표현하기가 곤란하다. 평가에 필요한 지식이나 평가결과는 개인의 선택행위를 거쳐 가격에 구현된다. 가격은 수많은 사람의 암묵적 지식을 반영한다.

아이디어에 관한 지식도 인간의 머릿속에만 존재할 뿐 말로 표현하거나 글로 쓰기가 곤란하다. 창조적 기업가 정신의 핵심을 구성하는 지식은 암묵적이다. 그러나 숙의민주주의는 명시적인 언어적 소통체계에만 의존한다. 말이나 글을 이용하여 이루어지는 사회적 학습과정이다. 물론 시장에서는 언어적 소통도 작동한다. 계약과 흥정을 할 때, 구매 시 판매자의 도움이 필요할 때 그 소통은 언어적이다. 광고, 선전 등도 언어적이다.

그러나 중요한 것은 시장의 비언어적·암묵적 소통체계다. 그것은 타인들의 행동을 관찰하고 모방함으로써 이루어지는 사회적 학습이다. 성공과 실패의 결과를 보고 타인들의 행동을 배운다. 성공과 실패의 배후에 있는 것이 말로 표현할 수 없는 암묵적 지식이다. 이는 교환, 재수 같은 사회석 행동을 통해서만 표출된다. 모방과정을 거쳐 타인들에게 전달한다. 모방을 통한 암묵적 지식의 전달 이외에도 시장경제는 가격을 통한 암묵적 지식의 전달이 가능하다. 사고파는 행동의 무의도적인 결과로서 형성되는 가격들은 말로 표현할 수 없는 지식을 전달하는 탁월한 지식소통 수단이다. 전달하는 지식은 그 지식을 소유한 사람들이 의식할 필요도 없다.

지식의 소통을 가능하게 하는 것은 행동규칙들의 존재다. 시장경제는 사람들이 공동으로 지키는 수많은 행동규칙으로 구성되어 있다. 이들은 오랜 역사적 경험을 구현한 것이다. 행동규칙들 중에는 암묵적인 것이 있다. 이들은 행동을 통해 표현된다. 사람들은 그러한 행동을 관찰하여 암묵적으로 소통한다. 어떤 상징을 통해서도 소통이 가능하다. 말로 표현된 규칙들도 지식을 전달한다.

주목할 것은 행동규칙을 통해 전달되는 지식의 대부분은 적극적인 지식이라기보다는 해서는 안 될 행동이 무엇인가에 관한 소극적 지식을 가르쳐 준다는 점이다. 시장에서 성공적인 행동을 위해서는 적극적 지식 못지않게 소극적 지식도 중요하다. 행동규칙을 통해 전달되는 그러한 지식의 존재 때문에 인간은 타인들의 행동 가능성을 예상할 수 있다. 따라서 시장의 첫 번째 덕은 자원배분의 효율성이 아니라 지식소통과정의 탁월성이다. 그러나 숙의민주주의는 말로 표현할 수 없는 사회적 지식을 고려하지 않고 있다. 의도적인 집단적 계획, 의도적인 행동조정을 중시하는 것처럼 소통의 언어적 형태를 편애하고 있는 것이 숙의민주주의다.

그래서 정치적 심의과정에서는 별로 중요한 내용이 없는데도 말 잘하는 사람이 인기가 있다. 참신한 의견을 가지고 있지만 암묵적이고 말을 못하는 사람의 의견을 반영하기가 어렵다. 숙의민주주의는 사회적으로 분산된 지식을 소통하고 배우기 위해 관련 사회적 포럼에 이해관계자들을 동원해야 한다. 그 포럼에 수용할 능력은 무제한적이 아니다. 이해관계자 수십만, 수백만 명을 수용할 시설이 부족하기 때문이다. 그러나 시장은 사회적으로 분산된 지식에 의존하기 쉽다. 시장참여자들이 재화나 서비스, 노동 또는 경력을 선택할 때 그 선택의 기초가 되는 암묵적 지식은 가격시스템에 전부 반영된다.

지식의 변동이 있을 때마다 사람들은 가격을 통해 변동된 암묵적 지식을 그때그때마다 전달한다. 그러한 전달에는 한계가 없다.

숙의민주주의 대신에 자유주의

심의정치가 필요로 하는 것은 부와 신분의 불평등으로 왜곡되지 않는 평등사회다. 시장경제는 부의 불평등이 재생되기 때문에 포용이 용납될 수 없으므로 합리적인 소통이 가능하지 않다는 것이 숙의민주주의의 주장이다. 그래서 부의 축적을 막아야 한다고 강조한다. 심의정치는 재분배를 지향하는 복지국가, 자본가와 나란히 노동자, 원료공급자 등 기업에 대해 이해관계를 가진 자들이 기업결정에 참여하는 이해관계자 자본주의, 경제력 집중을 이유로 대기업 규제 등 다양한 간섭주의를 정당화한다. 집단적 의사결정을 통해 넘어설 수 없는 사적 영역은 없다. 모든 사안을 심의적인 집단적 의사결정에 맡긴다. 심의정치로부터 형성되는 것은 무엇이든 법으로 인정한다. 심의정치의 입법을 막을 장치가 없다. 그 결과는 국가권력의 비대화다. 사법과 공법의 엄격한 구분도 없다. 심의정치는 공공영역을 줄이는 것이 아니라 시장을 비롯한 사적 영역의 범위와 복잡성을 줄이고 있다.

그러나 간섭주의로는 우리가 처한 저성장 문제를 해결할 수 없고, 오히려 그 문제를 더욱 심각하게 만든다는 것을 직시해야 한다. 오늘날 우리에게 필요한 것은 현대의 복지국가에서 생겨난 팽창한 정부지출, 정부부채를 줄이고 첩첩이 쌓인 규제덩어리를 해소하고 공기업을 민영화하는 등 공공부문의 규모와 복잡성을 줄이는 일이다. 이러한 식으로 정치의 부담을 줄이고 지식의 이용과 축적을 가능하게 하는 사적 영역을 확대해야만 오늘의 문제를 해결할 수 있다. 심의정치를 통해서는 복잡하고 방대한 지식의 축적과 이용을 다룰 수 없다. 심의정치는 얼굴을 마주하는 사회, 언어를 통해서만 소통할 수 있는 사회에서만 가능하다.

중요한 것은 그러한 단순한 사회 대신에 열린사회, 거대하고 복잡한 세상을 다룰 수 있는 정치적 이념이다. 그 이념이 진화론적 합리성, 즉 소통 합리성을 전제한 진화론적 자유주의라고 여긴다. 그러한 자유주의는 국가는 물론 타인들의 강제, 폭력, 행동방해, 사기, 기만, 인격 침해 등으로부터 개인의 자유, 인격, 재산을 보호하는 취지를 가진 법만 법으로 인정하는 법치주의를 핵심으로 한다. 법치를 통해 사적 영역을 보호하는 것이 자유주의다.

그러한 법치의 확립 속에서만 자유가 신장되고, 분산된 지식의 이용과 지식의 축적·확산이 가능하다. 자유주의는 숙의민주주의가 아니라 제한된 민주주의를 강조한다. 제한된 민주주의는 경쟁민주주의 또는 협상민주주의와 같이 이익단체와 정당, 관료의 영향으로부터 자유로운 민주주의다(민경국, 2004; 하이에크, 1979).

II

자유시장과 도덕의 진화

1
자유와 책임에 대한 인식:
신경과학과 하이에크

　　지성사나 정치사에서 가장 오래된 그리고 아직까지도 생생히 살아있는 믿음이 있다. 개인의 행동과 행동결과의 책임 유무에 대한 믿음이 그것이다. 그 믿음은 다음과 같이 기술할 수 있다. 즉, 책임원칙의 전제는 자유의지라는 것이다(박상기, 2009: 217).[1] 인간이 인과성에 예속되지 않고 의식적으로 그리고 마음대로 자신의 행동을 결정할 경우 그 행동과 행동결과에 대해 책임이 있다고 주장한다. 그 주장은 르네 데카르트 전통의 구성주의적 합리주의를 전제한 것이다. 그러나 만약 인간이 마음대로 할 수 없는 인과성에 좌우된다면 이를 '결정론'이라고 말하는데, 그의 행동과 행동결과에 대해 그에게 책임을 부여할 수도 없고 죄도 물을 수 없고, 그를 칭찬이나 비난해서도 안 된다고 한다.

　　이와 같이 결정론은 자유의지의 근거를 부정하므로 책임원칙도 인정하지 않는다. 결정론이 자유와 책임의 부정을 이끈다는 이러한 믿음은 반대하

---

1) 　형법학자 박상기는 이렇게 말하고 있다. "자유의사를 전제할 경우에만 비로소 행위자 개인에 대한 책임 비난이 가능하며……"(박상기, 2009: 217)

는 사람이 거의 없는, 그래서 보편적인 것처럼 보인다.

따라서 철학적·정치적 논쟁은 자연히 인간행동이 인과적 결정의 산물이냐, 아니면 자유의지의 산물이냐 하는 논쟁으로 압축되었다. 이 논쟁은 오랜 기간 동안 지속되어 철학적 사유의 차원에서는 물론이요 현실의 정치와 법 그리고 경제 등 많은 실천적 분야에 막대한 영향을 미쳤다. 이 같은 논쟁이 끝나지 않은 채 20세기를 넘길 무렵 현대의 신경과학이 등장하여 이 논쟁이 다시 불붙기 시작했다. 신경과학자들은 전에 없던 매우 정밀한 최첨단 도구를 가지고 두뇌연구를 했다. 그 연구는 매력적이어서 자연과학자들의 주목을 끌기에 충분했다. 프린츠(W. Prinz)와 싱거(W. Singer), 그린(J. Greene) 등의 뇌과학자들은 인간행동의 인과적 결정성을 주장하면서 자유와 책임을 말할 수 없다고 선언했다. 자유와 책임에 관한 그들의 핵심인식은 다음과 같이 요약할 수 있다(Prinz, 2004: 20-26).

- 인간행동은 물리화학적 인과원리에 따르는 신경연결망에 묶여 있다 (신경결정론).
- 신경연결망의 바깥 어느 곳에도 '자유의지'가 있다는 과학적 근거는 없다.
- 인간은 자유롭지 못하기 때문에 자유도 말할 수 없고 책임을 말하는 것도 중단해야 한다.

이 같은 인식은 자유사회에 대한 정면 도전이라고 볼 수 있다. 이미 잘 알려져 있듯이 자유와 책임은 자유사회의 헌법적 원칙이기 때문이다. 사회 구성원들이 이 가치들을 믿지 않으면 자유사회는 기능하지도 못하고 유지되지도 못한다. 자유롭고 책임 있게 행동하는 인간을 중시하고 이 같은 인간을 길러내는 것을 자유사회의 중요한 교육목표로 여기는 것도 자유와 책임의 그 같은 중요성 때문이다. 그래서 현대 신경과학의 인식에 대해 여러 학자들이 다양하게 반응하고 있다. 진화경제학자들 가운데 일각에서는 자유의지는 '허구'라는 것을 시인하지만, 그래도 이것이 유용하다고 주장하여 자유와 책임을 견지하려고 한다(Shermer, 2008/2009: 417; Wegner, 2002: ch. 9).

미국의 유명한 경제학자 호위츠는 인간행동은 물리화학적 법칙에 의해 결정되지만, 물리화학적으로 완전히 설명할 수 없는 요소가 있기 때문에 '자유로운 선택자(free chooser)'의 여지가 있다고 주장함으로써 자유의지를 인정해야 한다고 주장한다(Horwitz, 2010: 385-386). 흥미로운 것은 미국 대통령 산하 생명윤리위원회 위원인 가차니가의 인식이다. 그는 자신의 2005년 저서 『윤리적 두뇌』 제III부에서 신경과학의 인간행동 설명은 개인 차원에 초점을 맞추기 때문에 신경과학은 책임규칙을 이해하는 데 별로 기여하지 못한다고 말한다. 왜냐하면 책임규칙은 두 사람 이상이 사는 사회적 세계에서만 의미 있기 때문이라고 한다(Gazzaniga, 2005: 100). 그에 못지않게 흥미로운 것은 독일의 유명한 경제학 교수 반베르크의 인식이다. 그는 이 글을 쓰는 데 매우 큰 도움을 준 최근의 논문에서 신경과학이 말하는 자유와 책임 개념은 심리학적 범주이기 때문에 인간의 상호작용을 안내하는 사회질서에는 적용할 수 없다는 것을 분명히 하고 있다(Vanberg, 2010ab).

그러나 우리의 관심을 끄는 사회철학자가 있다. 그는 1974년 노벨 경제학상 수상자이자 20세기의 위대한 자유의 대변인으로 알려진 하이에크(F. A. Hayek)다. 그는 현대 신경과학이 등장하기 전에 이미 두뇌이론을 개발했고, 자유의지와 책임 문제를 다루었다. 1952년에 발간된(원래 1921년 21세가 되던 해에 집필했다) 『감각적 질서』는 그가 개발한 두뇌이론서다. 그 역시 현대 신경과학과 마찬가지로 인간행동의 신경결정론을 이론적으로 정립하면서 자유의지의 과학적 근거를 부정하고 있다.

하이에크는 자유와 책임 문제를 다룬 1960년 저서 『자유의 헌법』에서 자유의지가 있어야 자유와 책임원칙이 의미가 있는 반면에 인간행동이 물리 화학적·인과적 결정성에 좌우된다면 자유와 책임을 말할 수 없다는 믿음(지성사와 정치사의 오래된 이 믿음)은 '지적 혼란(intellectual muddle)'에서 비롯된 것이라고 비판하고 있다. 그는 인간행동의 인과적 결정성 때문에 오히려 책임원칙이 작동할 수 있고 존립의미가 있다고 주장하면서 자유의지는 책임 면제의 근거가 될 수 있다고 말한다. 자유의지는 과학적 근거도 없거니와 심리적·개인적 현상이기 때문에 사회적이고 법적인 범법주에 속하는 '행동의 자유'로 대체할 것을 주장하기도 한다.

이 글의 목적은 한편으로는 하이에크의 저서 『감각적 질서』의 관점에서 신경과학의 신경결정론을 검토하고, 다른 한편으로는 그의 저서 『자유의 헌법』의 관점에서 자유와 책임에 관한 신경과학의 인식을 분석하는 것이다. 우선 신경과학이 어떻게 자유사회의 헌법질서에 도전하고 있는가를 다룰 것이다. 이어서 하이에크의 『감각적 질서』의 관점에서 인간행동의 물리화학적 인과성에 대한 신경과학의 주제가 타당한가, 그 한계는 무엇인가를 검토할 것이다.

뒤이어 하이에크의 『자유의 헌법』의 관점에서 자유와 책임원칙을 부정하는 신경과학의 입장을 분석할 것이다. 신경과학의 인식에 대한 다양한 반응을 하이에크의 입장에서 검토할 것이다. 마지막으로 자유와 책임 문제와 관련하여 신경과학의 공과를 설명하면서 자유와 책임은 자유의지가 아니라 결정론에 부합한다는 것, 자유의지 개념은 전혀 쓸모없는, 그래서 내버려야 할 개념이라는 결론을 말할 것이다.

자유와 책임에 대한 신경과학의 도전

자유와 책임에 대한 신경과학의 인식은 네 가지 주제로 분류할 수 있다. 첫째로 인간행동을 결정하는 인간 두뇌의 작동원리에 관한 주제, 즉 인간 두뇌는 스스로 조직하는 복잡계라는 것이다. 둘째로 인간행동은 물리화학적인 인과성에 의해 결정된 것이라는 결정론이다. 셋째로 그 같은 인과적 고리의 바깥에서 인간행동을 조종하는 실체의 존재, 즉 자유의지는 과학적 근거가 없다는 것이다. 마지막 네 번째로 인간은 자유롭지 못하고, 그래서 책임도 말할 수 없다는 것이다.

중앙사령탑 없이 스스로 조직하는 복잡계

신경과학은 인간 두뇌의 구조와 기능을 어떻게 인식하고 있는가? 그에 따르면 인간 두뇌는 첫째로 외부환경이나 신체에서 신경을 통해 들어오는 자극 형태의 '정보'를 가공하여 이를 저장하는 기관이고, 둘째로 저장된 지식을 활성화하는 역할을 전문으로 하는 기관이다. 어떻게 이 같은 두뇌구조가 형성되었는가? 신경과학은 그것을 시행과 착오, 선택이라는 장기적인 진화 과정의 산물로 이해하고 있다. 다시 말하면 인간의 두뇌구조는 인간이 살아온 자연적·사회적 환경조건에 대한 적응의 결과로 이해하고 있다. 그래서 두뇌구조는 인간이 살아오면서 겪은 "세계에 관한 지식과 이 지식을 관리하는 프로그램"을 내포하고 있다(Singer, 2006).

신경과학의 핵심적 내용은 다음과 같이 요약할 수 있다. 첫째로 두뇌를 구성하는 신경세포는 물리화학적 원리에 따라 기능한다. 둘째로 인간 두뇌는 수십억 개의 세포와 이들의 수없이 많은 상호 간의 연결로 구성되어 있다.

이 연결들은 수시로 변경된다. 그래서 인간 두뇌는 단순계가 아니라 단연 복잡계에 속한다. 셋째로 인간 두뇌는 분권적이고 전문화된 여러 부분(영역)으로 구성되어 있는데, 흥미로운 것은 두뇌는 어떤 단일한 사령탑이 없기 때문에 그 부분들은 자율적으로 작동한다는 점이다. 두뇌를 스스로 조직하는 복잡계라고 말하는 것은 그 때문이다.[2]

인간행동의 신경결정론

두뇌가 스스로 조직하는 과정에서 어떻게 행동이 결정되는가? 인간행동을 결정하는 결정요인은 다음과 같이 요약할 수 있다.

- 축적된 유전적 지식
- 개인이 겪어온 역사경로를 통해 습득하여 신경네트워크에 저장된 경험지식
- 의사결정 시점의 환경이 주는 신호나 자극

두뇌는 축적된 지식 그리고 상황과 결부된 신호들을 가공하여 행동을 산출한다. 우리가 주목하는 것은 그 같은 가공과정은 오로지 신경작용이고, 이 신경작용은 물리화학적(인과적) 법칙성을 따른다는 점이다. 그래서 신경과학은 이 같은 결정론을 '신경결정론(neuronal determinism)'이라고 부른다.[3] 요컨대 모든 자연현상과 마찬가지로 인간행동을 결정하는 것은 물리화학적 인과관

---

2) (Goschke, 2009: 127; Edelman, 1992; Fuster, 1995; Singer, 2004) 기타 이와 같이 생각하는 문헌에 대해서는 기포드(Gifford, 2007: 269)를 참조할 것. 그가 열거한 인물들을 보면 두뇌는 스스로 조직하는 시스템의 보편적 의견이라고 보아도 무방하다.

3) 신경들의 연결망(interconnection)이 우리를 꼭 묶어놓고 있다(Singer, 2004: 30).

계의 법칙성에 따르는 신경과정의 결과 이외에는 그 어떤 결과도 아니다. 이를 일반적으로 표현한다면 인간에게는 물리적인 것 이외의 그 어떤 특질이나 실체(substance)의 존재가 없다는 것이다. 이는 인간 정신의 존재론적 범주를 부정하는 주장이다. 그래서 이는 유물론(materialism)이다.

자유의지 개념에 대한 비판

신경과학은 신경결정론과 연결하여 자유의지 개념을 논한다. 신경과학이 그 존재를 부정하는 자유의지 개념은 무엇인가?

(1) **중앙사령탑의 존재**: 자유의지는 두뇌에 '사령탑(central steering instance)' 으로서 '의식적인 자아(I; Ich; Self; Selbst)'의 존재를 전제한다(Goschke· 2008: 113).[4] 그 사령탑이 '자유로운 의지자(free-willer)'다(Wegner, 2002: 322).

(2) **사령탑의 존재위치**: 사령탑은 물리적 인과관계의 고리 바깥에 존재한다. 로스는 이를 다음과 같이 표현하고 있다(Roth, 2003: 498). "자연현상은 인과법칙에 따라 움직이기 때문에 의지력은 이러한 원리의 바깥에 존재해야 한다."

(3) **사령탑 역할**: 사령탑은 자신의 의지를 관철하기 위해 두뇌의 신경과정을 조종·통제할 수 있는 의지력이 있다. 이 의지력을 통해 두뇌 신경과정의 행동결정을 조종하고 통제한다(Goschke, 2008: 108).

(4) **동일한 조건이라고 해도 자유의지가 있기 때문에 언제나 마음만 먹으면 달리 행동할 수 있다는 것을 말한다.** "동일한 조건에서 달리 행동할 가능성(andershandelnkönnen)"이 존재한다는 것을 말한다.

---

4) 싱거는 이를 '사령탑(Kommmandozentrale)'이라고 말한다(Singer, 2004b: 43).

그러나 자유의지, 의식적인 자아, 사령탑 등의 개념은 모든 자연현상처럼 인간도 물리화학적인 인과적 결정성에 예속되어 있다는 신경과학의 인식과는 전혀 양립할 수 없다. 그 개념들은 두뇌를 스스로 조직하는 복잡계로 이해하는 것과도 맞지 않는다. 요컨대 자유의지 개념은 어떤 과학적 근거도 없다는 것이 신경과학의 인식이다.[5] 인간행동의 자연주의적 인과성과 무의식적 행동이 신경결정론의 핵심이다.

자유와 책임을 거부하는 신경과학

개인의 행동과 행동결과에 대한 책임원칙과 관련된 전통적인 생각은 책임원칙은 자유의지를 전제하는 반면에 결정론은 자유의지의 근거와 책임원칙을 부정한다. 따라서 중요한 문제는 인간행동이 마음대로 할 수 없는 물리적 인과성에 의해 결정되는가, 아니면 자유의지에 의해 결정되는가다. 신경과학은 전자의 손을 들어주고 있다. 신경과학의 핵심적인 인식은 이렇다. 즉, 우리의 행동은 스스로 조직되는 두뇌 속에서 물리화학적인 인과원리에 따르는 신경과정을 통해 결정된다. 자유의지는 과학적 근거가 없다. 따라서 인간은 자신의 행동과 행동결과에 대해 책임이 없고, 죄도 없고, 칭찬이나 비난의 대상이 될 수도 없다(Singer, 2004: 31).

이 같은 신경과학의 인식은 자유사회에 대한 정면적인 도전이 아닐 수 없다. 자유가 개인에게 기회만을 의미하고 책임을 부정한다면 인간의 다양한 행동의 의미 있는 '조정(coordination)'이 불가능하다. 그 조정이 불가능하

---

5) 정신과 육체의 이원론을 주장하는 사람들처럼 이러한 실체를 인정할 경우, 비물질적 정신이 두뇌에 어떻게 인과적으로 작용하는지, 그리고 비물질적 실체가 존재하는 장소가 어디인지를 밝혀야 한다. 그리고 정신이 육체를 조종한다면 도대체 무엇 때문에 두뇌가 존재하는지 설명이 있어야 한다(Goschke, 2009: 112).

면 '척박하고 잔혹한 그리고 외로운' 상황을 상징하는 '홉스의 문제(Hobbsian Problem)'가 필연적이다. 그래서 자유와 책임에 대한 믿음은 자유사회의 기능과 유지를 위해 불가결한 가치다.

하이에크의 두뇌이론 관점에서 본 신경과학

하이에크의 두뇌이론 관점에서 볼 때 인간행동에 관한 신경과학의 인식은 타당한가? 그는 '대뇌피질 기억의 연결' 개념을 다루고 있는데, 주요 주제는 인간행위를 결정하는 인지(perception)다. 여기에서 주관주의, 인간 지식의 한계, 과학탐구의 방법론 등 중요한 과학철학적 주제를 도출하고 있다.

노벨 생물학상을 받은 에덜먼(G. M. Edelman)은 흥미롭게도 하이에크가 진화를 신경에 적용하는 데 선구적 역할을 했다고 격찬하고 있다(Edelman, 1982: 24). 그에 의하면 하이에크는 두뇌의 특수한 신경세포와 외부세계로부터 정보를 전달하는 다른 세포들 사이의 연결이 어떻게 강화되는가를 보여줌으로써 헵(D. O. Hebb)이 발견한 시냅스('Hebbian Synapse')를 독립적으로 개발했다는 것이다. 퍼스터(J. Fuster)는 자신의 1995년 저서 『대뇌피질의 기억(Memory in the Cerebral Cortex)』에서 하이에크에 대해 다음과 같이 쓰고 있다(Fuster, 1995: 88).

"나에게 영감을 준 인물은 많지만 그래도 각별한 영감을 준 인물은 고(故) 하이에크다. 내 생각에 그는 대뇌피질이론의 최초의 선구자이지만 아직 인정받지 못하고 있다."

현대 신경과학의 인식(즉 두뇌를 스스로 조직하는 복잡계로서 파악하는 것, 무의식적 두뇌작용을 강조하는 것, 인간행동의 자연주의적·인과적 결정성을 주장하는 것, 그리고 자유의지의 과학적 근거를 부정하는 것)은 하이에크의 관점에서 볼 때 매우 타당하다. 여기서는 중요한 주제들을 중심으로 하이에크의 정신이론을 설명할 것이다.

육체와 정신의 실용적 이원론

하이에크는 『감각적 질서』에서 세 가지 질서를 구분하고 이들의 관계를 설명하고 있다. ① 물리적 질서 ② 신경감각질서 ③ 정신질서(Hayek, 1952: 39). 그의 핵심주제는 물리적 질서와 나머지 두 질서 사이에는 구조적인 동일성이 없는 데 반해 물리화학적 작용을 하는 신경질서 그리고 정신질서는 구조적으로 동일하다는 것이다. 따라서 '정신'이라고 부르는 것은 존재론적으로 독립된 실체가 아니다. 정신질서는 외부의 자극에 반응하는 두뇌와 신경시스템의 생리학적 과정의 산물 그 이상이 아니다. 다시 말하면 인간의 사고는 물리화학적으로 작동하는 신경작용의 결과다.

그럼에도 그가 '정신질서'라는 개념을 이용하는 것은 우리가 직접 알 수 없는 물리적인 신경과정에 관한 설명을 위해 도움이 되기 때문이다(정신과 육체의 실용적 이원주의). 다시 말해 정신질서는 물리화학적인 법칙성에 따르는 두뇌와 신경계에 의해 산출된다는 점이다. 수십억 개의 세포로 연결된 신경질서는 외부세계에서 들어오는 자극이나 신호를 분류하고 인지하고 해석하는 분류장치라고 말한다. 그 장치는 타고난 지식과 개체가 삶의 역사에서 얻는 경험을 축적한다. 이는 개인에게 고유한 외부세계에 대한 지도(map) 또는 모델에 해당한다. 인간은 이를 통해 세상을 바라본다.

바로 그 같은 분류장치에 의해 외부세계의 물리적 자극이 정신적 질을 획득한다. 예를 들어 물리적 속성의 철붙이를 화폐 또는 '재화'로 인식하는 것 등은 모두 물리적 속성과는 전적으로 상이한 정신적 질로 전환된 것이다. '도구'라는 개념은 물리적 대상을 물리적 속성대로 인지한 결과가 아니라 그 대상의 용도에 대해 생각하는 믿음, 태도, 의견이다. 물리적 세계를 재화의 세계로, 물리적인 대상을 경제적 자본으로 변화시키는 것이 두뇌(신경)작용이다. 물리적·객관적 사물에 대한 의견, 태도, 가치, 세계관, 개념적 사고 같은 이른바 비물질적인(비물리적인) 것도 물리적 질서의 여건들에 대한 신경작용의 결과다.

신경결정론과 하이에크

하이에크의 두뇌이론적 관점에서 볼 때 신경과학의 신경결정론은 의심의 여지가 없다. 그는 신경질서와 정신질서의 동형성을 말한다. 그에게 정신과정은 신경질서의 물리화학적 과정 이외의 그 무엇도 아니다. 인간행동도 그 같은 신경과정의 산물이다. 따라서 그의 이론을 '신경결정론'이라고 불러도 무방하다.

하이에크는 『감각적 질서』의 마지막 제8장 '철학적 귀결'에서 다음과 같이 말하고 있다(Hayek, 1952: 193).

"이 같은 생각들은 '자유의지'에 관한 오래된 논쟁과도 관련이 있다는 점을 이 계제에 언급하는 것이 좋을 듯하다. 우리가 모든 인간행동은 **물리적 과정에 의해 인과적으로 결정되는** 일반 원칙을 알고 있다고 해도 이것은 특정한 행동은 특정한 물리적 환경의 필연적 결과로 인정될 수 있다는 것을 의미하는 것이 아니다(강조는 필자)."

하이에크는 1960년 저서 『자유의 헌법』에서도 자유의지 개념을 부정하고 결정론을 긍정적으로 보고 있다(Hayek, 1960/1996: 133-134).[6]

"외적 환경에 대한 반응, 즉 어떤 순간 개인의 행위는 그의 유전적 소질과 축적된 경험, 그리고 과거의 개인적 경험에 비추어 해석된 새로운 경험이 함께 영향을 미쳐 결정된다. …… 결정론적 입장이 주장하는 바는 유전적 소질과 과거 경험의 축적된 효과가 개인의 인격을 구성하며, 외부 또는 물질적 영향에서 차단된 '자아'나 '나'라는 것은 존재하지 않는다는 것이다."

스스로 조직하는 복잡계로서의 두뇌

하이에크의 관점에서 볼 때, 우리는 신경과학이 두뇌를 스스로 조직하는 복잡계로 인식하는 것에 대해 의심할 필요가 없다. 그도 하부시스템들(기능적으로 분권화된 두뇌의 신경부위들)에 지시와 명령을 내리는 중앙사령탑이 없다는 것을 인정한다. 이러한 분권적 두뇌작용은 진화적 장점이 있다. 이는 하이에크가 의미하는 '지식의 문제(knowledge problem)'와 관련되어 있다. 중앙사령탑이 의식적으로 특정 목적을 달성하기 위해 하부시스템들을 조종하려면 이들이 제각기 가지고 있는 지식(각처에 분산된 지식)을 전부 수집·가공해야 한다. 그러나 이것이 가능하지 않다. 분권적인 각 영역의 지식이 서로 충돌하는 경우 그 영역들의 경쟁을 통해 충돌이 스스로 해결된다.

---

6) 미제스도 의지 자유의 존재를 부정하고 있다(Mises, 1968: 49).

의식적 그리고 무의식적 두뇌과정

인간행동의 결정(또는 외부세계에 대한 인지)에서 무의식적 두뇌과정에 대한 신경과학의 인식도 하이에크의 관점과 큰 차이가 없다. 하이에크는 재치, 재주, 어감 등 말로 표현할 수 없는 암묵적 지식, 정의감이나 법 감정, 문화나 어법 등과 같은 초의식적 행동규칙의 중요성을 강조한다(Hayek, 1967: 45).[7] 행동 이전의 인지와 정신적 과정도 수많은 초의식적 규칙의 결합에 의해 지배되고 있다.

두뇌가 의식적인 정보이용보다 훨씬 더 많고 훨씬 더 포괄적으로 저장된 지식을 동원할 수 있는 이유는 두뇌의 무의식적 과정 때문이다. 이는 진화적 선별에서 매우 유익한 역할을 했다. 더구나 의식적인 의사결정도 수많은 무의식적 두뇌과정의 도움에 의해 준비되고 그로부터 영향을 받는다는 신경과학의 인식도 하이에크의 관점에서 볼 때 의심의 여지가 없다.[8]

하이에크의 헌법적 관점에서 본 신경과학

하이에크에게는 두뇌의 작동원리와 신경결정론에 대한 신경과학의 인식을 반대할 근원적인 이유가 없을 것이다. 그리고 자유의지의 과학적 근거가 없다는 것도 전폭적으로 인정하리라고 본다. 그렇다고 해서 그가 자유와 책임의 가치를 부정하는 신경과학에 동조할 수는 없었다.

---

7) "인간행동은 의식적으로 목적을 추구한다"는 미제스의 명제에 대한 스미스의 논평은 스미스(Smith, 1999: 200)를 참조할 것.

8) 하이에크는 수학자이자 철학자인 화이트헤드(A. N. Whitehead: 1861-1947)를 인용하여 무의식적 두뇌작용의 중요성을 강조하고 있다(Hayek, 1949/1998: 131).

앞에서 언급했듯이 하이에크는 자유의지는 행동과 행동결과에 대한 책임원칙과 부합하는 데 반해 결정론은 책임원칙과 충돌한다는 논리를 '지적 혼란' 또는 '유령 같은 문제(phantom problem)'라고 비판한다(Hayek, 1960/1995: 131). 하이에크의 그러한 비판을 자유와 책임에 관한 신경과학의 인식에 적용하면 자유의지가 없기 때문에 책임원칙의 존재근거가 없다는 신경과학의 주장도 개념적 혼란에서 나온 인식이라고 비판할 것이다. 우리가 주목하는 것은 왜 신경과학이 지적 혼란에 빠졌는가, 이 혼란을 어떻게 극복할 수 있는가의 문제다.

지적 혼란의 이유

지적 혼란이 일어나는 근본적인 이유는 신경과학에는 협력과 분업을 기반으로 하여 인간이 타인들과 관계를 맺는 사회와 관련된 이론이 없다는 점 때문이다. 책임 그리고 칭찬이나 비난 등은 사회적 배경(social context)에서만 의미가 있다. 미국의 생명윤리위원회 위원인 가차니가가 정곡을 찔렀듯이 (Gazzaniga, 2005: 100) 책임은 인간의 상호작용 맥락에서만 의미가 있다. 신경과학이 의미하는 자유개념으로서 자유의지도 마찬가지다. 이는 반베르크가 하이에크에게 의존하여 말했듯이(Vanberg, 2010a: 26; 2010b: 12) 개인적·심리적 현상이다. 그러나 미제스가 유명한 저서『인간행동』에서 보여주고 있듯이(Mises, 1963/2011: 561) 자유의 개념은 인간 상호 간의 관계에 대해서만 의미가 있다.

자유 개념에 관한 미제스의 견해는 책임 개념에 관한 가차니가의 견해와 일치한다. 적절하게도 그들은 자유와 책임은 사회제도와 관련된 개념으로 이해하는 것이 적합하다고 보고 있다. 그렇기 때문에 하이에크가 사회질서와 관련된 헌법적 맥락에서 자유와 책임을 논하는 것은 결코 우연이 아니라고 본다. 헌법이란 국가헌법만 의미하는 것이 아니라 사회질서의 기초가 되는 도덕규칙, 법 등과 같이 인간행동을 조종하고 안내하는 제도를 말한다. 제도란 게임규칙에 해당하는 개념이다.

따라서 신경과학이 개인적·심리적 차원의 개념을 사회적 차원에 적용하기 때문에 지적 혼란을 야기한 것이다. 반베르크가 매우 적절히 지적했듯이(Vanberg, 2010b: 8-9) 신경과학이 지적 혼란에 빠진 이유는 개인적·심리적 범주와 사회적 범주를 구분하지 못하고 전자의 결론을 후자에 적용했기 때문이다. 따라서 두 범주의 차원에서 자유와 책임을 좀 더 자세히 설명할 필요가 있다.

자유개념: 자유의지 대신에 행동의 자유

신경과학은 "인간행동의 인과적 결정성 때문에 우리는 자유롭지 못하고 책임원칙도 인정할 수 없다"고 주장한다. 신경과학이 사용하는 자유 개념은 '자유의지'다. 그런데 이 같은 자유 개념이 자유사회의 헌법적 가치가 될 수 있는가?

현대 신경과학이 하이에크가 지적한 지적 혼란에 빠진 것은 '자유의지'의 성격에 관한 이해의 부족 때문이다. 자유의지는 내적 자유에 속하는 형이상학적·주관적·개인적 현상이다(Hayek, 1960/1995: 37-38). 이 같은 자유 개념은 인간의 관계와 관련된 제도적 개념이 아니라 개인의 내적·심리적 현상을 기술하는 심리학적 범주다(Vanberg, 2010b: 7).

그러나 하이에크는 자유의지 대신에 '행동의 자유'를 강조한다. 행동의 자유는 강제, 사기, 기만 또는 행동방해 등이 없는 상태다(Hayek, 1960/1995: 29, 227). 이 같은 자유 개념이 인간과 인간의 관계와 관련된 것이기 때문에 사회적이다(위의 책. 33). 강제나 사기, 기만은 이 같은 행위를 하는 자가 자신의 목적을 위해 타인들을 수단으로 삼는 행위다. 그 같은 행위는 타인들에게 해로운 영향을 미치기 때문에 (법)죄다.

우리의 행동이 타인의 강제에 의해 결정된 것이 아니라면, 어떤 다른 선택의 여지가 없는 필연의 상황에 처해 있다고 해도 우리는 자유롭다. "자신의 생명을 구하기 위한 출구가 단 하나밖에 없는 위험한 암벽에 매달려 있는 등반가는 그에게 다른 선택의 여지가 없다고 해도 자유롭다."(Hayek, 1960/1995: 33)

결론적으로 말해 개인적 · 심리적 차원의 개념으로서 '자유의지' 대신에 사회적이고 법적인 개념으로서 행동의 자유로 교체하는 것이 지적 혼란에서 벗어나기 위한 첫 번째 단계다.

책임원칙: 심리적 개념 대신에 제도적 개념

신경과학이 의미하는 책임원칙은 무엇을 의미하는가? 책임론은 다음과 같이 설명할 수 있다. 즉 어느 한 사람이 동일한 조건에서 달리 행동할 수 있었음에도 그렇게 행동하지 않고 이렇게 행동하는 경우(이것이 자유의지다), 그는 이 행동과 행동결과에 대해 책임이 있다. 만약 그가 이렇게밖에는 달리 행동할 수 없었다면(결정론), 그 행동에 대해서는 책임도 없고 죄도 없고 비난받아서도 안 된다. 신경과학이 이용하는 책임 개념과 죄 개념이 타인과의 사회적 관계와 관련이 없는 개인적 · 심리학적 차원이라는 점이 또렷하게 드러난다.

그러나 두 사람 이상이 사는 사회적 세계와 관련해서 본다면 행동과 행동결과에 대한 책임 부여는 심리적 의미와는 다르다. 하이에크가 강조했듯이(Hayek, 1960/1995: 136) 책임원칙은 인간의 상호작용 맥락에서만 의미 있는 법적 · 도덕적 범주에 속한다. 책임원칙은 개인의 행동과 그 결과에 대해 다른 사람들에게 전가하지 말고 스스로 책임져야 한다거나 자신의 행동에 대해 타인들에게 끼친 피해에 대해 책임을 져야 한다는 것을 말한다(Vanberg, 2010b: 13; Mises, 1963/2011: 563). 그 규칙들은 가차니가가 정확히 표현한(Gazzaniga, 2005: 100) "사회적으로 구성된 규칙(socially constructed rule)" 또는 반베르크가 말한 "사회적 규약(social convention)"이다(Vanberg, 2010b: 13).

결론적으로 말해서, 현대 신경과학이 책임과 죄 개념을 개인적·심리적 범주가 아니라 사회제도의 차원으로 교체하는 경우 하이에크가 말하는 지적 혼란에서 벗어나기 위한 두 번째 단계에 근접할 수 있다.

책임원칙의 존재 이유: 교육적 기능

책임 부여가 사회적 규약이라고 한다면, 왜 이 같은 제도가 필요하고 중요한가? 우리가 개인들에게 자신의 행동과 행동결과에 대해 책임을 부여하는 이유는 그의 행동에 영향을 미쳐 바람직한 방향으로 행동을 유도하기 위해서다(Hayek, 1960/1996: 134). 사람들을 칭찬하고 비난하는 것도 그들의 행동에 영향을 미치기 위한 것이다. 게임이론의 의미로 표현한다면, 변절자에게 책임을 부여하여 비협력적 게임을 협력적 게임으로 만들기 위한 것이다(Gifford, 2007: 284).

하이에크에게 책임원칙의 존재 이유는 교육적 기능이다. 이 기능을 자세히 설명하면, 이는 사람들의 자유로운 의사결정을 이끌고 그들의 행동을 보다 더 합리적으로 만드는 데 있다(Hayek, 1960/1996: 134-136). 개인들이 잘못을 저지를 경우 그에 대해 책임을 진다는 것을 미리 알게 되면 그들은 조심스럽게 그리고 신중하게 행동한다. 책임원칙이 적용되어 책임을 의식하게 만들면 그렇지 않을 경우에 취하게 될 장래의 행동에 영향을 미쳐 그러한 행동을 변경할 것이다.

책임원칙은 개인들에게 일종의 압박으로 작용한다. 첫째로 이러한 압박을 받은 개인들은 타인들의 재산이나 신체 그리고 자유를 침해하지 않도록 그들 자신의 행동결과를 철저히 생각하지 않을 수 없다. 그렇지 않으면 법적인 처벌을 받거나 아니면 파문이나 '왕따'를 당한다. 따라서 책임원칙은 사람들에게 타인들에 대한 존중심을 강화하는 역할을 한다. 그 결과 국가의 강제가 줄어들며 자유를 누릴 수 있는 여지가 커진다.

그렇기 때문에 개인의 책임윤리는 국가의 강제로부터 개인의 자유를 보호하는 이념으로서 자유주의의 근본이다. 타인들에 대한 존중심의 도덕은 개인의 책임윤리로 구현된다. 두 번째로 책임원칙은 개인들로 하여금 자신의 삶의 목표와 계획을 신중하게 세우게 한다. 실패의 결과는 전적으로 스스로 책임을 져야 하기 때문이다. 투자의 성패에 대해 스스로 책임진다면 신중하게 투자분야 선정이 이루어질 것이다. 그렇지 않고 그 책임을 다른 데로 돌릴 수 있다면 멋대로 투자하고 멋대로 삶의 계획을 세운다. 요컨대 책임원칙은 스스로를 존중하게 하는 역할을 한다.[9]

다시 한 번 책임원칙을 요약한다면, 그것은 교육적 기능을 통해 인간을 보다 합리적으로 만드는 데 그 목적이 있다고 볼 수 있다. 개인 책임의 궁극적인 목적은 아리스토텔레스의 행복론이 말해주고 있듯이 "인간의 번영(human flourishing)"에 있다고 볼 수 있다(Rasmussen, 1991). 그런데 인간 번영을 위한 기본적 덕성은 합리성이다. 이러한 합리성은 자신의 행동결과에 대한 책임을 질 경우에만 가능하다. 개인적 책임은 합리성을 제고하고 합리성은 인간

---

9) 흥미로운 것은 그러한 책임의 결과에 대한 하이에크의 주장이다. 그에 의하면 그 결과 복지국가의 필요성이 줄어든다는 것이다. 이러한 주장은 실패의 결과에 대해 책임을 질 수 없다면 국가가 책임져야 하는 것을 의미한다. 그렇다면 하이에크는 책임 문제의 논의에서 일종의 사회권적 기본권을 전제하고 있다고 보아야 할 것이다. 그러나 이것은 잘못된 전제다.

의 번영을 가져다준다(Rowley, 1997: 410). 그러한 번영은 자기 자신의 번영뿐만 아니라 타인들의 번영에도 기여한다.

자유의 헌법: 자유의지 대신에 결정론

이제 중요한 문제는 책임원칙이 이 같은 사회적 기능을 행사할 수 있기 위해서는 인간행동에 대한 어떤 전제가 필요한가다. 결정론이냐 자유의지냐의 문제다. 그 대답은 인과적 결정론이다. 즉 책임 부여는 원인이고 책임 부여의 결과로서 얻고자 하는 것은 범죄를 예방하는 것, 법을 잘 지키도록 하는 것, 조심스럽게 투자하도록 하는 것이다.

책임원칙은 인간행동의 인과적 결정성을 전제로 한다는 점이다. 이러한 전제 없이는 책임원칙의 사회적 기능을 기대할 수 없다. 인과적 결정성 때문에 사람들은 책임원칙에 용이하게 반응할 수 있다(Gifford, 2007: 286). 인간행동의 인과적 결정성 때문에 인간은 자연적·사회적 환경의 변동에 매우 효과적으로 적응할 수 있었다.

이제는 자유의지 개념이 정말로 책임원칙의 존재를 정당화할 수 있는가를 살펴보자. 자유의지는 웨그너가 아주 상세히 설명하고 있듯이(Wegner, 2002: 322-323) 과거의 어떤 경험이나 기억에도 좌우되지 않고 과거의 어떤 영향에 대해서도 반응하지 않는 행동이다. 그것은 어떤 원인에 의하지 않는 행동이다. 따라서 자유의지는 "변덕스러운 미결정성"과 같다. 행동이 우연적이다(Goschke, 2009: 114; Gifford, 2007: 273). 행동의 미결정성(indeterminism)은 전적으로 목적 없는(random) 행동과도 같다(Pauen, 2008: 11). 자유의지자(free willer)는 그 어떤 것에도 영향을 받지 않기 때문에 그들을 칭찬하거나 비난한들 아무런 의미가 없다. 책임을 부여한다고 해도 아무런 영향을 받지 않는다. 따라서 자유의

지자들이 사는 사회에서는 질서가 형성되고 유지될 수 없다.

결론적으로 말하면, 자유의지는 책임원칙의 전제가 될 수 없고 오히려 책임면제의 근거가 될 뿐이다. 책임원칙은 결정론을 전제로 할 경우에 비로소 의미가 있다.

신경과학에 대한 반응

자유의지와 책임원칙을 부정하는 신경과학의 인식에 대해 다양하게 반응했다. 그 가운데 주목할 만한 것은 양립가능주의와 호위츠의 해석이다. 그 반응을 하이에크의 관점에서 평가하고자 한다.

양립가능주의와 하이에크

양립가능주의를 주장하는 사람들의 견해에 의하면 인간이 외부의 강제에 의하지 않는 한 자유의지는 존재한다고 한다. 이성과 신중한 의지, 개인적 믿음과 선호가 결정론적 우주의 산물이라고 해도 우리의 행동이 신중한 의지의 산물이라면, 또는 그것이 우리 자신의 믿음과 선호에서 생겨난 것이라면 우리는 자유의지가 있다고 한다. 이와 같이 양립가능주의는 자유의지와 결정론이 서로 양립한다고 보고 있다.

양립가능주의는 외부의 강제가 없는 상황을 전제한다는 점에서 하이에크와 같은 생각이다. 양립가능주의에서 자유의지는 신중한 의지, 이성, 확신에 의해 인도되는 행동을 말한다(Hayek, 1960/1995: 38). 그것은 일시적 충동에서 나오는 행동이나 무의식에서 나오는 행동을 배제한다. 앞에서 설명한 바와 같이 자유의지는 인간의 내면적 상황을 기술하는 심리학적 개념이기 때문에 사회질서를 이해하는 데 적합한 개념이 아니다. 그러나 양립가능주의와 마찬가지로 하이에크에게 결정론은 불가피성을 의미하는 것이 아니라는 의미에서(Dennett, 2003: 25) 온건한 결정론을 수용한다.

호위츠와 하이에크

흥미로운 것은 자유의지와 관련된 호위츠의 해석이다(Horwitz, 2010: 285-286). 그는 인간의 선택행동은 물리적 과정의 결과라는 사실을 인정하여 신경과학 또는 두뇌생물학의 입장을 전적으로 지지하고 있다. 그러나 하이에크처럼 그 역시 실용적 이원론의 입장에 서 있다. 정신적 사건들은 전적으로 물리적 과정의 산물이라고 해도 이를 물리적 의미로 환원할 수 없다는 이유에서다.

호위츠는 선택이나 기타 정신적 사건들은 궁극적으로 두뇌 속의 생물학적 과정의 산물이지만 이 물리적 과정을 자연과학적으로 완전히 설명할 수 없다고 한다. 그래서 인간은 "자유로운 선택자"라는 믿음을 버릴 수 없고, 그 같은 믿음을 '실용주의적(pragmatic)'이라고 말한다. 그에 의하면 정신은 의미를 만들어내므로 인간행동을 이해하기 위해서는 의미 차원에서 다루어야 한다고 말한다.

이 같은 주장은 분명히 자유의지는 과학적 근거가 없지만 인간 정신은 스스로를 완전히 설명할 수 없기 때문에 자유의지 개념을 이용하여 '자유로운 선택'이라는 용어를 사용하는 것이 매우 유익하다는 주장이다.

흥미롭게도 결정론을 인정하는 사람들이 책임원칙을 살리기 위해 자유의지 개념을 "유용한 환상"으로서 또는 "마치 자유의지가 있는 것처럼" 취급해야 한다고 주장한다(Dempsey, 1996; Gifford, 2007: 286). 환상인 이유는 우리의 행동이 인과적으로 결정된다고 해도 우리는 그 인과관계를 완전히 알 수도 없고 의식할 수도 없기 때문에 마치 자유의지가 있는 것처럼 취급한다는 것이다.

그러나 앞에서 설명한 바와 같이 자유의지 개념은 심리적 개념으로서 인간행동의 설명과 관련된 개념이라는 것 외에도 자유의지자의 행동패턴으로 볼 때 그 개념은 사회질서를 위해 아무런 가치가 없는 개념이라는 것이 드러난다.

자유의지는 환상이기는 하지만 '진화적 부산물' 또는 '두뇌의 창발적 특질'로 간주하여(Shermer, 2008/2009: 418, 419) 그 개념을 살리려고 한다. 마찬가지로 웨그너도 자유의지는 착각(illusory)이기는 하지만, 사회구조를 유지하기 위해 필요한 허구라고 말한다(Wegner, 2002, ch. 9).

그러나 자유의지 개념은 사회적으로 유용한 개념이 아니라는 것은 앞에서 설명했다. 자유의지자에게는 그 어떤 비난이나 칭찬도 의미가 없고 책임 부여도 의미가 없기 때문이다. 그는 반사회적이다. 그 같은 인간이 사는 세계에서는 사회질서가 형성될 수 없다. 왜냐하면 도덕이나 법 또는 칭찬이나 비난 등은 그들의 행동에 어떤 영향도 미치지 않기 때문이다.

흥미로운 것은 자유의지자는 인간행동의 규칙성, 다시 말하면 하이에크가 말하는 "규칙에 의해 인도되는 행동(rule-guided action)", "규칙에 의해 인도되는 인지(rule-guided perception)"(Hayek, 1967: 43-45), 즉 "규칙을 따르는 동물"(하이에크/민경국. 1989: 240)로서의 인간을 이해하기도 어렵다는 점이다.[10] 자유의지론은

---

10) 흥미롭게도 한국의 형법학자들은 신경과학의 영향을 전혀 받지 않은 듯하다. 형법학자 이재상은 결정론도 아니고 자유의지도 아니라고 주장하면서 절충형을 택하고 있다(이재상, 2008: 292-293). 김일수는 결정론이냐 자유의지냐는 논증의 문제가 아니라 확신의 문제라고 하여(김일수/서보학, 2006: 358) 현대 신경과학의 인식결과를 간과하고 있다.

구성주의적 합리주의의 산물이다.

책임모럴의 원천과 자유사회

사회적 구조물 또는 사회적 규약으로서의 책임원칙이 사회질서를 위해 중요한 기능을 가지고 있다고 한다면 그 기원 또는 원천은 무엇인가? 하이에크는 자신의 유명한 논문 「인간가치의 세 가지 근원」에서 책임원칙의 사회적 관행이 문화적 진화의 선물이라는 것을 보여주고 있다(하이에크/민경국, 1989: 11; Hayek, 1978: Epilogue). 오늘날 문명화된 사회를 가능하게 한 규범과 경제질서 그리고 법질서의 성공적인 진화의 상당 부분은 책임원칙의 진화적 산물이라는 것이 그의 입장이다.

생물학적 진화이든 문화적 진화이든 인류의 진화, 호모사피엔스의 진화는 반사회성의 진화가 아니라 친사회성의 진화였다. 책임원칙도 인간의 친사회성이 진화하는 과정의 산물이다. 이 진화과정에서 형성된 우리의 동기시스템과 가치시스템은 옳음과 그름에 대한 감정을 산출한다. 더구나 그 같은 시스템은 그른 행동을 하는 사람들을 처벌할 비용을 기꺼이 부담하겠다는 자세도 야기했다. 이 같은 자세가 법위반을 막기 위한 형법이라는 국가제도의 도입을 정당화하고, 이를 통해 잠재적인 위반자를 방어한다.

물론 처벌과 보상의 형태로 책임원칙을 구현하는 것이 반드시 성문화된 형법만이 아니다. 인류의 진화는 협력을 촉진하고 반사회성을 억제하기 위해 다양한 처벌 메커니즘을 탄생시켰다. 양심의 가책 같은 내재화된 메커니즘을 비롯하여 비난과 칭찬 또는 그룹으로부터의 배제(따돌림) 등과 같은 비공식 처벌 메커니즘 그리고 사적 그룹 내에서의 공식적 처벌 메커니즘 등 무수히 많다. 이 같은 내적 제도가 오히려 형법 같은 외적 제도보다 사회질서를 강력하게 뒷받침한다(Kasper/Streit, 1998: 103-105). 그래서 지나치게 법을 중시하면 책임을 오로지 법적 개념으로만 이해하고 도덕적 의무나 책임을 무시할 우려가 있다. 또 우리가 주목해야 할 것은 경제적 성공과 실패에 대한 책임감이다. 상이한 개인들 간의 상대적 위치가 결정되는 방식에 대한 승인도 책임에 대한 견해와 밀접한 관련을 가지고 있다.

성공과 실패에 대한 책임이 법적이 아니라고 해도 법적인 것과 동일하게 작동하여 사회질서의 유지와 번영에 기여한다. 자원과 지식의 합리적 이용을 유발하고, 더 중요한 것은 분별없는 위험추구를 지양하고 스스로 위험에 대비할 수 있게 만든다. 따라서 하이에크가 강조했듯이 자유사회는 법에 의해 강요되는 의무를 넘어서서 요구되는 책임감에 의해 인도되는 것, 그리고 개인이 성공과 실패 모두에 대해 책임진다는 것을 모든 시민이 승인하는 것을 필요로 한다(Hayek, 1960/1996: 136).

하이에크와 신경과학의 공로

이 글의 목석은 인간행동은 사연주의직 인과성의 결과이고 자유의지는 과학적 근거가 없기 때문에 자유와 책임도 의미가 없다는 현대 신경과학의 주제를 하이에크의 관점에서 검토하는 것이다. 신경과학은 자유와 책임을 부정함으로써 이들을 기반으로 하는 자유사회에 대해 도전적이다. 하이에크는 인간행동의 인과적 결정성 때문에 오히려 자유와 책임을 말할 수 있다고 주장한다.

하이에크의 이론은 인간행동의 인과적 결정성에서 신경과학과 일치한다. 그러나 신경과학은 자유를 심리학 개념인 '자유의지'로 이해한다. 반면에 하이에크에게 자유개념은 "행동의 자유"로서, 이는 타인들의 강제가 없는 상황으로서 법적 자유 개념이다. 자유는 인간의 사회적 관계와 관련된 경우에만 의미가 있다. 신경과학은 책임을 자유의지와 연결하여 개인적·심리학적 국면으로 이해하는 데 반해 하이에크는 인간행동을 조종하는 사회적·기능적 차원의 법과 도덕으로 파악한다.

책임을 부여하는 이유는 그들이 지금과는 다르게, 보다 나은 방향으로 행동하도록 유도하기 위한 것이다. 이러한 사회적 기능은 인간행동의 인과적 결정성을 전제하지 않으면 가능하지 않다. 만약 자유의지를 전제한다면 그 같은 "자유로운 의지자(free willer)"는 타인들의 비난이나 처벌, 칭찬이나 보상 등 어떤 것에도 아랑곳하지 않고 제멋대로 행동할 것이다. 그래서 자유의지는 책임 부여의 근거라기보다는 책임 면제의 근거가 될 수 있다.

하이에크에게 결정론과 책임은 서로 밀접한 보완관계가 있다. 그래서 인간행동의 인과적 결정성에 대한 신경과학의 인식은 매우 훌륭함에도 신경과학이 자유와 책임을 부정하는 것은 자유를 심리학적 개념인 자유의지로, 책임도 이 심리학적 개념과 연결하여 심리학적 현상으로 이해하기 때문이다.

2
도대체 왜 이기심이
아름답단 말인가?

우리가 살고 있는 현대사회는 하이에크가 규정하듯이 "확장된 질서 (Extended Order)"다. 분업과 교환이 소규모의 그룹에서부터 지역이나 국가 전체로까지, 심지어 범세계적으로까지 확장되었다. 확장된 사회를 포퍼는 폐쇄된 사회와 대비하여 '열린사회'로, 퇴니스는 공동체사회와 대비하여 '이익사회'로 표현하고 있다. 어떻게 표현하든 그러한 사회의 특징은 자유경제, 자유제도, 일부일처제를 가진 자본주의 사회라는 점이다.

그러한 사회에 대한 우려는 예나 지금이나 매우 크다. 그러한 사회의 인간은 사익추구에 몰입되어 있다고 주장한다. 그러한 인간이 사는 세상은 빈곤, 실업, 소외, 혼란 등 이른바 '홉스의 문제(Hobbesian Problem)'가 야기되고 이 문제를 해결하기 위해서는 강력한 국가가 나서야 한다고 주장한다. 그러나 그러한 주장에 맞서서 사익추구의 낙관론이 등장한다. 인류를 '맬서스의 트랩'에서 벗어나게 하여 풍요 속에서 살게 만든 것이 자유자본주의인데, 그 수수께끼를 푸는 열쇠가 사익추구라는 것이다.

이러한 논쟁에서 주목할 것은 도대체 인간이 왜 이기적인가(아니면 이타적인가)의 문제다. 그 문제를 생물학적 진화론과 문화적 진화론은 각각 어떻게 해결하고 있는가를 설명할 것이다. 이어서 자유시장이 어떻게 홉스의 문제를 해결하는가의 문제를 다룰 것이다. 자유주의의 확산과 유지를 위해서는 제한적이기는 하지만 국가 과제가 필요하다는 것을 강조할 것이다. 그러한 과제와 관련된 입법정책과 경제정책 결정에서 중요한 문제는 공공 개념이다. 자생적 시장질서를 위한 공익 개념은 무엇인가의 문제를 다룰 것이다. 마지막으로 이기심에 대한 낙관론, 비관론의 이유와 그 오류를 요약할 것이다.

이 글에서 다룰 핵심 문제는 자유자본주의가 어떻게 이기심을 길들여 사회의 번영을 가능하게 하는가의 문제다. 핵심주장은 인간은 이타적이고 이기적인 성격(즉. 이중적 성격)이 있다는 것, 그리고 자유자본주의 자체에는 이기적 선호, 지식의 이용과 발견(즉. 사익추구에 대한 자율규제 메커니즘)이 내장되어 있기에 사익을 추구한다고 해도 혼란 없이 자생적으로 질서가 가능하다는 것이다. 그 메커니즘이 조정과정, 경쟁과정, 행동규칙의 진화다.

좌파나 간섭주의는 그러한 자생적 메커니즘이 자본주의에 내장되어 있다는 사실을 무시하기 때문에 사익추구에 반대한다. 무시하는 이유는 '석기시대의 정신' 또는 '부족사회의 정신구조'를 아직도 보유하고 있기 때문이다. 그래서 홉스의 전통처럼 목적이 지배하는 공익 개념을 이용하여 인간의 사익추구를 인위적 · 계획적으로 조정하고 통제한다. 따라서 인류의 위대함은 이기심 그 자체에 있는 것이 아니라 그 이기심을 자율적으로 조정하고 통제하는 자생적 질서의 발견이라는 점을 인식해야 한다. 이를 인식하지 못하면 이기심에 대한 맹목적인 예찬 또는 오해를 야기한다.

생물학적 진화

　이기심과 이타심은 주어진 것이 아니라 설명의 대상이다. 그러한 설명을 위한 접근법은 첫째로 사회생물학, 둘째로 진화심리학을 들 수 있다. 이 둘은 다윈(Ch. Darwin)의 생물학적 진화를 인간사회에 적용하는 접근법이다. 흥미롭게도 사회생물학에서는 이기심을 인간의 본능으로 여긴다. 그러한 패러다임의 창설자인 윌슨(O. E. Wilson)과 도킨스(R. Dawkins)가 말하는 것처럼 '이기적 유전자'라는 말은 그래서 생겨났다. 이기심을 본능으로 여기고 그것을 철학화한 인물이 에인 랜드(Ayn. Rand)라는 것은 잘 알려져 있다.

　그에 반해 진화심리학은 인간의 본능은 이타적이라는 전제를 깔고 있다. 이타심의 기원은 본능이고, 협력은 그러한 본능의 진화에서 비롯되었다는 것이다. 그래서 그 패러다임의 창설자 코스미데스(L. Cosmides), 리들리(M. Ridley) 등이 말하는 것처럼 '이타적 본능'이라는 말이 생겨났다.

　그러한 두 가지 패러다임이 어떻게 이기심과 이타심을 적용하여 인간사회를 이해하려고 하는가? 그러한 적용의 한계는 무엇인가? 그리고 어느 주장이 옳은가?

사회생물학: 이기적 유전자

　이윤 또는 효용 극대화의 이기심 패러다임을 특징으로 하는 주류경제학이 성공적인 것처럼 보인 때가 있었다. '경제학의 제국주의'라는 물결을 타고 1970년대 인접 학문에서도 그러한 경제학의 방법을 도입하려는 움직임이 활발했다. 로버트 노직, 존 롤스 등의 사회철학자들은 그러한 패러다임을 윤리학에 적용하여 국가론 또는 정의이론을 개발했다. 어떻게 그 철학자들이 이기심을 적용하여 자유주의 또는 사회민주주의를 정당화하고 있는가의 문제는 매우 흥미롭다. 하지만 이 글에서는 생략하기로 한다.

여기에서 우리가 주목하는 것은 이기심의 극대화 논리를 생물학에 적용한 윌슨(O. E. Wilson), 해밀턴(W. D. Hamilton) 등 일련의 생물학자들의 노력이다. 사회생물학은 생물학적 진화이론을 인간사회에 적용하여 인간행동을 설명하는 패러다임이다. 그것은 생물학과 사회과학을 합성·융합한 것이다.

생물학적 진화란 자신의 환경에 가장 잘 적응된 행동을 하는 개체의 유전적 특질이 선택되어 전수하는 과정이다. 개체의 적응도는 자손을 얼마만큼 퍼뜨리느냐에 따라 결정되는데, 그 적응도는 이타적으로 행동할수록 낮아지고 이기적으로 행동할수록 높아진다. 따라서 유전자는 이기적일 수밖에 없고, 진화는 오로지 개체의 이기적 유전자에 의해 추진된다고 믿고 있다. 그러므로 인간행동은 이기적일 수밖에 없다는 것이다. 아버지와 어머니가 아들과 딸에게, 할아버지와 할머니가 손자와 손녀에 대해 애착심을 갖는 이유는 조건 없는 사랑 때문이 아니라 아버지 또는 할아버지의 유전자를 가지고 있기 때문이다. 이타적 행위는 단순한 '표현형'일 뿐 '유전형'은 이기적이라는 것이 사회생물학의 인식이다.

사회생물학의 핵심 결론은 모든 사회적·정신적 현상은 이기적 유전자의 표현형일 뿐이라는 인식이다. 이러한 인식은 흥미롭게도 자본주의에 대한 좌파의 비판을 위한 중요한 무기가 되었다. 좌파는 자본주의 인간이야말로 배타적 탐욕에 사로잡혀 있고, 자기밖에 모르며, 경쟁 지향적이라는 논리를 편다. 사유재산제, 화폐, 교환, 법 등 사회제도도 그러한 본능적 탐욕의 소산이라고 주장한다.

그러나 열린, 확장된 사회에 대한 사회생물학의 해석은 전적으로 믿기 어렵다. 그러한 사회는 본능의 소산도 아니요 계획의 산물도 아니다. 그러한 사회를 맞이하는 데는 문화적 진화를 기다려야 했다. 오늘날 출산율의 감소는 사회생물학의 유전적 적응의 극대화 가설과 정면으로 충돌한다. 출산에 대한 선호는 본능보다 사회문화적 소산이라고 볼 수 있다. 인간의 선호나 의도는 유전적 지배로부터 상당한 정도로 해방되었기 때문에 인간행동은 유연성이 풍부하다는 인류학자 겔렌(A. Gehlen)의 주장에도 귀를 기울일 필요가 있다.

그렇다고 사회생물학이 쓸모없는 것은 아니다. 거기에는 인간의 이기심을 '이기적 유전자'로 설명하는 것이 그럴듯하게 들리는 사례도 있다. 여성의 가임연령 한계, 근친상간의 금지 등이 그러한 예다. 친족·혈족 등용처럼 봉건사회의 유물을 설명하기에도 가장 적합하다. 오늘날 친족 등용의 가장 대표적인 예는 친족을 국회의원 보좌관으로 만드는 경우다. 파벌정치, 족벌경제 등은 모두 사회생물학적으로 설명이 가능하다. 사랑은 내리사랑, 즉 위에서 아래로 작동하기 때문에 복지정책으로 현금을 아버지나 어머니에게 주면 아들에게 그 돈이 가기 때문에 복지정책은 효과가 없다는 경제학자 개리 베커(G. S. Becker)의 사회생물학적 주장도 그럴듯하다.

이기적인 인간은 혈연관계가 전혀 없는 사람들과 어떻게 협력관계를 갖는가? 그러한 해법으로 제시한 것이 "네가 내 등을 긁어주면 네 등을 긁어주마"를 뜻하는 트리버스(R. L. Trivers)의 '상호적 이타심'이다. 이는 친족만큼이나 아는 사람들끼리의 관계다. 그러한 상호적 이타심은 정치적 연줄로 먹고사는 정실주의를 설명하기에는 적합하지만 익명의 열린사회에서 형성되는 분업과 협력은 설명할 수 없다.

진화심리학: 이타적 유전자

코스미데스(L. Cosmides)와 투비(J. Tooby) 등이 진화생물학과 인지심리학을 결합하여 개발한 진화심리학은 "인간의 본능은 이기적이 아니라 연대감, 유대감 같은 이타심이 지배한다"고 주장한다. 『침팬지 정책』으로 유명한 네덜란드의 동물학자 월(de Waal)도 인간은 본성적으로 이타적이라고 주장한다.

그러한 주장을 내세우기 위해 그들은 인류가 수만 년 전에 진화하여 적응한 환경(진화적 적응환경: the environment of evolutionary adaptedness: EEA)에까지 거슬러 올라간다. 우리의 정신적 성향은 생물학적 진화사에 뿌리를 두고 있고 인간 정신이란 그러한 환경의 결과라는 인식 때문이다.

그런데 '진화적 적응환경'은 세 가지 특징이 있었다. 첫째, 원시인의 사회적 관계는 부족과 혈연으로 소규모 집단(15~30명)을 이루어 수령과 지도자의 명령에 따라 수렵과 채취를 하면서 살았다. 따라서 사유재산, 시장교환과는 거리가 먼 사회였다. 그러한 삶이 당시의 환경에 성공적으로 적응할 수 있었다. 둘째, 한 사람이 많이 가지면 다른 사람이 적게 갖는 영합 세계였다. 수렵채취자들은 자연에 의해 주어지는 것에만 의존하여 살았기 때문에 경제성장이란 없었다. 소규모 평등주의가 지배하는 사회였으며 나누어먹는 관계였다. 서로 돕고 나누어먹으면서 애정과 연대로 뭉쳤다. 공동으로 달성할 목적이 지배하는 사회였다. 셋째, 당시에도 교환은 있었다. 그러나 그것은 시장교환이 아니라 호의를 주고받는 관계였다. 어려운 처지에 있는 사람들을 도와주면 그러한 상황에 처할 경우 그들도 도와준다는 것이다. 이것도 이타심과 유대감에서 나온 행동이다.

요컨대 연대감, 유대감, 나눔, 참여, 사랑, 나누어먹기 모럴, 경쟁을 싫어하는 것, 그룹에 대한 애착심과 애정, 집단주의 사고, 감성적인 사고 등 이러한 정신구조는 고고인류학자들이 보여주고 있듯이 당시 수렵채취자들이 직면했던 환경에 가장 잘 적응한 심리적 요소였다. 그래서 이를 하이에크는 '부족사회의 정신태도(tribal mentality)', 진화심리학자 코스미데스는 '석기시대의 정신(stone age mind)'이라고 말한다.

진화심리학의 중요한 인식은 두 가지다. 첫째로 진화사에서 인류가 직면한 적응 문제는 특수한 것들이었기 때문에 모든 문제를 해결할 수 있는 정신은 진화사에서 존재하지 않았고 존재할 수도 없었다는 탁월한 인식이다. 그러한 인식은 인간 정신이 특정 내용과 독립적으로, 그리고 일반적 방식으로 어떤 문제든 해결할 수 있다는 합리주의 사상에 대한 정확한 비판이라는 것을 직시해야 한다. 둘째로 석기시대의 정신이 아직도 현대인의 본능 속에 자리 잡고 있기 때문에 문화적 진화의 결과로서 이기심, 사유재산, 불평등을 이해할 수 없다는 것이다. 오히려 시장의 발달과 자유주의 발전의 장애물로 작동한다는 것이다.

오늘날 좌파 지식인들이나 학자 또는 정치가들이 집단주의, 연대감, 유대감을 중시하는 것, 감성에 호소하는 것, 책임을 사회에 돌리는 것, 경쟁을 싫어하는 것 등은 원시사회에 대한 동경에서 비롯된 것이다. 복지국가, 분배의, 국민연금제도, 의료독점제도, 민족주의에 따른 보호주의는 모두 본능적 욕구를 인간 이성에 의해 실현하려는 노력의 결과다. 원시사회에 대한 향수와 합리주의적 구성주의가 결합한 결과다.

문화적 진화

진화심리학 또는 인류학이 출발하는 석기시대의 '진화적 적응환경(EEA)'은 사회주의자들이 '황금률'로 여기는 평등주의가 지배하는 모범된 시기였다. 인간은 소규모로 무리를 지어 살았다. 환경에 대해 유사하게 인지하면서 공동의 목적을 가지고 그룹 내에서 협력하며 살았다. 수렵과 채취를 하면서 살던 시기에 본능이 형성되고 고착되었다.

그러나 그러한 삶을 극복하는 힘이 작동했다. 이것이 문화적 진화다. 이 진화의 모습은 어떠했는가? 그 핵심과정은 행동방식의 혁신, 성공적인 행동방식의 선별과정, 모방과 학습을 통한 확산과정 등 하부과정으로 구성되어 있다. 이러한 진화과정은 생물학적 진화를 다루는 다윈(Ch. Darwin)에게 의존해서는 안 된다. 문화적 진화를 통해 비로소 인간에게 옳고 그름에 대한 판단을 가능하게 하는 '이성(reason)'이라는 것이 생겨났다는 것만으로 생물학적 진화에 의존해서는 안 될 충분한 이유가 된다.

문화적 진화와 이기심의 전개과정

소규모 그룹들 중에는 정직성, 계약준수, 사유재산, 낯선 사람들과의 거래 등 점차 지금까지와는 완전히 다른 행동방식을 개발하여 번영을 누린 그룹이 있었다. 오늘날과 같은 문명의 등장은 바로 그러한 행동방식, 즉 행동규칙의 혁신에서 비롯된 것이다. 그러한 행동규칙들의 덕택으로 문제해결을 위한 지식 습득이 가능하게 되었고 이로써 환경을 지배할 수 있는 능력도 커졌다. 장사, 돈놀이, 낯선 그룹들과의 협력도 가능했다. 공동의 집단목표 영역이 점차 줄어들고 개인의 목표 추구를 허용하는 규칙들이 등장했다.

그러한 규칙들은 모방과 학습과정을 통해 확산되어갔다. 후천적으로 학습된 규칙들은 점차 성장하여 본능을 교체해갔다. 이제 생물학적 진화 대신에 문화적 진화가 들어선 것이다. 모방과 학습과정을 통해 언어, 사유재산, 법, 도덕, 종교규칙, 화폐 등이 등장했고 이러한 제도들이 시장의 진화에 결정적인 역할을 했다. 시장의 기초가 되는 행동규칙들이 자생적으로 형성되었다. 흥미로운 것은 그 같이 등장한 학습된 규칙들은 종전의 금기(禁忌)들을 무효로 만들었다. 그들은 특정 행동을 금지하거나 특정 행동을 지정하는 대

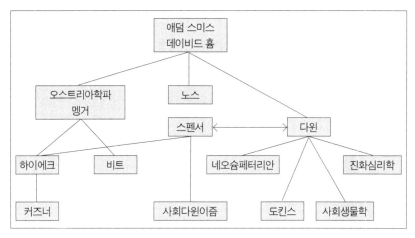

〈그림 2〉 진화경제학의 계보

신에 제3자의 자의적인 폭력, 기만, 사기 등으로부터 침해받지 않고 자신의 목적을 위해 자신의 지식을 이용할 자유를 확립하는 규칙들이 등장했다.

그러한 규칙들의 대표적인 예는 다른 그룹과의 바터무역의 허용, 토지의 사적 소유의 인정, 계약준수 의무, 동료와의 경쟁 허용, 빌려준 돈에 대한 이자 허용 등. 이러한 모든 혁신은 이타적인 본능과 전통적인 규칙들을 침해하는 규칙들이었다. 이러한 맥락에서 김정호와 공병호는 '갈등하는 본능'이라고 표현하고 있다.

그러한 진화를 발견한 인물은 데이비드 흄, 애덤 스미스, 로드 액튼 등 18세기 스코틀랜드 계몽주의자들이었고 이 진화를 이용하여 생물학에 전용한 인물이 찰스 다윈이라는 것을 주시할 필요가 있다. 히이에크는 그들을 '다윈 이전의 다윈주의자들'이라고 부르고 있다. 시장의 기초가 되는, 그래서 우리에게 보편적으로 이익을 가져다주는 제도들이 인위적으로 계획하여 입법을 통해 만든 것이 아니라 인간이 살아오면서 시행과 착오과정을 거쳐 자생적으로 형성되었다. 사법체계의 대부분은 인위적으로 만든 것이 아니라 이미 지키는 것들을 법제화한 것들이라는 것을 직시해야 한다. 문화적 진화의 결과물들은 비용-편익 또는 이기적 '동기'로 설명할 수 없는 '비합리적인' 것들이다.

인간 이성의 한계와 이기심의 등장

그러한 규칙들로 개인들의 활동영역은 대폭 늘어났으며 인구도 급진적으로 늘어났다. 사회의 규모가 점점 커졌고 낯모르는 사람들과 협력하고 거래하는 빈도수도 높아졌다. 이러한 상황에서 본능에 정착된 이타심은 어떻게 작동하는가? 이에 대한 해답은 하이에크에게서 찾을 수 있다. 그는 『자유의 헌법』에서 이렇게 말하고 있다.

"우리는 절친한 사람들의 운명에 대해 진정한 관심을 기울일 수 있을 뿐만 아니라 그들이 도움을 필요로 할 때 어떻게 도와야 하는지를 잘 안다. 우리는 세상에서 수천, 수백만 명의 불쌍한 사람들이 존재한다는 사실을 알고 있지만 그들 각자의 개별적인 사정은 알지 못하는 경우 이러한 불쌍한 사람들에 대해서는 그러한 감정을 가질 수 없다. 아무리 그들의 불쌍함에 마음이 흔들릴지라도 고생하는 수많은 사람에 관한 추상적인 지식은 우리의 일상생활의 활동을 안내하지 못한다. 우리는 우리의 삶의 범위 안에 있는 사람들의 불행을 느끼는 방식과 똑같은 방식으로 불행하다는 것은 알지만 개별 사정을 알지 못하는 수천, 수백만의 불행을 느낄 수 없다."

즉, 인간은 지적 능력에 한계가 있으므로 도덕적 역량도 제한되어 있다는 것이 하이에크의 주장이다. 사랑, 연대, 유대, 참여, 나눔 같은 이타심의 도덕을 실천하기 위해서는 타인들의 목적과 행동 그리고 생각이나 견해를 알아야 가능하다. 공동체주의자들은 인간이 자신(자아)을 초월하여 자기와 공동체 전체와의 관계를 인지할 수 있다고 믿고, 이른바 '공화주의 덕(republican virtue)'을 강조하고 있다. 그러나 진화론적 인식론이 보여주고 있듯이 감각기관을 통해 직접 알 수 있는 범위는 제한되어 있다. 우리의 눈은 멀리 볼 수 없다. 우리의 귀도 멀리 있는 것을 들을 수 없다. 우리의 후각과 촉각도 그렇게 발전하지 못했다.

생물학적 진화의 결과로 생겨난 우리의 이러한 감각기관은 가까이에 있는 것만 인지할 수 있다. 다시 말하면 우리의 감각기관은 소규모 사회에 매우 적합하게 진화되었다. 연대성 도덕도 이러한 소규모 사회의 도덕이다. 그러한 인지의 한계가 인간 이성의 구조적 무지다. 이러한 무지 때문에 거시우주를 직접 구체적으로 알 수 없다. 직접 감각도구를 통해 알 수 있는 범위는 극히 제한되어 있다. 가족, 친지, 친구관계 등의 대면사회(face to face)에 국한되어 있다. 그렇기 때문에 개인들은 가족 또는 친구관계 같은 소규모 그룹에만 이타심을 행사할 수 있을 뿐이다.

연대성 도덕과 우리의 감각기관의 인지능력은 서로 일치된다고 볼 수 있다. 그것들은 역지사지, 동감적 상상, 이심전심을 가능하게 하는 원시사회 같은 소규모 사회에 적응되었다. 우리가 확인하는 것은 우리의 감각기관의 발달 정도에 해당하는 것이 연대성 도덕이라는 것이다. 사적 세계에서 공적 세계로 이동한다고 해서 이기적인 인간이 이타심을 가진 인간으로 변모하는 것은 결코 아니다. 편협된 자아가 공적 세계에서 넓은 자아로 변화될 수 없기 때문이다. 사유재산을 철폐하면 이기심이 사라지고 공공서비스정신이 자리를 대신한다는 믿음도 허구다. 교육을 통해 바꾼다는 것도 불가능하다. 우리의 구조적 무지 때문에 이타적인 테레사 수녀가 되고 싶어도 될 수 없다.

애덤 스미스의 두 얼굴

이미 잘 알려져 있듯이 애덤 스미스는『도덕감정론』에서『국부론』에 전제한 것과는 전적으로 상이한 인간상을 제시하고 있다. 도덕 감정에 관한 그의 초기 저서에서는 다음과 같은 말로 시작하고 있다.

> "아무리 인간이 이기적이라고 상정한다고 해도 그의 본성에는 분명히 어떤 원칙이 있는데, 그 원칙은 다른 사람들의 행운에 대해 관심을 갖게 하고 그것을 보는 기쁨 이외에는 아무것도 얻지 못한다고 해도 그에게 필요한 행복을 갖게 한다."

그러나 스미스는 경제에 관한 책에서는 인간행동의 주요 원칙을 이기심이라고 보고 있다.

> "우리가 매일 식사를 마련할 수 있는 것은 푸줏간 주인과 양조장 주인, 빵집 주인의 자비심 때문이 아니라 그들 자신의 이익을 위한 그들의 고려 때문이다. 우리는 그들의 자비심이 아니라 그들의 자애심에 호소하며, 그들에게 우리 자신의 필요를 말하지 않고 그들 자신에게 유리함을 말한다."

많은 사상가들에게 스미스는 스스로 모순을 범하고 있는 듯이 보인다. 『도덕감정론』에서는 인간은 이타적일 수 있다고 여긴 반면『국부론』에서는 인간의 이기심에 의존한다. 그래서 사람들은『도덕감정론』은 '애덤'이 썼고, 『국부론』은 '스미스'가 썼다는 식으로 풍자했다. 그러나 이는 사실과 완전히 다르다. 그가 세상을 떠나던 그해에『도덕감정론』마지막 제6판은 대폭적으로 증보했다. 따라서 모순이 있다고 한다면 의도한 것이 아니라 우연일 것이다. 그러나 그것은 결코 모순이 아니다.

진화론적 인류학이 이러한 수수께끼 해결에 도움을 줄 수 있는가? 사회생물학에서 인간본성은 자신의 유전인자를 극대화하는 이기적 성격이다. 이타적 행동이라고 해도 이는 결국 이기적 행동이다. 진화심리학은 아는 사람들끼리의 교환에 속하는 행동만 설명하기 때문에 시장에서 낯선 사람들과의 교환 행동을 고려하지 않는다. 따라서 생물학적 진화론은 이타심과 이기심으로 구성된 인간의 이중성을 설명하지 못하고 있다.

그러나 하이에크는 분명히 이중성을 보고 있다. 가족, 교우회 등 소규모 사회의 도덕과 시장의 교환을 구분하기에 그에게 스미스의 자애심과 적극적 상호성에는 모순이 없다. 실험경제학으로 유명한 노벨 경제학상 수상자 버논 스미스(V. Smith)도 하이에크처럼 인성의 이중성을 보고 있다. 얼굴을 아는 사람들끼리의 교환을 이타심으로, 시장에서의 익명적 교환에 속하는 행동을 이기심으로 표현하면서 인간은 아는 사람을 만났을 때와 낯선 사람을 만났을 때 서로 다르게 행동한다는 것을 실험을 통해 확인하고 있다.

애덤 스미스에게도 모순은 존재하지 않는다. 이타적 행동은 인간관계의 친숙성에 좌우된다는 것이 스미스의 논리다. 그러한 행위를 빈번히 목격할 수 있는 사회는 친숙도가 높은 가족, 이웃 등 소규모 그룹이다. 상업사회는 비교적 낮고 상이한 친숙도의 사람들이 분업하는 거대사회이기에 그 안에서 이기심이 지배한다는 것이 스미스의 인식이다. 스미스의 '동감의 원리', 즉 역지사지도 그 같은 맥락에서 이해해야 한다.

열린사회와 홉스 문제의 해결: 자생적 질서

오늘날과 같이 거대한 사회에서는 이기심이 지배한다. 시장의 형성, 사적 영역의 확대로 사익추구의 여지가 대폭 넓어졌다. 인간이 이기적으로 행동함에도 불구하고 평화롭고 번영하는 질서가 어떻게 가능한가?

문화적 진화는 인간이 자의적으로 사익을 추구하는 것을 내버려두지 않았다. 반사회성을 사회성으로 돌려놓는 메커니즘, 서로 양립할 수 없는 개인들의 선호와 '나쁜' 행동들을 길들이고 걸러내는 메커니즘의 진화, 특정한 행동을 금지하는 행동규칙의 진화 등의 힘으로 자생적인 질서가 형성된다.

행동조정과 사익추구의 자율규제

인간은 '목적이 지배하는(teleocratic society)' 원시사회에서 점차 해방되면서 개인들의 사적 영역이 확장되었다. 개개인들은 각자 목적순위를 정하고 자신들이 각자 가진 지식을 동원하여 계획을 세운다. 이러한 의미에서는 사익추구라고 말해도 된다. 사람들은 각자 계획을 세우는 것으로 끝나지 않는다. 그들의 계획이 성공할 수 있으려면 거래 파트너들의 계획과 서로 양립해야 한다. 왜냐하면 거래 파트너들은 불가피하게 서로 의존하고 있기 때문이다.

인간은 혼자 살 수 없는데, 이는 행동과 계획의 조정이 필요하다는 뜻이다. 그러한 조정 없이 거래 파트너들은 성공적으로 계획을 수행할 수 없다. 그러한 조정을 위해 거래 파트너들은 계획의 수정, 양보와 타협을 통해 자신들의 계획들을 상호 간에 적응시켜나간다. 서로 충돌하는 선호나 목적들의 상호 순응, 그들이 가지고 있는 상이한 지식의 수렴 등 이것이 조정과정이다. 이러한 과정에서 중요한 역할을 하는 것이 그 조정에 필요한 지식을 전달하는 가격, 그리고 그들이 공동으로 지키는 행동규칙이다. 이러한 조정과정을 통해 사익추구가 통제되어 비로소 외부의 간섭 없이 자생적으로 질서 형성이 가능하다.

물론 지식의 수렴과 상이한 목표들의 양립성을 요구하는 시장의 자생적 조정이 쉽지는 않다. 그러나 지식의 문제 때문에 사령탑을 설정하여 수백만, 수천만의 행동을 인위적으로 조정하기란 불가능하다는 것을 직시할 필요가 있다.

경쟁과정과 사익추구의 자율규제

자유시장에서는 경쟁원리가 작동한다. 이기심에서 야기되는 경쟁은 본능에 거역하면서 자생적으로 등장한 사회적 현상이다. 본능은 경쟁을 싫어한다. 시장에서 사익을 추구하는 기업들은 소비자들의 구매력을 놓고 경쟁한다. 그러한 경쟁은 자의적인 사익추구를 통제한다. 품질이 나쁨에도 비싸게 팔아서 사익을 추구하는 행위는 시장이 내버려두지 않는다.

그러한 기업은 경쟁자들 때문에 여지없이 시장에서 밀려난다. 소비자들이 등을 돌리는 것을 강제로 막을 수 없다. 사익추구 방법을 바꾸는 방법밖에는 다른 방도가 없다. 하이에크의 유명한 이론인 '경쟁으로서의 발견 절차'도 경제주체들의 사익추구를 통제하는 의미로 해석하는 것도 무방하다.

고용관계, 부서의 배치 등 위계적으로 구성된 기업 내부에서도 경쟁이 이루어진다. 사익추구를 위해 멋대로 해고하는 기업은 노동자들의 '등 돌리기(exit)' 메커니즘이 작동하여 시장 메커니즘이 그러한 기업을 처벌한다. 기업들은 노동자가 기업을 떠나는 것을 막을 수 없다. 경쟁은 위계조직을 상호 이익의 범위 내로 유지하는 역할을 한다. 그러한 경쟁은 정치적 영역에서는 덜 효율적이고 덜 직접적이다. 국제적 경쟁도 정부의 행동을 통제하기 어렵다. 헌법적 견제장치가 중요한 이유다.

상업의 등장과 언어

스페인의 언어학자 코르테스(A. A. Cortes)가 주장하듯이 흥미롭게도 상업과 분업이 언어를 발생시켰다. 재화의 교환과 계약을 위해서는 행동조정을 필요로 한다. 그러한 행동조정을 위해서는 정보 소통이 필요하다. 상징적이고 복잡한 언어의 형성은 그러한 결과다. 시장경제를 언어형성 과정이라고 불러도 무방하다.

분업과 상업이 언어 이전에 존재했다면 시장은 국가 이전에 이미 존재했음에 틀림없다. 언어는 국가에 의해 만들어진 것이 아니기 때문이다. 그것은 하이에크가 확인하고 있듯이 자생적 질서의 전형이다. 분업과 상업이 국가 이전에 형성되었다면 브루스 벤슨(B. Benson)이 주장하는 것처럼 분업과 상업을 뒷받침할 행동규칙, 즉 법(상인법)도 국가 이전에 존재했음에 틀림없다. 법은 반드시 국가의 존재를 필요로 한다는 인식도 틀렸다. 제도의 진화 때문이다. 그래서 법은 법을 인정하는 기관의 산물이어야 한다는 법실증주의는 틀렸다.

행동규칙을 통한 자율규제

인간의 이기심을 억제하거나 완화하는 다양한 메커니즘은 또 있다. 시장경제의 기초가 되는 행동규칙이다. 일반적 · 추상적 성격의 정의의 규칙이다. 개인의 자유 · 인격 · 재산의 침해를 막는 역할을 한다. 그러한 행동규칙들은 장구한 역사적 과정 속에서 시행과 착오를 거쳐 형성되었다. 그들은 시장의 발전과 함께 진화한 것이다. 인간은 그러한 공동의 행동규칙들을 지킴으로써 무임승차, 사회적 딜레마 등 '홉스의 문제'가 해결되어 인간 사이의 협력이 가능하게 되었다. 흥미로운 문제는 왜 인간이 그러한 행동규칙을 지키는가의 문제다. 문화적 진화는 행동규칙의 위반을 처벌하는 메커니즘을 탄생시켰다.

(1) 처벌 메커니즘 1: 정직은 최선의 방책

첫째, 교통법규를 지키지 않으면 생명의 위협을 당하듯이 진화는 행동규칙을 지키지 않으면 당장 피해 또는 손해를 당하도록 하는 장치를 탄생시켰다. 문법을 지키지 않고 말하면 의사소통이 안 되어 낭패를 당한다. 둘째, 보복이라는 메커니즘을 탄생시켰다. 내가 약속이나 재산보호 규칙을 지키지 않으면 다른 사람도 지키지 않고 그 위반에 대해 보복하기 때문에 보복이 두려워 행동규칙을 지킨다.

어느 한 사람의 특정한 행동으로 피해를 보는 사람이 생기면 그 행동에 대해 보복한다. 따라서 보복이 두려워 그 행동을 하지 않는다. 보복은 행동규칙의 자생적 형성과 그 준수에 강력하게 작용한다. 셋째, 비난과 추방 메커니즘을 탄생시킨 것도 진화다. 행동규칙을 위반할 경우 불특정 다수의 비난을 받고, 극단적인 경우 공동체로부터 배척당한다. 애덤 스미스에 의하면 인간은 기본적으로 타인들로부터 인정받고 싶어 하고, 좋은 평판을 받고 싶어 하는 성격을 가지고 있다. 이러한 내재적 욕망으로 인해 사회를 통합할 수 있는 규칙들이 자생적으로 형성되고, 규칙 준수도 국가가 존재할 필요 없이 자생적으로 이루어진다. 행동규칙의 준수 여부가 손해와 이익에 의해 결정되는 경우다. "정직은 최선의 방책"이라고 말하는 경우에 해당된다. 지키지 않으면 당장 피해 또는 손해를 당할 위험 때문에 행동규칙을 지킨다.

(2) 처벌 메커니즘 2: '정직한 사람'

넷째, 행동규칙의 준수 여부가 손해 또는 이익에 의해 결정되는 것이 아니라 지킬 성향이 몸속에 체화되어 있는 경우다. 이는 '정직은 최선의 방책이라고 믿는 사람'과 '정직한 사람'의 구분과 동일하다. 지켜야 할 행동규칙이 우리의 정신 속에 내재되어 있다. 이를 위반하면 양심의 가책, 수치심을 갖는다. 다시 말하면 인간 내면의 소리에 의해 규칙위반이 처벌된다. 그것은 스코틀랜드 계몽주의자들로부터 주목을 받은 행동규칙이다.

어떤 초월적 존재 또는 신성한 상징과 연결시켜 행동규칙들의 위반에 대한 처벌을 강화하고, 이로써 그 행동규칙의 준수를 강화한다. 이 상징으로서 또는 초월적 존재로서 중요한 역할을 하는 것이 종교다. 종교는 합리적 사유(思惟)와 철학이 있기 이전에 도덕규칙의 신성함을 부여하는 데 중요한 역할을 담당했다. 애덤 스미스와 하이에크가 자본주의의 소유제도 형성에서 종교가 중요한 역할을 한다고 주장했던 것, 노스가 이데올로기의 중요성을 강조한 것, 그리고 자본주의 발전에서 프로테스탄트 윤리의 역할을 강조한 막스 베버의 종교경제학도 바로 규칙의 내재화 맥락으로 이해할 수 있다.

행동규칙의 내재화에서 중요한 역할을 하는 것은 사회적, 경제적 그리고 문화적 교류과정을 통한 개인들의 경험과 교육이다. 이미 잘 알려져 있듯이 유교가 도덕교육을 중시하는 것도 이러한 맥락에 비추어 해석할 수 있다. 행동규칙이 나의 행동을 제한하는 요소가 아니라 그 자체가 나 자신의 정체성이 된다. 지키는 것이 초의식적이다. 하이에크가 말하는 법 감정, 정의감 등 암묵적 규칙에 해당되는 행동규칙들이다.

법을 통한 이기심의 제한

시장을 기반으로 하는 통제 그리고 규칙의 집행 메커니즘과 관련하여 우리가 얻을 수 있는 결론을 요약하면, 이기심과 밀접한 관련성을 가진 무임승차 또는 '혐의자의 딜레마'를 통제하여 '홉스의 문제'를 해결하는 메커니즘이 자유주의 시스템 자체에 상당한 정도로 내장되어 있다. 사익추구를 통제하는, 그래서 이기적인 인간이 가장 싫어하는 책임윤리마저 자생적으로 형성되었다는 사실을 상기할 필요가 있다. 민법, 상법, 판례법, 법관의 법, 관습법, 형법 등 시장경제의 기초가 되는 사법(private law)을 국가가 집행한다. 물론 그러한 법 규칙의 대부분은 자생적으로 생성된 제도를 법으로 승격시킨 것이다.

국가가 집행하는 사법은 커먼 로(common law) 전통과는 달리 정치적 과정의 산물일 수 있다. 어떤 내용의 법을 발견·제정하는가의 문제는 공익 개념과 밀접한 관련이 있다. 따라서 문화적 진화와 양립하는 공익 개념을 찾아야 한다. 일반적으로 공익 개념은 영국의 정치철학자 오크쇼트(M. Oakeshott) 그리고 하이에크의 분류에 따라 두 가지로 나눌 수 있다. 하나는 목적이 지배하는 개념(teleocratic conception)이고, 다른 하나는 법이 지배하는 개념(nomocratic conception)이다. 이러한 분류는 막스 베버의 목적합리성과 가치합리성의 분류와 동일하다.

목적이 지배하는 공익 개념은 법이 집단목표를 달성하기 위한 수단으로 여기는 개념이다. 이는 인간을 정치적 목적을 위한 수단으로 여긴다. 이러한 점에서 개념에 따른 경제질서는 원시사회와 유사하다. 그 같은 공익 개념은 열린사회, 시장경제의 자생적 질서와 충돌하는 것은 물론이다. 열린 자생적 질서의 중요한 특징 가운데 하나는 구성원들이 공동으로 달성할 집단적 목

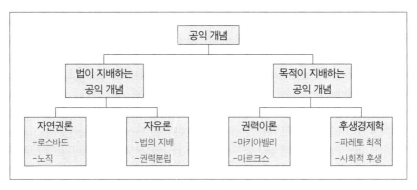

<그림 3> 공익 개념의 구조

표가 없고 개인이나 개별 기업들이 제각기 독립적으로 추구하는 개별 목표만 있을 뿐이다.

목적이 지배하는 콘셉트를 적용하면 사법의 공법화를 초래한다. 공법은 목적이 지배하는 법이기 때문이다. 원래 공법은 법이라고 부르지 않았는데, 법 실증주의자들이 '법'이라고 이름을 붙였다. 그 같은 콘셉트에 해당하는 것은 첫째로 공익을 파레토 최적 또는 사회적 후생함수로 표현하는 후생경제학이다. 둘째로 마키아벨리와 마르크스의 권력론적 또는 계급론적 개념이다.

자유의 법(nomos)이 지배하는 콘셉트에서 법이란 일반성, 추상성, 확실성을 갖춘 정의로운 행동규칙을 말한다. 그러한 법은 개인이나 기업이 자유로이 활동할 수 있는 틀과 관련되어 있다. 법이 지배하는 공익 개념은 사적 자치, 자율성 확립과 관련이 있는데, 이는 사법사회를 형성하는 원칙이다. 그러한 콘셉트에 해당하는 공익 개념은 두 가지로 나눌 수 있다. 하나는 자유 지향적 공익 개념이고, 다른 하나는 권리 지향적 공익 개념이다.

후자는 머리 로스바드, 한스 헤르만 호페, 로버트 노직 등 합리주의적 자연법사상에서 도출된 공익 개념이다. 자유이론적 공익 개념은 애덤 스미스,

데이비드 흄 그리고 하이에크 등의 스코틀랜드 계몽주의 전통의 공익 개념이다. 이는 차별입법과 목적입법의 금지를 핵심 내용으로 하는 법의 지배(법치)원칙의 실현이다. 개인들은 법이 지배하는 사회에서만 이기적 또는 자선적 행동을 자유로이 선택할 수 있다. 그러한 사회에서만 개인이나 기업이 문제해결 능력과 문제해결지식을 축적하여 상황변화에 적응할 수 있다. 그 결과는 효율적인 내적 비공식 제도의 진화와 함께 보편적 번영을 가져올 수 있다.

"사익추구는 아름답다"는 말은 틀렸다

이기심을 뜻하는 사익추구는 본능적인 것이 아니다. 본능은 이타적이다. 사익추구는 후천적으로 습득한 근대적 산물이다. 문화적 진화의 선물이라는 뜻이다. 문화적 진화는 한편으로는 사익추구를 허용했지만, 다른 한편으로는 그 사익추구가 모든 사람에게 이익이 되는 방향으로 길들이는 장치를 마련했다. 그것이 조정과정, 경쟁과정 그리고 처벌과정 등 사익추구에 대한 시장의 자율규제 메커니즘이다.

좌파와 간섭주의는 왜 사익추구를 비관적으로 보면서 강력한 국가의 개입을 주장하는가? 사유재산, 경쟁, 법치주의를 기반으로 하는 시장은 외부의 간섭 없이도 스스로 인간행동을 규제하는 자생적 질서라는 것을 이해하지 못하기 때문이다. 왜 이를 이해하지 못하는가? 그 이유는 석기시대에서 본능적으로 습득한 정신, 즉 석기시대의 정신, 부족사회의 정신구조를 가지고 현대사회를 평가하기 때문이다.

석기시대는 제로섬 사회였다. 당시에는 유대감과 이타심이 지배하는 사회였고, 이것이 본능적·심리적 요소로 자리 잡았다. 석기시대의 정신으로 볼 때 이기심은 매우 낯선 것이고, 그래서 그러한 행동을 두렵게 생각했다. 제 것을 챙기는 것, 이윤을 챙기는 것은 훔치거나 빼앗거나 기만하는 것으로 여겼다. 부의 축적은 착취나 권력의 남용에 기인한 것이라는 믿음도 그러한 본능의 소산이다. 무조건적으로 사익추구를 예찬해서도 안 된다. 그리고 '사익을 최대한 충족시키는 것'이 시장이라는 식으로 시장경제를 해석해서도 안 된다. 사익추구에 대한 자율규제 메커니즘이 내장되어 모든 사람에게 이익이 되는 방향으로 사익추구를 길들이는 것이 시장경제라는 것을 직시해야 한다.

자유주의 경제학은 이기심이 좋다거나 나쁘다고 평가하지 않는다. 그러한 평가는 진정한 자유주의가 아니다. 이기적 행동을 조정하고 통제하는 제도적 메커니즘을 중시한다. 그 메커니즘이 조정·경쟁·행동규칙 메커니즘이다. 이러한 메커니즘이 없는 사익추구는 아름다운 것이 아니라 사악하고 추하다. 홉스의 문제가 만연한다. 그러므로 사익추구는 아름답다는 말은 틀렸다.

3
도덕의 진화:
하이에크와 다윈이즘

200년이 넘어서까지도 생생히 살아서 우리의 사고에 강력한 영향을 미치는 인물이 있다. 바로 다윈(Ch. Darwin)이다. 1859년에 발표된『종의 기원』은 '다윈 혁명(Darwinian Revolution)'을 촉발시켰고, 그의 혁명은 아직도 진행 중이다. 자연도태에 의한 지구 상 생명의 진화와 종의 출현에 관한 그의 거대 이론은 메이어(E. Mayer)가 확인하고 있듯이,[11] 당시 지배적이었던 뉴턴의 세계관(Newtonian world view)에 대한 도전장이었다.

새로운 종의 지속적인 출현과정으로서 자연의 진화 앞에서 자연의 현상은 종전의 조건에 의해 완전히 결정된다는 결정주의적 자연관은 한계가 있었다. 그래서 뉴턴의 자연관에 비해 다윈의 자연관은 매력적이었다. 매력은 자연과학에만 국한된 것이 아니라 사회과학과 인문과학에도 매력적인 것처럼 보였다. 경제학에도 예외가 아니었다.

다윈이 암시하는 진화원리를 경제학에도 도입하고자 하는 활발한 노력

---

11) 메이어는 다윈은 당시 지배적이던 물리주의자들과의 투쟁이라고 말하고 있다. Mayer, E. (1991), p. 48-55. 한글판: 신현철 역,『진화론 논쟁』(1998) 제5장 '물리학자들과 철학자들과의 논쟁' 참조.

이 그 매력을 입증한다. 특히 1980년대부터 그러한 노력은 급증했다. 그 결과로서 다양한 다윈이즘이 개발되었다. 그 대표적인 것을 들면 윌슨(E. O. Wilson) 등의 사회생물학, 도킨스(R. Dawkins)의 보편적 다윈이즘(Universal Darwinism).[12] 이 두 가지 다윈이즘은 비경제학자들이 연구한 것이지만, 그들의 연구 결과는 경제학에서도 깊이 논의하고 있다.[13] 직접 경제학에서 개발된 것으로 넬슨(R. R. Nelson) 등의 비유적 다윈이즘(Analogical Darwinism)이 있다.

이 같은 다윈이즘보다 훨씬 이전에 등장했지만 오늘날에도 정치적으로 매우 큰 영향을 미치고 있기 때문에 빼놓을 수 없는 것이 자본주의를 비판하고 정부의 적극적인 간섭을 정당화하기 위해 다윈을 이용한 사회개혁가들의 사회다윈이즘(Social Darwinism)이 있다.[14] 경제학에서 다윈의 자연관을 도입하려는 적극적인 노력은 당연한 것처럼 보였다. 그 이유는 이렇다. 오늘날 주류 경제학이라고 부르는 경제학의 뿌리는 다윈이 극복하고자 했던 바로 그 뉴턴의 세계관을 기초로 한 1870년대 초의 '신고전파 혁명(Neoclassical Revolution)' 이다.[15]

혁명의 기치는 자연과학에 견줄 만한 경제학을 구축하는 것이었다. 그래서 당시 자연과학이 바라던 모든 '이상적인 것'을 본받아 경제학을 구성하려고 했다.[16] 이러한 경제학은 시장의 균형상태에 대한 기술에 초점을 맞춘

---

12) Wilson, E. O. (1975); Dawkins, R. (1983) p. 403-425; Dawkins, R. (1983) p. 403-425.

13) 경제학에서 사회생물학에 관한 논의에 대해서는 예를 들면 Witt, U. (2003), 경제학에서 논의되고 있는 보편적 다윈이즘에 대해서는 Hodgson, G. M. (2002): p. 259-281 참조.

14) 이 같은 의미의 사회다윈이즘에 관한 설명으로는 West, J. (2006); Koch H. W. (1973) Kap. p. 5-6 참조.

15) 이 혁명의 주역은 월러스(L. Walras)다. 그는 천체의 역학에 해당하는 법칙을 시장시스템에서도 입증하려고 했다. 고전물리학과 다윈 이전의 생물학처럼 신고전파 경제학도 폐쇄된 시스템에 대한 연구였다. 그 논리적 명제의 구조는 17~18세기 사회물리학에 해당한다. 쿠르노, 파레토, 파슨스, 피아제 등이 이에 해당한다. 이에 대해서는 Röpke, J. (1977) p. 18 참조.

16) 단순법칙을 찾는 일, 수리적 · 계량적 방법을 채용하는 일, 결정주의형 등 모든 것을 답습하려고 했다.

다. 모든 개인의 계획들은 전부 완전히 조정되어 있고, 그들의 효용은 극대화가 이루어진 정지된 상태다. 그러한 전통적인 경제학의 기본원리는 오늘날 경제학 교과서로서 명성이 높은 맨큐(G. Mankiew)의 한글판『맨큐의 경제학』에 고스란히 수록되어 있다. 이것은 경제현상을 물리학으로 환원시키려는 물리주의(Physicalism)를 전제로 하여 쓴 교과서다.

그러나 현실 경제에서 전개되고 있는 진화, 즉 지속적으로 새로운 것이 등장하여 복잡성이 점증하는 경제적 · 문화적 삶의 구조 앞에서 고전역학적인 균형경제학은 무력하다는 인식이 증가했다. 따라서 바로 그 뉴턴의 고전역학에 도전한 다윈의 자연관을 이용하여 문화적 · 경제사회적 진화를 이해하려는 다양한 다윈이즘이 등장한 것은 결코 우연이 아니다. 경제학에서도 다윈 혁명이 일어나고 있는 것이다. 그러나 사회과학과 경제학에서 다윈 혁명이 실제로 가능한가? 성공적인가? 그 허와 실은 무엇인가? 다윈의 자연관이 경제적 · 문화적 진화와 어느 정도까지 연관되어 있는가?

그러한 문제를 분석하는 것이 이 글의 목적이다. 이 문제와 관련하여 하이에크(F. A. Hayek: 1899~1992)의 진화사상과 비교하면서 다윈이즘을 평가할 것이다. 하이에크와 비교하는 이유는 다음의 두 가지다. 첫째로 하이에크는 뉴턴 역학에 기초한 경제학을 '과학주의'라고 비판하면서 사회과학의 독자성을 강조했던 인물이다. 경제학이 자연과학의 분파인 생물학에서의 혁명을 수용하는 것에 대한, 다시 말하면 '경제학에서의 다윈 혁명'에 대한 하이에크의 입장을 살펴보는 것은 흥미롭지 않을 수 없다. 둘째로 그는 뉴턴의 자연관은 물론 다윈의 자연관과는 독립적인 경제사상을 발전시키고 인류문화의 진화에 대해 새로운 시각을 제공한 인물이다.

우선 하이에크의 진화사상을 설명하고, 이어서 문화적 · 사회경제적 진화를 이해하기 위해 자연에 관한 다윈의 세계관을 적용하려는 다양한 다윈주의를 하이에크의 관점에서 평가할 것이다. 마지막으로 다윈의 이론을 자본주의에 대한 비판을 위한 수단으로 여기는 사회다윈주의를 평가할 것이다.

하이에크의 문화적 진화론

하이에크의 진화사상의 기본적인 목적은 오늘날 우리가 목격하는 "확장된 질서(Extended Order)"의 생성과정과 변동을 설명하려는 것이다. 이 확장된 사회는 분업과 교환이 소규모의 그룹에서부터 지역이나 국가 전체로까지, 심지어 오늘날에는 범세계적으로까지 확장된 질서를 말한다. 확장된 사회는 소규모 사회와 대비되는 거대한 사회와 일치된다. 닫힌 사회와 비교되는 포퍼(K. R. Popper)의 열린사회(Open Society)다. 이 같은 사회는 시장제도 그리고 개인의 자유와 재산을 보호하는 제도들을 가진 사회다.

그러한 제도들이 어떻게 형성된 것인가? 이를 설명하기 위해 진화를 세 가지 차원으로 구분하는 것이 합리적이다.[17] 진화의 첫 번째 차원은 생물학적 진화다. 인간의 사회적 성격이 형성되던 시기에 출현한 진화다. 인간이 소규모 그룹으로 나누어져 수렵채취를 하면서 살던 시기의 진화과정이다. 그 시기에 진화적 선별과정의 결과로서 사회적 행동, 가치와 태도의 초보적 형태가 유전적으로 고착되었다. 그 같은 가치들이 일단 유전적으로 확립되어 있는 이상 오늘날에는 생물학적 선별 압력이 대폭 완화되었음에도 유전적으로 전수받아 계속해서 현대인의 자연적인 상속물의 일부가 되었다.

---

17) 진화론에 대한 하이에크의 문헌은 Hayek, F. A. (1988), p. 11-21; Hayek, F. A. (1973), p. 8-34; Hayek, F. A. (1979), p. 153-176.

두 번째 차원은 이성의 진화다. 이 차원에서의 진화는 인간지능과 그 산물로서 지식의 진화다. 이 단계의 진화는 의도와 이해 그리고 창조에 의해 추진되는 진화인데, 그 결과는 새로운 지식과 그 확산이다. 과학기술의 발전도 이 차원의 진화에 속한다. 그러나 인간 이성을 과대평가해서는 안 된다. 인간 이성은 문명과 사회를 계획하여 인위적으로 만들어낼 재간은 없다. 오히려 인간 이성은 문명이 진화한 결과다.

따라서 세 번째 차원의 진화로서 하이에크는 문명의 진화, 즉 문화적 사회경제적 진화를 들고 있다. 하이에크가 강조하는 이 차원의 진화는 행동규칙, 도덕 그리고 전통, 특히 사유재산, 정직성, 계약, 교환, 무역, 경쟁과 이득, 사적 범위를 다루는 규칙들의 출현이다(Hayek, 1988: 12). 이러한 제도들은 인간의 상호관계를 지배하고 안내하여 질서 있는 문명된 사회, 즉 열린사회를 야기한다.[18] 그런데 그러한 행동규칙들은 수천 년의 장구한 역사적 발전과정에서 거름과정을 거쳐 자생적으로 진화된 것이라는 점이다. 다시 말하면 그들은 인간 이성에 의해 인위적으로 계획하여 만든 것이라는 의미에서 "인위적인 것(artificial)"도 아니고 본능적인 가치와 태도를 말하는 "자연적인 것(natural)"도 아니다. 하이에크는 여기에서 제3의 개념으로서 "자생적(spontaneous)"이라는 개념을 도입하여 그들은 자생적으로 진화한 것이라고 보고 있다. 수천 년을 거치면서 수많은 인간이 자신들의 삶을 개선하기 위해 서로 교류하는 과정에서 의도하지 않게 생성된 것이다. 그러한 행동규범들의 원천은 이성과 본능의 중간이라고 볼 수 있다.

문화란 학습된 행동규칙이다. 유전적으로 형성된 것도 아니고 합리적으로 고안된 것도 아니다. 그 규칙의 역할에 대해서는 규칙을 지키는 사람들도

---

18) 그들이 언어로 표현되어 있을 필요는 없다. 대부분 암묵적이다. 그리고 특정 행동을 지정하기보다는 금지적 성격 및 일반적·추상적 성격이다. 거대한 확장된 질서를 가능하게 하는 것들이다.

이해하지 못한다. 그러한 규칙들은 문화적 전달과정을 통해 전달된다. 그 과정은 인위적으로 만든 것이 아니다. 하이에크의 진화사상의 핵심은 오늘날 우리가 살고 있는 확장된 열린사회를 가능하게 하는 행동규칙들의 원천은 이성도 아니고 본능도 아니라는 것이다. 어떤 정신이 계획하여 만든 것도 아니고 본능적으로 고착되어 세대를 거쳐 전수된 것이 아니라 문화적 선별과정의 결과라는 것이다.

경제학에서의 다윈 혁명

하이에크의 진화사상의 관점에서 다양한 종류의 다윈이즘을 보자. 그는 뉴턴의 세계관을 이용하여 경제를 이해하려고 했던 신고전파 혁명을 "과학주의"라고 혹평했다.[19] 사회적 과정에 대한 적절한 이해를 흐리게 하기 때문이다. 과학주의란 경제학이 맹목적으로 자연과학을 모방하는 것을 의미한다.

다윈의 자연관을 이용하여 문화적 · 경제적 진화를 이해하려는 경제학의 다윈 혁명도 과학주의라는 비판으로부터 자유롭지 못하다. 포퍼의 용어를 빌리면 경제학이 "물리주의(Physicalism)"에서 생물주의(Biologism)로 바뀐 것뿐이다. 이제는 다양한 형태의 다윈이즘의 구체적인 문제를 보자.

---

19) 과학주의는 자연과학에 최고의 권위를 부여하여 자연과학적 사유방법을 무비판적으로 사회과학에 적용하는 것을 말한다. 이에 관해서는 Hayek, F. A. (1958) 참조. 그는 이 책에서 이러한 과학주의가 어떻게 사회적 과정에 대한 적절한 이해를 흐리게 하고 결국 20세기 전체주의의 지적 기초를 제공해주었는가를 규명하고 있다.

사회생물학

사회생물학은 인간사회의 다양한 관계들을 생물학적 요소와 인간의 자연적 본능으로 설명하려고 한다.[20] 사회생물학자들은 그 같은 관계로서 다양한 협력과 공생관계, 교환 분업, "도덕적 공격" 등과 같은 매력적인 예를 들고 있다. 그러나 사회생물학이 접근하고 있는 것들은 하이에크의 첫 번째 단계의 진화의 결과다. 사회생물학자들은 인간의 초보적인 가치나 태도들이다. 그들은 현생인류(homo sapiens sapiens)가 출현하던 수렵 · 채취 기간 동안에 유전적으로 고착된 것들이다. 그래서 초보적인 가치나 태도들은 원시 수렵 · 채취사회의 소규모 사회, 서로 얼굴을 아는 사람들끼리 사는 대면사회의 기초다. 그들은 유전적으로 고착되어 그동안 유전적 변동 없이 현대인에게도 유전적으로 전달되었다(Witt, 2003: 41-45).

그러나 인간사회의 다양한 관계, 낯선 사람들과의 교환 등은 생물학적 진화에 의해서는 설명될 수 없다. 상업, 언어, 도덕, 사유재산과 화폐 그리고 이자와 대부 등과 같은 열린사회의 제도들은 인간의 자연적 본능으로 환원될 수 없다. 하이에크가 그의 저서 『치명적 자만』에서 보여주고 있듯이 그러한 문화적인 것을 분자생물학이 설명하고 있는 유전적 선택과 전달의 결과라고 말하는 것은 사회생물학의 치명적인 오류다(Hayek, 1988: 15).[21]

사회생물학의 두 번째 오류는 이분법적 오류다. 사회생물학은 아리스토텔레스 이후 서구사회의 사고방식이 범했던 것과 동일한 오류를 범하고 있다. 인간 가치의 원천 또는 인간사회의 원천을 자연적인 것과 인위적인 것으

---

20) 사회생물학의 인식대상은 개인의 적응을 줄이는 이타심이 자연적 선별에 의해 어떻게 진화할 수 있었는가의 문제다. 그 대답을 예를 들면 사회생물학의 대표자 윌슨은 혈족관계로 설명하고 있다. 이에 대해서는 E. O. Wilson (1975: 3) 참조. 트리버스는 상호적 이타심으로 설명하려고 한다(Trivers, 1971: 35-57).

21) 그렇다고 사회계약론이 가상하는 것처럼 인간 이성에 의해 인위적으로 계획하여 만든 것도 아니다. 인간 이성은 그럴 능력이 없다.

〈표 2〉 인간가치(사회)의 세 가지 원천

인간의 본능	이성과 본능의 중간	이성
자연적 질서[23]	자생적 질서	인위적 질서
연대 규범 원시사회 같은 대면사회/ 공동체	언어, 시장, 법, 관습, 화폐, 이익사회, 열린사회	계획경제, 입법, 중상주의 조직질서
사회생물학	자생적 질서론	사회계약론
윌슨, 도킨스, 리들리 (낭만주의)	흄, 스미스, 하이에크 (진화적 합리주의)	데카르트, 홉스, 롤스 (구성주의적 합리주의)

로 분류하는 것이 그 같은 오류다. 이 같은 분류는 제3의 것으로서 오늘날 압
도적인 역할을 하는 "자생적 질서"의 존재를 간과하기 때문이다(표 2).[22]

자생적 질서는 애덤 스미스의 "보이지 않는 손" 같은 표현이다 인간 개
체들이 자신들의 목표를 추구하기 위해 타인들과 상호작용하는 과정에서 보
이지 않은 손에 의해 무의도적으로 생겨나는 질서다.

자연적 질서는 동물들이 제각기 자신들의 후손을 증대하기 위해 행동하
는 과정에서 무의도적으로 생겨난 질서다. 자생적 질서나 자연적 질서에서
공통적인 것은 어떤 이성이나 창조주의 청사진 없이 모두 저절로 형성된다
는 점이다.

---

22) 리들리는 "사회는 이성에 의해 고안된 것이 아니라 인체와 마찬가지로 인간 유전자의 진화적 산물
이다"라고 말한다. Ridley, M. (1997). 한글판: 신좌섭 역(2006), 17쪽.

23) 자연적 질서는 넓은 의미로는 자연의 세계, 즉 다윈이 원래 설명하고자 했던 세계다. 인간과 관련시
킨다면 그것은 본능적 가치나 본능적 태도에서 생겨난 질서로서 원시 수렵 · 채취사회를 말한다.

보편적 다윈이즘과 비유적 다윈이즘

보편적 다윈이즘은 다윈이 자연에서의 진화를 설명하기 위해 암시한 진화원리를 추상화하여 문화적 · 사회경제적 영역의 진화를 해석하려고 한다.[24] 모든 삶의 형태나 차원에 적용하기 위해 추상화한 것이 돌연변이-자연선택-보유(복제)다. 보편적 다윈이즘은 다윈 이후 그의 세계관을 확산하기 위한 전략으로서 형성된 자연철학의 전통이다.[25]

비유적 다윈이즘은 추상화에 관계없이 생물학적 진화의 개념(표현형, 유전형, 자연선택 등)에 비유하여 문화적 진화를 이해하려고 한다. 비유적 다윈이즘은 슘페터(J. A. Schumpeter)의 혁신과 경제발전의 관계를 진화론적으로 뒷받침하기 위해 다윈을 이용하는 다윈이즘이다. "네오슘페터리안"이라고 부르는 이유는 그 때문이다(Nelson/Winter, 1982).

그러나 두 가지 접근은 추상화와 비유라는 점에서 차이가 있지만 근원적인 공통된 문제를 갖고 있다. 중요한 문제는 두 가지다. 첫째로 다윈의 유전적 맥락에 의존하는 다윈이즘은 생물학적 진화가 문화적 진화에 미치는 영향을 고려할 수 없다. 인간의 본능적 뿌리 가운데에는 예를 들면 분업과 교환에 대한 성향, 재산권 성향 등과 같이 확장된 열린사회의 제도들의 진화를 도와주는 것들이 있다(Ridley, 1997/2006).

뿐만 아니라 질투, 낯선 사람을 싫어하기 같은 확장된 열린사회의 기초가 되는 제도의 진화를 방해하는 것들도 있다(김정호, 1996). 문화적 진화의 상

---

24) 도킨스(R. Dawkins)는 1983년 논문 「보편적 다윈이즘」에서 다음과 같이 말하고 있다. 즉. "삶의 형태가 아무리 다양하다고 해도 모든 삶의 기반이 되는 어떤 원리가 있을 것이다. 그 원리들 가운데 두드러진 것이 다윈이즘의 원리일 것이다." 그의 1976년 유명한 저서 『이기적 유전자』의 마지막 장(278쪽)에서 보편적인 우주의 어디에서나 통용될 수 있는 물리법칙처럼 생물학의 법칙을 찾으려고 한다(Dawkins, 1976/1992: 278: 1983: 403-425). 경제학과 관련된 보편적 다윈이즘에 대해서는 Hodgson(2002: 259-281) 참조.

25) 보편적 다윈이즘에 대한 것은 이한구(2009: 18-29) 참조.

당 부분은 그 같은 본능과 갈등한다. 사회경제적 진화를 이해하기 위해서는 인간의 자연적 성격을 이해해야 한다. 다윈에 의존하여 사회경제적·문화적 진화를 이해하고자 하는 다윈이즘은 생물학적 진화가 어떻게 문화적 진화에 영향을 미치는가를 설명하기 곤란하다.

두 번째로 다윈의 자연관에 의존하는 다윈이즘은 문화적 진화의 맥락에서 중요한 혁신과 선택의 피드백(feed-back) 관계를, 다시 말하면 혁신이 도태위험에 의해 유도된다는 점을 파악할 수 없다. 그러한 피드백 관계가 내적 선택(internal selection)이다. 문화적 진화에서는 개인들이 외적 도태(불리한 선택)의 위험을 예견하고 이를 피하기 위해 혁신과 학습을 한다. 외적 선택(external selection)도 존재한다. 인간 이성의 한계 때문에 잘못 예견하고 잘못 학습할 수 있다. 이러한 잘못을 발라내는 것이 외적 선별이다(Buenstorf, 2006: 511-527; Cordes, 2006: 529-541).

그러나 흥미롭게도 유전적 맥락에서 유기체는 도태위험에 대해 속수무책이다. 돌연변이는 자연선택과 전적으로 독립적으로 생겨나기 때문이다. 내적 선택이 없고, 자연도태로서 외적 선택만 존재하는 것이 유전적 진화의 특징이다. 환경에 적응하는 인간의 경제행동은 유전적 차원과 완전히 다르다. 그래서 문화적 진화를 생물학적 진화에 비유하여 해석하거나 직접 생물학적 진화를 보편적으로 문화적 진화에 적용할 수 없다. 문화적 진화의 특성은 그 진화과정에서 인지와 학습이 중요한 역할을 한다. 인간은 자신의 행동결과를 예측할 수 있고, 그 결과를 고려하여 보다 좋은 해결책을 찾을 수 있는 능력은 다른 동물과 전적으로 상이하다. 포퍼나 하이에크가 선호하듯이, 문화적 진화는 다윈보다는 프랑스의 생물학자였던 라마르크(J. -B. Lamarck: 1744-1829)의 진화(Lamarckian processs)에 가깝다(Hayek, 1988: 25; Popper, 1972: 265). 개인들 간의 관계를 안내하는 행동규칙들은 타고난 것이 아니라 삶의 기간 동안 학습된 것의 전달과정이다.

우리가 주목하는 것은 문화적·사회경제적 진화에서 두 가지 선별 메커니즘이 상호작용하기 때문에 진화의 속도와 규모 그리고 질이 생물학적 진화와 비교할 수 없을 정도로 크다는 점이다. 그 같은 상호작용의 결과는 자유와 재산을 보호하는 제도와 자유시장을 가진 확장된 열린사회다. 따라서 우리가 염두에 둘 것은 전적으로 다윈의 자연관에 의존해서는 인류문명을 설명할 수 없다는 것이다. 또 하나 염두에 둘 것은 인류문명의 진화에 대한 이해를 다윈의 자연관에 의존할 필요도 없다는 점이다. 그 이유는 이렇다. 즉, 진화 개념은 다윈이 고안한 것도 아니고 진화는 자연에만 국한된 것도 아니다. 복잡성이 증가하는 모든 구조에서 볼 수 있는 보편적 현상이다.

하이에크가 확인하고 있듯이 실제로 다윈 이전에 이미 데이비드 흄, 애덤 스미스 그리고 애덤 퍼거슨 등 스코틀랜드 도덕철학자들이 법과 언어 그리고 시장을 설명하기 위해 진화를 새로운 것이 출현하고 확산되어가는 것, 즉 혁신-선택-확산으로 이해했다. 이러한 이해를 생물학에 적용한 것이 다윈이었다. 따라서 스코틀랜드 계몽주의의 관점에서 보면 다윈 혁명은 사실상 혁명이 아니라고 볼 수 있다. 그렇다고 다윈의 공로를 폄하해서는 안 된다. 그가 지성사에서 가장 큰 업적 중 하나를 남긴 것은 확실하다. 다만 우리가 강조하고자 하는 것은 인간세계에는 물리학이나 생물학으로 환원시킬 수 없는 요소가 있다는 점이다.

따라서 진화경제학의 역할은 생물학적 진화가 문화적 진화에 미치는 영향을 고려하면서 생물학적 진화에 관계없는 문화적·경제적 진화에 고유한 규칙성을 찾아내는 일이다.

〈표 3〉은 다양한 다윈이즘을 하이에크와 비교한 것이다(Witt, 2008: 547-573). 슘페터 또는 비유적 다윈이즘은 데카르트 전통의 존재론적 이원론을 전

〈표 3〉 다윈이즘과 하이에크의 진화론의 비교

이론화 방법	존재론적 일원론	존재론적 이원론
진화 개념을 생물학에 의존하여 각 영역의 이론을 구성함	▲ 진화심리학 ▲ 보편적 다윈이즘 　(사회생물학 Dawkins) ▲ 사회다윈이즘	▲ 비유적 다윈이즘 　(Nelson 등 네오슘페터 　리안)
진화 개념을 일반적으로 이용하되 각 영역에 고유하게 이론을 구성함	▲ 하이에크의 진화사상	▲ 슘페터의 진화론

제하여 생물학적 진화는 문화적 진화와 관련이 없다고 믿는다. 존재론적 일원론은 생물학적 진화는 현실의 연관된 두 영역이다. 사회생물학과 보편적 다윈이즘은 일원론을 전제하여 문화적 영역에도 다윈의 자연관을 적용하고 있다. 그러나 일원론을 전제하면서도 다윈에게 의존하지 않는 것이 하이에크의 진화사상이다. 그는 사상사적으로 볼 때 다윈에게 의존한 진화경제학 대신에 독립적인 진화경제학의 길을 열어주었다. 그의 설명원리는 "자생적 질서로서 진화"라는 아이디어다.

하이에크와 도킨스

사회생물학자 도킨스는 잘 알려져 있듯이(Dawkins, 1998: 302-8) 도덕, 관습, 화폐, 시장, 계약, 책임윤리 등과 같은 문화의 등장과 변화의 설명에 다윈의 생물학적 진화를 적용하려고 했다. 그래서 그는 보편적 다윈주의자다. 문화를 세대 간에 전달하는 일종의 유전인자(gene)를 '밈(meme)' 같은 개념을 가지고 문화의 생성과 변화의 문제에 접근하고 있다. 그의 접근법을 지네틱스(genetics)와 대비하여 '미메틱스(memetics)'라고도 부른다.

문화에 대한 도킨스의 생물학적 분석은 그 출발점에서부터 잘못되었다. 생물과 비유해서는 문화의 본질을 이해할 수 없다. 중요한 것은 문화적 진화란 무엇인가, 또는 더 정확하게 말한다면 무엇이 문화적 진화가 아닌가를 분명하게 했어야 한다. 바로 이 문제에서 출발하여 문화적 진화사상을 전개한 인물이 프리드리히 하이에크다. 그가 「인간가치의 세 가지 원천」이라는 논문에서 밝히고 있듯이 문화는 자연적인 것도 아니고 인위적인 것도 아니다. 이는 유전적으로 전달되는 것도 아니고 합리적으로 계획하여 만든 것도 아니라는 뜻이다.

　　문화적 진화의 결과로서 형성되는 제도는 인간 이성에 의해 의도적으로 계획해서 만든 결과가 아니라 이성과 문화가 동시적으로 발전되는 과정의 산물이다. 생각하는 인간이 문화를 창출했다기보다는 문화가 이성을 창출했다고 보는 것이 옳다. 그래서 하이에크는 제3의 것으로 문화를 '자생적 질서'라고 말한다. 인간의 의도적인 행동에 의한 무의도적 결과로 이해한다. 자연과 문화는 완전히 다르다. 문화와 이성은 함께 진화한다.

　　요컨대 상업, 언어, 도덕, 사유재산과 화폐 그리고 이자와 대부 등과 같은 열린사회를 특징으로 하는 문화는 인간의 현상이다. 인류의 진화와 나란히 진행되는 과정으로서 인간에게만 존재하는 고유한 현상이다. 따라서 인간은 시장사회와 동떨어져 있는 것이 아니라 인간 삶의 엄연한 사실이다. 문화는 인성의 이해를 위해 필수 불가결한 요소다. 문화는 인간을 동물과 구분해주는 요소다. 문화와 문명의 역사는 거의 동물적 상태에서 품위 있는 사회로 인간이 등장하는 과정이다. 그러한 사회는 자유 · 인격 · 재산존중 등 문명된 도덕적 가치의 채택, 이성의 개발과 이성의 자유로운 행사를 가능하게 하는 열린 시장사회다. 인간의 경제적 삶이 무엇인가를 알고 싶으면 우리는 동물을 볼 것이 아니라 인간에게 고유한 시장문화를 보아야 한다.

사회다윈이즘: 맬서스와 다윈

다윈의 자연관을 이용하여 자유자본주의를 비판하는 사회다윈이즘도 오류가 많다. 그것은 다윈의 생존투쟁의 의미를 갈등으로만 해석한 나머지 두 가지 오류를 범하고 있다. 첫째로 다윈에 대한 해석의 오류다. 다윈은 생존투쟁이라는 개념을 순전히 갈등의 의미로만 사용한 것이 아니다. 그는 동물세계의 공생과 협력관계를 강조하고 있다.[26] 사회다윈이즘이 잘못이라는 것은 사회생물학에 의해서도 입증된다. 동물이나 인간의 경우 무자비한 갈등보다는 공생과 협력의 길을 본능적으로 택했음을 보여주고 있는 것이 진화심리학이다(Ridley, 1997/2006; Rubin, 2002). 그리고 인류학적 증거가 보여주는 바와 같이 수렵 · 채취인들은 갈등 대신에 협조와 분업 그리고 교환의 장점을 인식했다(Bowles/Gintis, 2004: 17-28).

둘째로 문명화된 인간도 협력과 평화적인 경쟁과 비교할 때 무자비한 호전성 공격이나 갈등을 완화할수록 지식의 축적과 발전을 통해 개인들의 복지가 증대한다는 것을 보고 배웠다. 자본주의에서 경쟁도 하이에크가 입증하듯이 새로운 것을 발견하고 유익한 것을 선택하고 오류를 찾아내어 수정하고 학습하는 과정이다. 이러한 과정에서 실패한 자가 있게 마련이다. 그러나 경쟁을 실패한 자를 파괴하는 것은 아니다. 경쟁은 그의 행동의 기반이었던 지식이 잘못이었음을 알려줄 뿐이다. 모든 것을 미리 전부 아는 인간이 존재한다면 경쟁은 불필요하다. 경제적 경쟁이야말로 인간 이성의 구조적인 무지(우리가 무엇을 모르는지조차 모르는 상태)에 대한 적응이 경쟁이다. 이것이 문화적 진화의 선물이다.

---

26) 다윈은 『종의 기원』(한글판 2006: 93)에서 생존경쟁을 넓은 의미로 사용한다는 것을 명확히 하고 있다. 그는 이렇게 쓰고 있다. "하나의 생물이 다른 생물에 의존하는 것을 포함한(이것은 한층 더 중요한 것이다), 더 나아가 개체의 생명을 유지하는 것뿐만 아니라 계속해서 자손을 남기는 것도 포함하여 폭넓고도 은유적인 의미로 사용한다."

문명은 인간이 원해서 이루어진 것이 아니라 무의도적으로, 그래서 자생적으로 진화했다고 해서 로이트(S. Freud)가 주장하는 것처럼 그렇게 병적인 억압과 치료 불가능한 신경질의 원천이라고 볼 수도 없다. 왜냐하면 자유시장과 자유의 제도를 가진 확장된 열린사회는 원시사회에 형성된, 그리고 아직도 우리의 마음속 깊이 잠복되어 있는 다양한 본능들(사회성. 그룹에 대한 애착심. 의식주. 성적 욕구 등)을 더 잘 충족시키기 때문이다.

둘째로 다윈의 자연관이 자본주의를 비판할 근거가 되는가? 거대한 생물학적 공동체 내에서 친족관계이거나 친족관계도 아닌 수많은 유기체들과 종들에게 상대적으로 조화로운 공존을 가능하게 하는 원리는 무엇인가의 문제에 대한 해답을 찾는 것이 다윈의 『종의 기원』이었다. 그 해답은 어떤 창조주의 기획도 아니고 현명한 공학자의 청사진에 의한 것도 아닌 자연선택이다.

그런데 흥미롭게도 다윈이 제기한 문제는 1776년 애덤 스미스가 자신의 『국부론』에서 다루었던 것이다. 그는 서로 다르고 서로 알지도 못하는 수많은 인간에게 상대적으로 평화로운 공존을 가능하게 하는 원리는 무엇인가의 문제였다. 그는 이에 대한 답을 정부의 인위적인 계획과 간섭이 아니라 "보이지 않는 손의 원리"로 보았다. 다윈은 인간사회에 대한 애덤 스미스의 생각에 견줄 만한 것을 생물의 세계에서 찾고자 했던 것이다.

우선 다윈에게 영향을 미친 맬서스를 보자. 맬서스는 인간과 동물 그리고 식물 등 모든 생명체는 자연이 먹여살릴 수 있는 것보다 더 많은 후손을 산출한다고 주장한다. 필연적 결과는 과잉인구라는 것이다. 자연이 수용할 수 있는 수준으로 줄어들 때까지 죽음이 확산된다고 한다. 다윈은 자연선택에 의한 진화론의 기초로서 맬서스가 강조한 생존경쟁을 채택하여 생존경쟁의 상황에서 유리한 변이는 존립하고 불리한 것은 소멸하고 그 결과는 새로운 종의 형성이라는 것이다.

맬서스의 인구위기는 잘못된 이론의 결과다. 인간사회에는 부를 창출하는 제도의 진화가 있다는 것을 보지 못했다. 확장된 열린사회의 제도의 진화가 그것이다. 하이에크의 진화사상의 핵심적 주제가 보여주듯이(Hayek, 1979: 153-173), 문화적 진화의 산물로서 확장된 분업과 자유경제와 자유제도를 가진 사회는 증가하는 인구를 먹여살릴 수 있는 재화와 서비스의 생산을 증대시켰고 조기사망률을 감소시켰으며 평균수명도 연장했다. 이 같은 문화적 진화로 인해 인구위기를 극복했을 뿐만 아니라 수십억의 인구를 먹여살리고 있다. 생존경쟁이라는 수렵·채취시기의 도태압력을 급진적으로 완화시킨 것도 문화적 진화의 결과였다.

경제학에서 다윈의 혁명?

경제학에서 다윈 혁명을 통해 뉴턴의 세계관의 주류경제학을 극복하려는 노력 자체는 훌륭하다. 그러나 다윈이 『종의 기원』을 통해 바로 그 뉴턴의 세계관에 도전했다고 해서 주류경제학을 극복하고 경제적·문화적 진화를 이해하기 위해 다윈의 세계관을 이용해도 되는가? 즉, "경제학에서의 다윈 혁명"이 가능하냐의 문제가 제기된다. 이 문제를 하이에크의 관점에서 본다면 긍정적인 대답은 가능하지 않다는 것, 실패한 혁명이라는 것이다.

그 이유는 다윈이 경제학에서의 혁명을 주도한 것은 사회생물학, 보편적 다윈이즘, 비유적 다윈이즘, 그리고 다윈을 이용하여 자유자본주의를 비판하는 사회다윈이즘이다. 이들이 기업의 변화, 산업구조나 소비와 생산구조 또는 다양한 제도의 변동을 설명하는 데 기여하기는 했지만 근본적인 문제를 안고 있다.

사회생물학은 인간의 유전적 가치와 태도, 행동방식 등 "자연적인 것"을 설명하는 데 적합하다. 확장된 교환과 무역, 광범위한 재산권, 경제적 경쟁, 일부일처제, 화폐, 법 등 문화적 요소들의 진화를 설명할 수 없다. 이들은 "인위적인 것"도 아니고 "자생적으로 진화된" 것이기 때문이다. 그들은 문화적인 선별과정의 산물이다.

보편적 다윈이즘과 비유적 다윈이즘은 서로 차이가 있기는 하지만 그들이 안고 있는 공통적인 근원적 문제는 무엇보다 인간의 학습과 창조능력을 적절히 고려하지 못했기 때문에 문화적 선별과정과 유전적 맥락의 선별의 차이를 구분하지 못한다. 따라서 그러한 다윈이즘을 가지고는 확장된 열린 사회의 문화적 진화를 충분히 이해하기 어렵다. 이러한 문제를 제대로 극복하고 인간의 유전적인 것을 고려하면서 문화적 요소들의 진화에서 독자적인 규칙성을 찾아내려는 것이 스코틀랜드 계몽주의 전통으로서 하이에크의 "자생적 질서와 진화"의 원리다.

사회다윈이즘은 맬서스에서 유래한 다윈의 "생존투쟁" 개념을 이용하여 자유 자본주의를 비판하는데, 이것은 전적으로 다윈을 오해한 데서 비롯된 것이다. 다윈은 창조주의 기획 없이도 자연계의 모든 동물이 공존을 가능하게 하는 질서의 존재, 즉 자연적 질서를 보았다. 투쟁과 공격, 호전성만 존재하는 맬서스의 생존경쟁이 지배하는 경우에는 이러한 질서가 생겨나기 어렵다. 다윈은 애덤 스미스를 직접 인용하지는 않지만 많은 학자들이 동의하듯이 맬서스보다는 스미스로부터 더 많은 영향을 받았다.

다윈은 스미스의 보이지 않는 손의 원리를 본받아 자연적 선택원리를 도입했다. 이것만 본다고 해도 투쟁과 갈등, 공격으로 묘사되는 맬서스의 생존투쟁은 인간사회는 물론 동물의 세계를 기술하기에는 적합한 개념이 아니다.

맬서스의 인구위기론도 틀렸다. 그는 부를 창출하는 제도의 진화가 있다는 것을 보지 못했다. 하이에크의 진화사상의 핵심적 주제가 보여주듯이, 문화적 진화의 산물로서 확장된 분업과 자유경제와 자유제도, 일부일처제를 가진 사회는 증가하는 인구를 먹여살릴 수 있는 재화와 서비스의 생산을 증대시켰고 조기사망률을 감소시켰으며 평균수명도 연장했다. 자본주의에 무자비한 공격과 호전성, 갈등만 존재한다면 결코 이 같은 부의 증가는 가능하지 못하다. 그 대신에 협력과 평화적인 경쟁이 지배할 때 지식의 축적과 지식의 발전이 가능하고 이를 통해 개인들의 부가 증가된 것이다. 그럼에도 자유자본주의에 대한 비판은 다양한데, 그 비판의 기초는 수렵 · 채취기간 동안 인간의 유전자에 고착된 본능적 직관에 의한 것일 뿐 과학적 근거가 없다.

4
자유주의 관점에서 본
불교윤리

　현대의 인류는 실업과 빈곤, 환경파괴, 범죄 증가, 도덕과 가치관의 혼란 등 다양한 병폐에 시달리고 있다. 여러 방면에서 그러한 병폐의 원인과 그 처방을 제시하고 있다. 우리의 주목을 끄는 것은 현대문명에 대한 불교 사회철학의 진단과 해법이다. 불교사상의 담론의 장으로서 유명한 계간지『불교평론』은 현대문명에 대한 불교 사회철학의 입장이 명료하고 종합적이고 체계적으로 제시되고 있다. 특히 그 계간지의 지난 40호(2009년 9월호)에 실린 이도흠 교수의 "문명사적 전환을 위한 새로운 패러다임의 모색", 박병기 교수의 "연기적 독존주의와 열린 공동체", 그리고 38호(2009년 3월호)에 게재된 "돈에 대한 불교의 가르침과 역사적 전개"가 돋보인다.

　불교철학자들에 의하면 환경위기, 경제위기 그리고 과학의 위기 등 인류는 매우 위험한 거대위기에 처해 있다는 것이다. 그들의 눈에 그 같은 위기는 인류를 멸망시킬 수 있을 만큼 심각하다. 그 같은 진단과 관련하여 우리의 흥미를 끄는 것은 두 가지 문제다. 첫째로 그들은 문명사적 위기의 원인을 어떻게 보고 있는가, 그리고 둘째로 그들은 위기극복을 위해 어떤 패러다임을 제시하는가의 문제다. 그들의 답변은 매우 분명하고 간단하다. 그 원인을 인간의 탐욕에서 찾고 있다. 특히 흥미롭게도 탐욕을 조장하고 확대재생산하는 데 결정적으로 기여한 것을 신자유주의 또는 자본주의 문화라고 믿고 있다. 이 패러다임이 지구촌을 완전히 말아먹고 있다고 한다. 그래서 그들은 위기를 극복하고 인류의 행복과 번영을 약속하는 대안적 패러다임을 제시하고 있다. 흥미롭게도 이것은 "작은 것이 아름답다"는 슈마허(E. F. Schumacher, 1911-1977)의 사회철학에 의존하고 있다. 1973년에 발간된 그의 유명한 저서 『작은 것이 아름답다』는 불교 사회철학의 필수적 교본인 것처럼 보인다.

우리가 이 글에서 보여주고자 하는 것은 두 가지다. 첫째로 현대문명의 위기의 주범을 인간의 탐욕 그리고 이를 무제한 조장하는 자유주의라는 진단은 옳지 못하다는 것이다. 둘째로 위기극복을 위한 불교의 사회철학적 해법도 옳지 못하다는 점이다. 인류의 번영의 해법은 불교철학이 강력히 거부하고 있는 바로 그 자유주의 이념이라는 것을 보여주고자 한다.

따라서 우선 왜 자유주의가 중요한가의 문제를 다룰 것이다. 여기에서 자유주의는 인간 이성의 구조적 무지(無知)에 대한 적응이라는 것, 그리고 그것은 인류를 번영의 길로 이끌어온 이념이라는 것을 보여주고자 한다. 이어서 불교 사회철학자들의 문명비판과 대안을 설명할 것이다. 뒤이어 그들의 문명비판과 대안을 자유주의 이념에 비추어 비판적으로 분석할 것이다. 마지막으로 불교의 윤리학은 "석기시대 정신(stone age mind)"이기 때문에 열린 거대한 사회에서는 맞지 않는다는 점을 말할 것이다.

왜 자유주의가 중요한가?

왜 개인의 자유가 중요한가? 이 문제에 대한 해답은 세 가지로 나누어 볼 수 있다. 하나는 로크-노직 전통의 자연권 사상이다. 이는 철학자들이 주로 다루어온 사상이다. 다른 하나는 인식론적 시각에서 자유주의를 보는 관점이다. 마지막 세 번째는 경제적 번영 또는 경제성장이라는 공리주의적 관점에서 그 정당성을 부여한다. 이 글에서는 후자의 두 가지 점에 초점을 맞출 것이다. 우선 자유주의란 무엇인가의 문제부터 살펴보자.

자유주의란 무엇인가?

자유주의는 개인의 자유를 최고의 가치로 여기는 패러다임이다. 자유주의의 경제학적 의미는 시장경제다. 그래서 시장경제와 자유주의는 동일한 의미로 보아도 무방하다. 개인의 자유 개념이 그렇듯이 시장경제도 법적 · 제도적 · 도덕적 틀과 독립적으로 존재하는 것이 아니다. 그것은 특정한 도덕적 · 법적 틀을 전제한다. 이 틀은 시장경제를 구성하는 원칙에서 도출한다. 이 원칙은 다음과 같다.

- 사적 소유의 원칙
- 계약 자유의 원칙
- 책임 원칙
- 열린 시장(시장의 진출입이 자유로운 시장)의 원칙
- 건전한 통화정책

우리가 주지해야 할 것은 자유주의는 자유방임주의를 뜻하는 것이 아니라는 점이다. 자유주의에서 국가의 과제는 법과 질서의 유지, 재산권의 규정, 재산권 분쟁해결, 계약의 준수 확립, 책임원칙을 집행하는 과제, 통화질서의 확립, 생활능력이 없는 자에 대한 국가의 보호 등 다양하다. 그 같은 법적 · 제도적 틀이 확립되었을 경우에 시장경제는 모든 시장참여자들에게 유익한 봉사를 한다는 것을 의미하는 애덤 스미스의 "보이지 않는 손"이 작동한다. 현대문명에 대한 건설적인 비판의 기초는 현실의 사회에서 시장경제의 원칙이 어떻게 실현되어 있는가를 검토하는 일이다. 그 원칙을 위반할 경우 그 결과는 빈곤 문제를 비롯하여 실업 또는 환경 문제 등 다양한 문제가 발생한다는 것을 보여주고자 한다.

인간 이성의 한계와 자유주의

전통적으로 사회철학은 이기적이냐 이타적이냐와 관련된 인성(人性)의 문제에서 출발한다. 홉스(Th. Hobbes) 전통에서는 인간은 이기적이라고 전제하고 이로부터 사회철학을 전개한다. 공동체주의는 이타심을 전제하여 사회철학을 전개한다. 그러한 두 전통의 공통점은 지식의 문제는 이미 해결된 것이라고 전제한다는 점이다. 하이에크는 자신의 유명한 1973년 저서 『법, 입법 그리고 자유』의 제1권 『규칙과 질서』에서 이러한 전제를 '구성주의적 합리주의(constructivistic rationalism)'라고 비판한다.

하이에크의 자유주의 사회철학은 인간 이성은 구조적으로 무지하다는 가정에서 출발한다. 인간 이성은 외생적으로 주어져 있고 이를 통해 사회를 구성하는 것이 아니라 오히려 반대로 인간 이성은 사회적 과정을 통해 비로소 형성되고 변동한다는 것이다. 이른바 '진화론적 합리주의(evolutionary rationalism)'다. 이성은 문화적 진화의 산물이라는 것이다.

하이에크는 인간 이성이 구조적으로 무지하기 때문에 개인의 자유가 필요하고 법과 도덕이 필요하다고 말한다. 자유시장과 자유주의의 존재이유도 그 같은 인식론으로 설명하고 있다. 모든 것을 아는 전지전능한 사람이 존재하는 세계에서는 자유도 불필요하고 법과 도덕규칙도 불필요하다는 것이다. 인간 이성의 한계라는 사실에 의해 시장경제의 중요성을 어떻게 설명하는가? 국가기관에서 일하는 정치가든 관료든 또는 학자나 자본가나 노동자나 가릴 것 없이 모든 인간은 제한된 지식을 가지고 있다. 그들이 가진 지식은 자신의 삶과 관련된 한줌도 안 되는 아주 작은 부분적인 지식이다.

다른 한편 구조적으로 무지한 인간은 혼자 살 수도 없다. 타인들과 협력과 분업 속에서 살 수밖에 없다. 그런데 이것이 가능하기 위해 개인들은 타인들을 알아야 한다. 이를 알기 위해서는 의사소통이 필요하다. 그 수단이 언어다. 그러나 흥미롭게도 언어는 대면사회에서처럼 서로 들을 수 있는 사이에서만 가능하다. 열린 거대한 사회에서는 서로 들을 수도 없고 볼 수도 없고 서로 만지거나 표정을 읽을 수도 없다. 이러한 사회에서 의사소통을 가능하게 하는 수단은 무엇인가? 그것은 화폐로 계산된 가격이다.

가격은 수많은 사람의 생각과 견해 그리고 의도들을 추상화하여 필요한 모든 사람에게 전달하는 역할을 한다. 흥미로운 것은 가격들은 인간 정신에 의해서는 도저히 접근할 수 없는 지식도 수집하고 가공하여 필요한 모든 사람에게 전달한다는 점이다. 가격은 인간의 인지능력의 범위를 넘어서까지 의사소통을 가능하게 하기 때문에 아는 사람들끼리의 분업과 교환을 넘어서 익명의 사람들 사이에서도 분업과 교환을 가능하게 한다.

가격이 없었으면 오늘날처럼 분업과 교환이 국제적으로까지 확대되지는 못했을 것이다. 의사소통 수단으로서 가격이 제대로 기능할 수 있기 위해서는 사유재산제도를 비롯하여 시장경제를 구성하는 원칙을 지켜야 한다. 다시 말하면 정부의 자의적인 개입이 존재해서는 안 된다. 따라서 의사소통을 가능하게 하는 것은 화폐가격뿐만 아니라 시장경제를 구성하는 원칙을 구현한 행동규칙이다. 이에 속하는 것이 도덕규칙, 상관행, 전통, 법 규칙 등이다. 행동규칙들 속에는 해서는 안 될 행동이 무엇인가에 관한 지식을 반영한다. 수십, 수백 세대를 거쳐 수많은 사람의 경험을 반영한 것인데, 이 같은 문화적인 요소들이 의사소통의 중요한 수단이다.

시장경제가 지식의 문제를 해결하는 데 탁월하다는 것은 계획경제를 보면 또렷이 드러난다. 계획경제가 가능하기 위해서는 계획을 담당하는 정치가나 관료들이 각처에 분산되어 존재하는 지식들을 전부 수집·가공할 수 있어야 한다. 그러나 그러한 수집과 가공은 원천적으로 불가능하다. 왜냐하면 인간은 어느 누구든 구조적인 무지를 특징으로 하기 때문이다. 계획경제에는 인간능력 범위의 저편에 있는 지식을 전달하는 메커니즘이 없기 때문이다. 지식의 문제는 전면적인 계획경제뿐만 아니다. 가격규제나 수량규제 등을 통해 필요에 따라 시장경제를 규제하는 경우에도 지식의 문제는 마찬가지다. 규제에 필요한 지식을 전부 수집하여 이를 가공할 능력이 없기 때문이다.

그러한 사실을 입증하는 것이 케인스주의와 복지국가의 몰락이다. 그럼에도 인간은 사회를 합리적으로 만들 수 있는 지적 능력을 가지고 있다고 주장한다면 하이에크의 1988년 저서 『치명적 자만』이 보여주고 있듯이 그것은 지적 자만이고 그 결과는 치명적이다.

경제적 번영과 자유주의

자유주의가 중요한 두 번째 이유는 번영을 가져오기 때문이다. 이를 설명하기 위해 수렵 · 채취시대의 매우 척박한 야만적 삶에서 인류를 문명의 길로 이끌어준 요인, 자유와 번영을 가능하게 한 요인은 무엇인가를 생각해보자. 이미 잘 알려져 있는 것인데, 세계 1인당 소득의 변동을 나타내는 아래의 〈그림 4〉를 보자. 원시사회부터 1800년대까지 세계 1인당 소득(세계 전체 인구를 가지고 세계의 전체 소득을 나눈 것)은 큰 변동이 없었다. 1인당 소득은 겨우 생존할 만한 수준이었다. 침팬지나 기타 동물들의 생활수준과도 거의 차이가 없었다.

1800년대 이후를 보자. 세계 1인당 소득은 급진적으로 증가하여 오늘날에는 8,000달러에 육박하고 있다. 이때부터 인류역사상 새로운 변동이 발생한 것이다. 동물적인 삶과 척박한 생존수준을 극복하여 삶의 여유를 가질 만큼 소득이 증가하기 시작한 것이다. 이 대목에서 두 가지 문제가 제기된다. 첫째로 1800년대를 전후하여 소득수준의 차이를 가져다준 것은 무엇인가의 문제, 둘째로 인간과 동물을 구분해주는 것은 무엇인가의 문제다. 그 대답은

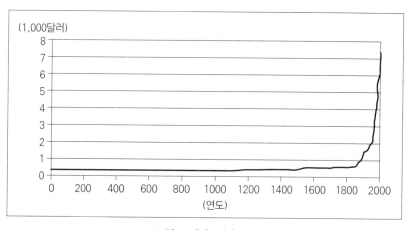

〈그림 4〉 세계 1인당 소득

사유재산과 시장경제의 발달이다.

1800년대부터 본격적으로 시장경제의 발달과 세계적인 확산이 이루어지기 시작했다. 흥미롭게도 1800년대 이전에는 빈곤의 원인을 로버트 맬서스의 『인구론』에 따라 인구의 증가 때문이라는 의미에서 '맬서스의 트랩'이라고 설명하고 있는데, 이것은 옳지 않다. 빈곤이 인구증가 때문이 아니라 "제도의 실패"로 야기된 것이기 때문이다. 언어와 도구를 사용하는 그리고 생각하는 동물이라는 점에서 인간을 다른 동물과 구분하는 것이 일반적이다. 이것도 옳지 않다. 경제학적으로 보면 인간과 다른 동물의 차이는 시장경제의 존재 여부다. 인간세계야말로 다른 동물세계가 갖지 못한 시장경제를 가진 것이다. 이것은 다른 동물이 갖지 못한 문화다. 그리고 이것이 인류에게 번영을 가져다준 것이다.

왜 경제성장이 중요한가? 자유주의가 성장을 중시하는 이유는 무엇인가? 이 중요성을 가장 설득력이 있게 말한 인물은 하버드 대학 교수 벤저민 프리드먼(B. Friedman)이다. 그는 2005년 유명한 저서 『성장의 도덕적 귀결』에서 역동적이고 성장하는 경제에서만 다양성에 대한 관용, 가난한 사람도 부자가 된다는 의미의 사회적 이동성, 공정성에 대한 헌신, 민주주의에 대한 헌신을 촉진시켜준다고 주장한다. 그의 주장은 "곳간이 넉넉해야 예의를 안다"는 동양의 옛말과 일치한다.

애덤 스미스가 『국부론』에서 주장하듯이 정태적인 또는 침체된 경제에서 사람들은 의기소침에 빠지고 우울해진다. 타인들에 대한 너그러움도 없다. 외국인에 대한 적대감도 늘어난다. 미래에 대한 꿈도 없다. 질투와 질시가 만연한다. 성장하는 경제에서만이 질투와 질시도 완화시킬 수 있다. 그 이유는 성장하는 경제에서 사람들은 과거의 자신의 처지에 비추어 현재를 평가하는 데 반해 정태적인 경제에서는 타인의 소득에 비추어 자신의 처지를 평가하는 심리적 성격 때문이다.

슈마허의 불교경제학

불교철학자들은 현대문명과 자유주의를 어떻게 비판하고 그 대안으로서 어떤 패러다임을 제시하고 있는가? 여기서는 세 명의 불교철학자의 입장을 설명할 것이다. 돈과 관련된 박경준 교수, 공동체주의와 관련된 박병기 교수, 그리고 포괄적이고 체계적인 문명비판을 제시한 이도흠 교수. 그들이 주장하는 내용의 공통된 특징은 현대문명을 왜곡하고 위기의 상황으로 이끈 것은 탐욕을 조장하고 촉진한 자본주의라는 점, 그리고 이를 대신할 패러다임은 슈마허의 '작은 것이 아름답다'는 사회질서 원칙이라는 점이다. 세 학자의 논점을 설명하고 이어서 그들의 논점을 비판할 것이다.

현대문명에 대한 불교윤리적 논점

(1) 박병기 교수의 논점

박병기 교수의 논점부터 시삭하사. 그는 우리가 실고 있는 시대는 공동체보다는 자유에 더 큰 관심을 갖는다고 말하고 있다. 그러나 자유를 중시하는 자유주의는 이기적이고 원자적인 인간을 전제하고 있기 때문에 이것은 지속 가능한 사회질서의 기초가 될 수 없다는 것이다.

박 교수는 무제한의 이기심을 허용하는 자유지상주의 대신에 새로운 패러다임을 찾아야 한다고 말한다. 그는 현대문명과 자유주의를 혹독하게 비판했던 공동체주의 그리고 자유주의를 통합하려고 한다. 이를 위해 그는 자리(自利)와 이타심을 동일시하는 패러다임을 찾고 있다. 그에 의하면 이 같은 패러다임이 불교라는 것이다. "불교의 기본윤리는 …… 자리와 이타를 동일시하는 자비의 윤리"라고 한다. 이것은 전통, 정체성 그리고 연대감, 우정 같은 공동체 가치를 중시하면서도 개인의 자유와 이기심을 어느 정도 인정하는 "온건한" 공동체주의와 흡사하다.

아무리 보아도 박 교수가 지향하는 불교 사회철학적 원칙은 '작은 것이 아름답다'는 슈마허의 원칙의 실현이라고 보아도 무방하다. 공동체 가치를 함양하고 탐욕을 억제하기 위해 박 교수는 도덕교육을 중시한다. 재분배 정책이나 규제 등 제도화도 필요하다. 뒤에 가서 설명하겠지만 그 같은 제도화는 개인의 자유에 대한 침해다.

(2) 박경준 교수의 논점

박경준 교수는 돈에 대한 불교의 가르침을 상세히 설명하고 있다. 불교에서 부지런히 능력껏 재물을 버는 것은 용납된다. 이자놀이도 허용된다. 그러나 재물에 대한 탐욕은 금물이다. 박 교수는 이를 바탕으로 하여 자본주의를 비판하고 있다. 인간의 끝없는 이기적 욕망에 뿌리를 내린 것이 자본주의라는 것이다. 이러한 자본주의에 대해 긴장해야 한다고 한다. 오늘의 지구적 경제위기도 탐욕에 근거한 자본가의 몸집 부풀리기 때문에 생겨난 거품이라고 말한다.

박경준 교수의 불교철학적 관점은 사실상 시장경제에 대한 엄격한 규제를 정당화하는 결과를 초래한다. 그에 의하면 불교적 이상은 자유와 평등의 기반 위에서 가능하고 자비와 보시를 중시하기 때문에 국가적 차원에서 분배 의를 실현하기 위한 조세정책이 필요하다는 것이다. 국가간섭을 정당화하는 그의 최고 절정은 '작은 것이 아름답다'는 슈마허의 원칙에 대한 언급이다. 작은 것이 아름답다는 것을 정치적·법적으로 실현하려면 시장경제에 대한 엄격한 규제가 원칙이다.

박경준 교수가 자유주의를 극복하고 인류를 구원할 수 있는 불교의 정치철학적 이상을 퇴니스(F. Tönnies)의 공동사회(Gemeinschaft)의 실현이라고 보아도 무방할 것 같다.

(3) 이도흠 교수의 논점

이도흠 교수의 논점은 매우 광범위하고 체계적이다. 그는 현대문명을 세 가지 차원에서 비판하고 있다. 전 지구적 차원의 환경위기, 신자유주의의 위기, 그리고 마지막으로 신과학 운동의 입장에 본 과학의 위기. 이 교수는 환경위기의 예로서 온난화 문제와 열대우림의 파괴, 멸종위기 그리고 그 밖에도 크고 작은 환경오염 문제들을 들고 있다. 흥미롭게도 환경위기를 확대 재생산하는 것이 자본주의 체제라는 것이다. 부르주아적 탐욕의 결과가 환경위기라는 것이다. 환경위기를 극복하기 위해 자본주의 체제를 근본에서부터 해체해야 하고 자연과 타자와 공존이 가능한 체제로 전환해야 한다는 것이다. 이러한 주장은 참으로 위험하다. 모든 것을 공유재산으로 만들자는 것이다. 원시시대의 자연환경으로 돌아가자는 것처럼 보인다.

이 교수의 급진성은 여기에서 멈추지 않는다. 신자유주의의 세계화로 대공황이 야기되었고 나라들 간의 빈부격차가 증가했다고 한다. 신자유주의로 인해 실업과 빈곤이 증가되었다고도 한다. 그는 공동체주의가 주장하듯이 신자유주의는 공동체를 파괴했고 "서로 보듬고 기쁨을 함께하고 슬픔을 나누는 …… 의리와 공동체 정신"도 파괴했다고 주장한다. 경제성장의 결실은 부자만 차지할 뿐 가난한 사람은 더욱 가난하게 만든 것이 자본주의라는 것이다. 이 같은 자본주의를 극복하고 지속 가능한 발전을 위해서는 인간의 탐욕을 억압해야 한다고 주장한다. 이 교수에게 인간의 탐욕은 인간해방의 장애물이다. 과학기술에 대한 그의 비판도 매우 강력하다. 인간을 소외시키는 컴퓨터공학, 인간의 노동을 박탈하는 과학기술, 생태계를 파괴할 유전자 조작 식품 등.

이 교수는 결론적으로 모든 사회시스템을 엔트로피가 제로 상태인 순환 시스템으로 개혁해야 한다고 말한다. 이것은 다른 말로 하면 사회를 정태적인 상태, 제로 성장의 상태로 만들어야 한다는 것을 의미한다. 그는 '작은 것이 아름답다'는 슈마허의 원칙을 강조하고 있다. 개인적 차원에서 개인들이 욕망을 자발적으로 절제해야 한다고 한다. 국가 차원에서는 법과 제도를 통해 그 원칙을 실현해야 한다고 주장한다. 그러나 나중에 살펴보겠지만 유감스럽게도 그가 구상하는 경제체제에서 개인의 자유는 소멸되고 개인들은 국가기관에 예속된다.

세 명의 불교 사회철학자의 입장 설명과 관련하여 우리가 주목해야 할 것은 불교 사회철학의 핵심적 요소, 즉 토마스 쿤(Th. Kuhn)의 말을 빌리면 패러다임의 "핵(core)"에 해당하는 요소다. 그것은 두 가지다. 하나는 인간의 탐욕이다. 다른 하나는 슈마허의 '작은 것이 아름답다'는 실천적 개념이다. 그래서 그들의 패러다임을 좀 더 잘 이해하기 위해 슈마허의 사상을 이해할 필요가 있다.

슈마허와 불교의 사회철학

슈마허가 어떤 사상의 소유자였는지를 알기 위해서는 그의 삶의 여정을 개관할 필요가 있다. 1911년 독일에서 태어난 그는 슘페터(J. A. Schumpeter)로부터 영향을 받아 경제학자가 되었다. 1930년대에 영국에서 유학하는 동안 케인스와 마르크스를 발견하고는 이에 심취했다.

슈마허는 기독교적 유산을 거부하고 사회주의 혁명가가 되었다. 당시 서구에 풍미하던 중공업의 국유화 운동과 복지국가 건설운동에 적극적으로 참여했다. 영국의 사회주의자 토니(R. H. Tawney)로부터, 그리고 복지국가 설계자였던 비버리지(W. Beveridge)로부터도 강력한 영향을 받았다. 그가 불교에 심취하게 된 계기는 1955년 미얀마(당시에는 Burma) 방문이었다. 거기에서 행복하고 소박한 미얀마 사람들의 불교적 삶의 모습에 감탄했다. 그래서 불교로 개종했다. 작은 것이 아름답게 보였던 것이다. 이 같은 생각에서 오늘날 불교적 교본이 된 『작은 것이 아름답다』는 제목의 책을 쓴 것이다.

큰 도시와 큰 기업은 경제를 비인간적으로 만들고 재생 불가능한 자원을 고갈시키며 인간을 물질주의로 만든다고 쓰고 있다. 작은 인간에 맞는 작은 기술이 아름답다고도 한다. 가장 중요한 내용은 제4장 '불교경제학'이다. 외국무역은 불교경제에 적합하지 않다는 것이다. 멀리에 있는 자원을 끌어다가 욕구를 충족하는 것은 성공이 아니라 실패라는 것이다. 불교는 소비사회도, 노동절약적인 기술도 거부한다. 재생산이 불가능한 자원의 이용, 대규모의 다국적 기업도 거부한다.

슈마허의 책은 환경주의는 물론 공동체주의 그리고 지속 가능한 성장의 옹호론, 중소기업론에 매우 큰 호소력을 가지고 있다. 그의 불교직 사회칠힉은 케인스, 마르크스 그리고 토니, 비버리지 등의 사회주의 사상을 불교적으로 재해석한 것이라고 보아도 무방하다. 우리가 주목해야 할 것은 그의 사상의 궁극적 목적이다. 토니를 인용하여 선언하고 있듯이 "이기주의, 탐욕을 조장하지 않는 제도적 환경"을 만들기 위한 것이다. 이와 같은 선언은 불교 사회철학의 핵심적 요소인 인간의 탐욕 억제와 밀접한 관련성이 있다. 따라서 한국의 불교 사회철학자들이 그 책을 교본으로 여기는 것은 결코 우연이 아니다.

불교 사회철학적 문명비판의 허와 실

불교 사회철학의 핵심적 요체는 인간의 탐욕 그리고 슈마허의 '작은 것이 아름답다'는 실천적 개념이다. 이 두 가지 개념을 가지고 현대문명 그리고 자유주의를 비판하고 있다. 우리가 주목하는 것은 두 가지 문제다. 첫째로 불교의 사회철학 자체의 오류다. 두 번째로 이를 바탕으로 한 자유주의 비판이다. 이 두 가지를 나누어 설명할 것이다.

불교 사회철학의 세 가지 치명적 오류

불교의 사회철학은 구조적으로 세 가지 오류를 범하고 있다. 하나는 탐욕을 취급하는 방법에서 오류를 범하고 있다. 두 번째로 인식론적 국면에서, 그리고 세 번째는 윤리적 측면에서의 오류다.

(1) 인간의 탐욕이 문제인가?

세 명의 불교 사회철학자는 인간의 탐욕을 비판한다. 이것이 환경위기, 경제위기 등을 야기한다고 주장한다. '작은 것이 아름답다'는 실천적 원칙은 탐욕 억제를 위한 정치적 개념이다. 우리는 여기에서 불교의 사회철학이 인간의 탐욕을 다루는 방법이 틀렸다는 것을 보여주고자 한다.

인간의 탐욕 또는 이기심이 무제한적이면 그것이 문제인 것은 사실이다. 자유주의에서도 그 사실을 부정하지 않는다. 중요한 것은 자유주의는 탐욕의 문제를 어떻게 해결하려고 했는가? 자유주의와 시장경제에는 내부적으로 이 문제를 해결하는 세 가지 장치가 들어 있다.

시장경제를 구성하는 원칙을 보자. 이것은 재산권 규칙, 계약과 관련된 규칙 그리고 책임 규칙 등으로 구성되어 있다. 이 규칙들은 시장참여자들이 해서는 안 될 행동을 금지하는 내용으로 구성되어 있다. 시장경제의 바탕에 두껍게 깔려 있는 행동규칙들은 더글러스 노스(D. North)에게서 볼 수 있듯이 두 가지로 구분할 수 있다. 위반할 경우 사회의 강력한 비난이 뒤따르는 비공식 규칙과 위반하면 국가의 제재가 따르는 공식 규칙이다.

따라서 이기심과 탐욕을 통제하는 첫 번째가 비공식 규칙이다. 두 번째 통제 메커니즘이 민법, 형법 같은 공식규칙이다. 무제한적 이기심을 억제하는 마지막 세 번째 통제는 이 같은 행동규칙의 틀 내에서 이루어지는 경쟁을 통해서다. 예를 들면 나쁜 상품을 비싼 값으로 파는 기업은 시장에서 도태된다. 왜냐하면 좋은 상품을 값싸게 공급하여 이윤을 추구하려는 경쟁기업이 당장 등장할 것이기 때문이다. 불교철학이 분명히 거부하겠지만 경쟁이야말로 인간의 탐욕을 가장 효과적으로 통제하는 메커니즘이다. 이 세 가지가 이기심과 탐욕을 통제하는 자유주의 원리다.

요컨대 시장을 구성하는 원칙만 제대로 지킨다면 이기심과 탐욕은 문제가 아니다. 오히려 개인들의 이기심과 탐욕은 사회 전체에 이익을 가져다준다. 애덤 스미스의 '보이지 않는 손'이 작용한다는 말이다. 흥미롭게도 인류 역사에서 비록 우여곡절은 있었지만 인간의 무제한적 탐욕을 제한하는 행동규칙들이 자생적으로 형성되어 왔다.

그런데 불교철학자들은 탐욕을 인정하지 않는다. 그러나 이것은 잘못이다. 건설적인 담론은 인간의 탐욕과 이기심을 사실로 인정하고 이것이 생산적인 방향으로 작용하기 위해 필요한 게임규칙이 무엇인가를 규명하는 것이다. 그러나 불교의 사회철학은 이 문제를 제대로 다루지 못하고 있다. 탐욕을 인정하지 않고 모든 병폐의 원인으로 보기 때문이다.

이도흠 교수와 박경준 교수에게서 볼 수 있듯이 금융위기의 원인을 탐욕에서 찾고 있는 것도 틀렸다. 금융위기를 탐욕으로 설명하려는 것은 비행기의 추락을 중력 때문이라고 말하는 것처럼 터무니없다. 탐욕 그 자체를 문제시할 것이 아니라 탐욕을 위기로까지 몰고간 이유에 주목해야 한다. 시장에 거침없이 풀린 돈과 정부의 시장개입이 그 이유다.

(2) 불교 사회철학의 치명적 자만

불교 사회철학의 또 하나의 핵심은 '작은 것이 아름답다'는 실천적 원칙이다. 이를 제도적으로 실현하기 위해서는 큰 도시, 큰 기업, 넓게 말해서 모든 사회구조를 인위적으로 계획하여 통제해야 한다. 이것이 가능한가? 지식의 문제를 고려하지 못하고 있는 것이 불교 사회철학의 치명적 오류다. 그 같은 통제를 위해서는 모든 개인의 정신을 통제해야 한다. 왜냐하면 사회현상은 인간의 정신에서 산출되는 행동들의 결과이기 때문이다. 정부가 인간의 정신을 통제할 수 있기 위해서는 인간 정신의 작동을 완전히 알아야 한다.

그러나 하이에크가 유명한 저서 『감각적 질서』에서 또렷이 보여주고 있듯이 이것은 불가능하다. 인간 정신은 초의식적인 규칙에 의해 작동하기 때문이다. 초의식적인 것은 의식할 수 없는 요소다. 따라서 인간은 자기 스스로를 완전히 알 수 없다. 하물며 수백만, 수억의 정신의 상호작용을 완전히 알고 정부가 통제한다는 것은 원천적으로 불가능하다.

그런데 불교 사회철학자들은 이 같은 지식의 문제를 충분히 고려하지 못하고 있다. 그들은 인위적으로 계획하여 탐욕을 제거하거나 억제할 수 있는 사회질서를 만들 수 있다는 지적 자만에 빠져 있는 것처럼 보인다. 이 같은 자만은 사회주의의 몰락에서 보는 것처럼 치명적이다. 하이에크의 유명한 만년의 저서 『치명적 자만』은 매우 시사적이다.

우리가 지식의 문제를 고려한다면 개인들이 마음껏 자신들의 정신을 이용하여 자신들의 이익을 추구할 수 있도록 자유를 허용하는 것이 합리적이다. 불교의 사회철학은 이것을 알지 못하고 있다. 불교의 사회철학은 "하고 싶음(will)"과 "할 수 있음(can)"을 구분하지 못하고, 전자는 후자를 포함하는 것으로 이해하는 오류를 범하고 있다.

(3) 윤리적 국면의 오류와 불교의 사회철학

'작은 것이 아름답다'는 불교 사회철학의 실천적 원칙은 거대한 열린사회를 전제한 원칙이 아니다. 작은 마을이나 작은 도시를 전제한다. 이 같은 사회는 서로 얼굴을 아는 사람들 사이의 관계를 특징으로 한다. 이러한 사회에서 사람들은 자기가 태어난 마을을 떠나는 일이 드물다. 이 같은 사회에서는 큰 기업도 필요 없다. 대형 백화점도 필요 없다.

흥미로운 것은 이러한 소규모 사회에서는 이도흠 교수가 말하듯이 "서로 보듬고 기쁨을 함께하고 슬픔을 나누는" 공동체 정신이 지배한다. 그리고 박병기 교수가 말하듯이 자리와 이타가 하나가 되는 사회다. 이 같은 연대와 유대감을 기반으로 형성된 사회질서의 전형적인 것이 원시부족사회라는 것은 인류학자가 또렷하게 보여주고 있다. 당시 호모사피엔스는 소규모 그룹을 지어 수렵과 채취를 하면서 삶을 영위했다. 부족국가를 형성하여 정착하던 살던 시기도 그 같은 도덕이 지배했을 터다.

문화적 진화는 그 같은 원시부족사회를 극복하고 오늘날과 같이 거대한 익명의 사회를 탄생시켰다. 이 같은 사회는 시장경제와 광범위한 개인적 자유를 가진 사회다. 열린 거대한 도덕은 특정 행동을 금지하는 추상적인 행동규칙이다. 이것은 약속이행, 재산의 존중, 개인적 책임 같은 도덕이다. 이것은 연대나 유대 같은 공동체 도덕과는 성격상 전적으로 상이하다.

우리가 주목해야 할 것은 사회의 규모에 따라 사회의 기초가 되는 도덕도 다르다는 점이다. 연대감이나 이타심, 도덕 같은 소규모 사회의 공동체 도덕을 거대한 열린사회에 적용할 수는 없다. 유감스럽게도 이도흠, 박병기, 박병준 등 불교의 사회철학자들은 이와 같은 윤리적 국면을 간과하고 있다. 작은 것들을 안내하고 지배하는 도덕을 거대한 사회에 적용하려는 오류를 범하고 있다.

자유주의에 대한 불교윤리적 비판의 허와 실

이상을 종합하면 불교철학과는 달리 자유주의야말로 인간의 탐욕, 지식의 문제 그리고 윤리적 국면을 매우 합리적으로 다루고 있다. 그럼에도 불교 사회철학은 자유주의를 집요하게 다양한 측면에서 비판하고 있다. 다음과 같은 중요한 세 가지만 간결하게 논의하고자 한다. 자본주의가 환경오염의 주범이라는 주장, 국가 간 불평등과 빈곤을 야기하는 주범이라는 주장, 그리고 자본주의는 빈익빈 부익부를 야기한다는 주장이다.

(1) 자유주의가 환경위기를 야기하는가?

이도흠 교수는 환경위기를 말하고 있다. 예로서 온난화 문제와 열대우림의 파괴, 멸종위기, 그리고 그 밖에도 크고 작은 환경오염 등이다. 흥미롭게도 환경위기를 확대재생산하는 것이 자본주의 체제라는 것이다. 부르주아적 탐욕의 결과가 환경위기라는 것이다. 지구온난화가 정말로 문제인가? 그것은 탐욕을 조장하는 자유주의 탓인가? 온난화는 문제가 아니라 추위와 더위가 반복적으로 등장하는 정상적인 자연현상이다. 비록 온난화가 문제가 된다고 해도 '작은 것이 아름답다'는 원칙의 실현을 위해 개인의 자유를 제한하는 방법으로는 해결할 수 없다. 창의성을 발휘하여 해결책들을 찾아서 이들을 테스트하고 학습할 자유가 필요하다. 그래서 온난화의 문제든 환경 문제든 자유를 보장하는 자유주의가 중요하다.

이도흠 교수는 성장의 한계를 말하고 있다. 그러나 시장경제 아래에서는 성장에 한계가 없다는 것도 역사가 입증해준다. 예를 들면 19세기 조명용 연료는 고래 기름이었다. 수요 증가로 고래가 고갈될 위기가 닥칠 것이라고 예측했지만 기우였다. 고래 기름 값이 오르자 대체에너지의 등장했는데, 이것이 등유다. 1950년대에는 석유의 종말론이 기승을 부렸다. 조만간 석유가 고갈될 것이라고 보았다. 그러나 이것도 기우다. 석유 이용이 증가하면 값이 오르고, 이에 따라 그 이용을 줄인다. 대체에너지의 개발을 위한 노력이 증가한다. 성장한계 예측은 억측일 뿐이다. 시장경제에서는 자동적으로 자원이 절약되거나 대체에너지가 개발되기 때문이다. 중요한 것은 자유의 보장이다. 그래서 자유주의에서 성장은 무한하다.

(2) 자유무역과 글로벌이 빈곤국을 만드는가?

이도흠 교수가 주장하듯이 세계화가 빈곤국을 더 빈곤하게 만들었는가? 그렇지 않다는 것은 통계가 입증한다. 세계인구 중 하루 1달러 이하로 살아가는 절대 빈곤층이 1970년의 17.2%에서 1998년에는 6.7%로 하락했다. 하루 2달러 이하로 살아가는 빈곤층도 같은 기간에 약 절반으로 줄어들었다

(41%에서 18.6%). 1980년 월 500달러 이상의 소득을 가진 인구비율이 14%였으나 2000년에는 55%로 급증했다.

흥미로운 것은 이렇게 감소한 직접적 이유다. 세계 빈곤인구의 60%를 차지하는 인도와 중국이 개방정책으로 고도의 경제성장을 이룩했기 때문이다. 특히 1979년 이후 중국의 시장개혁으로 연평균 9%의 성장과 함께 1억 이상의 빈곤자를 구출했다. 세계역사상 전례가 없는 성장률과 빈곤 퇴치를 기록했다. 세계화가 빈부의 격차를 야기하는 것이 아니라 보호무역이 세계의 빈부격차를 야기한다. 예를 들어보자. 미국, 캐나다, 일본, 유럽연합 등 부유한 나라의 보호주의 무역 가운데 가장 나쁜 보호주의를 펼치는 나라는 유럽연합으로 알려져 있다.

유럽연합의 농산물 보호 관세로 직접 타격을 받는 것이 아프리카인이다. 중요한 어떤 보고서에 의하면 아프리카에는 매일 6,600명이 죽어가고 있는데, 유럽연합이 자유무역을 펼친다면 대폭적으로 그들을 구할 수 있다는 것이다. 보호무역주의가 인류의 빈곤을 창출한다는 것이 유럽연합의 보호무역 정책이 입증해주고 있다.

(3) 자본주의는 빈익빈 부익부를 야기하는가?

불교의 사회철학은 자본주의가 발달할수록 빈익빈 부익부를 야기한다고 비판한다. 실제로 그러한가? 빈익빈 부익부는 두 가지 의미가 있다. 첫째는 부의 세습을 의미한다. 자본주의가 발달한 나라일수록 가난한 집은 대대로 가난하고 부유한 집안은 대대로 부자가 된다는 것이다. 그러나 이것은 시장경제에 대한 옳은 비판이 아니다. 법으로 보호하는 특권과 고율과세가 없는 자유사회에서는 누구나 자신의 노력과 교육 그리고 절약을 통해 삶의 수준을 높일 수 있는 기회가 있다. 자본주의가 가장 많이 발전한 미국의 백만장자 가운데 80% 이상이 자수성가한 사람들이다.

빈익빈 부익부의 두 번째 의미는 자본주의가 발달하면 빈부의 격차가 심화된다는 비판이 그것이다. 그러나 이러한 비판도 옳은 것이 아니다. 왜냐 하면 시장경제에는 분배를 심화하는 요인도 있지만 분배를 평등화의 방향으로 이끄는 요인도 작용한다. 전자는 혁신이고 후자는 모방이다. 혁신과 모방 과정이 끊임없이 작동한다. 분배결과를 시정하는 정책은 분배를 더욱더 악화시키고 새로운 빈곤층을 야기한다는 것은 유럽 국가나 남미 국가의 경험이 또렷하게 입증한다.

작은 것이 아름답다. 그러나……

불교 사회철학의 가치들은 욕구의 다양화에서 문명의 핵심을 보는 것이 아니라 인간 특성의 순수성에서 그것을 보고 있다. 그러나 순수성은 이상주의적 가치일 뿐이다. 이 가치가 적용될 수 있는 것은 소규모 사회다. '작은 것을 아름답다'고 보는 태도는 인류가 장구한 기간 동안 살아온 원시사회에서 습득한 정신이다. 진화심리학자 코스미데스(L. Cosmides)와 투비(J. Tooby)는 이를 '석기시대의 정신(stone age mind)'이라고 말한다.

불교가 이러한 도덕적 가치를 설교하고 불교철학자들이 이러한 가치를 학생들에게 가르치는 것을 반대할 하등의 이유가 없다. 그러나 이 같은 이상주의의 도덕적 가치를 열린 대규모 사회에 강제로 적용하는 것은 인정할 수 없다. 방글라데시에서 소액 대출을 자율적인 업으로 하는 그라민뱅크를 반대할 이유가 없다. 일반적으로 사람들이 자유로이 불교적 도덕가치를 택하는 것도 반대할 이유가 없다. 자유사회에서는 도덕적 행동을 선택할 자유가 허용되어 있다. 그러나 그런 도덕을 강제로 추진하는 것은 인정할 수 없다. 궁극적으로 우리는 사람들로 하여금 스스로 선택하도록 자유를 허용해야 한다. 이러한 자유자본주의에서는 가난한 사람도 부자가 될 수 있다. 경쟁력 있는 일자리가 창출될 수 있고, 빈곤도 지속적으로 해소될 수 있다. 고된 노동을 피할 수 있는 기회를 제공하는 기술발전도 가능하고, 일하고 남은 인간의 에너지를 교육에 쏟을 수 있다.

이도흠 교수가 지적하듯이 기술발전이 부작용을 야기할 수 있다. 그러나 이것이 기술발전을 반대할 이유가 될 수는 없다. 자유사회의 강점은 문제가 발생하면 언제나 해법을 발견하고 테스트하고 학습하는 과정이 지속적으로 이루어진다. 따라서 자유사회의 진화적 과정에 맡겨야 한다. 이 과정이 문제해결을 발견하는 절차이기 때문이다.

5
자유사회와
도덕규칙의 진화

도덕에는 세 가지 종류가 있다. 선행의 도덕과 신중의 도덕, 그리고 정의의 규칙이 그것이다. 이러한 도덕은 인간이 의도적으로 만든 것이 아니라진화의 선물이다. 어떻게 이러한 도덕규칙이 진화하여 오늘에 이르렀는가를설명하고자 한다. 자유사회의 도덕규칙으로서 정의의 규칙 같은 시장모럴은문화적 진화의 선물이라는 것, 그리고 이러한 도덕규칙은 생물학적 진화의결핍을 보완해주고 있다는 것을 설명할 것이다. 자유주의의 지혜는 생물학적 진화의 결함을 보완해준다는 점이다.

연대감의 도덕과 생물학적 진화

선행의 도덕 또는 이타심의 도덕은 다양하다. 연대감, 나누어먹기 모럴,경쟁을 싫어하는 것, 그룹에 대한 애착심과 애정, 집단주의 사고, 감성적인 사고, 책임을 타인이나 집단에게 돌리는 것 등이다. 이러한 도덕의 원천은 무엇인가? 정신구조의 근원은 고고인류학자들이 보여주고 있듯이 원시부족사회의 삶의 방식에서 진화된 것이다. 원시인의 사회적 관계는 수령과 지도자의 명령에 따라 무리를 지어 수렵과 채취를 하면서 나누어먹는 관계였다. 원시인은 부족과 혈연으로 소규모 집단(15~30명)을 이루어 서로 돕고 나누어먹으면서 애정과 연대로 뭉쳤다. 이것이 '부족사회의 정신구조(tribal mentality)'다(Hayek, 1976).

이러한 정신구조는 호모 사피엔스의 신경구조와 본능이 형성되면서 점진적으로 생성된 태도다(Hayek, 1976; Eibl-Eibesfeldt, 1986). 인류는 수백만 년 동안 이러한 태도를 구현한 분배제도 속에서 살아왔다. 인류가 다른 영성동물과 분리되어 살기 시작한 때부터 현재까지 전체 기간을 24시간으로 본다면 그 중 23시간 56~7분 동안 인류는 무리를 지어 수렵·채취생활을 했다. 그러나 사유재산권의 발달과 자유의 도덕 속에서 살기 시작한 지는 3~4분 정도밖에 되지 않는다(North, 1992). 다시 말하면 인류는 대부분의 기간을 연대감을 가지고 집단생활 속에서 나누어먹으면서 살아온 것이다. 따라서 원시부족사회의 정신태도가 우리의 본능에 정착되었다.

생물학적 진화를 거쳐 오늘날 우리의 본능 속에도 아직 남아 있다. 사회생물학(Sociobiology)의 인식대상이 바로 이러한 본능적인 인간행동, 본능적인 모럴 같은 행동규칙, 본능적인 선호구조다(Wilson, 1975; Dawkins, 1971). 오늘날 이러한 본능을 구현하여 등장한 미시사회의 예를 들면 가족, 친족관계, 동창회, 향우회 그리고 친구, 친지관계 등이다. 취미클럽 등과 같은 소규모 공동체도 이에 속한다. 이들은 자생적 질서와 대비되는 자연적 질서다.

원시사회에서 이러한 도덕이 가능했던 이유가 있었다. 소규모 그룹이었기 때문이다. 세상에 태어나서 죽을 때까지 함께 살았다. 그룹 내에서 구성원들은 서로 눈으로 보고 귀로 듣고 서로 만지고 느끼면서 서로를 완전히 알 수 있었다. 그렇기 때문에 구성원들은 언제나 역지사지가 가능했다. 애덤 스미스의 동감적 상상도 가능했으며 이심전심도 가능했다. 원시인은 집단주의자들이었다. 추장의 명령과 지시를 받으면서 함께 나누고 함께 생산하고 어려움을 함께 극복했다. 사생활이란 존재하지 않았다. 이러한 연대감과 이타심의 도덕은 그룹 외부의 사람들에게는 적용되지 않았다. 그들은 낯선 사람들, 즉 이방인들로 여겼다. 그래서 그러한 도덕은 폐쇄적인 도덕이다.

그런데 주목할 것은 오늘날과 같이 수백만 명, 아니 수천만 명의 인구가 사는 거대한 자생적 질서에 15~30명의 소규모 그룹생활에 적응된 원시시대의 모럴을 적용하려는 노력이다. 그러한 노력의 결과가 복지국가, 분배정의, 민족주의 등이다. 오늘날 좌파 지식인들이나 학자 또는 정치가들이 집단주의, 연대감, 유대감을 중시하는 것, 복지정책과 분배정의를 호소하는 것, 감성에 호소하는 것, 책임을 사회에 돌리는 것, 경쟁을 싫어하는 것 등은 모두 원시사회에 대한 동경에서 비롯된 것이다. 분배정의, 국민연금제도, 의료독점제도, 민족주의에 따른 보호주의는 모두 원시인 사회를 모방한 제도다.

자유의 도덕과 문화적 진화

연대감, 유대감 같은 본능적 도덕을 억압하고 새로운 도덕이 생겨났다. 이 새로운 도덕이 정의의 규칙이다. 어떻게 이러한 도덕이 생겨나게 되었는가를 설명하기 전에 정의의 규칙 내용을 설명할 필요가 있다. 그 특징은 특정 행동을 금지하는 내용의 행동규칙이라는 것, 누구에게든 차별 없이 적용한다는 것, 그리고 개인들의 상황이나 그들이 달성하고자 하는 목적 또는 의도를 전혀 고려하지 않는다는 등의 특성 이외에도 다음과 같은 특성이 있다.

첫째로 개인을 중시한다. 집단의 목표를 위해 개인을 희생하는 것은 부도덕하기 때문에 자유주의는 집단주의를 배격한다. 둘째로 타인의 소유권을 존중해야 한다는 도덕, 타인의 신체, 재산 그리고 인격을 존중해야 한다는 도덕이다. 그러한 도덕이 없다면 다양한 목적을 가진 사람들에게 평화로운 공존이 불가능하다. 셋째로 공식적 또는 비공식적으로 맺은 계약에 대한 충실성이다. 약속을 어겨서는 안 된다는 도덕적 원칙이다. 마지막 넷째로 정의의 규칙은 스스로 결정하고 그 결정의 결과에 대해 스스로 책임지는 도덕을 내포하고 있다. 정의의 규칙은 자신과 자신의 가정에 대한 책임감을 중시하지만 사회적 책임은 요구하지 않는다.

정의의 규칙을 '자유의 도덕'이라고도 부르는데, 이러한 도덕은 폐쇄된 도덕을 의미하는 연대감과 이타심 도덕과 전적으로 다르다는 것은 앞에서 이미 설명했다. 그런데 이러한 자유의 도덕이 생성된 인류사적 계기다. 이러한 도덕은 인류가 원시적 삶을 접고 문명의 길로 가는 데 결정적인 역할을 했다. 문명의 과정을 간단히 설명하면, 원시인이 장구한 기간 동안 수렵·채취생활을 하는 과정에서 인구도 증가했고 기술도 발전했다. 그런데 무리를 지어가면서 수렵과 채취 경제를 통해서는 늘어나는 인구를 부양할 수 없었다.

정착생활도 이루어졌다. 때로는 어린아이, 특히 여자아이를 살해하거나 다른 방식으로 늘어나는 인구를 억제하지 않으면 안 되었다. 그리고 본능적인 폐쇄된 모럴을 가지고는 도저히 살아갈 수 없었다. 그래서 부족사회의 정신구조를 극복해야 했다. 하지만 극복하기가 결코 쉽지 않았다. 이를 극복한 인간 그룹은 생존과 번영을 누릴 수 있었다. 모방과 학습과정 속에서 새로운 모럴, 즉 소유권 모럴이 확산되어갔다. 확산은 신속했다. 그리고 이제는 연대감 같은 본능의 생물학적 진화 대신에 자유의 도덕을 위한 '문화적 진화'가 들어섰다(Hayek, 1988). 문화적 진화의 결과는 질서의 확장이었다. 폐쇄되었던 부족사회가 열리고 점차 이방인으로 취급되었던 사람들과도 분업이 이루어졌다. 이러한 분업은 한 지역을 넘어서서 방대한 지역으로까지 확장되었다. 확장의 최고 절정은 광대한 국제 분업이다.

우리가 주목하는 것은 이러한 확장된 질서를 가능하게 했던 것은 자유 도덕의 등장이었다. 원시적인 수렵·채취문화의 기반이 되었던 폐쇄된 연대감 도덕이 점차 열려갔다. 다시 말하면 목적과 의도가 들어 있던 도덕규칙들이 점차 탈목적적으로 변화되었다. 특정 행동을 금지하는 내용의 도덕규칙으로 전환되어갔다. 연대감의 특수성과 차별성이 점차 변화되는 대신에 도덕규칙이 추상성과 보편성을 갖게 되었다. 그 적용영역이 차별적이 아니라 일반화되어갔다. 목적과 특수상황을 고려하는 규칙 대신에 이러한 것들을 고려하지 않고 간추려낸 추상성으로 대체되었다. 요컨대 연대감 도덕이 정의의 규칙이 지닌 성격을 가진 도덕규칙으로 전환되어갔다.

인류에게 원시부족사회의 야만적 삶을 극복하고 오늘날과 같이 문명된 삶을 가능하게 한 것이 무엇인가? 그 하나는 아주 잘 알려진 것이다. 언어의 진화가 그것이다. 또 다른 하나가 있는데, 이것은 그렇게 널리 알려진 것이 아니다. 그것은 시장경제를 가능하게 한 자유의 도덕이다. 자유의 도덕이 생성되면서 재화와 서비스를 교환하는 시장이 형성되었다. 가격도 생겨났고 화폐도 생겨났다(Radnitzky, 1988).

자유의 도덕과 시장경제의 교환은 모두 '생물학적 진화'가 아니라 '문화적 진화'의 선물이다. 특정 언어와 자유의 도덕은 타고난 것이 아니라 후천적으로 학습을 통해 습득한다. 교환하는 행위도 선천적으로 타고난 것이 아니라 후천적으로 배워서 습득한다. 돈으로 계산하는 것도 배운다. 자유의 도덕,

시장의 교환방법, 돈으로 계산하는 방법의 확산을 가속화시키는 데 결정적인 역할을 한 것이 언어다. 타인들에게 전달을 가능하게 한 것이 언어였기 때문이다. 언어와 자유의 도덕 그리고 시장경제는 모두 문명의 화신이라고 보아도 무방하다. 원시적인 폐쇄사회, 야만적인 사회의 극복을 가능하게 했기 때문이다. 자유의 도덕과 시장경제는 원시사회의 수만 명에서 수십억으로 증가된 인구를 먹여살릴 수 있었다. 오늘의 폭발적인 번영을 선사한 것이 자유시장경제다.

생물학적 진화의 결합과 자유의 도덕

왜 인류의 도덕규칙이 구체성에서 추상성으로 진화해왔는가? 구체적인 목적과 상황을 고려하는 도덕규칙 대신에 탈목적적이고 구체적 상황을 고려하지 않는 추상화된 규칙으로 진화되어왔는가의 문제다. 그것은 지식의 문제 때문이다. 이를 설명해보자.

연대성과 이타심의 도덕을 적용하기 위해서는 사람들이 제각기 처한 상황을 세세히 알아야 한다. 그러나 우리의 눈은 멀리 볼 수 없다. 우리의 귀도 멀리 들을 수 없다. 우리의 후각과 촉각도 그렇게 발전하지 못했다. 생물학적 진화의 결과로 생겨난 우리의 이러한 감각기관은 가까이에 있는 것만 인지할 수 있다. 다시 말하면 우리의 감각기관은 소규모 사회에 매우 적합하게 진화되었다.[27] 연대성 도덕도 이러한 소규모 사회의 도덕이다. 따라서 연대성 도덕과 우리의 감각기관의 인지능력은 서로 일치한다고 볼 수 있다. 그것들

---

27) 사회생물학자들이 말하는 '상호적 이타심'도 아는 사람끼리의 관계를 말하는 용어다. 농촌에서 농번기에 동네사람들끼리 노동을 교환하는 '품앗이'라는 말이 그것이다. 동네의 어느 한 사람이 소나 가축을 잃어버리면 동네사람들 전부가 나서서 찾아주려는 노력도 상호적 이타심의 표현이다.

은 역지사지, 동감적 상상, 이심전심을 가능하게 하는 원시사회 같은 소규모 사회에 적응되었다. 우리가 확인하는 것은 우리의 감각기관의 발달 정도에 해당되는 것이 연대성 도덕이라는 것이다.

인간은 인구의 증가와 회소성으로 인해 아는 사람들끼리만 협력과 협조해서는 살아갈 수 없었다. 전혀 알지 못하는 낯선 외지인과도 협력과 협조가 필요했다. 그러나 낯모르는 사람들이 처한 상황을 알아내는 일이 그렇게 쉬운 일이 아니다. 우리의 감각기관의 한계 때문이다. 부산에 있는 사람들이 무엇을 원하는지를 우리는 볼 수도, 들을 수도, 느낄 수도 없다. 그들이 무슨 생각을 하고 있는지도 모른다.

인간관계의 범위가 확장되면서 가까운 사람들, 친지, 절친한 직장동료 등을 제외하고 다른 사람들의 자세한 사정을 알기가 점차 더 어려워져갔다. 심지어 어려움은 급증하여 오늘날처럼 불가능한 지경에 이르렀다. 이러한 상황에서는 역지사지, 동감적 상상은 불가능하다. 낯모르는 사람들의 인적 사항에 관한 지식, 그리고 그들이 처한 특수한 상황들에 관한 지식을 전달해주는 메커니즘 없이는 늘어나는 인구를 부양하기도 어려웠다. 아는 사람들끼리의 분업을 넘어서서 모르는 사람들과도 분업을 가능하게 하는 메커니즘이 필요했다.

그 메커니즘이 자유의 도덕 그리고 가격기구다. 이 두 가지가 사람들에게 낯모르는 사람들이 원하는 것, 그들이 처한 상황, 그들의 행동방식에 관한 지식을 전달해준다. 물론 이 두 가지가 사람들에게 전달해주는 지식은 그들의 감각기관으로는 도저히 습득할 수 없다. 감각기관은 가까이에 있는 것만 들을 수 있고, 볼 수 있고, 느낄 수 있기 때문이다. 자유의 도덕과 가격구조는 우리의 감각기구의 한계를 극복하는 데 도움을 주고 있다. 우리의 감각도구만 가지고는 도저히 접근이 불가능한 영역으로의 접근을 가능하게 하는 것이 자유의 도덕과 가격구조다.

다른 말로 표현하면 자유의 도덕과 가격구조는 우리가 전혀 알 수 없는 사람들과도 분업을 가능하게 한다. 따라서 우리가 확인하는 것은 문화적 진화는 생물학적 진화의 취약점을 극복하고 보완하는 역할을 한다는 것이다. 이것이 문화적 진화의 지혜다. 그리고 그것은 자유주의의 지혜다. 그 지혜는 생물학적 진화의 결함을 극복하는 데 있다. 자유의 도덕과 가격구조는 인간으로 하여금 감각도구로는 들을 수도 없고, 볼 수도 없고, 느낄 수도 없는 영역에서 볼 수 있게, 들을 수 있게, 그리고 느낄 수 있게 만들었다고 해석할 수 있다.

도덕의 역할 분담과 자유의 도덕

그런데 우리가 주목해야 할 것은 자유의 도덕과 가격기구가 전달해주는 지식의 성격이다. 그들이 전달해주는 지식은 추상적이다. 자유의 도덕은 해서는 안 될 행동이 무엇인가에 관한 규범적 지식, 특히 '소극적 지식'을 전달해준다. 무슨 행동을 해야 한다는 구체적인 내용의 지식, 또는 누가 어떤 가치와 목적을 가지고 어떤 생각을 하고 있는지에 관한 지식을 전달해주지 않는다. 마찬가지로 재화와 서비스의 가격이 전달해주는 지식도 구체적인 지식을 전달해주지 못한다. 누가 어떤 자원을 얼마나 가지고 있는가, 누가 어떤 능력을 가지고 있는가, 누가 어떤 선호를 가지고 있는가에 관한 구체적인 지식은 전달해주지 않는다. 요컨대, 자유의 도덕과 가격구조가 전달해주는 지식은 개별적이고 구체적인 지식이 아니라 추상적이고 일반적인 지식이다. 개인들이 각자 처한 상황이나 그들의 개별적인 인적 사정에 관한 지식이 아니라 비인격적 지식이다.

개인들은 이러한 지식만 가지고는 역지사지, 동감적 상상, 이심전심이 불가능하다. 그리고 개인들은 감각도구만 가지고는 소규모 그룹을 넘어서서 친숙하지 못한 낯모르는 개인들의 고유한 사정들에 접근하기가 불가능하다. 따라서 거대한 확장 사회에서는 역지사지가 불가능하므로 이타심과 연대성의 도덕 대신에 애덤 스미스의 신중의 도덕으로 교체했다. 문화적 진화는 연대성 도덕의 실현을 역지사지가 가능한 소규모 그룹에게 맡기고 거대한 사회에서는 자유의 도덕 그리고 신중의 도덕을 맡겼다. 일종의 도덕의 역할 분담이라고 할 수 있다.

이러한 역할 분담으로 개인들은 자유의 도덕을 준수하면서 역지사지가 가능한 소규모 그룹을 형성하여 본능적인 도덕적 욕구를 충족할 수 있다. 이것이 문화적 진화의 묘미이자 자유주의의 지혜다. 그러나 이러한 역할 분담을 좀 더 상세히 설명할 필요가 있다. 역지사지가 가능한 소규모 그룹에서 연대감 도덕에 대해 알고 있는 사람의 알고 있는 욕구를 충족하는 데 필요로 하는 인간관계를 안내한다. 그러나 자유의 도덕은 알지 못하는 사람들의 알려져 있지 않은 욕구를 충족하기 위한 인간관계를 안내한다. 후자의 인간관계에서 특히 주목하는 것은 신중의 덕성이다. 그리고 신중의 행동을 안내하는 것은 자유의 도덕 이외에도 가격 그리고 가격을 통해 실현되는 이윤이다. 그런데 사람들은 이러한 이윤의 존재를 비판한다.

자유시장경제의 선행(善行)

그러나 우리가 주목해야 할 것은 가격과 이윤은 어떻게 하는 것이 알려져 있지 않은 사람들의 알려져 있지 않은 욕구를 충족시킬 수 있는가를 알려주는 지식 전달 메커니즘이라는 것이다. 소규모 사회에서는 우리의 감각도구를 가지고 알 수 있기 때문에 그러한 메커니즘이 필요없다. 이것 없이도 이타적인 행동을 할 수 있다.

따라서 가격과 이윤이란 거대한 사회에서 알지 못하는 낯선 사람들의 욕구충족을 확인해주는 나침판이다. 그 알림이 비록 추상적이기는 하지만, 이것은 낯선 사람들에게 어떻게 봉사하는 것이 적합한가를 알려준다. 소규모 사회에서는 개인들이 의도적으로 이타적인 행동을 통해 타인들의 욕구를 충족한다. 시장경제에서는 비록 개인들이 신중한 행동으로 가격과 이윤에 의해 인도되지만, 그 결과를 보면 그러한 행동은 낯선 사람에 대한 욕구충족이다. 이러한 과정을 의인화하여 말한다면 개인들은 자신의 웰빙을 추구하지만 시장시스템 전체는 선행을 한다고 할 수 있다.

요컨대 개인들이 직접적으로 행할 수 없는 이타심과 연대성을 시장시스템 자체가 개인들을 대신하여 수행한다고 볼 수 있다. 시장경제의 이러한 선행이 가장 두드러지게 나타나는 것은 빈곤의 퇴치다. 앞에서 이미 설명한 바와 같이 빈곤을 완화하는 효과적인 방법은 재분배가 아니라 경제성장이다. 경제성장은 경제자유와 자유의 도덕이 주는 선물이다. 이것은 경험적으로나 이론적으로 입증된 인식이다. 따라서 우리가 주목하는 것은 경제자유와 자유의 도덕은 자선적이라고 볼 수 있다. 빈곤자에게 우호적이라는 의미다.

그런데 만약 재분배를 실행한다고 해보자. 이것은 소규모 사회에서나 적용될 이타심과 선행을 거대한 확장된 질서에 적용하는 대표적 사례다. 복지국가 이념, 케인스주의, 사회민주주의 이념, 분배정의 등의 이념은 모두 원시사회의 도덕을 확장된 대규모 사회에 적용하는 사례다. 이러한 이념이 빈곤자를 보호할 수 있는가? 우리는 이것이 가능하지 않다는 것을 제4장에서 여러 번 지적했다. 오히려 새로운 빈곤자를 만들며 국가의 복지에 의존하려는 사람들을 증대시킨다. 그리고 그러한 재분배정책은 성장을 둔화시켜 소득 상실과 실업의 증가를 야기하여 빈곤층을 확대시킨다.

더구나 복지국가정책, 재분배정책 그리고 분배정의 등 소규모 사회의 도덕을 거대사회에 적용하려는 정책은 빈곤자뿐만 아니라 낯선 사람들, 서로 알지 못하는 사람들의 알려져 있지 않은 욕구를 충족하는 데도 제대로 봉사하지 못한다. 그리고 이러한 정책은 자유의 도덕을 파괴한다. 더구나 그러한 정책은 강제된 이타심, 강제된 연대다. 이타심을 강제하는 것은 악이고 불의다. 그러므로 강제된 이타심을 기반으로 하는 복지국가정책과 재분배정책은 자유의 도덕과 이타심의 도덕을 모두 파괴한다.

그러나 경제자유와 자유의 도덕 그리고 시장경제는 무의도적으로, 다시 말하면 자생적으로 빈곤층에 대단히 우호적일 뿐만 아니라 서로 알지 못하는 사람들의 알려져 있지 않은 욕구충족에도 대단히 충실하게 봉사한다. 그리고 자유의 도덕 집행은 결코 자발적인 이타심을 파괴하지 않으며 도덕의 분업이 제대로 잘 이루어진다. 요컨대 자유주의는 선행의 이념이다.

사회생물학의 문제와 하이에크

오늘날 생물학적 진화이론을 인간사회에 적용하려는 노력이 활발하다. 어떤 사람은 경제학이 생물학이어야 한다고 주장하기까지 한다. 사회과학이 물리학을 닮아가야 한다고 주장하여 형성된 것이 주류경제학이다. 인간사회를 물리적 세계처럼 보아야 한다고 주장하면서 수리적 · 물리학적 방법을 모방하여 인간사회를 설명하는 데 적용해야 한다는 과학주의의 전통이 콩트, 생시몽을 비롯한 사회공학 그리고 이러한 사회공학에 속하는 주류경제학이다. 그런데 이제는 경제학과 사회과학이 생물학을 닮아가야 한다고 주장한다. 생물경제학 또는 사회생물학이 그것이다. 이러한 주장이 타당한가? 여기에 답하기 위해 우선 진화이론의 근원을 따져보자.

다윈 이전의 다윈주의자들

사회생물학은 생물학적 진화를 인간사회에 적용하는 학문이다. 이것은 윌슨이 사회생물학을 생물학과 사회과학의 합성이라고 말한 데서 잘 드러난다. 사회적 진화과정에서 '도태과정(selection, Auswahl)'의 중요성을 강조한다. 생물학적 진화도 이러한 도태과정을 중시한다. 진화의 본질 가운데 하나가 도태과정이기 때문이다.[28] 그런데 사람들은 도태과정의 개념이 생물학에서 나오기나 한 것처럼 생각하여 진화론의 근원을 다윈의 생물학적 진화론에서 찾고, 이러한 진화이론에서 힌트를 얻어 사회과학에 응용해온 것이라고 믿고 있다. 진화이론이라고 하면 언제나 다윈과 연결해야 한다는 믿음이 생겨난 것이다. 이러한 인상을 준 것은 스펜서를 비롯한 19세기 '사회적 다윈주의' 그리고 오늘날 사회생물학이다.

그러나 우리의 지성사를 훑어보면 그러한 믿음은 잘못이라는 것이 드러난다. 이러한 잘못을 분명하게 밝힌 인물이 하이에크다. 그에 의하면 문화적 진화이론에서 힌트를 얻어 생물세계에 적용한 것이 다윈의 진화론이라는 것이다. 문화적 진화이론이 먼저 생겨났고 생물학적 진화이론이 나중에 생겨난

---

28) 진화과정은 혁신과정, 도태과정 그리고 확산과정이라는 세 가지 하부과정으로 구성되어 있다(민경국, 1997).

것이다. 이 문화적 진화이론의 개척자는 하이에크가 입증하고 있듯이[29] 스코틀랜드 도덕철학자들과 이들의 선배학자 맨더빌(B. Mandeville, 1670-1733)이다.[30] 하이에크에 의하면 맨더빌과 함께 시작된 진화사상의 전통은 사회과학에서 데이비드 흄, 에드먼드 버크, 애덤 스미스, 그리고 대륙의 헤르더, 사비니 같은 역사학파가 확립했다는 것이다.[31] 그들은 "성공적인 관행과 관습, 도덕규칙 같은 행동규칙들이 사회에 정착되고 인간의 상호관계를 안내한다"(Hayek, 1969)는 견해를 대표하고 있었다(민경국, 2014).

이러한 진화사상을 찰스 다윈이 생물학의 유기체에 적용했다. 그런데 불행하게도 다윈의 생물학적 진화사상에서 힌트를 얻어 19세기에 형성된 것이 허버트 스펜서의 사회적 다윈주의, 그리고 오늘날 윌슨(E. O. Wilson)이나 도킨스(R. Dwakins)의 사회생물학이다(Wilson, 1975; Dwakins, 1976).

하이에크는 오스트리아학파의 창시자이자 자신의 은사였던 멩거와 함께 스코틀랜드 계몽주의자들의 진화사상을 계승하고 있다. 하이에크는 유기체와 자연계의 생물학적 진화와 인간사회의 문화적 진화는 분명히 다르다는 것을 강조하고 있다. 문화적 진화는 생물계의 진화와는 달리 인간관계를 위한 행동규칙의 형태로 후천적으로 습득된 특질이 전달되는 과정이다. 하이에크는 문화적 진화를 선천성에 초점을 두는 다윈이즘이 아니라 '라마키즘(Lamarckism)'을 흉내 내는 과정이라고 본다(Hayek, 1988). 그는 문화적 진화는 생물학적 진화와는 다르다는 것을 인식해야 한다고 강조한다. 그들이 서로 다

---

29) 하이에크가 진화사상을 발견한 것이 다윈이 아니라 법과 언어 그리고 도덕 같은 문화적 요소를 설명하기 위해 진화론적 접근을 시도했다는 것을 말해주는 문헌은 Hayek(1988), Hayek(1960/1971)다.

30) 맨더빌의 유명한 저서는 『벌꿀 우화』다. 그는 이 책에서 사적 악이 공적으로는 덕이라고 주장하여 당시 도덕주의자, 특히 종교지도자들의 도덕주의를 비웃었다. 그러한 이유로 그의 책은 판금되는 불운을 맞이하기도 했다. 이에 대해서는 올리버 테일러 저, 김두회 역, 『경제사상사』, 수도문화사, 1965, 76-80쪽 참조.

31) 하이에크는 이들을 "다윈 이전의 다윈주의자들(Darwinists before Darwin)"이라고 부르고 있다.

르다는 인식이야말로 사회발전의 이해를 위한 기본이고, 모든 현대 사회이론을 위해서도 매우 중요한 인식이기 때문이다.

문화적 진화에 대하여

중요한 것은 인간 이성의 한계다. 문화적 진화는 인간 이성에 의해 유도되는 작용이 아니다. 인간 이성이 먼저 생겨나고 그 이성에 의해 문화가 창조된 것이 아니라는 것이다. 인간 이성에게는 그러한 지적 능력이 없다. 오히려 문화가 인간 이성을 발전시키고 이를 개발한다. 인간의 구조적 무지에 대한 적응이 문화다. 예를 들면 문화적 진화에 의해 형성되는 행동규칙의 존재 때문에 인간의 구조적 무지에도 불구하고 합리적으로 타인들과 관계를 맺을 수 있다.

하지만 인간 이성과 문화의 관계가 일방적인 것은 아니다. 문화와 이성이 동시적으로 개발된다. 문화를 통해 개발된 이성에 의한 행동을 통해 문화가 형성된다. 그런데 우리가 주목할 것은 문화는 계획해서 창조되는 것이 아니라 인간이 습득한 지식을 통해 행동을 모방하는 과정에서 무의도적으로 형성된다고 주장한 퍼거슨(A. Ferguson)의 말을 주목할 필요가 있다. 문화적 진화를 통해 형성되는 문화란 언어, 도덕규칙, 관행, 관습, 전통, 법 그리고 시장과 화폐 등이다. 이들은 모두 계획되지 않은 질서다. 계획되지 않고 저절로 형성되는 것들은 수없이 많다. 그러나 중요한 것은 '자생적 질서'의 진화, 즉 개인의 자유를 최고의 가치로 여기고 그러한 가치에 의해 지배되는 질서의 진화다.

그래서 진화와 자생적 질서는 쌍둥이 개념이다. 우리가 유의해야 할 것은 진화의 종착점이 자유주의라는 것을 의미하는 것이 아니라는 것이다. 진화과정에서 수많은 제도가 자생적으로 형성된다. 인도 같은 카스트 시스템, 유교와 같이 서열과 계층을 중시하는 제도, 서자(庶子)의 사회적 차별, 여성에 대한 차별 등과 같은 제도와 전통이 형성된다. 진화적으로 형성된 전통 가운데 우리가 중시하는 것은 자유를 보호하고 신장하는 제도와 전통이다. 이에 속하는 것이 개인의 자유에 대한 동등한 권리, 사유재산의 안정, 동의에 의한 재산의 이전, 계약의 자유, 연립의 자유 등을 보호하고 증진하는 도덕규칙과 제도다.

사회생물학에 대하여

문화적 진화는 과정을 기술하는 개념이다. 그것은 특정 목적을 달성하기 위해 계획하여 만든 것을 기술하는 개념이 아니다. 사회가 누군가의 계획에 의해 만든 것이라고 한다면 사회과학은 불필요할 것이다. 인간행동의 결과이기는 하지만 인간계획의 결과가 아닌 것의 존재가 사회과학의 존재이유다. 그리고 진화사상이야말로 현대 사회과학의 중요한 구성요소다. 따라서 '진화와 사회이론'은 매우 매력적인 개념의 조합이다. 그렇기 때문에 진화이론을 개발하기 위해 진화 개념을 사용하려는 유행은 이해할 만하다.

그렇다고 해서 사회생물학자들처럼 생물학적 진화와 문화적 진화의 유사성을 강조한다거나 생물학적 진화를 사회적 진화에 적용해도 좋다는 것인가? 우리는 무엇보다도 생물학적 진화와 문화적 진화의 정확한 관계를 정하지 않으면 안 된다.

생물학은 유전인자의 이기주의, 이기적 유전자를 기초로 하여 인간의 행동을 설명하려고 한다. 유전인자가 이기심을 극대화한다고 전제한다. 그러나 이러한 생각은 인간사회의 변화를 설명하고 이해하는 데 별로 큰 도움을 주지 못한다. 두 가지 진화를 엄격하게 구분하여 사회구조의 형성이 생물학적 진화과정과는 전적으로 다른 맥락에서 이해하는 것이 중요하다.

사회구조의 형성과 관련하여 하이에크는 「인간가치의 세 가지 근원」(Hayek, 1978/1989)이라는 유명한 논문에서 인간이 추구하는 가치를 본능적 가치, 문화적 가치, 그리고 인위적·합리적인 것으로 구분하고 있다. 그러면서 윌슨(O. E. Wilson), 퍼그(G. E. Pugh), 로렌츠(K. Lorenz) 등의 사회생물학과 생물학이 생물학적 인식을 너무 졸속으로 인간사회에 적용하려고 한다는 것을 지적하고 있다.

특히 그는 1988년 저서 『치명적 자만』에서 사회생물학의 오류를 분명하게 지적하고 있다(Hayek, 1988: 24).

> "따라서 현대 사회생물학이 범하고 있는 결정적인 오류는 언어, 도덕, 법률 같은 것들이 모방적 학습에 의해 전달된 선택적 진화의 산물이 아니라 분자생물학이 설명하고 있는 유전적 과정에 의해 전달되었다고 가정하는 것이다. 이러한 생각은 …… 인간이 도덕, 법률, 언어, 화폐 같은 제도를 의식적으로 고안하고 설계했으며 따라서 이러한 모든 것은 인간의 의지에 따라 개선할 수 있다고 보는 생각이 틀린 것처럼 틀린 생각이다. 계획사상도 생물학의 진화론이 싸워야 할 미신의 유물이다."

하이에크는 같은 책에서 생물학적 진화와 문화적 진화의 차이를 극명하게 말하고 있다(Hayek, 1988: 25).

> "문화를 호흡이나 이동 같은 유기체의 다른 기능처럼 생물학적이라고 주장하는 것은 틀렸다. 언어, 법, 도덕, 화폐의 전통, 심지어 정신이 형성되는

과정을 '생물학적'이라고 말하는 것은 언어를 남용하는 것이고 이론을 오해하는 것이다. 우리의 유전적인 전수는 우리가 무엇을 배울 수 있는가를 결정할 수 있지만 배워야 할 전통으로서 무엇이 있는지를 결정하지 못하는 것은 확실하다. 배워야 할 것으로 존재하고 있는 것은 인간 두뇌의 산물도 아니다. 유전자에 의해 전달되지 않는 것은 생물학적 현상이 아니다."

생물학적 진화를 사회에 적용하려는 움직임에 대해 독일 프라이부르크 대학 사회학 교수인 둑스(Dux, 2000: 172)는 다음과 같이 말하고 있다.

"대부분의 생물학자와 사회생물학자들이 이해하고 있지 못하고 있는 점은 사회문화적 구조의 자연적 조정을 지적해놓고는 이것을 설명했다고 주장한다는 점이다. 그러나 생물학적 메커니즘은 정신적 · 사회문화적 존재형태가 어떻게 형성되었는지를 설명하지 못하고 있다. 그도 그럴 것이 사회문화적 구조는 유전적으로 전혀 고착되어 있지 않기 때문이다. 인간존재의 정신적 · 사회문화적 구조형태는 자연의 층면과는 다른 층에서 형성된다는 이러한 이유 때문에 우리에게는 다른 과정의 논리가 필요하다."

이와 같이 생물학적 진화와 연결해서만 사회적 구조를 이해하고 설명할 수 있다는 생각은 잘못이라는 것은 분명하다. 정신적인 조직형태는 생물학적 구조와는 독자적으로 형성된다. 생물학적 구조는 그러한 정신적인 구조를 형성하기 위한 하부구조일 뿐이다.

이러한 사실은 제도에 관한 겔렌(Gehlen, 1961)의 인류학적 이론에서도 중요한 역할을 한다. 제도들은 자연적인 본능에 대한 대체물이라는 생각에 기초하고 있는 겔렌은 문화적인 제도들의 존재 의미를 다음과 같이 설명하고 있다. 즉, 여타의 동물들과 비교할 때 인간행동은 본능에 의해 훨씬 덜 예정되어 있다는 것이다. 독일의 경제학자 비트(Witt, 1987)의 말을 빌리면 인간은 다른 동물과 비교할 때 본능의 주권에서 상대적으로 훨씬 더 해방되어 있다. 그에 의하면 인간행동은 가변적이거나 가소적이기 때문에 다변적인 환경에 더 잘 적응할 수 있다는 것이다. 이와 같은 인간행동의 열림성 및 가소성은 매우 다양한 삶의 조건에 대한 인간의 적응을 가능케 한다는 것이다.

그러나 겔렌에 의하면, 이러한 가소성은 자신의 문제를 발생시킨다는 것이다. 다시 말하면 행동의 열림성과 가소성은 타인들의 행동과 관련하여 불확실성을 야기하고, 또한 그 열림성과 가소성은 어떻게 행동할 것인가에 관해 지속적으로 의사결정을 내려야 할 부담을 준다는 것이다. 그에 의하면 사회적으로 공감된 행동패턴 또는 행동의 규칙성(행동규칙)이라는 의미의 제도는 바로 이 두 가지 문제를 해결하는 데 봉사한다는 것이다.

본능과 이성의 중간에서

하이에크의 주장은 인간의 삶의 세계는 생물학의 인식대상과는 완전히 다르다는 것을, 사회과학 그리고 경제학은 생물학으로 접근할 수 없는 독자적인 인식 대상을 가지고 있다는 것을 의미한다. 인간의 삶의 세계는 역사적이고 문화적이라는 것을 의미한다. 경제적 행동과 경제적 현상도 문화의 일부라면 이러한 현상을 설명하기 위해 유전자 극대화 가정 또는 이기심의 극대화를 기초로 하여 경제이론을 확립할 수 없다. 사회생물학이 의미가 있다면 그것은 혈연으로 연결된 원시부족사회의 설명에 적합하다. 유전자 극대화 가정을 전제한 세계의 행동규칙, 즉 본능을 인간의 삶의 세계에 규범적으로 적용할 수도 없다. 이러한 적용의 결과가 복지국가, 사회정의 그리고 사회민주주의다. 이것은 원시사회에 대한 향수이며 본능과 이성의 결탁이다. 또한 본능의 질서를 인위적으로 만들려는 것이다. 과학주의는 자연을 모방하여 질서를 만들려는 사고방식이다.

이러한 두 패러다임은 인간사회를 지탱해주고 자유를 지속시켜주는 비본능적 전통을 무시하고 있다. 소유권을 존중하는 심성, 계약의 충실성, 그리고 이러한 충실성에 대한 도덕적 시인, 성실성, 정직성, 상관습, 종교규칙 등이 그것이다. 자생적으로 형성되는 그러한 것들은 이미 앞에서 설명한 바와 같이 자유와 질서를 연결해주는 중요한 연결매체다. 이러한 문화적 요소가 없으면 자유를 확립하기가 불가능하다는 것은 소련의 체제 전환과정에서 분명히 드러났다.

1917년 러시아 혁명 이전에도 소련은 자유와 관련된 그 어떤 전통도 없었다. 재산의 존중, 사업에서의 평판과 신뢰의 도덕을 준수하는 것, 자기 책임 도덕 등의 전통이 없었다. 이러한 것들은 말로 표현된 것이 아니라 암묵적인 형태로 사회에 존재하는데, 이러한 전통이 거의 없었다. 설상가상으로 혁명 후 70년 가까이 전체주의가 지속되었다. 따라서 1990년대의 체제전환은 열악한 전통 때문에 대단히 뒤틀렸다. 이에 반해 동독이나 동유럽 국가는 시장경제에 대한 전통적 기반은 소련보다 양호했다. 소유권을 존중하는 도덕, 책임감, 상도덕 그리고 계약의 충실성, 그리고 교회나 일반 시민사회의 전통을 되살릴 수 있었다. 그렇기 때문에 시장경제로의 체제전환도 러시아보다 용이하게 이루어질 수 있었다.

III

자유시장과
법

1
자유, 법치주의, 그리고 경제적 번영

그 어느 때보다 최근에 와서 '법의 지배(the Rule of Law)' 또는 '법치주의'라는 용어가 학계는 물론 언론계, 정치권 등 사회의 각 분야에서 자주 사용되고 있다. 그런데 흥미롭게도 다른 정치적 이상과 마찬가지로 법치주의도 다양한 의미로 사용되고 있다. 예를 들면, 헌법학자 허영 교수는 자신의 2001년 저서 『한국헌법론』에서 법치주의를 "자유, 평등, 정의의 이념을 실현할 수 있도록 정치질서나 국가권력의 기능적 조직적 형태를 정하려는 것"이라고 말하고 있다(허영, 2001: 141). 그는 "국가권력을 제한하고 통제함으로써 자유와 권리를 보호하는 것이 법치주의가 아니다"라고 말하고 있다(허영, 2001: 142).[1] 헌법학자 임종훈 교수는 시민이 법을 지키지 않는 것을 "법치주의의 실종"이라고 비판함으로써 시민의 준법을 법치주의로 이해하고 있다(임종훈, 2009: 102).[2]

---

1) 허영 교수는 흥미롭게도 같은 책 141쪽에서는 법치주의를 이렇게 규정하고 있다. "…… 국가권력을 제한하고 통제함으로써 자유와 권리를 보호하는 것이 법치주의가 아니고 …… 자유, 평등, 정의의 이념을 실현할 수 있도록 정치질서나 국가권력의 기능적 · 조직적 형태를 정하려는 것이 바로 법치주의다."

2) 임종훈 교수는 이렇게 쓰고 있다. "법질서 위반행위의 보편화와 법치주의 붕괴는 우리 사회 공동체의 와해를 초래할 수 있으며 대한민국이 선진국으로 진입하는 데 결정적인 장애가 될 수 있기에 그

헌법재판소는 예컨대 1991년 사립학교법 제55조 등에 관한 위헌심판에서 "법치주의 아래에서는 국민의 기본권 제한은 반드시 법률에 의해야 함과 동시에 ……"라고 말하고 있다(90헌가5). 법치주의를 '법률에 의한'으로 이해하고 있다. 헌법학자 강경근 교수는 법치주의를 "국가권력의 발동을 위한 형성원리인 동시에 그 한정을 가능하게 하는 제한원리"라고 이해하면서 법치에서 정부는 "의회의 제정 법률에 근거해야 하며 그 법률은 정법(Recht)에 합치하는 규범이어야" 하며, 그 "정법"은 "이성에 의해 정한 것"이라고 말한다(강경근, 2004: 124). '정법에 따른 통치'를 법치로 이해하고 있다.

법치주의 개념이 이용자에 따라 다른 것은 비단 국내에만 국한된 것은 아니다. 20세기 가장 위대한 철학자라고 격찬을 받았던 미국의 존 롤스는 자신의 분배정의를 법의 지배원칙에 합당하다고 말한다(Rawls, 1970). 영국의 법철학자 드워킨(R. Dworkin)도 법의 지배는 "실질적 정의"를 포함하는 것으로 이해하고 있다(Tanamaha, 2004: 8). 법치주의 이념은 정치적으로 어려운 고비마다 "정치적 정의를 부르는 나팔" 같은 역할을 수행했음에도(Hutchison/ Monahan, 1987: ix) 오늘날 자의적으로 개념을 규정하여 다양한 의미로 사용하기 때문에 "이해하기도 어렵고" 심지어 "의미가 없고" 그래서 수사학적인 의미 이외에는 쓸모가 없게 되어버린 운명에 처해 있다(Tamanaha 2004: 3; Shklar, 1987: 1). 헌법학자 리처드 팰런도 오늘날 법치주의는 그 의미에서 "혼란스럽고" "그 정확한 내용도 불확실하다"고 개탄한다(Fallon, 1997: 1). 그러나 언어는 세상에 대한 해석이다. 그것은 우리의 행동을 안내하여 불확실한 세상에서 삶의 개척을 용이하게 한다. 그래서 언어는 그 의미가 분명해야 한다.

대책이 절실히 요구된다." 전택수는 "법치 또는 법의 지배를 최소한 일반대중이 이해하고 그 의미가 분명하며 누구에게나 공통적으로 적용되는 법의 일관된 체계로 이해하기로 한다"고 말하고 있다(전택수, 2004: 17).

하이에크는 자신의 유명한 저서 『치명적 자만』에서 "만일 말이 옳지 않으면 …… 국민은 손발을 둘 곳이 없어진다"는 공자(孔子)의 말을 인용하여 어휘의 정확한 의미의 중요성을 강조하고 있다(Hayek, 1988: 106). 말이 의미를 잃게 되면 우리는 손과 발을 움직일 여지가 없고 그래서 자유를 상실하게 된다. 따라서 법치주의 개념에서 자의적인 것들을 걸러내고 그 본래의 가치를 찾기 위해 법치주의 이념을 재구성할 필요가 절실하다. 법의 지배의 개념을 관찰한 로스는 "(법치주의는—필자) 오랜 기간 존속해온 강력한 그리고 중요한 자유주의의 요소다"라고 말한다(Rose, 2004: 457). 법치주의는 자유주의의 유서 깊은 전통 속에서 정립된 정치적 이상이라는 것, 그래서 오로지 자유주의의 맥락에서만 그 개념이 의미 있다는 것을 보여줄 필요가 있다.

자유와 자유주의를 법치주의와 연결하여 이 개념을 명확히 하는 것이 이 글의 목적이다. 우선 역사적으로 볼 때 법치주의는 사회주의와 간섭주의의 등장과 확산을 공격하고 고전적인 자유주의를 수호하기 위해 발전했다는 것을 보여줄 것이다. 이어서 법치주의를 구성하는 원칙을 설명하여 자유주의와 시장경제를 보호하고 이를 법적으로 구현하는 것이 법치주의라는 것을 설명할 것이다. 법치주의는 번영을 매개로 하여 자유주의와 밀접한 관련성을 가지고 있다는 것, 법치주의를 적용하여 정부의 간섭을 비판하면서 법치주의 없이는 자유주의가 존재할 수 없다는 것도 상세히 설명할 것이다.

법치주의의 현대적 등장배경

법치주의의 정치적 이상이 부활하게 된 시대적 배경을 보면 자유주의는 법치주의와 불가분의 관계에 있음이 또렷하게 드러난다. 19세기 중반 이후부터 20세기 말에 유서 깊은 법치주의가 부활하게 된 중요한 배경은 첫째로 사회주의의 등장과 둘째로 경제발전의 필요성이다. 사회주의와 복지국가의 등장과 확산을 반격하기 위해 나선 인물은 영국의 헌법학자 다이시(A. Dicey, 1835-1922)와 오스트리아 출신의 정치경제학자 하이에크(Friedrich A. Hayek, 1899-1992)다. 사회주의권의 몰락 후 체제전환과 각 나라의 개혁의 필요성, 그리고 후진국에 대한 국제원조에서 경제발전에 대한 새로운 시각으로 법치주의가 부활했는데, 국제원조를 법치주의의 실천과 결부시켰다(Zywicki, 2003).

사회주의의 등장과 다이시의 반격

사회주의의 등장으로 법치주의와 개인의 자유가 위태로워지자 그 등장을 반격하기 위해 나선 인물이 다이시였다. 그가 법치주의를 통해 보호하고자 했던 것은 자유와 사유재산이었다(Santoro, 2007). 그의 사상은 로크(J. Locke), 흄(D. Hume), 애덤 스미스(A. Smith) 등 영국의 자유주의자들과 일치한다는 것을 어렵지 않게 알 수 있다. 그들이 각각 지향했던 바를 본다면, 로크는 시민정부의 첫 번째 과제를 시민의 재산 보호라고 여겼다(Locke, 1689/1980: 66). 로크가 법의 지배를 주장했던 것도 정부의 자의적인 침해로부터 사적 재산을 보호하기 위한 것이었다(Hayek, 1960: 170). 흄은 인간사회의 필연성으로 희소성을 강조하면서 이 필연성에서 사유재산의 안정, 동의에 의한 재산의 이전, 그리고 약속이행으로 구성된 자연법의 3원칙이 생겨났다고 주장한다. 이 원칙의 보호를 법의 목적이라고 여겼다(Hayek, 1969: 239). 애덤 스미스는 "자연적 자유 시스템"을 국가가 보호해야 할 과제로 여겼다. 그는 당시 재산권 개념보다 폭넓은 의미로 여겼던 경제적 자유를 중시했다. 법적으로 보호받는 자연적 자유의 시스템에서 비로소 보이지 않는 손이 작용한다는 것을 보여준 것이 그의 『도덕감정론』과 『국부론』이었다(Cairns, 1995; 박세일, 1995).

19세기 중반 이후 자유주의가 위험에 처했다. 사회개혁을 요구했던 사회주의 운동(이 운동을 Social Liberalism 또는 New Liberalism이라고도 부른다) 때문이었다. 이 같은 이념이 정치와 입법에 침투하여 사회복지프로그램과 행정관료 시스템을 급진적으로 확장해갔다. 당시 경제적 자유의 보루였음과 동시에 정부의 행정 권력과 입법을 제한하고 있던 법관의 법이 입법으로 대체되었다. 그러나 "입법 원리와 입법 수단은 모두 당시의 사회주의 실험"에 적합한 것이었다(Tamanaha, 2004a). 정부권력을 제한해야 한다는 헌법주의가 흔들리고 '무제한적 정부(unlimited government)'로 대체되어갔다. 개인의 자유와 재산이 불안정했다. 다이시는 여기에서 유서 깊은 법치주의의 몰락을 본 것이다. 이것을 고전적 자유주의의 쇠퇴와 동일시했다. 이를 회복하기 위해서는 법치주의를 발전시키고 심화해야 한다고 믿었다.

이러한 배경에서 쓴 책이 1885년 유명한 『헌법학입문』이다. 다이시는 서문에서 "법의 지배원칙을 금과옥조로 여겼던 전통은 지난 30년 동안 상당 부분 허물어진 인상이다"라고 개탄했다(Dicey, 1885/1993: liii). "법의 지배원칙을 훼손하게 된 것은 다양한 사회정책을 위해 국가권력을 지지하는 입법부" 때문이라고 한다(liv). 개인의 자유가 위협받고 있다는 것이었다. 결론적으로 말해, 다이시는 복지국가의 등장으로 법의 지배와 개인의 자유의 위협에 맞서기 위해 전통적인 법치주의를 현대적으로 재구성했다. 자유주의와 법치주의가 얼마나 밀접한가를 보여주는 증거다.

사회주의의 확산과 하이에크의 반격

다이시 이후 반세기가 지나 하이에크가 등장했다. 20세기 중반 무렵 전 세계는 사회주의에 경도되었다. 옛 소련과 동유럽은 사회주의 계획경제로, 미국은 뉴딜의 루스벨트와 케인스주의, 그리고 독일은 히틀러가 통치하던 정치적으로나 경제적으로 매우 암울했던 시기였다. 이러한 시기에 하이에크는 법치주의를 정밀하게 재구성하여 다시 부활시켰다. 하이에크는 1944년 자신의 유명한 저서 『노예의 길』에서 법의 지배는 자유의 초석이라고 여겼다. "자유국가가 법의 지배라는 위대한 원칙을 지키는 것이야말로 자유국가와 전제정부를 명료하게 구분하는 기준"이라고 말한다(Hayek, 1944/1997: 113). 법의 지배원칙은 "자유의 수호자로서뿐만 아니라 자유의 법적 구현으로서 자유주의 시대의 가장 위대한 업적 가운데 하나"라고 강조한다(Hayek, 1944/1997: 126).

1950년대 이후 사회주의 계획경제가 시들해지고 복지국가가 등장하기 시작했다. 이 시기에 하이에크가 썼던 것이 1960년 『자유의 헌법』이다. 다이시처럼 이 책에서 재분배를 의미하는 분배정의를 위한 입법은 법치주의를 훼손하고 개인의 자유를 유린한다는 것을 보여주고 있다(Hayek, 1960: 253-266). 1973년 『법, 입법 그리고 자유』의 제1권 『규칙과 질서』에서 커먼 로는 개인의 자유와 재산을 효과적으로 보호한다는 것, 그리고 법치주의는 그것과 밀접한 관련성을 가지고 있다는 것을 보여주고 있다(Hayek, 1973: Ch. 5). 그는 시장경제가 법의 지배원칙에 합당한 법질서를 기반으로 한다는 것을 보여주면서 법이론적 시각에서 시장경제에 접근하고 있다. 이것은 데이비드 흄과 애덤 스미스의 시각과 일치한다. 그리고 계획경제나 복지국가 또는 분배정의 같은 것도 법의 지배원칙에 비추어 비판한다. 자유주의 및 시장경제에 대한 하이에크의 법이론적 시각은 미제스(L. v. Mises)와 다른 점이다. 후자는 재분배를 목적으로 하는 사회정책을 비롯한 사회주의 정책을 법의 지배와 연결하여 비판한 것이 아니라 자유시장과 사유재산에 비추어 비판한다.

미제스는 시장경제를 경제학적으로만 파악했을 뿐 법학적 관점에서는 파악하지 않았다. 자신의 1927년 저서『자유주의』에서 밝히고 있듯이 그에게 자유주의는 "생산수단의 사적 소유의 보호"다. 평화나 자유 같은 다른 모든 자유주의의 요구는 이것으로부터 도출된 것으로 여겼다(Mises, 1927/1995: 58-59). 자유주의 원칙이 실현되는 사회가 곧 자본주의 사회라고 말한다. 그러나 미제스의 자유주의는 법치주의를 배격하는 것은 아니다. 하이에크의 법치주의는 미제스의 자유주의와 연합하여 케인스주의와 사회주의에 효과적으로 대항할 수 있었다.

사회주의 몰락과 친시장 개혁의 확산

법치주의는 경제발전과 연계하여 강조되고 있다. 이를 두고 흔히 법치주의의 "새로운 시대"라고 말한다(Corcoran, 2009). 그 연계는 세 가지로 나누어 볼 수 있다. 첫째로 20세기 말에는 옛 소련과 동유럽의 사회주의가 몰락한 후 체제전환을 위해 법치주의를 내세웠다. 둘째로 21세기 초부터 유럽이나 영미에서 법치주의는 침체된 경제를 활성화해야 한다는 차원에서 강조되었다. 셋째로 아시아의 개발도상국가나 중국, 베트남 그리고 아프리카 등에서도 법치주의를 강조하고 있다. 세계은행(World Bank) 같은 국제적인 원조기관이 저개발국이나 개도국에 원조할 때 법의 지배 프로그램과 연계시켰다. 법치주의를 통해 경제발전을 달성하고자 하는 것은 자유주의와 시장경제의 확립을 통한 경제발전과 같다. 이러한 의미에서 법치주의는 자유주의와 불가분의 관련이 있다.

그러나 다이시나 하이에크에게 법치주의는 반(反)자유주의에 대한 이념적 투쟁을 위한 무기였다. 그래서 그들은 철학적·이론적으로 법치주의를 심화·발전시키는 데 주력했다. 흥미롭게도 20세기 말 이후부터 법치주의는 개혁이나 체제 전환을 위한 실천적인 측면을 강조하고 있다(Zywicki, 2003; Tamanaha, 2004a). 이것은 자유와 재산을 강조하던 종전의 법치주의와 다른 점이다. 그러나 자유주의가 경제발전과 밀접한 관련을 가지고 있다는 이론적·경험적 인식을 고려한다면 법치주의와 경제발전을 연결해주는 것이 자유주의라는 것을 확인할 수 있다. 따라서 이것도 자유주의 전통이 법치주의라는 점에서는 다르지 않다.

법치주의의 구성원칙과 자유시장

법치주의란 무엇인가? 다이시 이래 자유주의 진영에서 형성된 법치주의 사상, 예를 들면 하이에크의 사상, 뷰캐넌의 사상 그리고 풀러의 "법의 도덕성"을 검토하면 법치주의를 구성하는 원칙에 대한 일치된 견해를 찾을 수 있다. 그 원칙은 세 가지로 압축할 수 있다. 첫째로 자의적인 권력을 행사하는 것을 막기 위해 정부의 권력은 제한해야 한다는 것을 의미하는 "헌법주의(Constitutionalism)"이다(Hayek, 1960: 176). 국가의 권력을 행사하는 수단은 법이다.[3] 그래서 법의 성격이 중요하다. 입법부가 정한 것이면 모두 법이라고 볼 수는 없다. 법이 '법'의 지위를 얻기 위한 조건이 필요하다. 그것이 법치주의의 두 번째 요소로서 법의 보편성(universality) 원칙이다. 보편성을 충족하는 법을 집

---

3) 엄밀히 말하면 법과 돈이다. 돈은 화폐정책 그리고 조세정책(지출정책)과 관련되어 있다.

행하기 위해 적용되는 권력행사만 정당하다고 본다. 법치주의의 세 번째 의미는 공공정책의 원칙주의를 의미한다. 이것은 정부의 재량적 판단을 억제하기 위해 매우 중요하다. 이와 같은 세 가지 원칙으로 구성되어 있는 법치주의는 시장경제와 불가분의 관계가 있다.

헌법주의

모든 독점이 그렇듯이 정치권력의 독점도 위험하다. 그런데 정치권력은 정부가 독점하고 있다. 정치권력은 폭력을 포함하는 경우가 많다. 그래서 차라리 정부를 철폐하는 것이 좋다는 자유주의의 목소리가 있다. 대표적인 인물이 로스바드(M. Rothbard)다. 그는 자신의 1973년 저서 『새로운 자유를 위하여(For a New Liberty)』에서 정부가 할 수 있는 것은 시장이 더 잘할 수 있기 때문에, 또는 정부는 언제나 폭력과 연관되어 있고 이러한 폭력 사용은 비윤리적이기 때문에 정부는 철폐되어야 한다고 한다.[4]

그러나 우리가 묻고자 하는 것은 정부가 생겨나지 않고 아나키 상태가 지속될 수 있는가의 문제다. 아나키스트인 로스바드의 주장은 역사적 사실을 간과하고 있다. 오늘날 우리가 목격하는 모든 정부는 정부 없는 상태에서 생성되었다. 특정 집단이 폭력을 통해 세력을 확장하여 정부를 세운 것이다. 백제, 신라, 고구려 등이 모두 그렇다. 동서(東西)를 불문하고 모든 지역에는 정부가 없는 곳이 없다. 만약 정부가 없으면 누군가가 정부를 세웠을 것이다. 왜냐하면 권력, 소득, 권위 등과 같이 정부를 세우기에 충분한 인센티브가 있기 때문이다. 체제전환과정에서 베트남과 옛 소련 정부가 해체되는 과정에

---

4) 국방 문제, 경찰 문제 등을 비롯하여 모든 정부활동은 사적 영역에서 효과적으로 수행할 수 있다는 것을 상세히 설명하고 있다.

서 폭력으로 거액의 돈을 받고 특정 기업의 재산을 보호하기 위해 마피아가 조직되었던 사실을 상기할 필요가 있다. 그래서 홀콤이 아주 적절히 지적하고 있듯이(Holcombe, 2004), 인류역사에서 정부는 불가피한 존재다.

정부의 불가피성을 이론적인 관점에서 설명한 학자는 이미 잘 알려진 노직(R. Nozick)이다. 그는 개인의 자유와 재산을 보호하는 서비스를 공급하는 "보호회사들(protection firms)" 가운데 하나가 어떻게 경쟁을 통해 국가가 되는가를 설명하고 있다(Nozick, 1974). 이것은 로스바드의 무정부 상태란 있을 수 없고 오히려 정부는 피할 수 없는 존재라는 것을 보여준 대표적 일반이론이다.[5] 존재하는 정부를 철폐할 수도 없다. 그 이유는 이렇다. 즉 정부는 총과 칼, 교도소를 가지고 있는 유일한 집단이다. 자유주의 정치철학자 나르베슨이 지적하듯이, 정부는 시민이 누리지 못하는 매우 불평등한 권력을 향유하고 있다(Narveson, 2002). 국가를 철폐하고 아나키를 만들 힘 있는 자가 아무도 없다. 그래서 국가는 불가피하다는 것은 확실한 사실이다. 싫든 좋든 우리는 숙명적으로 국가의 존재를 받아들여야 한다.

따라서 지극히 현실적인 문제는 정부를 철폐하여 아나키를 세우는 것이 아니라 어떻게 독점적인 정부권력을 효과적으로 제한하여 시민의 자유와 재산을 보호할 것인가다. 왜냐하면 정부의 권력을 제한하는 장치가 없으면 필연적으로 폭정을 야기하고 시민의 자유와 재산을 유린할 것이기 때문이다. 따라서 아리스토텔레스가 자신의 『정치학』에서 인간의 지배가 아니라 법의 지배를 말하고 있는 것도 정부의 권력을 제한하는 것이 법치주의를 구성하는 제일의 원칙이라는 믿음에서 비롯된 것이다. 17세기 영국에서 법의 지배

---

5) 아나키가 바람직한 상황이냐 아니냐의 문제를 떠나서 역사적 선례를 확정적 증거로 본다면, 정부 없는 사회는 존재하지 않는다는 것을 보여준 학자는 헝가리 출신 자유주의 정치철학자 드 저세(de Jasay, 1989)다. 세계의 모든 지역에는 정부가 지배하고 있다는 것이다. 그래서 아나키는 현실적인 대안이 될 수 없다고 한다.

전통이 확립될 수 있었던 계기도 정부가 권력을 이용하여 경제를 통제하고 이로써 시민의 자유와 재산을 침해하려고 했기 때문이다(Hayek, 1960: 167). 법의 지배원칙을 구현했던 권리청원이나 권리장전도 국가권력을 제한하여 시민의 자유를 보호하기 위한 것이었다.

정부권력을 제한하기 위해서는 헌법이 중요하다는 것을 의미하는 헌법주의 관점에서 흥미로운 것은 신고전파 후생경제학이다. 이미 잘 알려져 있듯이 그것은 정부의 독점적 권력이 시민의 후생을 극대화하기 위해 행사한다고 본다. 이는 플라톤(Platon)-헤겔(Hegel)의 국가관을 전제한 것이 틀림없다. 국가는 지적으로 전지전능하고 도덕적으로 탁월한 인물로 구성되어 있다는 것이다. 이러한 전제가 옳다면 국가권력을 제한하는 것이 불필요하다. 잘 알아서 스스로 억제할 것이기 때문이다. 그러나 뷰캐넌은 이 같은 전제를 신비적이라는 의미에서 "낭만적(romantic)"이라고 보고 있다(Buchanan, 1994). 그 같은 국가의 신비를 벗긴 것이 공공선택론이라는 것은 이미 잘 알려져 있다(민경국, 2003). 하이에크는 그 같은 국가관을 "치명적 자만"이라고 말한다(Hayek, 1988). 옛 소련이나 동유럽 사회주의 국가가 입증하듯이 그 같은 전능한 선의의 독재는 역사적으로 존재한 일이 없다.

정부의 권력을 제한하지 않으면 정부는 자신의 권력을 이용하여 시민의 자유와 재산을 유린하는 폭정을 야기하는 것은 필연적이다. 정부의 존재도 필연적이고 제한 없는 정부권력이 폭정을 야기하는 것도 필연적이다. 그래서 정부권력을 제한해야 한다는 헌법주의와 그 방법으로서 법치주의가 생겨난 것이다. 법의 지배의 가치를 가장 강력하게 옹호하고 있는 하이에크도 정부의 강제력을 제한하는 것이 법의 지배의 첫째 기능이라고 말하는 것은 결코 우연이 아니다(Hayek, 1944). 통치자의 자의나 기분에 따라 통치하는 인치가 아니라 이미 확립된 '법'을 통해 시민을 다스리라는 것이 법치다. 그러나 중요한 것은 법치라고 말할 때 법의 개념이다. 모든 독점이 그렇듯이 정치권력의 독점도 위험하다. 그래서 문제는 어떻게 독점적인 정부권력을 효과적으로 제한하여 시민의 자유와 재산을 보호할 것인가이다. 왜냐하면 정부의 권력을 제한하는 장치가 없으면 필연적으로 폭정을 야기하고 시민의 자유와 재산을 유린할 것이기 때문이다.

법의 보편성 원칙

홉스(Th. Hobbes), 벤담(J. Bentham)을 거쳐 20세기에 켈젠(H. Kelsen)과 하트(H. L. A. Hart) 등이 계승한 법실증주의처럼 모든 법은 입법자의 의지로 정의할 수 있는가? 입법부가 정한 법이면 무엇이든 법이라고 부르는 것만큼 웃기는 일은 없다. 이것은 순수한 동의어 반복이기 때문이다. 그리고 이러한 법실증주의야말로 법의 지배를 타락시키고 말았다. 그래서 법치주의의 두 번째 가치는 법의 개념과 관련되어 있다. 흥미롭게도 론 풀러(L. Fuller)는 법실증주의자였던 하트와의 논쟁에서 법은 입법자의 의지로 정의할 수 없다는 것을 보여주면서 법의 지위를 얻기 위해 충족해야 할 8가지 조건을 제시하고 있다(Fuller, 1964: Ch. 4). 중요한 것만 들면 일반성(generality), 소급 금지(prospectivity), 법의 공표, 법의 명확성, 법의 일관성, 지속성(continuity) 등이다. 이 같은 특질들이 법의 지위를 획득하기 위한 조건임과 동시에 법의 지배 개념에 그 의미를 부여해준다. 그의 저서 『법의 도덕성(The Morality of Law)』이라는 제목이 보여주는 바와 같이 법이 도덕성을 가질 수 있는 조건이라고 보아도 무방하다.

풀러보다 앞서서 하이에크는 1960년 저서 『자유의 헌법』에서 법의 지위를 얻기 위해 갖추어야 할 조건을 상세히 제시했다. 그 조건을 '보편성 원칙'

이라고 부른다(Hayek, 1976: 27-9).[6] 그것은 특히 일반성, 추상성 그리고 확실성이라는 세 가지 요소로 구성되어 있다. 보편성 원칙을 갖춘 행동규칙을 도덕철학적 용어를 사용하여 "정의로운 행동규칙(rule of just conduct)"이라고 말한다(Hayek, 1973). 그 같은 원칙을 갖춘 것만이 법(law, Recht)으로 인정하는 것을 법의 지배원칙의 두 번째 의미다. 하이에크가 보편성 원칙을 구성하는 세 가지 조건을 매우 상세하게 다루고 있는 것도 그 때문이다(Hayek, 1976: 24-29; Hayek, 1960: 148-161).

(1) 법의 일반성 조건

법 규칙은 개인과 사적 조직은 물론 정부도 예외 없이 적용되어야 한다는 것이다. 차별금지 원칙과 동일하다. 정부라고 예외가 될 수 없다. 그 어떤 것도 법 위에 존재해서는 안 된다는 것을 의미한다.

(2) 법의 추상성 조건

법은 이를 통해 달성하고자 하는 구체적인 목표나 동기가 없어야 한다는 것을 말한다. 특정한 시간과 장소를 고려해서도 안 된다. 이 조건은 법에 장기적 성격을 갖게 한다.[7] 그 같은 조건을 갖는 법은 특정 행동국면을 "당연히(per se)" 금지하는 내용으로 구성되어 있다. 그래서 선택의 자유와 혁신을 위한 여지가 높다.

---

6) 이탈리아의 유명한 법철학자였던 레오니는 그 원칙을 법의 "보편성(Universality)"이라고 부르고 있는데(Leoni 1961), 몽펠르랭 소사이어티의 회장도 지냈으나 일찍 세상을 떠났다. 그의 사상에 관해서는 민경국(2003, 159-176) 참조.

7) 하이에크는 '추상성'을 장래에 불특정 다수의 사례와 불특정 다수인에게 적용할 수 있어야 한다는 것을 요구한다고 말하고 있다. 이러한 의미에서 법은 장기적으로 적용되어야 한다는 것이다(Hayek, 1960: 208).

(3) 법의 확실성 조건

행동규칙은 알려져 있어야 하고 그 내용이 확실해야 한다. 법에 의해 금지되는 행동은 당사자들이 알 수 있고 확인할 수 있는 상황에만 좌우되어야 한다. 이 조건은 법의 안정성을 확보하기 위한 조건이다. 확실성의 조건을 갖추고 있을 경우에만 개개인들은 타인들의 기대를 형성할 수 있고 정부의 행동도 예측 가능하다.[8] 잦은 변동이나 갑작스런 법 변동도 법적 안정성에 기여할 수 없다. 단기적 성과를 얻기 위한 법의 단기성도 법적 불안을 야기하는 것은 매한가지다(Leoni, 1961: 81).

그런데 흥미로운 것은 이 같은 보편성 원칙이 어디에서 생겨났는가의 문제다. 이러한 보편성 원칙을 문화적 진화과정에서 발견한 인물은 하이에크다. 수렵 · 채취를 하면서 살아가던 원시사회의 행동규칙들은 지시와 명령의 형태로 구체적이고 차별적이었다. 인류가 발전해오면서 행동규칙들이 추상적이고 일반적인 방향으로 변동되어왔다(Hayek, 1979: Epilogue; 민경국, 2009). 변동과정에서 개인의 자유와 재산을 보호하는 행동규칙이 생겨난 것이다. 이 맥락에서 흥미로운 것은 그의 유명한 저서 『법, 입법 그리고 자유』가 보여주고 있듯이 "법(law)"과 "입법(legislation)"의 구분이다. 법은 문화적 진화를 거쳐 형성된 관습이나 관행에서 생겨난 "자생적 질서"를, 입법은 입법부 같은 입법자에 의한 "계획한 질서"를 지칭한다. 전자는 커먼 로(common law)다.

그러나 주목할 것은 법의 성격으로서의 보편성 원칙이다. 하이에크가 그같이 구분하여 자생적 질서로서 커먼 로에 우호적인 이유도 이것이 입법보다 보편성 원칙을 더 잘 충족하고, 이로써 개인의 자유와 재산을 효과적으로 보호하기 때문이다. 왜 법관들이 일반성, 추상성 등 보편성 원칙에 충실한

---

8) 행동규칙은 그 적용에 있어서 소급적이어서는 안 된다는 원칙도 이러한 조건에 포함된다.

법을 발견할 수 있었는가? 이 문제는 생략할 수밖에 없다.[9] 염두에 둘 것은 일반성, 추상성 그리고 확실성을 갖춘 것만 법이라고 부를 수 있다는 것이다. 정의롭지 못한 행동을 막아서 개인의 자유와 재산을 보호하기 때문이다.

공공정책의 원칙주의

　　법치주의를 구성하는 마지막 원칙은 정부 정책의 규칙 지향성이다. 시민의 자유를 광범위하게 위협하는 정부의 자의성을 피하거나 최소한으로 줄이기 위한 방법은 국가의 행동을 미리 정한 규칙으로 묶어놓는 것이다.[10] 이것은 앞에서 논의한 헌법주의와 관련이 있다. 규칙 지향적인 경제정책은 시장경제의 분배적 또는 자원배분의 결과를 수정하거나 개선하기 위한 정책이 아니라 보편성 원칙에 따라 시장경제의 법적인 틀을 확립하는 데 초점을 맞춘다. 그래서 뷰캐넌은 법의 지배원칙을 "원칙에 따른 정책(politics by principle)"이라고도 부른다(Buchanan/Congleton, 1998).[11]

　　독일의 프라이부르크학파를 창설한 오이켄은 그러한 정책을 '질서정책(Ordnungspolitik, order policy)'이라고 말하고 있다. 인간이 자유로이 경제활동을 할 제도적 법적 틀을 만드는 정책이다. 이때 질서는 그러한 행동규칙을 말한다(Eucken, 1954/1991). 정부의 활동을 재량적인 판단에 맡기는 것이 아니라 미리 정한 원칙과 규칙에 활동을 묶어둠으로써 정부의 자의적인 활동을 제한할 수 있다. 규칙에 구속시킴으로써 정부의 활동이 정해진 범위를 벗어났는지,

---

9) 이 문제에 대한 상세한 논의는 하이에크(Hayek, 1973: Ch. 5)와 레오니(Leoni, 1961) 참조. 그리고 레오니에 관한 논의는 민경국(2004: 159-171) 참조.

10) 밀턴 프리드먼의 규칙 지향적 통화정책이 그 대표적인 예다. 시장경제를 구성하는 원칙에 따른 정책도 마찬가지다. 사유재산 원칙, 계약의 원칙, 그리고 책임 원칙 등도 그에 해당한다.

11) 원칙에 따른 정책의 예를 들면 통화의 원칙주의 정책이며, 이에 관해서는 안재욱(2008) 참조.

권력을 남용했는지를 분명히 할 수 있다. 정부의 책임 여부를 확인하는 데도 도움이 된다. 정부 정책이 규칙에 구속되어 있기 때문에 시민은 정부가 무엇을 할 것인가 또는 무엇을 하지 않을 것인가를 확실히 예측할 수 있기 때문에 안정적으로 장기적인 계획을 세우고 자신의 지식을 동원할 수 있다.

법치주의와 시장경제

시장경제와 법치주의는 어떤 관계가 있는가? 흥미로운 것은 시장경제의 기반이 되는 행동규칙은 법치주의의 핵심요소로서 보편성 원칙을 충족하는 법이라는 점이다. 애덤 스미스, 데이비드 흄 등 고전적 자유주의 전통의 시장경제이론가들이 보여주고 있듯이 시장경제는 "자생적 질서(Spontaneous Order)"로서 그 구성원들이 특정 행동규칙을 준수할 경우에만 생성된다(Hayek, 1973). 행동규칙들은 도덕규칙, 관습, 관행 등 가치규범이나 법규범이다. 시장경제는 구성원들이 이 같은 규칙들을 지킨 결과이고, 이러한 규범 없이 시장경제는 생성되지 않는다. 그들 가운데에는 장구한 역사적 과정 속에서 문화적 진화를 거쳐 자생적으로 형성된 것들도 있고, 법규범과 같이 일부는 인위적으로 도입된 것들도 있다. 중요한 것은 어떤 성격의 규범이 시장의 자생적 질서에 적합한가의 문제다.

시장경제이론가들이 매우 심도 있게 규명했듯이, 행동규칙들은 일반적·금지적 성격의 내용을 가진 행동규칙이다. 법 규칙과 관련하여 말한다면 시장경제의 기반이 되는 법적 제도는 일반적이고 금지적 성격, 그리고 확실성을 가진 법 규칙이다. 다시 말하면 법치주의의 핵심요소로서 보편성 원칙을 충족한 법이어야 한다는 것이다. 따라서 시장경제는 법치주의를 구현한 경제적 국면일 따름이다. 법치주의에서 국가의 첫 번째 기능은 보편성

원칙을 충족하는 정의로운 행동규칙으로서 법 규칙을 집행하는 것이기 때문이다. 국가권력은 보편성 원칙에 해당하는 법을 집행하기 위해 국가권력을 행사하는 경우에만 정당하다.[12] 물론 이러한 권력행사의 목적은 사유재산, 자유로운 거래와 책임 원칙을 기반으로 하는 시장경제를 보호하는 것이다. 그렇기 때문에 프라이부르크 대학의 자유주의자였던 호프만은 시장경제는 법치국가를 전제하고 법치국가는 시장경제를 전제한다고 말하고 있다 (Hoppmann, 1988: 71).

법치주의에 역행하는 경제정책은 시장경제의 기능을 해치고 시장경제를 침해하는 경제정책은 법치국가의 기능을 해친다. 자유시장의 이념은 법치주의에 기반을 둔 것이다. 다시 말하면 공공정책은 다른 분야에서와 마찬가지로 경제 부문에서도 법치주의를 지향해야 한다. 법치주의에 충실한 경제정책은 시장경제질서를 위한 것과 동일하다. 따라서 시장경제 이념은 법치주의를 경제정책에 응용한 것이다. 그 같은 정책을 통해 개인의 자유와 재산이 보호될 경우 시장을 구성하는 원리로서 경쟁이 확립된다. 그래야만 새로운 해결책을 발견하는 "발견의 절차"와 잘못된 지식의 사용을 처벌하는 "처벌 메커니즘"이 기능을 행사한다(Streit, 1995).

법치주의와 지속 가능한 번영

국가권력을 제한하기 위한 헌법적 가치로서 법의 지배원칙이 왜 중요한

---

12) 뷰캐넌은 이러한 과제를 '보호국가적 과제', 칸트는 '법치국가적 과제'라고 부르고 있다. 이에 해당되는 법 규칙은 재산권법, 계약법 그리고 책임법이다.

가? 이에 대한 답은 다양하다. 첫째로 자유와 재산의 보호라는 관점이다. 법치주의는 자유주의와 시장경제의 보호자이자 법적 구현이다. 법치주의 없이는 자유주의와 시장경제는 존재할 수 없을 정도로 법치주의는 중요하다. 두 번째로 인식론적 관점에서 법치주의는 매우 중요하다. 세 번째로 공공선택론의 관점 그리고 경제성장론의 관점에서도 중요하다. 하이에크를 중심으로 인식론의 관점이 생겨났다(Hayek, 1988). 그다음에는 뷰캐넌을 중심으로 공공선택론의 관점이 생겨났다(Buchanan/Congleton: 1998). 가장 최근에 생겨난 것이 경제성장론의 관점이다. 물론 이 관점은 앞의 세 가지 관점과 분리된 것이 아니라 밀접하게 연관되어 있다.

인식론적 관점

법치주의가 중요한 이유는 지식의 문제를 극복할 수 있기 때문이다. 법치주의는 규칙 지향적인 경제정책을 요구한다. 이것은 시민의 상호작용을 통해 생겨나는 결과를 수정하거나 교체하려는 규제가 아니라 결과가 무엇이든 그들이 자유로이 타인들과 관계를 가질 틀을 마련하는 것이다. 이러한 정책은 오이켄에 의존하여 "질서정책"이라는 이름으로 정착되었다. 하이에크가 반복적으로 강조하고 있듯이 결과 지향적 정책은 극복하기가 불가능한 "지식의 문제"가 있다. 이상적인 결과를 얻기 위한 정책을 계획하기 위해서는 수많은 지식이 필요하다. 특히 시간과 장소와 결부된 현장지식이 필요하다. 그러나 이 같은 지식은 각처에 분산되어 존재하고 있고, 그러한 지식은 시시각각으로 변동되기 때문에 그 어느 정신도 습득하여 제때에 이용하기가 불가능하다.

결과 지향적 정책은 규제다. 비용-편익 분석이 그 대표적인 예다. 규제가 실패하는 이유는 이 같은 지식의 문제 때문이다. 사회주의가 망한 이유도 지식의 문제였다는 것은 잘 알려진 사실이다. 그러나 법의 지배원칙에 따른 정책은 그 같은 지식이 불필요하다. 정의롭지 못한 행동을 당연히(per se) 금지하기 때문이다. 그러나 무엇이 정의롭지 못한 행동인가를 찾아내거나 사유재산, 거래의 자유와 책임원칙을 효과적으로 보호하기 위한 법 규칙을 찾는 것도 용이한 것은 아니다. 그러나 결과 지향적 정책에서 필요로 하는 만큼의 지식을 요구하지는 않는다. 법치주의 아래에서 시민은 그 어떤 정신도 전부 수집하여 이용할 수 없는 지식을 자유로이 이용하고 새로운 지식을 개발하여 그들 자신의 목적을 추구할 수 있다. 지식의 자유로운 이용과 개발, 이것이 사회발전의 중요한 원동력이다. 그러나 반(反)법치주의 아래에서는 자유로운 지식의 이용과 개발이 정체된다.

공공선택론의 관점

법치주의는 차별을 금지하고 모든 사람에게 똑같이 법을 적용하는 것을 요구한다. 따라서 법치주의 아래에 있는 정부는 어떤 차별적인 정책도 펼칠 수 없다. 예를 들면 특정한 산업 또는 특정한 그룹을 보호하는 정책은 법치주의에 위반된다. 따라서 이익단체나 유권자들은 규제의 혜택을 받기 위해 정치적 영향력을 행사할 어떤 동기도 발생하지 않는다. 차별적인 법, 특혜성을 가진 법의 경우에는 유리한 방향으로 규제가 작성되도록, 또는 불리한 방향으로 규제가 작성되도록 정치적 영향력을 행사하려는 동기가 매우 크다. 그러나 법치주의의 법 작성이나 그 집행에서는 이러한 동기가 약화된다 (Buchanan/Congleton: 1998: 147-153).

흥미로운 것은 정치적 경쟁이다. 법치주의가 실현될 경우 정치적 경쟁에서 득표를 위한 전략으로서 차별적이거나 단기적이거나 또는 일관성 없는 정책을 공급할 수도 없다. 법치주의 아래에서는 득표 전략으로서 유권자들의 인기에 영합하는 포퓰리즘 정책도 억제될 수 있다. 정치가나 관료들이 보편적 이익의 관점에서 정책을 수립할 수 있다. 따라서 법치주의 아래에서는 시민, 정치가, 관료 그리고 시민단체들이 이권추구를 위한 비생산적 투자가 줄어들고 그 대신에 그들의 모든 역량이 생산적으로 투자될 수 있다.

경제발전론의 관점

법치주의의 미덕은 번영을 가져다준다는 점이다. 많은 학자들이 통계를 이용하여 법의 지배와 번영의 관계를 이해하려고 노력했다. 배로는 법의 지배를 유지하는 것이 경제발전에 유리하다는 것을 발견했다(Barro, 1997). 뵈트케와 서브릭도 법의 지배가 인간개발에 미치는 영향을 통계적으로 파악하고 있다. 법의 지배가 지켜지는 사회에서는 인간의 평균 수명도 길어지고 건강지출도 증가한다. 유아 사망률은 감소하고 문맹자 수도 감소한다(Boettke/Shubrick, 2003).

법의 지배는 추상적, 일반적 그리고 확실한 법 규칙을 통해 무엇보다 자유와 재산을 안정적으로 보호한다. 정부의 자의적인 계획도 배제하며 특권도 배제한다. 이러한 제도적 틀 내에서 시민은 교환의 편익을 인식할 수 있고 기업가적 정신을 활성화한다. 이러한 기업가적 과정을 통해 경제가 번영한다(Hayek, 1960; 유정호, 2009). 벤저민 프리드먼이 적절히 지적하듯이 자유경제를 통한 경제적 번영은 관용과 너그러움 그리고 공정성 같은 도덕도 함양한다(Friedman, 2006). 사회주의가 몰락한 근본적인 이유도 정부권력을 제한하지 못했고 정치권력은 자유와 재산을 유린할 정도로 비대했기 때문이다(Pipes, 1999).

법의 지배 전통이 약하고 자의적인 정부권력이 큰 라틴아메리카는 경제적으로도 빈약하다. 더구나 사회주의와 해방신학에 의해 강력한 영향을 받았다. 법의 지배가 반영하는 사유재산과 자유 대신에 사회정의 같은 집단주의로부터 받은 영향도 컸다. 그 결과는 경제침체와 정치적 불안이다(Zywicki, 2003).

법치주의의 적용: 정부간섭에 대한 비판

법치주의는 법 규칙이 일반성, 추상성 그리고 확실성을 갖게 하는 원칙이다. 법치주의 관점에서 정부간섭을 평가할 수 있다. 이러한 원칙에 반하는 대표적인 간섭의 예를 들면, 특정산업을 보호하기 위한 법, 유사한 토지에 대한 상이한 토지이용 규제, 지역균형발전을 목표로 하는 모든 규제 등이다. 이들은 엄밀한 의미에서 "법(Recht)"이 아니라 "처분법(Maßnahmengesetz)"이다.[13] 비용-편익 분석에서 도출된 법, 사회적 후생함수에서 도출된 법, "시장구조-시장행동-시장성과" 패러다임에서 도출된 독과점 규제법도 매한가지다. 이 글에서는 법치주의의 이념에 비추어 노동조합의 문제, 복지국가 그리고 조세정책, 그리고 민주주의 문제를 평가할 것이다.

민주적 입법과 법치주의

민주주의는 법치주의의 본질적 요소인가? 미네소타 대학 법학과 교수

---

13) 하이에크는 이 맥락에서 노모스(nomos)와 테시스(thesis)를 구분하고 있다. 전자는 자유의 법, 후자는 규제법을 말한다.

인 스타인은 그렇다고 말하고 있다(Stein, 2009: 300). 헌법학자 계희열 교수는 민주주의는 법치국가를 전제하고 있다고 말한다(계희열, 2004: 408). 이 같은 생각은 오늘날 대부분의 학자들이 공감할 것이다. 그러나 그 같은 생각은 전적으로 옳은 것이 아니다. 민주주의와 법치주의는 그 성격상 전적으로 다르다. 민주주의는 법의 원천, 권력의 원천 또는 권력구조와 관련되어 있다. 그러나 법의 지배는 법의 내용, 권력의 내용과 관련되어 있다. 그리고 그것은 국가권력의 구조 문제를 다루는 것이 아니라 국가권력의 제한 문제와 관련되어 있다. 따라서 두 이념은 충돌할 가능성이 상존한다.

충돌 가능성은 민주주의 정치과정을 분석할 경우 또렷이 드러난다. 우리가 민주주의를 정치적 경쟁을 통한 지배자의 선거 또는 집단적인 의사결정방법으로 이해한다면, 민주주의가 정말로 법치주의와 양립하는가의 문제를 진지하게 분석할 필요가 있다. 예를 들면 민주적 선거과정을 거쳐 의회가 구성된다. 유권자들, 이익단체들 그리고 그 밖의 다양한 집단이 입법과정에 미치는 영향이 매우 크다. 그 같은 정치적 과정을 보면 스타인의 생각과는 전적으로 다르다. 공공선택론이 보여주는 바와 같이 민주적 의사결정은 기본적으로 다음과 같은 네 가지 특징이 있다(민경국, 1995: 김정호, 1998: 17-21). 첫째로 보편적 이익보다는 특수이익을 보호하려고 한다. 둘째로 장기적 정책보다는 단기적 정책을 선호한다. 셋째로 원칙의 정책보다는 이해관계의 정책을 선호한다. 넷째로 일관성도 확실성도 없다.

민주적 의사결정의 이 같은 특징은 민주적 입법이 법 지배의 핵심적 원칙으로서 보편성 원칙과 정면으로 충돌하고 있음을 매우 또렷하게 보여준다. 그래서 민주적 의사결정 방식은 개인의 자유와 재산을 효과적으로 보호할 수도 없고 시장경제를 확립한다고 볼 수도 없다. 자유주의자들이 민주적 입법을 반대한 것은 그 같은 이유 때문이다. 그들은 민주적 입법을 법의 지배

아래에 놓아야 한다는 것, 다시 말하면 법치주의로 민주주의 자체를 제한해야 할 것을 요구한다.[14] 민주주의가 법치주의와 서로 융합할 수 있기 위해서는 "무제한적 민주주의"가 아니라 "제한적 민주주의"여야 한다.

노동조합과 법치주의

대한민국 헌법 제33조는 근로집단에게 '노동3권'이라는 권리를 헌법상 기본권으로 부여하고 있다. 이는 헌법이 법의 지배원칙을 위반한 대표적 사례다. 더구나 노동조합은 파업권도 가지고 있다. 사용자에게 협박하는 것이 파업인데, 이것은 강제다. 그 같은 특권으로 노동조합은 오늘날 특별한 그리고 대단히 위험한 독점이 되었다(Mises, 1996: 376, Hayek, 1960: 18장). 사적인 강제를 막고 개인의 자유를 보호하는 것이 법치주의에서 국가의 첫 번째 과제임에도 노조에게 특권 그리고 "정당한" 무기로서 강제를 허용한 것은 법치주의의 위반이다.

노조는 파업이라는 강력한 무기를 통해 구성원들의 일자리를 보호하거나 노임을 인상한다. 그러나 이 같은 특권 남용의 결과는 실업이다. 노동조합의 임금구조를 고집하기 때문에 노동이동이 유연할 수 없다. 실업을 구제하기 위해 정부는 통화 공급을 늘린다. 그러나 이는 인플레이션을 조장하고 경제를 더욱 불안하게 만들 뿐이다. 흥미로운 것은 노조가 실업이 자신의 행동 결과임에도 책임지지 않는다는 점이다. 케인스의 처방에 따라 정부는 완전 고용에 대해 책임을 지고 있다. 그러나 이 같은 책임은 법치주의의 훼손을 야기할 뿐이다. 실업은 정부가 책임지기 때문에 노조는 자신들의 행동이 실업

---

14) 하이에크는 법을 발견하고 개선하는 것을 전문으로 하는 특수한 입법기관을 설립할 것을 제안하고 있다.

에 미치는 영향을 고려할 필요 없이 노조활동을 확대하는 등 도덕적 해이가 조장되었다. 정부는 실업을 구제하기 위해 총수요를 증대시키려고 했지만 결과는 인플레였다(Shand, 1990/1996: 292).

모두 시민이 감당해야 할 피해다. 실업에 대한 책임을 지기 위해 정부는 납세자의 부담으로 실업보험제도 또는 실업보조금제도를 도입하기도 했지만, 도덕적 해이만 더욱더 조장하고 더 큰 실업을 야기할 뿐이었다. 따라서 하이에크가 주장하듯이 노동조합주의는 법의 지배원칙을 위반하고 시장경제를 마비시키는 정부활동의 범위만 확대시켰다(Hayek, 1960: 283). 법치주의를 회복하기 위해서는 무엇보다 노동조합의 파업권을 철폐해야 한다.

복지국가와 법치주의

법의 지배원칙을 부활하고 강조했던 중요한 계기 가운데 하나가 복지국가의 등장이었다는 것은 이미 설명했다. 어떻게 이것이 체계적으로 법의 지배원칙을 훼손하고 자유사회를 손상하는가? 공동체가 일할 정신적·육체적 능력이 없거나 극빈자 또는 굶주린 자들을 돌봐야 한다는 것은 자유주의자들의 일치된 견해다(Hayek, 1960: 285; Friedman, 1963/1995: ?). 그러나 현재 서구사회에서 전개되고 있는 복지모델은 그와 다르다. 그 특징은 두 가지다(Hayek, 1960: 287). 하나는 누구나 강제로 보험(강제연금보험, 강제건강보험, 강제실업보험 등)에 가입해야 한다는 것이다. 다른 하나는 시민이 가입할 보험회사를 정부가 강제로 정하는 것이다. 이 같은 모델은 "인간다운 생활을 할 권리"를 보장한 대한민국 헌법 제34조에도 규정되어 있다.

첫 번째 강제를 어떻게 정당화할 수 있는가? 법치주의에서 정부의 강제권은 보편적 원칙을 충족하는 법 규칙을 집행할 경우에만 정당하다. 그러한 법 규칙은 정의롭지 못한 행동을 금지하여 개인의 재산과 자유를 보호하려는 것이다. 정의롭지 않은 행동과 관련된 것은 언제나 타인들을 향한 행동이다. 그런데 내가 나의 미래의 위험(노쇠, 실업, 질병)에 대해 준비하지 않는 것이 타인들에 대해 무슨 잘못된 일인가? 타인들의 재산이나 자유를 해치는 행동인가?[15) 아무리 생각해도 강제보험은 정당화될 수 없다.

논의를 위해 그 같은 강제가 타당하다고 하자. 그러면 정부가 보험회사를 강제로 지정하는 것이 타당한가? 오늘날 정부가 강제로 지정한 보험회사는 국가의 독점 보험기관이다(보험관리공단 같은 국영보험기관). 국가독점 모델에서 정부의 강제 행사는 법의 지배를 위반하고 있다. 강제는 특정 행동을 하도록 명령하는 지시와 동일하다. 개인의 자유를 정면으로 침해한다. 더구나 정부에 의한 보험상품의 공급독점은 다양한 공급자들의 경쟁을 체계적으로 배제하고 있다. 이러한 독점은 시장경제의 중요한 장점을 이용하지 못하고 있다. 즉, 공급자가 다양하다면 경쟁을 통해 제각기 다양한 수요자의 위험들을 효과적으로 대비할 수 있는 해결책들이 발견된다. 그리고 경쟁과정을 통해 잘못된 해결책의 공급자들을 처벌하고 성공적인 공급자를 보상한다. 이와 같이 경쟁은 새로운 해결책에 대한 발견절차로서 그리고 나쁜 공급자에 대한 처벌 메커니즘으로 작용한다. 그러나 정부독점은 이 같은 중요한 사회적 메커니즘을 이용하지 못한다.

다른 한편 시민이 수요자로서 독점공급을 통제하고 감시·감독할 수 있다고도 생각할 것이다. 그러나 유감스럽게도 시민이 감시·감독할 만큼 복지제도가 간단하지 않다. 전문가도 세부사항을 제대로 알기가 불가능할 정도로

---

15) 하이에크는 개인들의 자유에 맡기면 위험 대책을 세우지 않고 이것이 나중에는 공동체의 부담이 될 것이기 때문에 자동차보험처럼 강제해야 한다고 주장한다(Hayek, 1960: 285). 그러나 자동차보험이 강제적인 이유는 운전자 자신을 위한 것이 아니라 운전 중에 타인의 재산과 생명을 침해하기 때문이다. 이는 불법행위라고 볼 수 있다.

사회보장제도의 규칙과 규제는 매우 복잡하다. 그렇기 때문에 민주적인 방식으로 통제한다는 것은 실제로 불가능하다(Shand, 1990/1996: 256). 민주주의가 그것을 통제하기는 고사하고 복잡하고 방만한 복지제도의 원인이 된다. 복지제도의 복잡성은 심각한 문제를 야기한다. 전문가나 관료의 이해관계에 따라 작동하는 것이 오늘날의 복지제도라는 것이다. 이것은 개인의 자유와 재산 침해다. 법치주의를 위반한 전형적인 제도다.

강제보험제도가 법치주의를 위반하고 자유사회를 위태롭게 하는 이유는 또 있다. 이 제도를 가지고 극빈자의 기초생활 보장을 하는 것이 아니라 평등을 위해 소득을 재분배하기 때문이다. 이러한 재분배는 재정부담자의 재산을 침해한다. 정의롭지 않은 행동을 하지 않았음에도 개인의 재산을 강제로 타인들에게 이전하는 것은 법치주의에 어긋난다. 법치주의에서 국가는 이 같은 강제를 행사할 권한이 없다.

누진세와 법치주의

자본주의를 가장 불의에 찬 질서라고 비판했던 마르크스는 고율의 누진과세야말로 무산자가 부르주아로부터 모든 자본을 빼앗을 수 있는 수단이라고 말했다(Hayek, 1960: 308). 오늘날에는 일반적으로 누진세를 통한 소득의 재분배를 "정의롭다"고 믿고 있다. 그러나 다른 일각에서는 이 누진세를 비판하고 있다. 존 스튜어트 밀(J. S. Mill)은 누진세를 부드러운 도둑질 형태로 취급했다. 칸트의 법치국가를 계승하여 19세기 말 법치국가 운동의 지도자였던 그나이스트(R. v. Gneist)는 누진세제도는 재산에 대한 침해를 방어하기 위한 유일한 수단을 제공하는 법 앞의 평등 원칙(차별금지 원칙)을 포기하는 것이라고 주장했다(Hayek, 1960: 310).

누진세에 대한 비판으로서 우리가 주목하는 것은 하이에크다. 그는 누진세제도의 도입을 정치경제학적으로 파악하고 있다. 정치가들이 분배정의의 실현을 핑계로 하여 누진세를 유권자들의 지지를 얻기 위한 수단으로 이용한다는 것이다. 누진세는 부자에 대한 차별이기 때문에 법치의 핵심으로서 평등원칙을 위반한 것이라고 한다. 그래서 누진세는 자유사회의 위협이라고 여기고 있다. 하이에크는 평등원칙에 충실한 조세원칙으로서 소득세의 비례세제도를 제안하고 있다. 국가가 공급하는 서비스의 이용은 소득의 수준과 비례하기 때문에 비례세제도는 합의를 보기에 적합하다고 한다. 비례세제도를 찬성하는 학자는 뷰캐넌이다(Buchanan/Congleton: 1998: 93). 그도 차별금지의 원칙에 충실한 조세제도는 비례세제도라고 보면서 이 제도야말로 다수결 원칙에서 다수가 차별하여 소수를 이용하려는 성향을 막기 위한 최상의 수단이라고 보고 있다.

누진세제도에 따른 차별은 일할 의욕과 자본축적에 부정적인 영향을 미치므로 경제성장에도 지속적으로 나쁜 영향을 미친다. 그래서 오늘날 많은 나라에서 상위계층의 소득세율을 낮추려고 한다. 이것은 법치주의 관점에서도 매우 소망스럽다. 그러나 이것은 부자들만을 위한 감세정책이라고 비판하는 목소리도 높다. 그러나 세율을 낮추면 경제가 성장하고 일자리가 늘어날 뿐만 아니라 상류층은 물론 저소득층의 소득도 증가한다. 상류층의 세율을 삭감했다고 해서 상류층의 조세부담도 줄어드는 것이 아니다. 조세삭감으로 경제가 성장하면 과세할 소득도 증가한다.

법치주의와 자유주의

이 글의 목적은 오늘날 다양한 의미로 사용되기 때문에 정치적 가이드로서 역할을 다하지 못하는 법치주의의 의미를 명확히 하는 것, 다시 말해서 그 정치적 이상은 자유주의와 분리할 수 없는 이념이라는 것을 보여주는 것이다. 첫째로 역사적으로 다이시(A. C. Dicey)와 하이에크(F. A. Hayek)에게서 볼 수 있는 것처럼 법치주의는 사회주의나 간섭주의의 등장과 확산을 공격하여 애덤 스미스, 데이비드 흄 등의 자유주의 전통을 보호하기 위해 발전되어왔다. 그래서 법치주의는 자유주의와 분리해서 생각할 수 없다.

둘째로 법치주의를 구성하는 세 가지 원칙만 본다고 해도 그것은 자유주의와 시장경제를 보호하기 위한 법적 개념이라는 것이 분명히 드러난다. (1) 첫 번째 구성요소는 정부의 권력을 제한해야 한다는 의미의 헌법주의다. (2) 두 번째 구성요소는 법의 지위를 획득하기 위한 조건이다. 보편성 원칙이라고 부르는 그 조건은 일반성, 추상성 그리고 확실성이다. 이러한 조건을 갖춘 행동규칙만이 법이다. (3) 세 번째 구성요소는 정부의 재량적인 권력을 억제하기 위한 공공정책의 규칙 지향성이다. 따라서 법치주의는 시장경제의 보호자이자 법적 구현이라고 해도 무방하다. 법치주의 없이는 자유주의는 생각할 수 없다.

셋째로 법치주의는 번영을 매개로 하여 자유주의와 불가분의 관계가 있다. 그것은 시민에게 자유롭고 안정적인 경제활동을 가능하게 하는 제도적 환경을 보장하기 때문이다. 따라서 자유와 번영을 추구하는 사회라면 법치주의를 실현해야 한다. 마지막으로 법치주의 없이는 자유주의와 시장경제를 보호할 수 없다는 것을 다양한 간섭주의 정책으로부터 확인할 수 있다. 민주주의는 법치주의의 본질적 요소가 아니다. 민주적 입법은 법치주의를 위반하는 정책을 야기하기 때문이다.

    이 같은 관점에서 볼 때 법치를 "시민에게 법을 지키도록 만드는 것이라는 임종훈 교수의 법치인식"(임종훈, 2009: 102), "국가권력의 기능적·조직적 형태를 정하려는 것"이라는 허영 교수의 법치 이해는 법실증주의에서 나온 가짜 법치 개념이다. 진짜 법치는 "법대로(Rule by Law)"와도 전적으로 다르다. 이는 "힘이 정의다"라는 법실증주의 개념에서 나온 법치 이해. 입법부가 정한 법을 염두에 두고 법치주의를 "법률에 의한"으로 해석하는 것도 가짜 법치의 소산이다. 그러한 가짜 법치 개념으로는 결코 개인의 자유와 재산을 보호할 수 없고 오히려 국가의 권력을 무제한 허용할 뿐이다. 그러한 법치 개념은 무제한적 민주주의를 부를 뿐이다.

2
자생적 질서, 법 그리고 법치주의: 하이에크

　'언어(言語)'는 생각이나 느낌을 음성이나 문자 등으로 전달하는 수단이다. 우리는 언어를 통해 우리가 본 사물이나 주변 환경 등을 표현한다. 그러나 언어는 세상을 있는 그대로 반영하는 것이 아니다. 언어는 세상에 대한 해석이다. 언어 속에는 세상을 보는 관점이 들어 있다. 그래서 언어를 배움으로써 세상에 관한 모습을 배운다. 그리고 언어는 우리의 행동을 안내하여 불확실한 세상에서 우리의 삶의 개척을 용이하게 한다. 언어는 정치적 귀결을 내포하는 세계관, 세상을 바라보는 관점이 들어 있기 때문에 우리의 사고를 규정한다. 그래서 언어는 옳고 분명해야 한다.

　하이에크가 자신의 저서 『치명적 자만』에서 공자(孔子)의 말을 인용하여 잘 설명하고 있듯이, 말이 의미를 잃게 되면 우리는 손과 발을 움직일 여지가 없고 그래서 자유를 상실하게 된다(Hayek, 1988: 106). 최광 교수는 최근 매우 흥미로운 논문인 「개념과 이념의 오류 및 혼란과 국가 정책」에서 진보, 민주화, 선진화, 보수 등 이념적 언어가 정확하지 않기 때문에 공공정책에 대한 논의가 어렵다고 개탄하고 있다(최광, 2011).

'법의 지배(the Rule of Law)' 또는 '법치주의'만큼 다양한 의미로 사용하여[16] 그 진의(眞義)를 상실했기 때문에 정치적 가이드로 기능할 수 없는 개념이 되어버린 예도 드물다. 더욱더 우리를 우려하게 만드는 것은 그 개념적 혼란이 정치를 오도하여 인류를 문명의 길로 안내했던 자유를 파괴한다는 점이다. 어떤 학자는 그것을 의회가 정한 법에 따라 통치하는 것이라고 이해한다. 또 다른 학자는 시민의 준법을 강조하기 위해 사용하거나 법치 내에서도 복지국가가 가능하다고 주장하기도 한다. 정책은 법에 근거해야 한다는 것을 의미하는 것으로 법치 개념을 사용하기도 한다. 심지어는 법치를 헌법우위사상으로 이해하는 학자도 있다.

따라서 개념적 혼란과 왜곡에서 법치주의 개념을 구출하여 제자리를 잡아주는 것이 자유주의 이념의 발전을 위해 매우 중요하다고 본다. 우선 헌법학자들이 사용하는 법치주의 개념을 설명하면서 그들에게 역사적 접근과 질서이론이 없기 때문에 개념적 혼란에 빠져 있다는 것을 보여줄 것이다. 이어서 법치주의의 개념을 도출하기 위한 '질서이론'을 소개할 것이다. 이 이론의 핵심은 시장경제의 성격에 속하는 '자생적 질서이론'이다. 자생적 질서이론을 바탕으로 하여 법치주의를 구성하는 세 가지 원칙을 설명할 것이다. 이 설명에 이어서 법과 법치주의 개념이 타락한 이유와 남용을 부추긴 요소들을 설명할 것이다. 마지막으로 우리나라의 학자들이 사용하는 개념을 평가할 것이다.

---

16) 이 글에서 '법의 지배'와 '법치주의'는 같은 개념으로 사용한다. 흔히 법치주의 대신에 '법치'라는 말을 사용하기도 한다. 법치주의에 해당하는 영어나 독일어는 없다.

법치주의의 개념적 혼란과 방법론적 결함

학자들이나 언론 매체 또는 정계에서 법치주의를 어떻게 사용하고 있는가? 그리고 그들이 사용하는 개념적 의미가 어떤 정치적 의미를 함축하고 있는가? 이 문제를 규명하는 것은 흥미롭다. 이 글에서는 헌법학자들에 국한하여 그 같은 문제를 다룰 것이다. 왜 하필이면 헌법학자들인가? 그 이유는 간단하다. 즉, 한 사회의 상부구조를 형성하는 것이 한 나라의 헌법이다. 따라서 헌법학은 사회질서에 대한 가장 근원적인 학문이라고 볼 수 있다.

유감스럽게도 헌법학자들은 제각기 법치주의 개념을 매우 다양한 의미로 사용하고 있다. 헌법학자의 수만큼 그 개념의 의미도 많다. 학자마다 서로 다르게 사용하고 있기 때문에 그것이 도대체 무엇을 의미하는지조차 알 수 없다. 그들이 사용하는 의미가 어떤 정치적 함의를 가지고 있는가의 문제를 중심으로 그들이 사용하는 개념을 비판적으로 설명할 것이다. 이어서 그들의 개념규정의 근원적인 문제를 밝히고자 한다.

국내 헌법학자들의 사례

국내의 주요 헌법학자들, 특히 필자가 보기에 가장 권위 있는 학자들이 법치주의를 어떻게 이해하고 있고, 그 이해의 문제점은 무엇인가를 살펴보기로 하자.

(1) 허영 교수

허영 교수는 자신의 2001년 저서 『한국헌법론』에서 법치주의를 "자유, 평등, 정의의 이념을 실현할 수 있도록 정치질서나 국가권력의 기능적 조직적 형태를 정하려는 것"이라고 말하고 있다(허영, 2001: 141). 그는 법치주의를 자유와 평등 그리고 정의를 실현하기 위한 권력구조 또는 권력분립을 의미하는 것으로 사용하고 있다. 그러나 우리가 직시해야 할 것은 평등은 상이한, 상반된 내용으로 개념 규정을 할 수 있다는 점이다. 그 같은 상반된 내용은 상반된 정치적 귀결을 가지고 있다는 것이다. 정의와 자유의 개념도 마찬가지다. 문제는 상이한 내용은 상이한 내용의 법치주의를 불러온다는 점이다. 의미에 따라서는 매우 위험한 정치적 결과를 초래하기도 한다.

한 가지 문제만 짚고 넘어가면 다음과 같다. 법치주의의 목표에서 평등 개념을 결과 평등 또는 기회의 평등으로 이해한다면 법치주의를 실현하기 위해서는 광범위한 정부간섭을 초래하는 차별적이고 특혜적인 입법을 야기하고, 그래서 개인의 자유와 재산의 침해를 부른다. 사람들의 출발기회는 가족, 타고난 능력, 타고난 지역 등 다양한 요인에 의해 견정된다. 출발기회를 평등하게 만들기 위해서는 기회의 차별을 야기하는 요인들을 똑같게 만들거나 제거해야 하기 때문이다. 이 같은 내용의 평등가치를 실현하기 위한 정치질서나 국가권력의 기능적·조직적 형태라면 법치주의는 결국 개인의 자유와 재산을 침해하는 정치적 이상이라고 볼 수 있다.

(2) 양건 교수와 헌법재판소

양건 교수는 2011년 자신의 제2판 『헌법강의』에서 다음과 같이 말하고 있다. "법치주의의 핵심적 의미는 국가작용이 의회가 정한 법률에 근거하고, 그 법률에 따라 행해져야 한다는 것이다"(양건, 2011: 192).[17] 헌법재판소도 양건 교수와 유사하게 법치주의를 이해하고 있다. 예컨대 1991년 사립학교법 제

---

17) 그는 법치주의의 요소로서 "자유, 평등, 기본권 보장, 소급입법 금지, 의회가 정한 법 그리고 안정성, 명확성" 등을 들고 있다.

55조 등에 관한 위헌심판에서 "법치주의 아래에서는 국민의 기본권 제한은 반드시 법률에 의해야 함과 동시에 ……"라고 말하고 있다(90헌가5). 법치주의를 '법률에 의한' 또는 '법률에 근거한'으로 이해하고 있다고 볼 수 있다.[18]

그러나 민주주의 국가에서 법을 의회(또는 권한이 부여된 입법가)가 정한다면, 법치주의는 의회에서 정한 법이면 그 내용이 무엇이든 모두 법이라고 보고 이 법에 의해 지배하는 것을 법의 지배라고 보고 있는 듯하다. 이는 전형적인 법실증주의 입장으로서 매우 위험한 정치적 결과를 부른다. 성매매를 금지하는 법, 준법지원을 위해 기업에 법률전문가 고용을 강제하는 법, 학교의 자유로운 선택을 금지하는 법 등 입법부에서 통과되었다면 이러한 것도 법이라고 부르고 이를 집행하는 것이 법의 지배라고 해석할 수 있다.

(3) 성낙인 교수와 홍성방 교수

성낙인 교수는 자신의 2011년 제11판 저서 『헌법학』에서 형식적 법치주의는 "법률에 의한 지배 원리로 …… 평가할 수 있다"고 말하고, 실질적 법치주의는 "의회주권론 내지 법률주권론에 기초한 법률의 우위가 아니라 성문헌법의 우위로 귀결된다"고 말했다(성낙인, 2011: 249-150). 헌법에 따르는 것을 법치주의라고 이해하고 있는 듯하다. 이 같은 생각과 일치하는 학자는 홍성방 교수다. 그는 2009년 6판 『헌법학』에서 법치주의는 "법률 우위가 아니라 헌법 우위로 나타나며, 그 핵심과제는 합법성의 근거가 되는 법률과 정당성의 근거가 되는 법을 조화시키는 데 있다"고 말했다(홍성방, 2009: 157).

헌법과 양립하는 입법에 따라 통치하는 것을 법의 지배라고 부르는 듯

---

18) 또 헌법재판소가 이와 유사한 내용으로 사용하고 있는 판결문의 예를 보면 "조세법률주의는 조세법의 목적과 내용이 기본권 보장의 헌법이념에 부합되어야 한다는 실질적 적법절차를 요구하는 법치주의를 의미하는바 ……"(2004헌바76).

하다. 헌법우위가 법의 정당성과 합법성을 담보하는 것으로 이해하는 듯하다. 그래서 법치주의를 '성문헌법 우위'라고 주장한다. 헌법재판소가 대한민국 헌법이 지향하는 경제질서를 "사회적 시장경제"라고 판결했기 때문에[19] 대한민국 헌법 제119조 제2항에 따라 분배정의, 경제민주화를 실현하기 위한 입법도 법의 지배원칙에 해당되는 것이라고 해석할 수 있다. 또는 우리나라 헌법 제31조 교육을 받을 권리, 제32조 근로의 권리, 제33조 근로자의 단결권 그리고 제35조 환경권과 주택개발정책 등 사회적 기본권을 확립하기 위한 "사회입법(social legislation)"마저 법치주의에 해당된다고 말할 수 있다. 그 결과 법치주의가 아닌 것이 없다.

(4) 강경근 교수

헌법학자 강경근 교수는 법치주의를 "국가권력의 발동을 위한 형성원리인 동시에 그 한정을 가능하게 하는 제한원리"라고 이해하면서 법치에서 정부는 "의회의 제정 법률에 근거해야 하며, 그 법률은 정법(Recht)에 합치하는 규범이어야" 하며, 그리고 그 "정법"은 "이성에 의해 정한 것"이라고 말한다(강경근. 2004: 124). 이와 같이 '정법에 따른 통치'를 법치로 이해하고 있다. 법치와 관련하여 강경근 교수가 강조하는 것은 의회가 정한 법이라고 해서 모두 법이 아니고 정법에 합치되는 법에 따른 통치를 법치로 이해하고 있다. 정법을 이성에 의해 정한 법이라고 말하고 있는데, 이것이 무엇을 말하는지가 불분명하다. 결국 강 교수는 데카르트, 토머스 홉스, 존 롤스와 같이 인간 이성을 통해 법을 창출할 수 있다고 믿는 전형적인 구성주의적 합리주의자다.

---

19) "우리나라 헌법상 경제질서는 자유시장경제를 바탕으로 하면서도 이에 수반되는 갖가지 모순을 제거하고 사회복지 · 사회정의를 실현하기 위해 국가적 규제와 조정을 용인하는 사회적 시장경제를 채택하고 있다."(92헌바47)

(5) 임종훈 교수

헌법학자 임종훈 교수는 시민이 법을 지키지 않는 것을 "법치주의의 실종"이라고 비판함으로써 시민의 준법을 법치주의로 이해하고 있다(임종훈. 2009: 102). 무슨 법이든 시민의 준법의식을 강요하기 위한 위정자의 구호로 여긴다. 물론 준법이 가능하기 위해 적법 절차 또는 법의 공정성 등을 강조하고는 있지만 이것들은 법치, 즉 준법을 개선하기 위한 방법일 뿐이다.

(6) 한수웅 교수

한수웅 교수는 자신의 2011년 『헌법학』에서 법치주의는 "다수에 의한 정치적 지배를 제한하고 통제함으로써 개인의 자유와 권리를 보장하는 원리다"라고 말한다(한수웅, 2011: 104). 법치주의를 공권력 행사방법과 한계에 관한 원리라고 이해하면서 그 구성요소로 기본권 보장과 과잉금지 원칙 그리고 권력분립을 들고 있다(한수웅, 2011: 104). 법치국가는 소극적인 현상유지 국가이고, 사회국가는 적극적인 사회형성의 국가라고 말한다(한수웅, 2011: 105).

한수웅 교수의 해석이 매우 돋보인다. 법치주의의 핵심은 다수에 의한 정치적 지배를 제한하고 개인의 자유와 권리를 보장하는 원리라고 말하고 있다. 이 같은 점에서 그의 개념은 허영 교수의 이해보다 훨씬 더 개선된 것이다. 그러나 아쉬운 점은 과잉금지 원칙을 법의 지배원칙의 구성요소로 보고 있다는 점이다. 과잉금지 원칙은 법치주의의 핵심요소로서 당연 금지 원칙(per se rule)이 아니라 이성의 규칙(rule of reason)이다. '이성규칙'은 특정 행동의 허용 여부를 그 행동의 효과를 보고 판단할 뿐만 아니라 특히 중요한 것은 "사례가 생길 때마다"(case by case) 그 같은 효과를 분석한다. 과잉금지 원칙도 특정의 목적을 달성하기 위한 수단을 목적 달성에 비해 과잉투입했는가의 여부를 결정하여 정부의 정책을 평가한다. 이러한 의미에서 그것도 이성규칙이나 마찬가지다. 이성규칙이란 경제적 합리성에 의해 판단한다는 원칙이다. 그것은 사실상 규칙이라고 볼 수 없다. 규칙이란 특정의 행동방식을 그 효과와는 관계없이 항상 적용하는 것을 의미한다. 규칙은 규칙성과 밀접한 관련을 가지고 있다.

과잉금지 원칙이 국가권력을 제한하는 데 성공했는가? 그렇지 않다. 독일의 사례가 이를 입증한다. 그것은 정부의 과도한 적자예산이나 복지국가의 확장도 막지 못했다.

헌법학의 두 가지 방법론적 오류

왜 법치주의가 개념적 혼란에 빠져 있는가? 그 근본적인 이유는 방법론적 오류 때문이다. 이는 두 가지로 나눌 수 있는데, 하나는 법치주의가 생성된 역사적 배경에 대한 이해의 부족이고, 다른 하나는 질서이론의 결핍이다.[20] 헌법학 관련 문헌을 읽어보면 법치주의의 역사적 기원에 대한 논의가 전혀 없다. 어떤 이념이든 그 이념의 역사적 기원에 관한 연구는 이념이 생성된 이래 첨가된 불순물을 제거하여 순수한 것을 정립하는 데 중요한 기여를 한다. 법치주의의 역사적 기원을 추적하면 그것이 '자유주의', 즉 '자유사회질서'와 밀접한 관련성을 가지고 있다는 점을 알 수 있다. 법의 지배 개념을 관찰한 로스는 "(법치주의는) 오랜 기간 존속해온 강력한 그리고 중요한 자유주의의 요소다"라고 말했다(Rose, 2004: 457).

법치주의는 자유주의의 유서 깊은 전통 속에서 정립된 정치적 이상이

---

20) 헤이거(1999/2002)의 저서 『법치로 가는 길』은 읽을 만한 가치가 있다. 이 글에서 확인하는 법의 지배에 대한 내용과 일치하기 때문이다. 그러나 이 책도 어떻게 그 같은 법치를 도출하는가에 대한 이론이 없다.

며, 그래서 오로지 자유주의 맥락에서만 그 개념이 의미 있다는 것은 법 지배의 현대적 등장만 보아도 어렵지 않게 알 수 있다. 19세기 중반 이후부터 20세기 말에 유서 깊은 법치주의가 부활하게 된 중요한 배경은 이미 필자가 다른 논문(민경국, 2009)에서 상세히 규명했기 때문에 여기에서는 간단히 요약해서 말한다면, 첫째로 사회주의의 등장, 둘째로 복지국가의 등장, 그리고 셋째로 경제발전의 필요성이다.

사회주의와 복지국가의 등장과 확산을 반격하기 위해 나섰던 인물은 영국의 헌법학자이자 고전적 자유주의의 계승자였던 다이시(A. Dicey: 1835-1922)였다. 오스트리아 출신의 정치경제학자 하이에크(Friedrich A. Hayek: 1899-1992)도 1944년 저서『노예의 길』이 보여주고 있듯이, 사회주의에 대한 비판의 주요 무기는 법치주의였다. 그는 1960년 저서『자유의 헌법』에서 법치주의를 기반으로 하여 복지국가를 비판하고 있다. 20세기 말 사회주의권의 몰락 후 체제전환과 각 나라의 개혁의 필요성과 후진국에 대한 국제원조에서 경제발전에 대한 새로운 시각으로 법치주의가 부활했는데, 이것은 법치주의의 실천에 치중한다(Zywicki, 2003). 이와 같이 간단한 역사적 배경을 보면 법치주의는 개인의 자유 그리고 시장경제의 보루(堡壘)였다는 것을 어렵지 않게 알 수 있다. 그것은 복지국가와도 관련이 없고 전적으로 사적 자치와 사적 영역의 보호자로 등장했던 것이다.

법치주의 개념이 혼란에 빠진 두 번째 이유는 법학자들에게 '사회질서이론(Theory of Social Order)' 또는 '시장질서이론'이 부족하기 때문이다. 법은 사회질서와 완전히 독립적인 것이 아니다. 이것은 법이 경제에 미치는 영향이라는 의미만이 아니다. 훨씬 더 중요한 의미는 시장경제는 특정한 법질서를 전제하고, 반대로 특정한 법질서는 시장경제를 전제한다는 점이다. 이 같은 의미에서 "질서의 상호 의존성"을 고려한다면 법의 지배 의미는 사회질서의 성격 또는 시장경제의 성격에서 도출해야 한다. 법치주의의 개념을 사회질서이론에서 도출하는 것이 이 글에서 다룰 핵심 주제다.

자생적 질서와 정의의 행동규칙

법치주의를 이해하기 위해서는 법이란 무엇인가를 이해해야 한다. 그리고 이 문제를 이해할 수 있기 위해서는 사회이론이 필요하다. 경제를 이해하기 위해서는 법을, 법을 이해하기 위해서는 경제이론을 알아야 한다. 다행스럽게도 경제학에서 경제이론을 가지고 법에 접근하려는 노력이 있었다. 시카고학파의 법 경제학을 대표하는 포스너(R. Posner) 류의 법 경제학이 그것이다. 그러나 이는 "수요와 공급의 저편에 있는"(Röpke, 1958) 도덕, 법 같은 제도의 문제를 비용-편익 분석(가격이론)으로 환원시켜버렸다. 공정거래법과 관련하여 "이성규칙(rule of reason)"이라는 개념으로 정착되었다. 이 같은 원칙에서는 특정행위를 금지할 것인가에 대해 사례별로 매번 효과분석을 통해 결정을 내린다.

그래서 법 경제학은 1997년 필자의 저서 『시장경제의 법과 질서』에서 자세히 밝혔듯이 법과 법치주의를 이해하는 데 매우 어렵게 만들었다. 시장질서이론이 빠져 있기 때문이다. 더구나 포스너는 2003년 저서 『법, 실용주의 그리고 민주주의』에서 비용-편익 분석에 입각한 법에 대한 이해를 원칙과 철학의 존재를 거부했던 존 듀이의 실용주의로 정당화하고 있다(Posner, 2003: 59-60). 이에 따라 법치주의 원칙 또는 법원칙을 경시하고 있다(위의 책: 12).[21]

---

21) 흥미롭게도 미국의 법 경제학의 표준 교과서로 인정받고 있는 700페이지에 달하는 방대한 1992년

그러나 다행스럽게도 "질서의 상호 의존성" 개념으로 법과 경제의 만남을 주선하는 학파가 있다. 이것이 하이에크-미제스가 확대·발전시키고 그 후 수많은 학자들이 심화시킨 오늘날의 '오스트리아학파' 그리고 오이켄과 뵘이 창설하여 반세기 이상 발전해온 '프라이부르크학파'다(민경국, 2003). 그들은 법치주의를 경제질서와 법질서의 상호 의존성을 의미하는 개념으로 사용하고 있다. 이 전통에 유사한 접근법은 과거 시카고학파(old Chicago school)의 일원이었지만 1946년에 세상을 떠난 헨리 사이먼(H. Simons)의 접근법이다. 그의 사후에 발간된 1948년 저서 『Economic Policy for a Free Society』에서 질서의 상호 의존성이라는 주제를 기초로 하여 시장경제의 법질서를 논하고 있다. 그의 죽음으로 시카고에서는 그 같은 소중한 법 경제학적 전통이 끝나고 불행하게도 비용-편익 분석에 따르는 신고전파적 법 경제학이 등장했다.

법질서와 경제질서의 상호 의존성은 스코틀랜드 계몽주의 철학을 확립한 애덤 스미스, 데이비드 흄 등의 질서이론으로 거슬러 올라간다. 이미 잘 알려져 있듯이 경제(시장경제)에서 "보이지 않는 손"이 작동하기 위한 도덕적·법적 조건이 무엇인가의 문제를 다룸으로써 그 같은 상호 의존성을 확립했고, 이 전통이 프라이부르크학파와 오스트리아학파 그리고 헨리 사이먼 등으로 이어진 것이다. 그런데 주목할 것은 그들이 전제하고 있는 시장경제의 성격이다. 그것이 '자생적 질서이론'이다. 이 질서이론이 법과 법치주의에 관한 사상을 도출할 수 있기 때문이다.

세 가지 종류의 질서

동양이든 서양이든 질서의 유형을 두 가지로 구분하는 이분법적 사고

판 『법의 경제적 분석』에서 법의 지배라는 용어는 오직 롤스를 인용하여 단 한 번 사용하고 있다.

가 지배했다. 하나는 계획된(인위적) 질서로서 조직(Organization)이고, 다른 하나는 자연적 질서(Natural Order)다. 전자는 인간의 이성에 의해 계획하여 만든 질서다. 반면에 자연적 질서는 인간의 본능에 의해 형성된 질서, 또는 물리적 현상과 같이 인간의 행동과 전혀 관련이 없는 질서다. 인간의 본능에서 형성된 자연적 질서에 속하는 것은 가족 또는 친지나 친구 같은 제1차 집단이다. 사회질서를 계획된 질서의 조직으로 이해하려는 전통은 데카르트, 홉스 등 구성주의적 합리주의(constructivistic rationalism)를 기반으로 하는 프랑스 계몽주의 전통이다. 사회질서는 계획하는 이성에 의해 인위적으로 조직해야 비로소 합리적이라고 믿는 입장이다. 그 입장은 인간의 지적 능력에 대한 무한한 신뢰를 전제한다. 이는 신고전파 미시경제학과 케인스 전통의 거시경제학이 이어받는 전통이다. 나중에 자세히 설명하겠지만, 이 같은 조직사상 때문에 법의 개념과 법치주의 개념이 타락하게 되었다.

그러나 질서의 이분법에 의해서는 제3의 질서, 즉 '자생적 질서'(spontaneous order)의 존재를 이해할 수 없다. 이것은 애덤 퍼거슨, 애덤 스미스, 그리고 데이비드 흄 등 진화론적 합리주의(evolutionary rationalism)를 기초로 하는 스코틀랜드 계몽주의자들이 발견했고, 맹거와 하이에크 등 오스트리아학파가 발전시킨 질서 개념이다. 자생적 질서는 인간행동의 결과이기는 하지만 인간이 의도해서 만든 질서가 아니다. 인간이 자신들의 이익을 추구하기 위해 자신의 지식을 투입하여 행동하는 과정에서 저절로 생성되는 질서다. 그 대표적인 것이 언어, 도덕 또는 시장경제다. 우리가 이 질서의 개념에 주목하는 이유는 법의 지배원칙의 핵심으로서 애덤 스미스의 "정의의 규칙"(Smith, 1792/1995) 또는 하이에크의 "정의로운 행동규칙"(Hayek, 1973)이 자생적 질서와 밀접한 관련을 가지고 있기 때문이다.

자유사회로서 자생적 질서: 시장경제의 성격

조직과 자생적 질서의 구분은 인간의 행동을 조정하는 방법에 따른 구분이다. 이 두 가지 질서를 비교하면서 시장경제의 특성을 설명하고자 한다. 조직은 항상 사령탑이 있다. 그것은 사령탑에 의해 미리 정한 계획에 따라 만든 질서다. 조직은 이를 구성하는 요소들(기업, 개인 또는 기타 집단이나 가계)이 공동으로 노력하여 달성할 공동의 목적을 가지고 있다. 이 조직에서는 미리 정한 계획에 의해 구성원들의 위치가 정해지고, 계획에 따라 할당된 기능을 수행한다(표4 참조). 따라서 그 구성원들이 수행하는 활동은 사령탑의 지시와 명령을 통해 조정된다. 사령탑은 구성원들을 지배하고 통제하고 감시한다. 조직은 계층적으로, 즉 지배와 복종관계로 구성되어 있다. 조직의 예는 소규모 조직으로서 이익단체, 기업조직 등과 같은 미시사회(micro-society)를 들 수 있다. 그러나 우리가 주목하는 것은 대규모 조직이다. 이에 속하는 것이 강제연금제도, 의료보험 또는 계획경제다. 특히 공공이익의 명분으로 구성원들의 활동을 제한하는 간섭주의 경제도 조직이다.

이와는 달리 시장경제의 자생적 질서는 그 구성원들이 공동으로 달성할 공동의 목적, 예를 들면 공동이익 또는 결과 평등 같은 공동의 목적이 없다. 기업들이나 개인들이 제각기 추구하는 개별목표들만 있을 뿐이다. 그리고 자생적 질서는 거대한 사회다. 수백만, 수천만의 인구를 포괄한다. 그리고 이는 포퍼(K. Popper)의 열린사회다. 이 같은 사회를 구성하는 요소는 개인들, 기업조직들, 학교나 연구단체 등의 조직들 같은 미시사회를 포괄한다. 범세계적 분업체계가 바로 자생적 질서다.

뒤에 가서 자세히 설명하겠지만, 그 같은 미시사회의 등장을 가능하게 하는 것은 사유재산과 관련된 규칙, 연립의 자유와 선택의 자유 등 자생적 질서의 기초가 되는 핵심 가치로서 행동 자유의 존재 때문이다. 특히 우리가 직

<표 4> 두 가지 종류의 질서

특징 \ 질서의 종류	자생적 질서	조직질서(인위적 질서)
인식론	진화적 합리주의 스코틀랜드 계몽주의	구성주의적 합리주의 프랑스 계몽주의
행동조정	자생적 조정	인위적 조정
목표	공동의 목표 부재 다중심적 질서	공동의 목표 존재 단일중심적 질서
사례	시장질서, 도덕, 화폐, 법, 언어	중앙집권적 경제질서 이익단체, 간섭주의경제
법질서	법 (정의의 규칙으로서 민법과 형법: 영미 식)	입법 (공법, 처분적 법, 사회입법)
개방성	열린사회, 거대한 사회	폐쇄된 사회
지배유형	법이 지배하는 사회	목적이 지배하는 사회

시해야 할 점은 자생적 질서로서 시장경제에는 사령탑이 없다는 점이다. 개인들의 관계, 개인과 조직들의 관계, 조직들 간의 관계 등 자생적 질서의 구성원들의 복잡하고 다양한 관계들은 수평적이다. 개인들과 조직들은 제각기 자신들이 스스로 정한 목적을 위해 자신이 스스로 습득한 지식을 이용한다. 그들의 활동은 그들 스스로 상호 간의 적응을 통해 조정한다.

그래서 자생적 질서를 '자유사회'라고 불러도 무방하다. 시장경제는 외부의 간섭 없이도 자생적으로 개인들의 계획과 행동들이 조정된다는 의미에서 스스로 조정되는 시스템이다. 이 같은 행동조정을 가능하게 하는 것은 시장경제를 구성하는 원리로서 경쟁이다. 경쟁은 소비자의 욕구를 값싸게 충족할 수 있는 방법에 관한 지식을 발견하는 절차다(Hayek, 1968). 즉 새로운 것, 미지의 것을 발견하는 절차다. 발전이란 미지의 세계를 탐험하고 이에 돌진하는 것이므로 발견의 절차야말로 경제발전, 더 나아가 사회발전 원리다. 그 같은 발견과정은 신고전파의 균형이론으로 이해할 수 없다. 시장은 균형이 아니라 지속적으로 변동하는 과정이기 때문이다. 시장은 '자원배분기계'가 아니라 지식의 창출과 지식의 사회적 이용과정이다.

자생적 질서, 시장실패 그리고 economy

시장경제와 관련하여 시장실패, 'economy' 등 다양한 표현을 사용한다. 시장경제를 자생적 질서라고 이해한다면 그 같은 표현이 적합한가? 이 문제에 접근하는 것은 자생적 질서로서 시장경제의 성격을 이해하는 데 매우 중요하다고 본다. 가즈노리가 주장하듯이(가즈노리, 1997: 28-30), 시장실패라는 개념은 시장의 자생적 질서에 적합한 개념이 아니다. 실패와 성공은 항상 의도와 목표를 전제로 한다. 그런데 시장질서는 앞에서 설명했듯이 누군가가 특정 목적을 위해 의도적으로 만든 것이 아니라 자생적 질서의 성격을 갖고 있다.

우선, 자생적 질서에는 공익 또는 사회적 후생함수와 같이 구성원들이 추구하는 어떤 공동의 목적이 존재하지 않는다. 개인들의 개별 목적만이 있을 뿐이다. 따라서 시장경제에 실패나 성공이라는 말을 적용하는 것은 적절하지 않다. 실패와 성공은 정부와 관련되어 있다(위의 책, 29). 왜냐하면 정부는 특정한 목적을 가지고 설계된 조직이기 때문이다. 그래서 실패가 있다면 이는 '정부실패'다. 정부의 고유 업무는 개인의 생명과 재산 그리고 자유를 보호하는 목적을 위해 인위적으로 설계된 조직이다. 예를 들면 '외부성'이란 사유재산에 대한 침해를 허용하는 경우 생겨나는 문제인데, 이는 정부가 할 일을 하지 않았거나 파행을 거듭한 결과 발생한 것이다.

흔히 인간의 시장관계를 국민'경제(economy)' 또는 세계'경제'라고 말한다. 그런데 economy(Oikos+Nomia)의 합성어라는 개념을 따져보면 이는 자생적 질서로서 시장을 이해하는 데 장애물이 된다. '오이코스(Oikos)'는 '가계(특히 농촌)'를 의미하고, '노미아(Nomia)'는 '경영하다'라는 뜻이다. 가계는 가장(家長)을 사령탑으로 하고 그 밑에는 처자식들(그리고 과거에는 노비나 하인)로 구성된 계층적 조직이다. economy라는 말은 국가재정이나 기업과 같이 알려진 공동의 목적을 위해 자원을 의식적으로 배분하는 조직에 대해서나 적합한 개념이다. 국가경영이라는 개념도 기업이나 정부재정, 정부조직과 같이 설계된 조직에서나 타당한 개념일 뿐 시장의 자생적 질서에는 적합한 개념이 아니다.

이 같은 사실을 감안하면 economy라는 개념은 사령탑이 없는 다중심적·자생적 질서를 지칭하는 데는 부적합한 개념이다. 따라서 미제스나 하이에크가 economy라는 개념 대신에 '교환하다' 또는 '적을 친구로 만들다'라는 것을 의미하는 '카탈락시(catallaxy)'라는 개념을 사용할 것을 제안한 것은 매우 적절하다. 시장실패나 economy 같은 개념 이외에도 완전경쟁 또는 불완전경쟁, 최적(optimality) 개념, 자원배분의 효율성, 분배정의 등 다양한 개념도 자생적 질서를 이해하는 데 도움이 되지 못하고 법 개념과 법의 지배원칙을 이해하는 데도 도움이 되지 못한다. 나중에 설명하겠지만 시장실패나 economy 개념은 규제법을 야기하며, 자생적 질서를 조직으로 바꾸는 결과를 초래한다.

자생적 질서와 행동규칙

앞에서 자생적 질서의 특징을 설명했다. 이는 알려진 공동의 목적을 위해 계획하여 설계한 질서가 아니라 인간이 상호작용 과정에서 자신의 목적을 추구하기 위해 자신의 지식을 투입하는 과정에서 의도하지 않았음에도 저절로 생성·유지되는 질서다. 그런데 주목할 것은 이 같은 자생적 질서가 형성되기 위한 조건이다. 게임이 성립하기 위해서는 게임규칙이 필요한 것처럼 그 조건이 바로 행동규칙이다. 중요한 것은 행동규칙의 성격이다. 어떤 유형의 행동규칙인가? 게임규칙의 성격이 다르면 게임도 다르듯이 자생적 질서의 기초가 되는 행동규칙도 그 성격에서 조직이나 본능에서 생겨나는 자연적 질서의 기초가 되는 행동규칙과 상이하다. 도덕철학에서 일반적으로 인식하고 있듯이 자생적 질서의 기초가 되는 행동규칙은 다음과 같은 특징을 가지고 있어야 한다(민경국, 2007: 387): 첫째로 그것은 모든 사람에게 예외 없이 보편적으로 적용되는 행동규칙이다. 이 같은 의미에서 일반적이다. 그 규칙에서는 특정인 또는 특정한 그룹을 지정하거나 개인들의 특정한 사정이나 특수한 시점 또는 특정한 장소를 고려하지 않는다. 둘째로 자생적 질서의 기초가 되는 행동규칙은 달성하고자 하는 목적이나 동기가 없다. 그래서 탈(脫)목적적이다. 이 같은 의미에서 추상적이다. 추상적 성격의 행동규칙은 대부분 특정행동을 당연히 금지하는 내용이다. 금지되는 행동은 정의롭지 않은 행동이다. 그래서 이미 잘 알려져 있듯이 애덤 스미스는 이 같은 행동규칙을 도덕철학적 용어를 사용하여 '정의의 규칙(rule of justice)'이라고 했고(Smith, 1976/1998: 134), 하이에크는 '정의로운 행동규칙(rule of just conduct)'이라고 부르고 있다(Hayek, 1967: 1976).

일반적 · 추상적 행동규칙을 공동으로 지킬 경우 비로소 자생적 질서가 생성되고 유지된다. 이 같은 행동규칙과 조직의 기초가 되는 행동규칙을 비교하면 그 특성이 쉽게 드러난다. 조직의 기초가 되는 행동규칙은 지시나 명령에서 볼 수 있는 것처럼 구성원이 수행할 특정한 행동을 지정한다. 그리고 그것은 항상 달성하고자 하는 구체적인 행동목적과 동기가 있다. 그래서 목적과 결부된 행동규칙이다. 애덤 스미스가 자신의 유명한 『도덕감정론』에서 구분한 적극적 덕성과 소극적 덕성을 적용하면, 적극적 덕성으로서 연대감,

애정, 애착심 등은 바로 자연적 질서의 기초가 되는 도덕규칙이다. 그가 말하는 소극적 덕성은 정의의 규칙을 말한다. 이는 타인들에게 재산, 신체 또는 자유를 침해하는 행동을 해서는 안 된다는 것을 요구한다.

자생적 질서의 행동규칙은 반드시 언어로 표현되어 있을 필요가 없다. 정의감이나 법 감정과 같이 비록 암묵적이지만 행동으로 표현할 수 있는 행동규칙이다. 또한 반드시 의식적일 필요도 없다. 우리의 행동을 유도하는 행동규칙들은 대부분 초(超)의식적이다. 이것이 인간행동의 초의식적 국면이다. 현대적인 신경과학이 보여주는 것처럼 초의식성은 행동에 앞선 인지와 사고과정 같은 인간의 정신작용의 특성이다(민경국, 2011). 인간행동이 사회적 과정에서 말로도 표현할 수 없고 의식할 수도 없는 행동규칙에 의해 인도되고 안내된다는 것은 우리의 행동을 결정하는 지식의 성격에도 해당한다. 우리의 지식은 계량화는 고사하고 말로조차 표현할 수 없는 암묵적 지식, 우리가 의식하지 못하는 초의식적 성격의 지식으로 구성되어 있다. 자생적 질서의 기초가 되는 행동규칙은 상관행이나 상관습, 종교규칙, 전통, 도덕 규칙 등 다양하다. 특히 주목하는 것은 소유와 계약 그리고 불법행위를 다루는 법규칙이다.

그 같은 성격의 행동규칙들이 문화적 진화의 결과라는 흥미로운 주제(Hayek, 1979: Epilogue; 민경국, 2009) 대신에 주목할 것은 인간의 구조적인 무지에도 불구하고 거대한 열린사회에서 타인들과 협력하여 자신들의 삶을 영위할 수 있는 이유는 무엇인가의 문제다.

이 문제에 대한 답은 이렇다. 즉, 각처에 분산된 지식을 전달하는 가격구조 그리고 행동규칙들이다. 가격과 행동규칙들은 사회의 각처에 분산되어 존재하거나 새로이 생겨나는 지식, 심지어 말로 표현할 수조차 없는 초의식적 지식들을 수집하여 서로 알지도 못하는 수백만, 수천만 명의 사람들에게 전달한다. 그러나 가격이 전달하는 지식과 행동규칙이 전달하는 지식은 차이가 있다. 가격이 전달하는 지식은 인지적이고 시시각각으로 변동한다. 이에 반해 행동규칙은 규범으로서 규범적 지식을 전달한다. 이는 시시각각으로 변동하는 것이 아니라 비교적 장기적이고 영속적이다.

법치주의의 세 가지 구성요소

이제 법치주의를 설명할 차례다. 의회나 입법자의 적법한 절차를 거쳐 형성된 가격규제를 집행하는 것이 법치라고 볼 수 있는가? 중소기업을 보호한다는 명분으로 대기업이 진입하지 못하도록 적법한 절차를 거쳐 중소기업 업종을 정한다고 해서 이것도 법이며, 그 같은 법을 집행하는 것을 법치라고 부를 수 있는가? 성매매를 금지하는 법에 따라 성매매를 단속하는 것이 법치주의인가? 준법지원제도의 강행이 법치인가? 시민에게 준법을 요구하는 것이 법치인가?

앞에서 설명한 질서이론을 기초로 한다면 법치주의는 다음과 같이 세 가지로 구성되어 있다. 하나는 정의의 법 원칙이다. 정의의 법이 되기 위해 갖추어야 할 조건이다. 두 번째 요소는 법질서와 경제질서의 상호 의존성이다. 세 번째 요소는 헌법을 통해 정부의 권력을 제한해야 한다는 헌법주의다.

법치주의와 정의의 법

법치주의는 자생적 질서의 기초가 되는 정의의 규칙의 특성을 법 규칙에 적용한 것이다. 하이에크는 다음과 같이 말하고 있다(Hayek, 1960/1997 II: 19).

"법치주의는 법이 어떠해야 하는가에 관한 원칙이며 특수한 법들이 지
녀야 하는 일반적 속성에 관한 것이다. 이것은 오늘날 법치 개념이 모든 통
치행위에서 나타나는 단순한 적법성의 요구와 혼동하기 때문에 중요한 것
이다."

의회에서 적법절차를 통해 제정되었다고 해서 그것이 무엇이든 법이라
고 볼 수 없다. 적법절차를 거쳤다고 해도 정의의 규칙에 해당되지 않는 법은
법이라고 볼 수 없다. 하이에크는 자생적 질서의 기초가 되는 정의의 규칙을
법과 연관시켜 법이 정의의 법이 되기 위한 조건을 설명하고 있다. 그것은 특
히 세 가지 요소로 구성되어 있다. 즉 일반성, 추상성 그리고 확실성이다. 이
같은 조건을 갖춘 것만 법(law, Recht)으로 인정하고 이 법에 따라 통치하는 것
이 법의 지배원칙이다. 따라서 법치주의는 기존의 법질서나 논쟁의 대상이
되는 법과 정책을 판단하기 위한 기준이라고 볼 수도 있다. 하이에크가 세 가
지 조건을 매우 상세하게 다루고 있는 것도 그 때문이다(Hayek, 1976: 24-29; Hayek
1960/1997 I, 제10장; Hayek, 1967: 167-168).

(1) 법의 일반성 조건

법 규칙은 개인과 사적 조직은 물론이요 정부에게도 예외 없이 똑같이
적용되어야 한다는 것이다. 차별금지 원칙과 동일하다. 특혜나 특권의 허용,
인허가 등은 결코 법의 지배원칙에 해당하는 법이 될 수 없다. 정부라고 해도
예외가 될 수 없다. 공기업의 손실에 대한 국가의 보상, 공기업을 독과점 법
에서 제외하는 것 등은 법의 지배원칙을 위반한 것이다. 일반성 조건은 모든

사람의 특수한 이해관계, 다시 말하면 취향, 삶의 이상(理想)에 관해 중립적이어야 한다는 것을 의미한다. 사회구성원들의 다양한 이해관계를 고려하거나 이들의 우선순위를 정하기가 불가능하기 때문이다.

일반성의 조건이 중요한 이유가 있다. 인식론적 이유 때문이다. 국가가 차별금지원칙을 위반하여 소유권을 차별적으로 허용할 경우, 누가 이 권리를 최선으로 사용할 수 있는가의 문제를 해결해야 할 것이다. 그러나 이 문제의 해결은 가능하지 않다. 왜냐하면 허용 여부를 판단하는 국가기관의 담당자들은 이러한 지식을 갖고 있지 않기 때문이다. 그 같은 지식을 가지고 있다면 경쟁은 불필요하다. 정의의 법 규칙에 의해 확립되는 자유경쟁이야말로 아무도 사전에 알 수 없는 승자와 패자를 발견하는 절차다.

(2) 법의 추상성 조건

법이 달성하고자 하는 구체적인 목표나 동기를 내포하지 않는다는 조건이다. 그것은 특정 행동국면을 금지하는 내용으로 구성되어야 한다. 법규범은 탈목적적이어야 한다는 것을 의미한다. 특정의 구체적인 알려진 목적과 결부된 '법'은 사회질서를 이 목적을 달성하기 위한 수단으로 간주하는 명령이나 지시와 같다. 이는 자생적 질서의 성격과 충돌한다. 구체적인 목적과 결부된 법은 개인들이 제각기 추구하는 목적 대신에 국가가 추구하는 목적으로 대체하는 것이다.

법규칙은 특정한 목표나 동기에 대해 중립적인 내신에 특징한 행동국면을 금지하고, 금지되지 않은 행동들은 자유롭게 선택하거나 새로운 행동방식을 찾도록 해야 한다. 금지할 행동은 강제나 기만, 사기, 행동방해 등과 같은 개인의 자유와 재산을 침해하는 정의롭지 못한 행동이다. 이 같은 행동방식은 "당연 금지(per se Verbot)"다. 즉, 금지될 행동의 결과를 고려할 필요 없이 그 같은 행동을 금지한다. 흔히 "당연 위법원칙(per se illegality)"이라고 부른다.

신고전파의 법경제학처럼 과잉금지 원칙이나 유럽연합의 경쟁정책에서 시카고학파의 영향으로 유행하고 있는 '이성규칙(rule of reason)'에서 볼 수 있듯이 매번 행위의 결과를 고려한 금지 여부 판단은 지식의 문제 때문에 가능하지 않다. 그리고 이 같은 판단은 규칙에 따르는 것도 아니다.[22] 정의롭지 못한 행동에 대한 금지를 통해 개인의 자유영역과 사적 영역이 확립된다. 그래서 정의의 법을 '자유의 법(nomos)'이라고 부르기도 한다.

(3) 법의 확실성 조건

행동규칙은 '확실'해야 한다. 확실성의 조건을 갖추고 있을 경우에만 개개인들은 타인들의 기대를 형성할 수 있다. 행동규칙은 그 적용에 있어서 소급적이어서는 안 된다는 원칙도 이러한 조건에 포함된다. 법이 확실성을 갖기 위해서는 다음과 같은 조건을 충족해야 한다. 즉, 법에 의해 금지되는 행동은 당사자들이 알 수 있고 확인할 수 있는 상황과 관련되어야 한다. 하이에크가 보여주고 있듯이 우리가 책임을 부과하는 것은 개인의 행위에 영향을 미치기 위한 것이기 때문에 책임은 예측 가능한 행위의 결과에, 그리고 그가 정상적인 환경조건에서 고려해야 한다고 믿어지는 것들에 한정되어야 한다 (Hayek, 1960/1996: 146). 금지될 행동을 비용-편익 분석이나 자원배분적 결과분석에 좌우되도록 작성된 법규칙은 확실성을 위반한 것이다.

확실성의 조건을 위반한 것은 사회적 책임 개념이다. 이것은 개인들이 자신의 행동이 타인들과 사회 전체에 미치는 구체적인 결과를 알고 있다는 것을 전제로 한 개념이다. 그러나 그것은 인간의 인지능력을 초월하는 책임

---

22) 구체적으로 경쟁이나 소비자 이익에 어떤 영향을 미쳤는지 분석·평가하여 위법성 여부를 판단하는 접근방법이다.

개념이다. 사회적 책임에서 책임범위가 자신의 행동과 관련이 없는 범위까지 확대된 것이다. 개인들에게 물가인상에 대한 책임을 묻는 것, 부동산시장의 가격인상을 개인들의 책임으로 돌리는 것 등은 책임의 소재도 불명확하고 책임의 한계도 없다. 이러한 책임을 개인들에게 부과한다면 그들은 어떤 행동이 처벌받을 행동인지, 어떤 행동이 무책임한 행동인지, 어디까지 책임을 져야 하는지를 알 수 없다.

이 같은 법치주의의 핵심요소로서 일반성, 추상성, 확실성을 갖춘 정의의 법 규칙에 대한 하이에크의 생각은 흥미롭게도 이미 잘 알려져 있는 하트(H. L. A. Hart)의 법실증주의를 정면으로 논박한 풀러(L. Fuller)의 견해와 일치한다. 이는 1969년 저서 『법의 도덕성(The Morality of Law)』에서 법은 입법자의 의지로 만들 수 없다는 것을 보여주면서 법의 지위를 얻기 위해 충족해야 할 조건을 제시하고 있다(Fuller, 1964: Ch. 4). 중요한 것은 일반성(generality), 법의 명확성 등이다.[23] 이 같은 특질들이 법이 법의 지위를 획득하기 위한 조건임과 동시에 법의 지배 개념에 그 의미를 부여해준다. 그의 저서의 제목이 보여주는 바와 같이 법이 도덕성을 가질 수 있는 조건이라고 보아도 무방하다. 그 도덕성은 애덤 스미스나 하이에크에게서 볼 수 있듯이 법 규칙의 정의(justice)다.

흥미로운 것은 "인간은 항상 '네가 하는 일이 보편적인 입법이 되도록 하라'라는 격률에 따라 행동해야 한다"는 칸트의 유명한 정언명령(categorical imperative)에 해당되는 도덕률이다. 하이에크의 해석에 따르면 그것은 일반성, 추상성 그리고 확실성 원칙을 갖춘 정의의 법 규칙을 의미하는 법치주의의 기본 사상을 일반적인 윤리학 분야로 확장한 것에 지나지 않는다(Hayek, 1960: 197). 그 도덕률은 법의 지배원칙의 기준처럼 특정 규칙이 정의로운 규칙이

---

23) 그 밖에도 소급금지(prospectivity), 법의 공표, 법의 명확성, 법의 일관성, 지속성(continuity) 등 8가지 조건을 제시한다. 풀러는 법 현실을 관찰할 때 지키지 못하는 8가지를 발견했다.

되기 위해 충족시킬 기준이다.

하이에크에 따르면, 정언명령 개념은 자유로운 개인들을 안내하려면 모든 규칙은 일반적·추상적 특성을 가져야 한다는 것을 강조함으로써 법의 발전의 기초를 마련한 것이었다(Hayek, 1960: 197). 따라서 정언명령은 애덤 스미스의 "정의의 규칙"에 해당된다고 해석해도 무방하다(민경국, 2007a: 312). 그래서 법치주의의 전통은 애덤 스미스-칸트-하이에크로 연결시켜도 무방하다고 본다.

(4) 정의의 법의 소극적 기준

정의의 규칙은 정의롭지 않은 행동을 예외 없이 당연히 금지하는 내용을 가지고 있다. 그래서 그것은 무엇이 정의로운가를 말해주는 적극적인 기준이 아니라 소극적 기준이다. 무엇이 정의로운 행동인가를 말해주는 규칙이 아니다. 이 같은 소극적인 내용의 규칙이라고 해도 사회발전에 매우 중요한 기여를 한다. 즉, 정의롭지 않은 것을 지속적으로 제거해주기 때문에 이것은 정의에 접근해가는 과정이다.

더구나 행동규칙들은 개별적으로 고립하여 효과를 야기하는 것이 아니다. 행동규칙들은 하나의 시스템으로서 형성되고 작용한다. 따라서 어느 한 법 규칙이 정의의 규칙인가를 테스트할 경우 일반성, 추상성, 확실성을 검증할 뿐만 아니라 적용되고 있는 기존의 정의의 법 시스템과 양립하는가를 검증해야 한다. 법의 판단기준으로서 법의 지배원칙은 이 같은 소극적 성격의 기준이라는 점에서 카를 포퍼(K. Popper)의 과학철학과 매우 유사하다. 잘 알려져 있듯이 그의 과학철학에서 자연의 법칙은 무엇이 발생하는가가 아니라 발생하지 않는 것이 무엇인가를 말해준다. 그의 철학에서 이론의 테스트란 지속적인 반증 노력의 실패다.

법치주의와 질서의 상호 의존성

　일반성, 추상성 그리고 확실성을 갖춘 정의의 법은 어느 누구도 침범할 수 없는 자유영역, 사적 영역을 확립하는 역할을 한다. 그래서 정의의 법을 자유를 보호하는 행동규칙이라고 말한다. 그 같은 법 규칙은 소유권법, 계약법 그리고 불법행위법 등과 같은 사법(private law)을 구성한다. 그것은 자생적 질서로서 시장질서의 기반이다. 이는 애덤 스미스의 말을 빌리면 시장경제가 "보이지 않는 손"이 작동하기 위해 필요한 법적 조건이다. 따라서 시장경제는 사법질서(私法秩序)를 전제하고 있고, 사법질서는 시장경제를 전제한다. 독일의 프라이부르크학파의 창시자였던 뵘(F. Böhm)은 이를 "질서의 상호 의존성"이라고 말하고 있다. 이는 법이 경제에 영향을 미친다는 사실 이외에도 동전의 양면과 같이 동일한 대상의 두 가지 국면을 의미한다.

　그래서 시장경제를 '사법사회(private law society)'라고 말한다. 다시 말하면 사법질서가 시장경제를 전제로 한다는 것은 시장경제가 없으면 사법질서가 존재할 수 없음을 의미한다. 예를 들면 사회주의에서는 시장경제가 없기 때문에 사법질서가 존재할 수 없다. 이는 시장경제가 있어야 사법질서도 가능하다는 것을 의미한다. 역으로, 시장경제는 사법질서를 전제한다는 말은 사법질서가 있어야 시장경제가 존립할 수 있다는 것을 의미한다. 시장경제가 없는 곳에 사법질서를 확립하는 것이 필요하다.

　우리가 주목해야 할 것은 이른바 '공법(public law)'이다. 행정법과 같이 정부를 조직하기 위한 법, 정부에 할당된 자원을 관리하고 통제하는 '법'을 정의의 규칙과는 전적으로 상이함에도 법이라는 이름을 붙여 공법이라고 부른다. 그 같은 공법은 항상 특정한 목적을 달성하기 위한 조직규칙이다. 공법은 진화적으로 생성된 행동규칙을 원천으로 하는 정의의 법과는 달리 특정한 목적을 위해 의도적으로 계획된 것이다. 원래 법이라는 호칭은 사법에만 적용했는데, 이와는 전혀 성격이 다른 공법에도 법이라는 명칭을 붙이게 된 것은 일종의 법 개념의 혼란에서 비롯된 것이다.

시장질서의 기초가 되는 정의의 법 확립이 법치주의의 목적이라고 한다면 법치주의는 시장경제의 생성과 확립을 가능하게 하는 원칙이다. 따라서 오이켄도 "질서의 상호 의존성"을 말하고 있다. 시장경제는 자유주의적 법치국가를, 역으로 법치국가는 시장경제를 전제한다. 법치국가가 시장경제를 전제로 한다는 것은 시장경제가 없으면 법치국가가 존재할 수 없음을 의미한다. 예를 들면 옛 소련 같은 전체주의 국가는 시장경제를 전제할 수 없다. 시장경제가 있어야 법치국가도 가능하다는 것을 말한다.

역으로, 시장경제는 법치국가를 전제한다는 말은 법치국가가 있어야 시장경제가 유지되고 확립될 수 있다는 것을 의미한다. 법치국가가 친시장적 개혁을 통해 자생적으로 시장질서가 확립되는 경우다. 법치주의에 역행하는 경제정책은 개인의 자유와 재산을 침해하고 시장경제의 기능을 해친다. 시장경제를 침해하는 경제정책은 개인의 자유와 재산을 보호해야 하는 법치국가의 기능을 해친다.

따라서 우리가 유념해야 할 것은 자유시장의 이념은 법치주의에 기반을 둔 것이라는 점이다. 다시 말하면, 공공정책은 다른 분야에서와 마찬가지로 경제 분문에서도 법치주의를 지향해야 한다는 것이다. 법치주의에 충실한 경제정책은 시장경제질서를 위한 것과 동일하다. 따라서 시장경제 이념은 법치주의를 경제정책에 응용한 것이다. 그 같은 정책을 통해 개인의 자유와 재산이 보호될 경우 시장을 구성하는 원리로서 경쟁이 확립된다. 그래야만 새로운 해결책을 발견하는 "발견의 절차"와 잘못된 지식의 사용을 처벌하는 "처벌 메커니즘"이 순조롭게 기능할 수 있다(Streit, 1995).

우리는 흔히 법과 질서를 확립하는 것을 '법치주의'라고 말한다. 법은

	자생적 질서	조직질서	자연적 질서
법의 성격	사법 (정의의 법, 자유의 법): 형법, 민법	공법: 정부조직법, 헌법, 행정법, 규제법	사회입법: 복지법(복지국가의 법)

공법 같은 조직규칙이 아니라 정의의 규칙을 의미하고, 질서는 조직 대신에 자생적 질서를 의미한다면 법치주의는 바로 그 같은 법과 질서를 확립하는 것이라고 할 수 있다.

결론적으로 말해 법치주의는 자유주의와 시장경제의 보호자이자 법적 구현이다. 법치주의 없이는 자유주의와 시장경제는 존재할 수 없을 정도로 법치주의는 중요하다. 〈표 5〉에서 볼 수 있듯이 질서의 종류에 따라 각기 상이한 법체계가 도출된다. 조직은 공법, 규제법과 관련되어 있고 사회입법은 자연적 질서와 관련되어 있다. 사회입법은 원시적·본능적 도덕을 법제화한 것이다.

헌법주의를 구현하는 것이 법치주의

정치권력은 정부가 독점하고 있다. 그러나 모든 독점이 그렇듯이 정치권력의 독점도 매우 위험하다. 그래서 로스바드(M. Rothbard) 같은 무정부주의자들은 차라리 정부를 철폐하는 것이 좋다는 자유주의의 목소리가 있다. 그러나 정부가 없으면 누군가가 정부를 세웠을 것이다. 왜냐하면 권력, 소득, 권위 등과 같이 정부를 세우기에 충분한 인센티브가 있기 때문이다. 존재하는 정부를 철폐할 수도 없다. 정부는 시민이 누리지 못하는 매우 불평등한 권력을 향유하고 있기 때문에 이를 철폐하고 아나키를 만들 힘 있는 자가 아무도 없다. 그래서 국가는 불가피하다는 것은 확실한 사실이다. 싫든 좋든 우리는 숙명적으로 국가의 존재를 받아들여야 한다.

따라서 지극히 현실적인 문제는 정부를 철폐하여 아나키를 세우는 것이 아니라 어떻게 독점적인 정부권력을 효과적으로 제한하여 시민의 자유와 재산을 보호할 것인가다. 왜냐하면 정부의 권력을 제한하는 장치가 없으면 필연적으로 폭정을 야기하고 시민의 자유와 재산을 유린할 것이기 때문이다. 정부의 권력을 제한하지 않으면 정부는 자신의 권력을 이용하여 시민의 자유와 재산을 유린하는 폭정을 야기하는 것은 필연적이다. 정부의 존재도 필연적이고 제한 없는 정부권력이 폭정을 야기하는 것도 필연적이다.

그래서 정부권력을 제한해야 한다는 헌법주의와 그 방법으로서 법치주의가 생겨난 것이다. 법의 지배의 가치를 가장 강력하게 옹호하고 있는 하이에크도 정부의 강제력을 제한하는 것이 법의 지배의 제일의 기능이라고 말하는 것은 결코 우연이 아니다(Hayek, 1944). 통치자의 자의나 기분에 따라 통치하는 인치가 아니라 이미 확립된 '법'을 통해 시민을 다스리라는 것이 법치다. 그러나 중요한 것은 법치라고 말할 때 법의 개념이다. 그 법 개념이 앞에서 설명한 정의로운 행동규칙을 법학적으로 해석한 것이다.

법과 법치주의를 타락시킨 요인들

그러나 흥미로운 것은 오늘날 법 개념을 정의의 법, 자유의 법(노모스)의 의미로 사용하지 않고 있다. 법을 세우는 자에 의해 세운 법, 즉 입법(legislation)도 그 내용이 무엇이든 법이라고 부른다. 동성애, 포르노, 도박 등을 규제하는 것은 정의의 규칙을 위반하고 있음에도 법이라고 부른다. 준법지원제, 중소기업적합업종, 출자총액제한제, 부산 부실저축은행 특별법, 대학이 정부가 정하는 입시제도로만 학생을 선발하는 제도, 집값을 마음대로 정할 수도 없고 집을 마음대로 살 수도 없게 만드는 규제 등이 정의의 규칙에 해당하지 않음에도 법이라고 부른다. 그들은 특정한 목적을 위해 세운 법, 즉 입법(테시스)이다. 입법은 그래서 조직규칙이다. 그 같은 입법은 개인의 자유와 재산을 보호하는 법이 아니라 오히려 국가가 침해하도록 허용하는 법이다.

　개인의 자유와 재산을 보호하는 정의의 규칙과 전적으로 다른 성격임에도 똑같이 법이라고 부른다. 오늘날에는 조직규칙, 즉 테시스와 자생적 질서의 기반이 되는 정의의 규칙, 즉 노모스를 구분하지 않고 모두를 똑같이 법이라고 부른다. 이와 같이 법 개념이 오용되고 남용되어 혼란에 빠져 있다. 법이 타락한 것이다. 입법부가 정한 것이면 무엇이든 법이라고 부르기 때문에 이러한 법을 집행하는 데 공권력을 사용해도 그 공권력은 정당하다.

　그리고 그 같은 법에 따라 통치하는 것을 '법치주의'라고 부르는데, 이 같은 법치주의 개념은 일반적이고 추상적인 그리고 확실성을 갖춘 정의의 법을 집행할 경우에만 행사되는 공권력이 정당하다는 원래의 의미의 법치주의와는 전적으로 다르다. 결국 법의 타락으로 모든 국가는 법치국가라고 말할 정도도. 이는 법치주의 개념의 남용이요 타락이다.

　따라서 흥미로운 것은 이와 같이 법과 법치주의의 타락을 가져온 이유가 무엇인가의 문제다. 그 이유는 여러 가지가 있다. 세 가지 이유가 가장 유력한 듯이 보인다. 하나는 주류경제학, 두 번째는 법실증주의, 마지막 세 번째는 민주주의다. 이들의 인식론적 공통점은 구성주의적 합리주의다. 이로부터 도출된 것이 세 가지다. 첫 번째는 질서를 인위적 질서와 자연적 질서로 구분하는 이분법적 사고다. 두 번째는 합리적인 경제정책은 사회적 과정과 시장과정에 대한 국가계획과 목적의식적인 통제를 필요로 한다는 것이다. 세 번째는 인간 이성은 외생적으로 주어져 있고 사회를 목적의식적으로 조종·통제할 수 있는 능력이 있다는 믿음이다. 주류경제학, 법실증주의, 민주주의 이 세 가지는 모두 정의의 법, 자유의 법이라는 의미의 법이 아니라 목적을 위해 만든 법이라는 의미에서 입법과 밀접하게 관련되어 있다.

주류경제학과 법치주의 타락

구성주의적 믿음은 한편으로는 거시·계량·수리경제학 그리고 신고전파 미시경제학을 포괄하는 주류경제학과 사회주의 경제학의 기반이다. 하이에크의 말을 빌리면 이들은 "경제공학"에 해당한다. 구성주의적 경제학은 시장의 자생적 질서를 부정하고 시장경제를 국가의 목적을 위한 수단으로 간주한다. 이 같은 시각에서 시장과정을 규제하기 위한 다양한 규제를 도출한다. 이때 이용하는 것이 비용–편익 분석과 효율성이다. 전형적인 포스너의 법 경제학이다.

그러나 그 경제학은 자생적 질서의 기초가 되는 정의의 규칙의 특수성, 자유의 법의 특수성을 이해하지 못한다. 이 같은 몰이해는 적법한 절차에 따라 정한 법은 그 내용이 무엇이든 법이라는 법의 타락과 이른바 "법에 따른 통치"라는 타락한 법치주의 개념을 형성하는 데 중요한 역할을 했다. 흥미로운 것은 그 같은 경제학적 입장이 법학에 미친 영향이다. 이 영향은 한편으로는 헌법학을 비롯한 공법학에 영향을 미쳤다. 공법학은 조직만 다룬다. 그리고 자생적 질서를 전혀 알지 못한다. 그래서 정의의 법과 조직규칙(공법)의 상이한 속성과 기능을 구분하지 않고 오히려 사회도 조직으로 이해한다.

이 같은 공법적 사유를 더욱 강화한 것이 주류경제학이다. 그 결과 그들이 다루는 공법의 영역이 점차 확대·심화되어 사법질서를 손상시켰다. 공법학이 법 개념과 법치주의를 타락시키는 데 구성주의 경제학이 기여했다. 구성주의적 경제학은 사법학에도 영향을 미쳤다. 안타깝게도 사법학자들마저 시장경제의 자생적 힘을 불신한 나머지 시장경제의 기반이 되는 사법에도 공법적 사유를 도입해야 한다는 믿음이 생겨났다. 그 같은 경제학은 여기에서도 법과 법치주의 개념의 혼란을 야기하는 데 기여한 것이다. 법과 법치주의를 혼탁하게 만든 사법학자는 대부분 사회주의자라는 것은 놀라운 일이 아니다.

법실증주의와 법치주의 타락

법의 타락을 유발한 것은 법실증주의다. 이것은 법이 항상 입법자의 의지의 산물이고, 또 그래야 한다는 사상이다. 홉스-벤담-켈센-하트 등의 전통에서 비롯된 것이다. 입법자가 의도적으로 제정한(또는 법이라고 선언한) 것만이 법이다. 법의 원천이 오로지 입법자의 의지라고 믿고 있다. 입법권을 가지고 있는 사람의 명령은 그 내용이 무엇이든 법이라고 여긴다. 법실증주의는 자생적 질서의 존재를 무시하고 질서는 인간 이성에 의해 의도적으로 만들어야 한다는 믿음을 전제하고 있다. 그래서 법실증주의도 정의의 규칙과 조직규칙의 구분을 흐리게 만들었다. 정의의 법 규칙들, 특히 사법의 내용도 입법자의 의지의 표현이라는 법실증주의의 주장은 정말로 가관이다. 입법자가 그 내용도 정하는 것이 공법인데, 이 같은 공법적 사유를 사법에 적용하는 것이 법실증주의의 치명적인 오류다.

오늘날 거의 모든 법실증주의자는 공법학자들 그리고 사이비 사법학자들이라는 것, 그리고 흥미롭게도 그들 가운데 상당 부분은 사회주의자들이라는 것은 결코 우연이 아니다. 그들은 사회를 조직하는 사람들이다. 질서를 오직 조직으로만 생각할 수밖에 없는 사람들이다. 더구나 그들은 정의의 행동규칙들이 자생적 질서의 생성과 유지를 초래한다는 사상에 대해 어떤 영향도 받지 않았고, 더구나 이러한 질서의 존재 자체를 부정한다. 그렇기 때문에 법실증주의자들은 "흔히 법이라고 부르는 모든 것은 동일한 성격을 가지고 있다"고 믿음으로써(Hayek, 1976/1996: 119) 정의의 행동규칙과 조직 규칙의 차이를 말살했다. 이로써 법 개념의 남용과 법치주의의 남용을 초래했다.

이 같은 법실증주의는 계획사상이라는 이데올로기, 즉 입법자는 전지전능하다는 이데올로기를 전제한 것이다. 다시 말하면, 법실증주의는 사회질서를 완전히 통제하고 싶어 하는 욕망과 어떤 방법으로든 사회질서의 모든 국면을 의도적으로 만들 수 있다는 믿음에서 태어난 이데올로기다. 법실증주의의 이데올로기에서 새로이 등장한 것은 복지국가와 분배정의를 위한 '사회입법(Sozialgesetzgebung)'이다. 이것도 조직규칙에 해당됨에도 법이라고 부르고, 이러한 법에 따라 통치하는 것도 법의 지배라고 부른 것이다. 복지국가가 법치주의가 될 수 없다. 그러나 박은정 교수는 법치의 틀 속에 복지국가는 유지되고 있다고 말하면서 복지실현과 관련된 행정조치가 법치의 근간을 흔들지는 않는다고 말하고 있다(박은정, 2010: 203).

그러나 이 주장은 현실성이 없다. 강제연금제도나 강제건강보험제도를 비롯하여 재분배적 복지는 조직규칙에 해당되는 사회입법의 급진적인 증가를 초래했다. 앞에서 이미 설명했듯이 이 같은 사회입법의 증가에 대한 위험성에서 다이시와 하이에크가 고전적 · 정치적 이상으로서 법치주의를 부활시켰던 것이다. 따라서 박은정의 주장은 복지국가는 개인의 자유와 재산을 침해하기 때문에 법치의 근간을 송두리째 흔든다는 사실을 간과한 것이다(민경국, 2009: 38-40). 박은정 교수는 분배정의를 비롯하여 문화적 생존을 위한 국가의 보호를 포괄적인 법의 지배라고 말하고 있다(박은정, 2010: 204). 그러나 분배정의도 복지국가와 마찬가지로 법과 법치주의 개념을 타락시킨 장본인 이다.

복지나 분배정의와 관련된 조직규칙도 법이라고 부르는 것은 법 개념의 타락이요 법치주의 개념의 남용이다. 이와 같은 타락은 모든 나라를 법치국 가라고 간주할 수 있게 하는 매우 위험한 결과를 가져온다. 법실증주의가 얼 마나 위험한 이데올로기인가는 법실증주의의 대표자였던 켈센(Kelsen) 스스로 정확히 지적한다(Kelsen, 1963: 148 Hayek, 1976/1996: 124).

> "법학의 관점에서 볼 때 나치정부하의 법도 법이고, 후회스럽지만 우리 는 그것도 법이었다는 것을 부정할 수 없다."

나치의 법에 의해 지배하는 독일을 당시 영국이나 프랑스와 마찬가지로 법의 지배 또는 법치국가라고 말하는 것은 법과 법치주의가 법실증주의에 의해 얼마나 타락했는가를 짐작하게 한다.

민주주의와 법치주의 타락

법실증주의가 법 개념의 남용과 타락을 야기한 계기는 그것이 민주주의 를 뒷받침한 탓이다. 법실증주의는 입법자에 의해 결정된 것이면 무엇이든 법으로 인정한다는 사상이다. 주권재민사상(루소)은 프랑스 계몽주의의 정치 적 요소다. 흥미롭게도 법실증주의와 주권재민사상은 민주주의를 제한하는 어떠한 장치도 생각할 수 없었다. 그래서 무제한적 민주주의는 두 이념의 논 리적 결과다. 의회의 자율성이라는 말도 두 이념의 결탁에서 나온 것이다.

그 두 이념은 현대사회에서 법의 타락과 법치주의의 왜곡을 가장 신속하고 광범하게 확산시킨 장본인들이다. 민주적 의사결정과정을 제한하지 않으면 정의의 법이라고 볼 수 없는 여러 가지 입법이 형성된다는 것은 공공선택이론이 보여준다(민경국, 1995). 첫째로 보편적 이익보다는 특수이익을 보호하는 입법, 둘째로 장기적 정책보다는 단기적 성격의 정책이나 입법, 셋째로 일관성도 확실성도 없는 입법 등이다. 이 같은 입법은 조직규칙의 특정을 가진 입법이다. 그래서 도저히 정의의 규칙이라고 볼 수 없음에도 자연스럽게 법이라고 부르고 있다. 의회에서 매 회기마다 찍어내는 입법 중 98% 이상이 자생적 질서의 기초가 되는 정의의 규칙이라기보다는 자생적 질서를 조직으로 전환하는 조직규칙이라고 보아도 무방하다.

더구나 민주주의와 법치주의는 원래 이념의 성격상 전적으로 다르다. 민주주의는 법의 원천, 권력의 원천 또는 권력구조와 관련되어 있다. 그러나 법의 지배는 법의 내용, 권력의 내용과 관련되어 있다. 법치주의는 국가권력의 구조 문제를 다루는 것이 아니라 국가권력의 제한 문제와 관련되어 있다. 스코틀랜드 계몽주의 전통이 또렷이 보여주고 있듯이 법치주의는 민주정치를 제한하는 가치로서 기능한다는 점을 직시할 필요가 있다. 박은정 교수는 참여와 토론을 기초로 하는 민주주의와 법치를 동일시하고 있다(박은정, 2010: 208). 참여와 토론이 중요한 것은 사실이다. 그러나 그 같은 조건에서 제정된 법을 그 내용이 무엇이든 법이라고 부르는 것은 법 개념의 남용이요 법치주의 개념의 타락이다.

진짜 법치와 가짜 법치

　　이 글의 목적은 자생적 질서와 법 그리고 법치주의의 관계를 확립하는 것이었다. 이로써 오늘날 다양한 의미로 사용되기 때문에 정치적 가이드로서 역할을 다하지 못하는 법치주의의 의미를 명확히 하는 것이었다. 많은 학자들이 개념적 혼란에 빠져 있거나 자의적으로 개념규정을 하는 근본적인 이유는 역사적 접근법이나 질서이론이 없기 때문이다.

　　이 글에서는 자생적 질서이론을 바탕으로 법과 법치주의를 도출하려고 노력했다. 자생적 질서의 기초가 되는 행동규칙의 성격에서 법의 개념을 도출했다. 법은 일반성, 추상성 그리고 확실성을 가진 정의의 규칙을 말한다. 법치주의는 이 같은 정의의 법을 집행하는 데만 공권력을 행사할 것을 요구하는 정치적 이상이다. 정의의 법은 개인의 자유와 재산을 보호하는 것, 자생적 질서를 보호하는 것, 이것이 법치주의가 추구하는 정치적 이상이다. 그래서 법치주의는 자유주의와 분리해서 생각할 수 없다.

　　시장경제는 법치주의를 전제하고 법치주의는 시장경제를 전제한다. 이러한 의미에서 법치주의와 시장경제는 '상호 의존적'이다. 왜냐하면 시장경제의 기초가 되는 법 규칙은 법치주의에서 말하는 법 개념과 일치하기 때문이다. 다른 한편 법치주의는 국가 공권력의 자의적인 행사를 막아서 개인의 자유를 보호하는 목적이 있기 때문에 그것은 정부의 권력을 제한해야 한다는 의미의 헌법주의를 핵심으로 하고 있다.

　　그런데 법과 법치주의 개념을 오용하고 남용하여 결국 정치적 이상을 타락시킨 것은 구성주의적 합리주의와 이를 기초로 한 프랑스 계몽주의 전통이라는 것을 직시할 필요가 있다. 이 전통은 자생적 질서를 조직으로, 정의의 규칙을 목적과 결부된 조직 규칙으로, 그리고 정의의 법을 공법으로 교체시켰다. 흥미로운 것은 이 같은 교체를 유도한 것은 주류경제학, 법실증주의 그리고 민주주의다. 이들은 입법부가 정한 법은 그것이 무엇이든 법이고, 이에 따라 통치하는 것을 법치주의라는 잘못된 개념을 야기하고 말았다. 이는 법과 법치주의의 치명적인 왜곡이다.

법치주의를 시민에게 법을 지키도록 만드는 것이라고 임종훈 교수가 이해하는 것(임종훈, 2009: 102)은 진짜 법치가 아니다. 법치주의를 위반하는 법들은 시민이 잘 지키지 않을 수 있다. 다이시가 적절히 지적하고 있듯이 "법의 지배의 이탈이 가져온 결과"로서 "법을 외면하는 사회 분위기(lawlessness)"가 만연할 수 있다(Dicey, 1885/ 1993: lvi-lviii). 법치는 "국가권력의 기능적 · 조직적 형태를 정하려는 것"이라는 허영 교수(허영, 2001: 141)의 이해는 법실증주의의 가짜 법치다. 법치주의는 국가권력의 "제한원리"라는 강경근 교수(강경근, 2004: 124)의 주장에도 불구하고 "국가권력을 제한하고 통제함으로써 자유와 권리를 보호하는 것이 법치주의가 아니다"라는 허영 교수의 주장(허영, 2001: 142)은 자유주의 전통과는 전적으로 먼 자의적인 법치주의 개념이다.

법의 지배는 "법대로(Rule by Law)"와도 전적으로 다르다. 후자는 "힘이 정의다"라는 원칙과 동일하다. '법대로'라고 말할 때 그 법 개념은 법실증주의가 말하는 법 개념이다. 이러한 의미의 법을 가지고는 경제와 시민사회에 대한 정부개입의 범위와 규모를 엄격히 제한하여 시민의 자유와 재산을 보호하기 어렵다. 타마나하(Tamanaha)의 보고에 의하면(Tamanaha, 2004: 3) 중국 지도자들은 법의 지배라는 용어를 싫어하고 그 대신에 '법대로'라는 용어를 더 선호한다는 것이다. 그들이야말로 법치를 제대로 이해하고 있다. 법의 지배는 정치가들의 재량적 행동을 광범위하게 제한하므로 그들이 하고 싶은 일을 할 수 없게 하기 때문이다.

사법부가 법치주의를 위반한 최근의 사례로는 1심에서 중형을 부과하면 변호사가 전관예우의 힘을 빌려 항소심에서 깎아주는 관행(예: 재벌 회장들에 대한 항소심에서의 집행유예선고), 곽노현 사건에서 볼 수 있듯이 후보자를 매수한 사람보다 매수된 사람에게 훨씬 엄한 형벌을 선고한 판결, 정의에 입각하기보다는 정치적 목적에 따라 판결하는 것 등을 들 수 있다. 평등분배를 위한 입법도 법치주의에 타당하다는 존 롤스나 드워킨의 주장도 옳지 않다. 이는 가짜 법치를 전제한 주장이다. 20세기에 법치주의가 확산된 근본이유는 사회주의는 물론 분배정의의 실현이 법치주의를 일탈하여 자유주의를 위태롭게 만들었기 때문이다. 민주주의는 법치와는 전적으로 다르다. 오히려 이것이 법치를 왜곡하고 타락시킨 장본인이다. 민주주의를 제한하여 자유와 재산을 지키자는 것이 법치주의다.

마찬가지로 헌법재판소는 입법부가 정한 법을 염두에 두고 법치주의를 "법률에 의한"으로 해석하고 있다. 그러나 민주적 입법이 법치주의 원칙에 충실한 법이라고 볼 수 없다. 특히 사회권적 기본권을 실현하기 위해 자유권적 기본권을 제한하는 법제정은 법치주의를 이탈한 법이다. 헌법재판소는 조세법률주의 역시 법치주의를 의미한다고 선언하고 있다(2004헌바74). 그러나 입법부가 정한 조세법이 누진세이거나 특별소비세와 같이 특정한 재화를 차별적으로 취급하는 내용을 가진 것도 법치주의에 타당한 것이라고 보는 것은 잘못이다. 그 같은 세법은 법치주의의 정치적 이상에서 이탈한 가짜 법치 개념이다.

오늘날에는 법치주의를 자유의 수호자만이 아니라 번영의 기초라고 보고 있다. 경제적 번영에 연결시켜 법치주의의 중요성이 부각되고 있다. 법치주의가 확립된 나라에서는 번영이 가능하다. 그것은 시민에게 자유롭고 안정적인 경제활동을 가능하게 하는 제도적 환경을 보장하기 때문이다. 따라서 자유와 번영을 추구하는 사회라면 법치주의를 실현해야 한다.

3
법을 법답게 만드는 도덕성:
론 풀러

경제주체들의 행동을 제약하는 규제들이 범람하고 있다. 법이 너무도 많아서 누구나 법을 알고 있다는 믿음은 하나의 허구다. 법률전문가들마저 모든 법을 다 알 수 없을 정도로 많다. 중앙정부의 공식적인 입법기관, 정부와 의회 각 부처가 입법과 규제를 생산하고 있다. 이른바 '차별·특혜 입법', '입법 홍수', '쓰레기 입법', '벼락치기 입법' 등 왜곡된 국회 입법을 표현하는 험한 말도 등장했다. 이런 입법이 야기되는 이유는 입법을 제한할 어떤 도덕적 원칙도 없기 때문이다.

국회가 '오만불손'의 상징이 된 것도 도덕적 원칙이 없기 때문이다. 어떻게든 법을 만들기만 하면 만사가 다 이루어질 것이라고 믿는 법 만능주의가 지배하고 있다. 인간 이성은 행동의 결과에 영향을 미치는 수많은 사실을 알고 있고 이를 기초로 법을 창출할 수 있는 능력이 있다고 믿는 '구성주의의 오류'(Hayek, 1973: 8-9)도 범하고 있다.

입법과 규제는 정부, 이익단체, 정치가들이 자신들의 정치적·상업적 이익을 도모하기 위한 수단 그 이상이 아니다. 아무리 민주적이고 점잖은 정부나 정치가라고 해도 그들은 법의 도구적 이용과 남용의 위험성에서 자유롭지 못하다. 법이 정권의 도구로 전락할 때 그 장본인은 법과 도덕의 엄격한 분리를 주장하는 법실증주의라고 공격하면서 등장한 인물이 미국의 법철학자 론 풀러(Lon L. Fuller, 1902-1978)다. 법실증주의는 공식적인 입법부에 의해 직간접적으로 제정된 것만 법으로 여겼다. 그러한 실증주의가 지배할 때 풀러는 자연법사상에 관한 1969년 저서『법의 도덕성』을 들고 나와 법실증주의는 반(反)자유주의이고 반시장적이라고 공격했다. 그는 보기 드문 자유주의 법철학자였다.[24]

우리의 주목을 끄는 것은 입법자 또는 의회가 정한 것이라고 해서 모두 법이 아니라 법이 되기 위해서는 중요한 원칙을 충족해야 한다는 풀러의 주장이다. 그 원칙을 법을 가능하게 하는 도덕성 또는 내적 도덕성이라고 말하고 있다. 풀러가 말하는 도덕성이란 법으로서 갖추어야 할 조건을 말한다. 그 조건을 충족하지 못하는 것은 법이 아니다.

이러한 의미에서 법의 도덕성은 절차적 자연법사상에 속한다고 볼 수 있다. 그 조건은 고전적 자유주의의 유서 깊은 정치적 이상인 '법의 지배(the rule of law)'를 의미한다. 그 조건을 설명하기 전에 우선 풀러가 제기한 사상의 특징을 설명하고자 한다.[25]

---

24) 『법의 도덕성』은 작고한 강구진 교수가 최초로 번역했으며, 2015년에 박은정 교수가 다시 번역했다. 이 글에서는 박은정 교수의 번역관을 기초로 인용할 것이다. 강구진 교수가 번역한 동기는 "법의 본성 및 법과 도덕 간의 관계에 새로운 시각을 제공하기 때문이다."(최봉철, 2004) 박은정 교수가 번역한 동기는 "풀러의 법관(法觀)이 우리가 상식적으로 이해해온 법을 넘어 새로운 법상식을 향한 길로 우리를 안내해준다고 생각하기 때문이다."(역자서문 5쪽)

25) 법을 분배정의나 자연권을 달성하기 위한 수단이라고 보는 경우 법의 도덕성은 '외적 도덕성'이다.

자유주의자로서의 론 풀러

　법실증주의가 압도적으로 법학계를 지배했기 때문에 풀러와 그의 사상은 별로 알려지지 않았다. 그는 하이에크를 비롯하여 시장질서에 관심이 있었던 사람들에게도 알려지지 못했다. 하이에크의 문헌에서도 풀러가 크게 주목받지 못하고 있다.

　시장의 교환이야말로 인간은 수단이 아니라 목적으로 대해야 한다는 임마누엘 칸트의 고귀한 도덕률의 구현이라는 풀러의 주장에서 볼 수 있듯이(Fuller, 1969/2015: 57), 그는 철저히 고전적 자유주의에 속한다. 완전한 정의가 무엇인지를 모르고서도 무엇이 명백히 부정의한가를 알 수 있다는 풀러의 주장(위의 책, 34)도 고전적 자유주의와 일치한다. 그가 말하는 '의무의 도덕'은 애덤 스미스가 자신의 저서 『도덕감정론』에서 보여주는 소극적 더성, 즉 정의의 규칙과 흡사하다(위의 책, 26). 정의의 규칙은 폭력, 사기, 간음, 살인, 도둑질 등을 금지하는 행동규칙이다. 하이에크가 자유, 평화, 정의를 '3대 소극적 가치(the three great negatives)'라고 주장하듯이(Hayek, 1979/1996: 210) 자유주의는 소극성이다. 정부가 자유사회에 줄 수 있는 최선의 것은 소극적 성격의 것인 이유가 인간행동을 지시하는 어떤 단일정신이나 조직이 행동질서를 결정하는 수많은 특수한 사실들을 전부 알 수 없기 때문이다. 그러한 구조적인 무지 때문에 정부는 추상적인 질서나 구조를 확립하는 것을 돕는 데 만족해야 한다. 그러한 질서의 틀 내에서만이 개인들이 특정 집단적 목적에 구애받지 않는 소극적 규칙, 다시 말하면 특정 행동을 금지하는 성격의 행동규칙을 지키면서 그들이 각자 추구하는 바를 조화시켜나갈 수 있다.

　사람들이 각자의 목적을 추구하기 위해 자신의 지식을 이용하는 과정에서 자생적으로 질서가 형성되기 위해서는 정부는 추상적이고 소극적인 규칙을 통해 개인들이 타인들의 자유영역을 침범하지 못하도록 제한하는 과제가 있다. 그러한 과제를 통해 질서의 추상적 성격을 유지할 뿐 구체적인 내용을 확정할 수 없다. 그러나 하이에크가 주장하듯이(위의 책, 211), 자유나 정의, 법을 적극적으로 규정하면 이것은 곧 자유사회의 기본원리를 왜곡시키는 결과를 낳는다.

흥미롭게도 하이에크의 인식을 공유한 인물이 풀러다. 후자는 탁월성에 따라 살아야 한다는 것을 말하는 '열망의 도덕'을 법으로 강요할 수 없다고 주장한다.[26] 그러나 어떤 행동들이 사회적 결속을 해친다면 법은 '의무의 도덕'으로 눈을 돌려야 한다. 왜냐하면 의무의 도덕은 사람들 사이의 사회생활에 연관되어 있는 반면 열망의 도덕은 한 사람이 그 자신과의 관계 또는 신과의 관계에서 발생하는 문제이기 때문이다.[27]

자유, 평화, 정의라는 세 가지 가치를 적극적으로 규정하면 정부는 특정 방향으로 구성원들의 행동을 조종·통제해야 하고 그 결과 개인의 자유를 유린한다. 더구나 정부는 그러한 방향을 결정하는 특수한 사실들을 알 수 없기 때문에 성공할 수도 없다. 하이에크에게 자유는 무엇인가를 할 수 있는 지적·재정적·육체적 능력을 말하는 적극적 자유가 아니라 강제가 없는 상태라는 소극적 자유다. 사회의 존립에 적대적인 일련의 행동들에 대한 금지로 구성되어 소극적 자유의 이념은 스펜서(H. Spencer)의 유명한 '평등한 자유의

---

26) 도박의 예: 의무를 위반한 행위가 아니라 인간다움의 능력을 지닌 인간존재에 어울리지 않는 행동 양식이다. 그래서 도박은 고발이 아니라 경멸의 대상, 인간재능에 비추어 가치 없는 활동이다(Fuller, 1969/2015: 27).

27) 의무의 도덕은 문법규칙에 비유될 수 있다. 의무의 도덕규칙이 사회생활을 영위하기 위해 필요한 사항을 명하듯이 언어가 소통의 도구가 되기 위해 필요로 하는 사항을 명한다. 열망의 도덕은 작문에서 우아한 작품을 위해 비평가들이 내놓은 규칙들과 비유될 수 있다. 열망의 도덕 원리들처럼 글쓰기 원리들은 느슨하고 막연하고 정확하게 규정할 수 없으며, 우리에게 확실하고 틀림없는 지침을 내리기보다는 완전성에 대한 일반적 사고를 제공한다. 탁월성을 달성하기 위한 규칙들은 아주 막연하여 인간성취가 높아질수록 타인들이 그의 성과를 평가할 능력이 적어진다(Fuller, 1969/2015: 27).

법'을 말해준다. 적극적 자유는 다른 사람들을 희생해서 충족되는 복지에 대한 요구다. 국가의 강압적인 재분배를 통해 계층의 이득을 제도화하는 것이다. 이는 사회평화를 해친다.

법의 내적 도덕성: 법치원칙

제도를 계획하여 만드는 문제를 설명하고 법의 내적 도덕성에 필요한 조건을 도출하기 위해 풀러는 가상적인 입법자 '렉스 왕(King Rex)'의 예를 들고 있다. 그 왕은 '열의에 찬' 개혁가였다(Fuller, 1969/2015: 63-64).

> "그(렉스 왕)는 선왕들이 법 분야에서 최대로 실패했다고 생각했다. 몇 세대에 걸쳐 법체제는 한 번도 근본적으로 개혁된 적이 없었다. …… 렉스는 이 모든 일을 정해서 자신의 이름을 위대한 입법자로서 역사에 남기고자 마음먹었다. …… 그는 백지상태에서 법을 새로이 써야 했기에 백성에게 그 종류에 불문하고 현행법을 즉시 폐지한다고 선언했다."

흥미로운 것은 렉스 왕이 애덤 스미스의 『도덕감정론』에 나오는 '체제를 만드는 사람(man of system)'과 비슷하다(Smith, 1976/443).

> "제 딴에는 매우 현명한 사람이라고 믿었다. …… 그는 이 거대한 사회를 구성하는 서로 다른 구성원들을 마치 장기판 위에서 손으로 말들을 배열한 것만큼이나 아주 쉽게 배열할 수 있다고 생각하는 것 같다. …… 인간사회라

는 거대한 장기판에서는 말 하나하나가 자기 자신의 운동 원리를 가지고 있는데, 이것은 입법기관이 그들에게 부과하는 것과는 완전히 다른 것이다."

풀러의 '렉스 왕'이나 스미스의 '체제를 만드는 사람'은 똑같이 하이에크가 말하는 '구성주의적 합리주의자들'이라고 볼 수 있다(Hayek, 1973: 14).

"…… 구성주의적 합리주의자들은 …… 모든 관련 사실들이 어느 한 정신에 알려져 있고 특수한 것들에 관한 그러한 지식으로부터 소망스러운 사회질서를 구성하는 것이 가능하다는 환상에 기초한다."

렉스 왕은 문제가 생길 때마다 새로이 법을 만들어 사회를 개혁하려는 열정이 대단히 컸다. 그러나 그 열정은 유감스럽게도 지적 자만에서 비롯된 것이었다. 그가 법을 만드는 데 번번이 실패한 것은 결코 우연이 아니다.

실패로만 끝나는 것이 아니라 사회를 무법천지로 만들었다. 법에 대한 시민의 충성심도 없었고 입법자에 대한 신뢰도 상실되었다. 법의 존엄성이란 흔적도 없었다. 결국 렉스 왕의 개혁은 '치명적 자만'으로 끝났다(Hayek, 1988). 풀러는 계획과 규제에 열광했던 렉스 왕이 왜 법을 만드는 데 실패했는가를 8가지 방법을 제시하여 독자들이 치명적 자만, 다시 말하면 구성주의적 유혹에 빠지는 것을 막으려고 했다(Fuller, 1969/2015: 63-65). 렉스 왕이 실패한 8가지 오류는 무엇인가?

법을 만드는 데 실패하는 8가지 오류

① 규칙을 세우지 못하고 이슈가 생길 때마다 매번 임시방편으로 결정을 내렸다. 사건이 발생할 때마다 특별법을 제정했다.

② 법을 만들어 공포하는 데 실패했다. 당사자들이 법에 접근하기가 어려웠으며 법이 있는지도 몰랐다. 그래서 아무도 책임을 질 수 없었다.

③ 과거에 행한 행동을 현재 법을 정하여 처벌하는 소급입법의 남용으로 법은 행동을 안내할 수 없었고 규칙의 존엄성도 없었다.

④ 법의 내용이 불분명하여 법을 이해할 수 없었다. 법이 사람들로부터 무엇을 원하는가를 알 수 없었다.

⑤ 법은 상호 간 모순으로 가득 찼다. 충돌하는 행동을 요구하는 경우 법이 어떤 행동을 기대할 수 있는가에 관해 분명한 지침이 될 수 없었다

⑥ 법은 도저히 실행할 수 없는 것을 요구했다. 당사자의 능력 밖의 행동을 요구하여 그러한 법은 지킬 수 없었다.

⑦ 법이 불안정했다. 아침에 정한 법을 저녁에 바꾸는 일이 흔했다. 자주 변동하기 때문에 사람들의 권리도 불안정했다.

⑧ 공권력 행사와 선언된 규칙이 서로 일치하지 않았다. 규칙이 요구하고 있는 것과 적용이 달랐기 때문에 공권력의 행사가 자의적이었고, 그래서 시민은 권력자의 기분에 좌우되었다.

풀러에 따르면 8가지 오류를 범하여 만들어진 법은 이제 더 이상 법이 아니다. 실패한 법이다. 그는 진정한 법을 만들려면 렉스 왕이 범한 실패에서 배워야 한다고 목소리를 높인다. 렉스 왕이 범한 8가지 오류를 바꾸어 말하면 법을 가능하게 하는 '적법성'의 원칙이 도출된다. 풀러에게 적법성이란 법

실증주의가 말하는 것처럼 법은 적법한 입법자가 정한 것이어야 한다는 것이 아니다. 입법자가 만들었다고 해서 모두 법일 수 없다. 법을 법답게 만드는 원칙을 충족한 것이 적법한 법이다. 그러한 원칙을 지키지 않으면 법일 수 없다. 그 원칙은 법이 법의 지위를 획득할 수 있게 하는 성격이다. 그 성격을 충족하는 법만이 인간의 상호작용을 안내하는 역할을 할 수 있다.

법치원칙을 위반한 법을 통해서는 다양한 목적을 추구하기 위해 자신들의 주관적 지식을 이용하는 사람들의 행동을 조정하기가 곤란하다. 그 원칙은 법에 예속된 사람들에게 안내자로서 작동할 수 있기 위해 반드시 충족해야 할 조건이다. 예를 들면 입법자가 법을 공표하지 않으면 시민은 법에 따라 행동할 수 없다. 법이 일관성이 없거나 법의 내용이 불확실하면 사람들은 법이 무엇을 하라는 것인지 또는 무엇을 하지 말라고 하는지를 기대할 수 없다.

그 원칙들의 기본적인 생각은 법은 시민의 행동의 안내자로서 기능해야 하는데, 법이 비밀에 싸여 있고 내용도 불확실하고 서로 모순적이면 시민은 법에 비추어 행동할 수 없다. 그 결과는 무법천지나 다름없는 사회적 혼란이다. 법이 도덕성을 갖게 하는 법치원칙은 얼핏 보기에는 매우 간단하고 사소한 것 같이 보인다. 그러나 입법의 질을 향상시키는 데 중요한 실천적 의미가 있다. 그리고 그러한 법치원칙을 완전히 지키면서 법을 만드는 것도 쉽지 않다. 법치를 자유주의의 정치적 이상이라고 말하는 것은 달성하기가 용이하지 않기 때문이다. 풀러는 법의 도덕성을 달성하려는 노력을 탁월성을 의미하는 열망의 도덕이라고 말하는 이유도 쉽게 달성할 수 없기 때문이다.

법치원칙

(1) 법의 일반성

법은 규칙성이 있어야 한다. 규칙성이 없으면 이슈가 생길 때마다 매번 임시방편으로 결정을 내려야 한다. 법이 규칙이 될 수 있으려면 차별 없이 일반적으로 적용될 수 있어야 한다. 법은 사람들의 자기주도적 행동에 대해 일종의 기준선을 제시할 뿐 특정한 목적을 달성하기 위해 필요한 상세한 지시와는 다르다(Fuller, 1969/2015: 292). 법은 달성하고자 하는 특수한 목적을 내포해서는 안 된다. 일반성 원칙은 최소한의 도덕률이다. 즉 차별입법의 금지, 특혜 부여의 금지를 의미한다. 일반성 원칙은 특수이익을 위해 법을 정치적으로 조작하거나 자의적이 될 위험성으로부터 보호할 장치다.

일반성 원칙에 어긋나는 입법은 특정 개인이나 기업을 겨냥한 입법이다. 특정인이나 기업을 염두에 두고 그들에게 일일이 지시하는 것은 일반성 원칙 위반이다. 이 원칙은 특수한 사례를 겨냥하여 세부적으로 일일이 지시하는 식의 입법을 피해야 한다는 원칙이다. 사건이 발생할 때마다 그 사건에 맞추어 법을 만드는 것은 개별사례를 위한 입법이다. 개별사례를 염두에 둔 입법은 특별법이고, 이는 법을 너무 복잡하게 만들어 일관성이 없게 된다. 그 대표적인 예가 세월호법이다(최대권, 2014). 입법을 정치화하고 특별 우대할 우려가 있다. 특별입법 금지는 입법권한의 남용을 막기 위해 필요하다. 법은 불특정 다수에게 적용되어야 하기 때문에 차별금지 특별입법을 무효로 선언하는 헌법규정은 일반성 원칙을 위한 것이다(풀러, 2015: 81쪽 각주 4).

(2) 법을 널리 알리기

이 원칙의 핵심이념은 비밀리에 법을 정하고 감추면 법이 시민의 행동을 안내하는 데 어떤 도움도 될 수 없다. 시민이 법을 모르면 법은 사전적으로 행동을 위한 지침이 될 수 없다. 오히려 사후적으로 처벌할 자의적인 도구가 될 뿐이다. 그 원칙은 너무도 당연한 것 같다. 그러나 그 이상의 의미가 있다. 공표의 원칙은 법이 실제로 알 수 있어야 한다는 것을 의미한다. 법은 사람들에게 접근 가능해야 한다는 것만 의미하는 것이 아니다. 법이 많으면 많을수록 알기가 더 어려워지고 행동의 지침으로서 취하기도 어렵다. 따라서 입법자는 법의 과잉생산에 비판적이어야 한다. 그것은 비생산적이다. 입법자는 법을 덜 만들어야 하고, 법다운 법을 산출하기 위해서는 개별법을 만들어서는 안 된다. 엡스타인이 주장하듯이, 복잡한 세상을 위해서는 단순 규칙이어야 한다(Epstein, 1995).

(3) 소급입법 금지

법이 행동을 안내하는 지침으로 작동하기 위해서는 시민이 아직 존재하지 않은 법에 의해 안내될 수 없다 그러나 정치가들에게는 소급적인 입법이 잘못을 수정하는 대신에 자신들이 이익을 증진하기 위해 이용할 이상적인 수단이다. 그러나 그러한 입법은 법이 아니다. 내일 집행할 규칙으로 오늘의 행동을 지배한다는 것은 모순이기 때문이다. 예를 들면 소추를 면제받기 위해 관대한 입법을 도입한다. 또는 입법을 통해 과거의 행동을 처벌한다. 세월호법처럼 지금 행한 행동을 처벌하기 위해 입법을 한다. 소급입법의 금지가 반영하는 것은 법은 장래에 대해서만 효력을 발생해야 한다는 신념만이 아니다. 형사처벌은 일반적으로 적용될 수 있는 규칙에 의해 부과되어야 한다는 믿음도 반영하고 있다. 계약상의 의무를 침해하는 법률은 제정할 수 없다. 부채를 탕감하는 법은 소급입법 금지원칙을 위반한 것이다.

소급은 대단히 유해하며 억압적이고 불의한 것이다. 민사사건을 다루기 위해서든 형사사건을 다루기 위해서든 그러한 법률은 제정되어서는 안 된 다.[28] 오늘 발생한 행위에 대해 내일 만들어질 규칙을 가지고 통치하겠다는 것이다. 장래에 효력을 가질 법체계, 과거의 행위를 구제하거나 처벌하기 위 한 법률, 과거의 행동을 시정하기 위한 법률은 소급입법이다. 사법판결의 소 급적 효과에 대해 법실증주의자들은 소홀히 여긴다. 입법부는 헌법에 금지조 항이 없는 경우에는 새로운 법률을 소급적으로 제정할 수 있다고 주장한다.

(4) 법의 명확성

법의 열린 규범은 불가피하다. 우리는 모든 사실을 예측할 수 없다. 그러 나 때때로 법은 매우 모호하고 다의적이다. 그래서 다양한 방식으로 해석될 수 있다. 실증주의 입장에 있는 사람들은 법의 명확성 원칙을 다루지 않는다. '공정한' 또는 '합리적인' 등과 같은 불명확한 개념을 법 규칙에 담거나 '공공 복지' 같은 불확정적 개념을 재판과 입법과정에 도입하면 법과 사법제도의 자의성과 불확실성의 증가 요인으로 작용한다.

(5) 모순으로부터 자유로운 입법

"물을 건너가라. 그러나 물에 젖지는 말라"는 것처럼 하나의 법률 구조 안에서 생기는 모순을 자주 볼 수 있다. 그러나 동일한 법이 시간적으로 모순 되는 경우 이는 신법이 구법을 우선한다는 원칙으로 해결할 수 있다. 모순에 는 법적 · 도덕적 · 사회학적 요소가 작용한다. 그래서 법 규칙들이 모순으로 부터 자유로워야 한다는 원칙은 사소한 것 같지만 중요하다. 법을 만드는 사

---

28) 그러나 예외는 있다. 악의적 밀고자의 문제에서 소급입법은 필요하다. 악의적인 밀고자란 독재정부 를 비판하는 사람들을 밀고하여 처벌받게 만드는 사람이다. 이러한 밀고자를 새로운 정부에서 어떻 게 처벌해야 하는가와 관련된 문제다(풀러, 1969/2015: 337).

람들의 지적수준과 영향력은 너무 낮기 때문에 결과적으로 모순된 법을 만든다. 그러한 모순으로 시민은 어떤 행동을 해야 할지가 불명확하다.

오늘날 법률의 모순이 생겨나는 이유는 일괄입법이다. 서로 관련이 없는 수많은 입법의 변화가 하나의 법안으로 조합된다.[29] 법안들이 여당과 야당 사이에 투표교환의 형식으로 통과되기도 한다. 이러한 형태의 입법으로 법체계에는 쉽게 법의 비일관성이 존재한다. 입법의 모순이 생겨나는 또 다른 이유는 법 변화가 법 시스템 전체와 적합하게 되는지를 생각하지 않고 법을 제정하기 때문이다.[30]

(6) 불가능한 것을 명령하는 법률

불가능한 행동을 명령하는 것은 법일 수 없다는 원칙은 사소하고 분명해 보이지만 현대의 규제국가에서 매우 중요하다. 사람들은 규제국가에서 방대한 규제를 지키기는 고사하고 전부 알기도 불가능하다. 규제가 세부적이고 광범위할수록 지키기가 불가능하다. 경제규제와 환경규제는 대부분 지킬 수 없는 요구를 정한다. 따라서 규제자는 너무 많이, 너무 세부적인 규제를 산출하려고 해서는 안 된다.

(7) 법의 안정성

법을 너무 자주 바꾸면 시민은 행동안내자로서의 법을 진지하게 여기지 않는다. 특히 경제법과 행정법에서 법의 안정성은 매우 중요하나. 세율과 환

---

29) 수출입품목 90% 관세 철폐를 목적으로 하는 한중 자유무역 협정을 비준하고 무역을 통해 이익을 본 기업들에게 무역이득공유제라는 명분으로 농어민지원 상생기금 1조 원을 조성하는 법이 대표적이다.

30) 그러한 모순된 입법의 대표적인 것은 식료품, 약품 및 화장품에 관한 법에서 만약 공장 안으로 들어갈 조사관의 권리를 인정하면서 동시에 공장주가 그것을 허락하지 않음으로써 공장진입을 막을 권리를 정하는 경우.

경규제가 5년 이내에 어떻게 변할 것인지를 예측할 수 없다면 기업들은 장기 투자를 할 수 없다. 현재를 중시하게 만들어 시간선호를 높이는 규제는 지속적인 경제적 번영을 불가능하게 만든다. 단기적으로 돈을 벌려는 나머지 자본재 산업구조가 단축되고 주로 소비재산업에만 치중한다. 면세점 허가처럼 한시적이라고 한다면 누가 투자할 것인가. 정치가들이 정치적 의제를 실현하기 위한 수단으로서 단기적으로 작동하는 특별법은 매력적이다. 왜냐하면 그들의 시간선호구조는 단기적이기 때문이다.

(8) 법과 법집행의 일치성

법이란 시민을 위한 것일 뿐만 아니라 법 집행자를 구속한다. 정부행동이 믿을 만하고 예측 가능하기 위해서는 선언한 대로 법을 해석하고 집행해야 한다. 또한 부패를 막기 위해서는 독립적이 사법부가 필요하다. 정치저으로 독립적인 경찰도 필요하다. 그들이 정치에 너무 예속되어 있으면 법집행이 정치적 목적에 봉사하기 때문에 법치가 위험하다. 방패로서 정치적 사면을 이용한다면 국가와 시민 사이의 결속이 약화된다.

이상과 같이 8가지 원칙은 법의 '적법성'을 판단하기 위한 기준이다. 다시 말하면 법이라면 갖추어야 할 고유한 특성이다. 원칙을 잘 지켜 만든 법은 공정한 법이고 이로부터 이탈한 법은 악법이다. 그래서 그 원칙은 입법원칙이라고 볼 수 있다. 그 원칙들 가운데 어떤 것이라도 지키지 않는다면 그러한 법 시스템은 시스템으로서 작동할 수 없다. 어느 한 법 시스템이 그 원칙들을 어느 정도로 충족하는가에 따라 법 시스템의 타당성 정도가 결정된다. 그 원칙에 가까울수록 그 법 시스템은 이상적 시스템에 가깝다.

법치의 도덕적 의미

풀러를 비판하는 실증주의자들은 법을 가능하게 하는 원칙들을 법의 효율성을 위한 기준으로 축소시키고 있다. 다시 말하면 효율성이란 '법을 잘 만드는 기술적인 것'을 의미한다. 원칙들에는 그 어떤 도덕적 의미도 없다는 것이다. 그러나 이러한 비판에 대해 풀러는 강력하게 반대한다(풀러, 1969/2015: 281). 즉, 그 원칙들은 법의 효율성을 위해 필요하지만 그 이상의 도덕적 의미가 있다는 것이다. 도덕적 의미는 무엇인가?

풀러의 사상을 연구한 부르크는 법치의 내용을 구성하는 원칙들이 어떻게 법으로 하여금 도덕적 가치를 갖게 하는가를 상세히 설명하고 있다(Burg, 2013). 그의 설명에 의존한다면 첫째로 그 입법원칙은 입법의 견제장치다. 멋대로 법을 제정하는 것을 막는다. 입법원칙들의 이상을 존중하고 따르는 경우 규칙망은 권력자의 통치행위를 제약하고 자의적인 권력행사를 막는다. 따라서 법치원칙은 법이 국가의 일방적인 명령이 되는 것을 막아준다. 입법원칙이 도덕적인 이유는 법다움을 위한 제약조건을 제공하기 때문이다. 법이 도덕적 차원을 획득할 수 있다는 의미에서 법은 이제 제도화된 권력과는 다르다. 그 원칙을 위반한 입법은 단순히 제도화된 권력일 뿐이다. 입법원칙을 충족하는 법 규칙은 지시나 명령처럼 시민의 위에서 아래로 작동하는 일방통행적인 규범이 아니다.

둘째로 입법원칙의 이상은 사회를 조직하기 위한 중립적 수단이라기보다는 도덕적 기획이다. 입법원칙들은 법이 '최소한의 도덕적 품질'을 갖게 한다(Burg, 2014). 예를 들면 일반성의 원칙은 사건이 발생할 때마다 특별법을 만드는 것을 금지할 뿐만 아니라 법적 특혜와 차별을 억제하고 자의적 입법을 막는 보호장치다. 개별 명령이 아니라 일반준칙이기 때문에 강자를 위한 규칙을 만들기도 어렵다. 법의 공정성을 담보하는 것이 입법원칙이다. 법의 공표, 소급입법 금지, 법의 안정성 등은 시민에게 안심하고 장기적으로도 삶의 계획을 수립할 수 있는 여건을 마련해준다. 그러한 특성의 법을 통해 비로소 기업들은 마음 놓고 장기적 투자를 할 수 있다. 그 원칙들을 존중한다면 시민과 정부의 행동을 예측할 수 있으며, 이로써 자유와 안정이 마련될 수 있다.

세 번째로 입법원칙은 입법자와 시민 간의 상호관계에서 법이 만들어져야 한다는 것을 의미한다. 그 원칙들은 입법자와 시민 사이의 상호과정, 시민끼리의 상호과정이 야기되는 틀을 위한 필요충분조건이다. 정부에 대한 복종은 폭력을 통한 독재에 의해 확보될 수 있다. 그러나 법에 대한 충성은 폭력과는 성격이 완전히 다른 그 무엇인가를 요구한다. 즉, 상호 존중을 기반으로 하는 상호관계에서 그러한 충실성이 확보될 수 있다. 입법자는 시민을 자율적 시민으로 존중해야 하고 입법자도 자유로운 행위자로서 존중받는다. 그러한 상호 존중은 입법원칙으로 표현된다. 그러한 상호 존중 없이 입법원칙을 위반하면 시민은 법을 지켜야겠다는 구속감을 갖지 않는다. 법에 대한 충실성은 법이 법다워야 할 것을 요구한다. 법의 내적 도덕성을 존중하지 않으면 적법성이 약화되고, 법의 존중이 약화되며, 시민과 입법자의 상호성 유대가 약화된다.

네 번째로 법의 목적을 인간 상호작용을 위한 기준선을 마련해주는 것이라고 한다면 효과적으로 작동하는 법 시스템으로서 법의 존재는 입법자와 시민 사이에, 그리고 시민 사이에 안정적 기대의 확립에 좌우된다. 한편으로 입법자는 전체로서의 시민이 법으로 수용하는 것이 무엇인가를 기대할 수 있어야 한다. 다른 한편으로 법적 주체는 정부와 그 자신이 선언한 규칙을 지키리라고 예상할 수 있어야 한다. 입법원칙은 시장사람들이 서로 타협과 양보를 통해 자율적으로 그들의 계획과 행동을 용이하게 조정하는 법의 생산을 가능하게 한다. 그러한 기대가 실현되지 못하면 기능하는 법 시스템이 될 수 없다. 경제의 왜곡을 차치한다면 동유럽 시스템이 붕괴한 것은 법 시스템의 잘못 때문이다. 사회라는 구조에 상당한 균열이 생기면 사회적 상호작용의 바탕은 파괴된다(Fuller, 1969/2015: 47).

풀러의 법사상: 진화론적 자연법사상

풀러의 핵심사상은 두 가지다. 첫째로 법과 도덕은 내재적으로 연계되어 있다는 인식, 둘째로 법은 장구한 역사적 선별과정을 특징으로 하는 진화의 결과라는 인식이다. 법에 대한 풀러의 첫 번째 접근법은 법을 가능하게 만드는 도덕성을 찾는다는 의미에서 자연법적이다. 그러나 법실증주의는 그러한 기준이 없다. 입법자가 정한 것이면 무엇이든 법이라고 부른다. 풀러의 두 번째 접근법은 진화론적이다. 법의 도덕성을 더 잘 충족한다는 이유에서 개별 재판관의 판결을 통한 법의 형성이 국가가 만든 법보다 좋다는 것이 풀러의 인식이다. 그러한 법이 사회의 광범위한 틀과 양립한다.

자연법사상과 법실증주의

풀러는 법을 "사람들의 행위를 규칙 지배하에 두고자 하는 기획"으로 이해하고 있다(Fuller, 1969/2015: 156). 법이란 하나의 기획이기 때문에 법이란 무엇인가의 문제는 무엇이어야 하는가와 관련되어야 한다는 것이 풀러의 인식이다. 좋은 법과 악법을 구분할 도덕적인 장치가 필요하다. 법과 결부된 내적 도덕을 구현하는 법치원칙은 국가의 입법기능을 승인하는 상위의 법을 전제하는 것이 아니며, 실체적인 목적과 결부된 것도 아니다. 자원배분, 분배정의 등 법을 통해 추구할 실체적 목적이 없다. 그러한 목적을 전제한다면 법 그 자체의 역할을 위반한 것이다.

법이란 다양한 서로 충돌하는 목표를 가지고 자신의 지식을 동원하는 "사람들 사이의 상호작용에 대한 지표"이기 때문이다(위의 책, 308). 그러한 법은 추상적 규칙으로 구성되어 있다. 그래서 풀러의 사상은 절차적 자연법사상이라고 할 수 있다. 그러나 법실증주의는 법과 도덕을 엄격히 분리한다. 그리고 단순히 입법자가 정한 것이면 무엇이든 법이라고 여긴다. 법에서 도덕을 분리하려고 한 배경에는 법학이 자연과학을 무비판적으로 모방하려는 '과학주의'가 자리 잡고 있다. 객관적으로 관찰될 수 있고 확증될 수 있는 자료들을 다룸으로써 자연과학이 놀라울 정도로 지식을 축적하고 발전시켰기 때문에 법학도 자연과학의 그러한 방법을 이용한다면 그만큼 지식의 발전을 가져오리라고 기대했다.

그래서 법실증주의자들은 눈으로 볼 수 없거나 손으로 만질 수 없는 규범적인 현상들을 객관적으로 관찰할 수 있는 경험적인 현상으로 환원한다. 그들은 법과 도덕의 엄격한 분리를 주장한다. 법의 효력을 도덕적 가치와 독립적·자율적으로 확인하고 있다. 실정법은 가치의 문제가 아니라 사실의 문제로 여긴다. 법의 도덕적·규범적 평가와 법의 사실 확인을 서로 분리한다. 법 시스템은 도덕 또는 정의와 어떤 필연적 관계가 없다고 주장한다.

그러나 실증주의의 법인식은 치명적인 결과를 초래했다. 법이 도덕적이든 아니든 그것은 기능할 수 있다고 주장하는 것이 법실증주의다. 법의 성격을 처벌능력에서 찾고 있다. 풀러와 뜨거운 세기적 논쟁을 벌였던 실증주의자들이 법과 권력을 동일시하고 있는 것도 법의 성격에 대한 그들의 인식에서 비롯된 것이다. "법을 온갖 종류의 공권력 행사와 동일시하고" 있다(위의 법실증주의는 법을 제도화된 권력으로 보고 있다. 법 규칙을 지시나 명령처럼 시민의 위에서 아래로 작동하는 일방통행적인 규범으로 인식한다. 법을 특정 목적을 달성하기 위한 명령으로 보고 있다.[31] 법실증주의는 특정한 목적을 가지고 입법자가 의도적으로 만든 것만 법으로 인정한다. 그러한 법사상은 르네 데카르트, 토머스 홉스, 존 롤스 등의 프랑스 계몽주의 전통의 전형적인 구성주의적 합리주의를 전제하고 있다.

그러한 사상에서 자생적으로 형성된 행동규칙은 법이 아니다. 국가가 법이라고 선언할 때 그것은 비로소 법이 된다. 지적 자만과 도덕으로부터 자유로운 법 개념의 등장은 치명적 결과를 초래했다. '입법만능주의'가 그것이다.[32] 이로써 남자를 여자로 만드는 일을 제외하면 법으로 못할 일이 없다는 믿음이 생겨났다. 법으로 나라 전체에 금주령을 내린 적도 있다. 법이라는 수단을 동원해서 나라 전체를 강도 집단으로 만든 나치정부, 경제 전체를 계획과 규제의 대상으로 만든 사회주의 등은 입법 만능주의의 소산이다.

풀러의 진화론적 법사상과 하이에크

풀러는 앞에서 설명한 바와 같이 법을 만들기에 실패하는 8가지 오류를 놓고 이를 반면교사로 하여 규칙 시스템이 지향해야 할 8가지 원칙을 설명하고 있다. 이러한 방법은 선험적이 아니라 경험적 방법이다. 풀러의 법치원칙에 비추어볼 때 현실에는 너무 많은 규제가 특정한 집단적 목적을 달성하는 의도에서 만들어지고 있다. 그들은 법을 훼손한다. 통일된 목적을 위해 자원

---

31) 그러한 실증주의로 유명한 인물이 잘 알려진 영국의 법철학자 하트와 켈센이다. 법실증주의 관점에서 보면 나치정부의 법 시스템도 정당하다. 법의 문제와 도덕의 문제를 분리하고 있기 때문이다.

32) 풀러는 말리노브스키(Malinowski)를 인용하여 입법만능주의를 말하고 있다(Fuller, 1969/2015: 239).

을 배분할 의도로 만든 것이다(위의 책, 240). 진화를 통해 형성된 법과 비교할 때 국가가 만든 그러한 규제법을 집행하는 데 관련된 강제의 규모는 너무도 크다. 그래서 풀러는 국가가 만든 법보다 자생적인 사회적 과정에서 형성된 법을 중시한다.

풀러는 법에 대한 진화론적 접근법을 선호하고 있다. 호위츠의 설명에 의존하여 그 접근법을 재구성한다면(Horwitz, 2000: 34-35), 인간은 서로의 얼굴을 아는 상황에서는 문서로 쓴 계약이 없다고 해도 자신들의 행동을 상호 간 조정하려고 노력하기 때문에 반복된 상호작용을 통해 행동규범이 생겨나기 마련이다. 조정이 중요한 이유는 그것이 개인들 각자의 목적을 달성하기 위한 조건이기 때문이다. 그러한 상호작용이 서로 유익하다고 생각되면 당사자들은 타인들이 예상한 방식대로 행동할 동기가 강화된다. 그러한 행동유형이 강력하게 등장하여 사람들의 기대를 성공적으로 안내하면 이를 목격한 타인들도 그러한 행동유형을 모방한다. 모방하는 사람들이 점차 증가하여 널리 확산된다면 이제 그것은 공유된 행동규칙이 되어 법이 된다. 그와 같이 확립된 규칙은 어기기가 어려운데, 다른 사람들의 기대 때문이다(위의 논문, 35).

흥미롭게도 풀러의 그러한 법 개념은 일반적으로 이해되는 법 개념과 전적으로 다르다(위의 논문, 35). 흔히 법실증주의가 그렇듯이 우리는 쌍방의 당사자 관계의 밖으로부터 부과된 일련의 규칙을 법이라고 부른다. 그러한 법이 기존의 규칙시스템과 양립하는가의 문제는 중요하지 않다. 그러한 법실증주의 의미에서 법은 항상 일방적인 권력과 관련되어 있다. 그러나 풀러에게 법은 "사람들의 행위를 규칙 지배하에 두고자 하는 기획"이다(Fuller, 1969/2015: 156). 법을 그렇게 이해한다면 쌍방의 반복적인 관계에서 생겨나는 기대들을 법으로 이해할 수 있다. 그러한 법의 대표적인 예가 상인법과 관습법인데, 이들은 외부에서 국가가 인위적으로 만들어서 사람들에게 부과한 것이 아니다(Macleod-Cullinane, 1995: 5-7). 그러한 법은 상인들이 서로 거래하는 과정에서 자생적으로 생겨난 것이다. 상인들이 반복적으로 거래할 경우 시간이 지남에 따라 타인들의 정신 속에는 기대가 형성된다. 그 이유는 그 기대들이 그룹 구성원의 일상적 행동의 기초가 되는 관행에 해당하기 때문이다.

풀러의 법관(法觀)은 하이에크의 진화론적 접근과 다름이 없다. 하이에크는 유명한 자신의 1973년 저서 『법, 입법 그리고 자유』 제1권에서 법과 입법을 구분하고 법을 재판관의 판결로 구성된 자생적 진화의 결과로 이해한다. 그러한 법의 특징은 집단목적과 독립적인 추상적 규칙으로 구성되어 있다. 그러한 법이 복잡한 현실에서 각자 상이한 목적을 추구하는 개인들의 행동을 가장 잘 조정한다. 그러한 이유에서 하이에크는 법은 특수사례에 기초한 개별 재판관의 판결에서 생겨나야 한다고 강조한다(Hayek, 1973: 86-87).

그러한 법은 개인의 자유로운 영역을 확립하기 때문에 '자유의 법(nomos)'이라고 부르는데, 시장이 자생적으로 질서가 확립·유지되는 것처럼 법도 자생적으로 형성되지만 서로 헝클어져 혼란스럽게 형성되는 것이 아니라 일관된 질서를 형성한다. 그러한 의미에서 법도 자생적 질서임과 동시에 시장과정이 진화적으로 전개되는 틀, 다시 말하면 시장에서 자생적 질서의 형성을 가능하게 하는 조건을 제공한다. 게임규칙과 비유하여 설명한다면 게임 그 자체는 행동질서로서 자생적으로 형성되는데, 그 행동질서의 기반이 되는 게임규칙도 자생적이라는 것이다.

그러나 입법은 성격이 완전히 나쁘다. 그것은 목적을 가진 정부조직을 의식적으로 조종하기 위해 만든 행정명령이다. 입법은 다양한 목표를 달성하기 위한 안내판을 제공하는 자생적 질서의 추상적 일반적 규칙이 아니라 어떤 정치적 집단 목표를 위해 주어진 자원을 배분할 지시나 명령이다. 하이에크에 따르면 보통법 재판관의 주요 관심은 거래관계에 종사하는 당사자들이 합리적으로 형성하는 기대라는 것이다. 그러한 기대들은 사회구성원들이 지키는 일반적인 관습과 규칙이라는 것이 그의 탁월한 인식이다(Hayek, 1973: 86). 관습들이 갖는 중요한 의미는 그들이 사람들의 행동을 안내하는 기대를 산출한다는 점이다. 관습이라는 행동유형은 지키고 있다고 누구나 믿고, 또 사람들이 자신의 목적을 달성할 성공의 조건이 되기 때문에 그러한 관습을 구속력이 있다고 여긴다(Hayek, 1973: 96-97). 일관된 기대의 형성은 적절한 행동에 대한 그들의 해석에 기초한다. 그러나 그러한 해석은 명시적인 규칙의 형태로 알려질 필요가 없다.

풀러와 마찬가지로 하이에크도 어떤 법이든 의회에서 통과된 것이면 무엇이든 법이라고 보는 법실증주의에 반대한다. 그렇게 제정된 법률들은 사회의 광범위한 틀에 어떻게 맞춰질 것인가를 전혀 문제시하지 않는다. 그렇다고 하이에크가 법관의 법을 전적으로 신뢰하지 않는 것은 아니다. 판결의 기초를 위해 법관이 발견한 행동규칙이나 선례가 잘못될 수 있기 때문에 입법이 필요하다. 그러한 입법은 법치에 해당되어야 한다. 풀러처럼 하이에크역시 법실증주의가 강조하는 제재와 강압이 법을 만든 것이 아니라는 입장이다.

4
자유의 법:
브루노 레오니

　　입법 대신에 '법관의 법'의 중요성을 강조한 대표적 인물이 레오니(Bruno Leoni, 1913~1967)이다. 자유주의 경제학자들이 정부의 간섭으로부터 자유시장을 명쾌하게 보호하는 사람들이라면, 이탈리아 출신의 법철학자이자 변호사였던 레오니는 국가의 독점적인 법률 생산체제를 자율적이고 분권적인 법률 생산체제로 교체할 것을 강력히 주장했다.

　　레오니는 법이 재판관과 변호사들, 소송 당사자들 그리고 법학자들 간의 자율적인 관계 속에서 자생적으로 생산되도록 내버려둬야 한다는 것을 일관되게 주장했다. 법실증주의와 의회의 자율을 결합한 민주적 입법과정도 독재자의 자의적 행동만큼 무서운 독점적인 법 생산체제이므로 자유시장에서 상품이 분권적으로 생산되는 것처럼 법 역시 법관에 의해 분권적으로 생산되어야 한다는 것이다. 그의 분권적 법 생산체제 이론은 오늘날 자유주의 철학자로서 세계적으로 잘 알려진 하이에크의 '자유와 법'에 관한 사상을 기초로 하여 개발된 것이다.

　　안타깝게도 일찍 세상을 떠났지만 레오니가 1961년에 남긴 유일한 책

『자유와 법』(1991년에 재판)은 자유주의 법경제학사상의 발전에 매우 큰 족적을 남겼다. 법을 국가의 강제나 강압과 결부시켜 정의하는 법실증주의 대신에 법을 '개인의 청구'로 이해하는 데 기여했다. 뿐만 아니라 1960년대 프리드리히 하이에크, 론 풀러와 함께 레오니는 현대의 입법에 대해 그리고 법은 정치적 의사결정의 단순한 결과라는 법실증주의 사상에 대해 매우 비판적인 인물이었다. 그래서 그의 법사상은 법실증주의가 지배하는 우리 사회에 매우 의미 있고 중요하다고 여겨진다. 오늘날 우리 사회에는 다른 서구사회에 못지않게 독점적인 법 생산체제가 지배하고 있다. 하지만 그 결과는 참담하다.

의회와 행정부에서 매 회기마다 수백 조항 또는 경우에 따라서는 수천 조항에 달하는 법률이 생산되고 있으니 말이다. 시민이 알기는 고사하고 이 법을 제정하는 법 생산 독점자들 스스로도 알 수 없을 만큼 대량으로 생산되고 있다. 언제 어떤 법률이 제정되었고, 그 내용이 무엇인지도 알지 못하는 시민에게 이 법률들이 강요되고 있다. 소위 민주적 입법이라는 것이 바로 이러한 것이다. 그럼에도 불구하고 우리는 이러한 독점적 입법체제를 성스럽고 당연한 것처럼, 그리고 인위적이고 계획된 입법이 만병을 치료할 수 있는 방책인 것처럼 여기고 있다. 잘못된 법이 제정되면, 기껏해야 입법 독점자들이 비도덕적이고 무지하다고 비판할 뿐이다. 법을 생산하는 체제를 바꾸어야 한다는 것은 생각지도 못하고 있다.

두 가지 종류의 법 생산체제

경제 부문을 비롯하여 모든 사회 분야에서 사업할 수 있는 자유, 투자할 수 있는 자유, 그리고 계약의 자유 등의 개인적 자유와 사적 소유를 효과적으로 보호하는 법적인 제도들이 사회의 모든 분야에 번영을 약속할 수 있는 불가결한 조건이라는 것은 부정할 수 없는 사실이다. 이러한 사실을 부정하는 것은 시대착오적이라고 말하지 않을 수 없다. 그런데 개인의 자유와 재산을 확립하고 이를 보호하기 위해서는 법질서가 중요하다. 법질서 없이는 인간의 의미 있는 상호관계, 의미 있는 상업적 관계가 형성되기 매우 어렵다. 그런데 이러한 법질서는 어디에서 유래하는가? 법질서의 생성원천과 관련하여 두 가지 전통이 존재하고 있다.

하나는 고전적 또는 구성주의적 합리주의 전통으로서, 특정 입법자에 의해 독점적으로 생산되는 인위적인 법 생산체제다. 다른 하나는 진화론적 합리주의 전통으로서, 사법적(judicial) 절차를 통해 법관에 의해 분권적으로 생산되는 법관의 법 생산체제다. 중요한 문제는 어떤 생산체제로부터 생산되는 법질서가 개인의 자유와 권리를 보다 효과적으로 보호할 수 있고, 그럼으로써 보다 잘사는 번영된 사회의 기초가 될 수 있는가다. 이 문제와 관련하여 레오니는 법 생산체제를 두 가지로 구분하고 있다. 독점적 법 생산체제와 분권적 법 생산체제가 그것이다. 이러한 구분은 하이에크의 입법과 법의 구분에 해당된다.

분권적 법 생산체제의 장점

오늘날 법조계나 학계 그리고 정계에서는 법이란 당연히 특정 입법자에 의해 독점적으로 계획되고 생산되어야 한다는 견해가 압도적이다. 그리고 그러한 견해는 우리 사고방식의 습관이 되어버렸다. 인위적으로 제정된 법이 유일한 법이고, 입법이 전부인양 생각하는 사고방식에 대해 정면으로 비판하고, 오랫동안 잊어버린 분권적이고 진화적인 법률 생산체제의 중요성을 강조한 것이 바로 레오니의 법사상이다.

안타깝게도 인생의 최고 절정기인 50대의 짧은 나이에 세상을 떠난 레오니의 핵심사상은 개인의 자유는 그 어느 것과도 바꿀 수 없는 최고의 가치라는 것, 개인의 자유와 권리는 국가의 독점적인 법률 생산에 의해서는 효과적으로 보호될 수 없다는 것이다. 오히려 독점적인 인위적 법 제정은 개인의 자유와 권리의 불안정성을 야기할 뿐이라는 것, 그리고 개인의 자유와 권리를 안정적으로 보호하기 위한 최선의 방법은 법 생산의 독점체제에 의존하는 것이 아니라 법관의 법(보통법), 다시 말하면 법 생산의 분권적 체제에 의존하는 것이라는 점이 레오니의 법사상의 핵심이다.

레오니는 재판관과 소송 당사자들, 그리고 변호사들끼리의 자발적인 상호작용을 통해 생산되는 법 규칙이야말로 개인들의 자유와 권리를 확실하게 보호할 수 있고 각처에 흩어져 있는, 그리고 그 어떤 정신도 전부 수집·가공하여 이용하기가 불가능한 지식을 반영할 수 있다고 주장한다. 레오니는 다음과 같이 세 가지 이유를 들어 분권적으로 생산되는 법관의 법이 독점적으로 생산되는 법보다 '좋은' 이유를 설명하고 있다.

첫째로 변호사나 판사는 관련된 사람들이 요구할 때만 이들을 간섭할 수 있고, 특히 민사의 경우 이들의 협동을 통해서만 판결을 내릴 수 있다. 따라서 이러한 재판과정은 시장의 거래과정만큼이나 자유를 기초로 하고 있다. 둘째로 판사의 판결은 분쟁 당사자들에게만 효력이 있다. 원칙적으로 당사자들과 관계가 없는 제3자에게는 그 효력이 미치지 않는다. 이러한 의미에서 재판과정의 결과에는 부정적인 외부효과가 존재하지 않는다. 셋째로 변호사와 판사는 다른 판사와 변호사들이 비슷한 사건에 대해 내린 판결을 선례로 삼아 당해 사건을 판결한다. 그들의 판결은 선례에 의해 제한된다.

요컨대 재판의 전체 과정은 재판관과 변호사 그리고 소송 당사자들 사이에 시민의 보편적 의견이 무엇인가를 알아내기 위한, 말하자면 옳고 그름에 관한 '의견'을 알아내기 위한 포괄적이고도 연속적이며 자발적인 협동관계라고 할 수 있다. 따라서 재판과정은 법을 창조하는 과정이 아니라 무엇이 법인가를 사회 속에서 찾아내는 과정이라고 볼 수 있다. 그러한 사회 속에는 일반인의 관행과 관습, 도덕규칙들이 각처에 흩어져 생생히 살아있다. 이들은 장구한 진화과정 속에서 생성되고 변동된다. 이러한 살아있는 행동규칙들은 어떤 개인의 창조에 힘입은 것이 아니라 수세기, 수세대를 거쳐 수많은 사람의 상호작용과정에서 형성된 것이다.

법관의 법은 바로 이러한 행동규칙들을 기본 바탕으로 한다. 발견된 법질서는 수세대의 수많은 사람의 실제 경험과 지식을 반영한 것이다. 그렇기 때문에 그것은 살아있는 법이라고 하지 않을 수 없다. 레오니는 이러한 이유 때문에 법 발전의 중심축을 인위적이고 독점적인 법 생산체제 대신에 자생적인 법의 진화를 기반으로 하는 분권적 법 생산체제에 두어야 한다는 것을 강조하고 있다. 그는 자신의 주장을 법사학적 그리고 법사상사적 방법을 동원하여 설명하고 있다.

"고전적 자유주의를 현대적인 조건에 비추어 새로이 해석하고 발전시키자"는 목적으로 1947년 하이에크가 주도하여 루트비히 미제스, 밀턴 프리드먼 등 세계의 자유주의 석학들과 함께 창설한 몽펠르랭(Mont Pelerin) 학회의 회장직을 맡기도 했던 레오니의 법사상에서 우리가 주지해야 할 것은 다음과 같이 세 가지다. 첫째로 법 생산과정에 참여하는 법관, 변호사 그리고 소송 당사자들 사이의 관계가 자유시장에서의 시민 사이의 관계와 매우 유사하다는 것이다. 둘째로 법의 형성과정의 기반은 바로 개인적 자유라는 것이다. 마지막 세 번째로 그러한 과정을 통해 각처에 흩어져 있는 수많은 지식이

재판에 반영할 수 있다는 것이다. 레오니는 이러한 분권적이고 자생적인 법생산체제와 비교하면서 독점적 법 생산체제 중 하나인 민주적 입법과정을 적나라하게 비판하고 있다.

독점적 법 생산체제의 문제

레오니는 오늘날 자유 침해의 주범을 소위 의회의 독점적 입법과정으로 간주하고 있다. 경제적 자유를 중시하는 사람들은 무엇보다도 그러한 입법과정을 의심해야 한다고 한다. 현대사회에서 법 생산에 막중한 영향을 행사하는 것이 민주적 입법과정이기 때문이라는 이유에서다. 민주주의 이상은 자의적인 소수 독재자의 행동을 막기 위해 다수가 지배해야 한다는 것이다.

그러나 다른 자유주의 사상가들과 마찬가지로 레오니도 민주적 다수의 지배는 소수의 독재만큼이나 위험하다고 본다. 그는 의회의 독점적인 법 생산 과정을 유리한 법을 제정하기 위해 만인이 만인에 대해 투쟁하는 과정으로 이해한다. 그러한 법 생산 과정은 진화적 법 생산 과정과 달리 강제와 결부되어 있다. 법을 시민에게 일방통행 식으로 부과한다는 것이다. 이 강제성은 세 가지 차원과 관련되어 있다. 첫째로 집단적 의사결정 과정에서는 다수가 원할 경우 원하지 않는 사람들도 포함하여 모든 인간의 삶에 간섭하는 의사결정을 내릴 수 있다. 이것은 보통법 전통의 법 생산 과정에서는 생각조차할 수 없다. 왜냐하면 법이 생산되는 과정에서 법관이나 법률가 및 변호사는 소송 당사자들이 원하지 않으면 이들의 삶에 개입할 수 없기 때문이다.

둘째로 집단적 의사결정은 반대하는 사람은 물론이거니와 이 의사결정에 참여하지 않았거나 이를 알지 못한 사람에게도 강제로 적용된다. 이것 역시 재판과정에서는 있을 수 없다. 재판결정은 당사자들에게만 적용될 뿐 제

3자에게는 적용되지 않는다. 셋째로 독점적 법 생산체제를 제한하는 메커니즘이 존재하지 않는다. 그렇기 때문에 민주적 중앙 집중주의가 무제한적이다. 헌법주의자들이 가장 우려하는 것이 이것이다. 선례에 구속될 필요도 없다. 오히려 자생적으로 형성된 규칙들을 파괴하고, 지금까지 자발적으로 지켜온 제도와 계약들을 무자비하게 무효화시킨다. 다수가 원하면 무엇이든 할 수 있다는 것이 민주적 입법의 핵심이다.

따라서 입법만능주의 사회에서는 어떤 사람이 밤에 침대에 들면서 현재의 법에 근거한 계획을 세웠다가 눈을 떠보니 입법의 변화로 그 법이 폐지되어 밤새 세운 계획이 헛일로 되어버리기 일쑤다. 따라서 제정법은 언제 어떻게 변동될 것인지가 불확실하다. 오늘 유효한 법이 그 후의 법에 의해 언제 어떻게 폐기될지, 아니면 언제까지 수정되지 않고 유효할지 아무도 알 수 없는 것이 민주적 입법과정의 특징이다. 그러나 앞에서 언급한 사법적 절차에 의한 법률 생산은 법 지배원칙의 핵심적 요체로서 레오니가 가장 중시하고 있는 법의 단기적 및 장기적인 확실성을 보장한다. 법의 변동에 대해 입법에 고질적인 불확실성이 없기 때문이다.

독점적 법 생산은 확실히 강제와 결부되어 있다. 이 강제를 회피하기 위해 사람들은 다양한 정치적 전략을 투입한다. 다수가 되기 위해 인간이 서로 투쟁하는 과정을 만인에 대한 만인의 법률투쟁이라고 부르고 있다. 레오니는 애덤 스미스와 칸트의 소극적 도덕률에 해당하는 공자(孔子)의 유명한 말을 인용하여 독점적 법 생산체제에서 생산되는 법 규칙이 과연 법다운 법이 될 수 있는지를 묻고 있다. 즉 "네가 하고 싶지 않은 일을 남에게 시키지 말라"는 공자의 경구는 바로 법의 지배원칙을 의미하는 것인데, 레오니는 민주적 법 생산과정은 이 원칙을 실현할 수 없다고 주장한다. 민주적 입법과정은 오히려 "네가 하고 싶지 않은 일을 남에게 시켜라"는 식의 법률을 생산한다는 것이다.

레오니는 일반적인 거래방법으로 얻을 수 없는 것을 얻기 위한 수단이 전쟁이라고 한다면, 현대사에서 입법은 일반적 거래에 의해 달성할 수 없는 목적을 달성하기 위한 특정 계층의 도구라고 말하고 있다. 법질서를 인위적으로 만드는 일은 계획경제의 계획담당자가 시장의 모든 재화와 용역의 수요와 공급을 알아낼 수 없는 것과 마찬가지로 불가능하다. 이러한 불가능성 때문에 자유시장이 존재 의미가 있는 것처럼 모든 권력을 동원해서 법률을 창조하는 것은 불가능하기 때문에 법을 분권적으로 발견하는 발견적 절차가 존재할 의미가 있다.

언어학자가 언어를 다루듯이 법을 다루어야

레오니는 독일 법사학자인 사비니(F.K. Savigny)와 오스트리아학파의 전통을 수용하여 법과 언어가 유사하다는 것을 보여주면서 언어를 인위적으로 만들 수 없듯이 법질서를 인위적으로 창조할 수 없음을 강조하고 있다. 언어는 한 사회를 구성하는 문화의 중요한 요소다. 행동규칙이라는 의미의 문화는 인위적으로 창출된 것이 아니라 수많은 세대 동안 수많은 사람의 상호작용과정을 통해 자생적으로 형성된 것이다. 언어도 이 과정에서 자생적으로 형성되고, 바로 언어를 통해 행동규칙과 제도가 세대를 거쳐 전수된다.

따라서 언어를 습득하는 것은 단지 언어 자체만 습득하는 것이 아니다. 하이에크가 주장하는 바와 같이 오히려 관행 또는 관습 등과 같은 행동규칙을 비롯하여 특정한 세계관, 행동하기 위해 없어서는 안 될 우리의 사고방식의 틀을 획득한다. 우리는 언어를 배움으로써 언어규칙인 문법에 따라 말하는 것뿐만 아니라 세계를 해석하고 적절하게 행동하는 규칙, 우리의 삶을 인도하는 규칙을 배운다. 따라서 인간이 언어를 만든 것이 아니라 오히려 언어가 인간을 만든다. 마찬가지로 법률가나 입법자가 사람들의 법을 만드는 것이 아니라 그들이 사람들의 법에 의해 만들어진다.

레오니는 법질서를 인위적으로 창조하려는 것은 언어를 창조하려는 것과 마찬가지로 무모하다고 말하고 있다. 그렇기 때문에 그는 에스페란토 같은 언어 또는 이와 비슷하게 인위적으로 만든 언어를 세계 공용어로 퍼뜨리려는 시도가 성공하리라고 믿는 것, 모국어를 버리고 외국어로 바꾸자고 주장하는 것은 계몽되지 못한 사람들의 푸념일 뿐이라고 말한다. 마찬가지로 문화적 유산으로서 자생적으로 형성된 행동규칙을 무시하고 인간 이성을 통해 새로이 법질서를 창조할 수 있다고 믿는 입법만능주의 역시 계몽되지 못한 미신에 불과하다. 문법학자들에게 언어는 주어진 것이고, 주어진 언어로부터 문법규칙을 발견할 수 있을 뿐 이를 창조할 수 없다. 마찬가지로 자생적으로 형성된 행동규칙들은 주어진 것이고, 법률가나 판사는 주어진 이 행동규칙들 속에서 법 규칙을 찾아낼 수 있을 뿐 이들을 창조할 수는 없다.

레오니, 노스 그리고 법경제학

레오니는 법관의 법 또는 보통법 전통을 가진 사회에서 개인의 자유와 권리가 그렇지 않은 사회보다 더 효과적으로 더 확실하게 보장되며, 시장경제가 더욱더 번창한다고 주장하고 있다. 제정법에 의존하는 사회보다 보통법 전통에 의존하는 사회가 개개인들에게 법의 확실성을 보장하고, 따라서 그들은 마음 놓고 장기적인 투자계획을 비롯하여 사업계획을 수립하고 이를 실천할 수 있다는 것이 레오니의 통찰이다.

레오니의 법사상은 제도(행동규칙)를 매개하여 경제사와 경제이론을 연결시킨 공로로 1992년 노벨 경제학상을 수상한 노스(Douglass C. North)의 제도주의 사상보다 앞선 사상이라고 할 수 있다. 노스는 레오니보다 20여 년 뒤늦게 소유권의 확립과 자유를 보장하는 제도를 가진 사회가 그렇지 못한 사회보다 더 큰 번영을 누렸다는 사실을 밝혀내고 있다. 노스 역시 레오니와 마찬가지로 문화적 진화 속에서 자생적으로 형성되는 비공식적 행동규칙의 중요성을 강조하고 입법만능주의를 비판함과 동시에 제정법은 대부분 자생적으로 형성된 관습과 관행 그리고 계약들을 하루아침에 무효화시켜 경제주체들의 불확실성을 증대시켜준다고 말하고 있다.

노스는 좋은 법은 어떠한 법인가를 판단하기 위한 기준을 '효율성'에서 찾고 있다. 그에게 있어서 법은 물론 자유도 효율성을 위한 수단으로 간주되고 있다. 그런데 법의 옳고 그름을 판단하는 기준을 제정법은 물론 보통법 전통에도 적용하는 것이 법경제학이다. 이에 따른다면, 분권적인 법 생산체제에서 법관이 판결을 내릴 때에는 경제적 효율성에 입각해야 한다는 것이다. 이것은 보통법에 대해 어떤 의미를 갖고 있는가? 이것은 자생적인 보통법을 인위적인 법으로 전환하고 있음을 의미한다. 그렇기 때문에 오늘날 제도경제학의 한 분파로서 유행하고 있는 법경제학은 제정법과 보통법의 구분을 흐리게 만들고 있다.

오히려 신고전파의 법경제학은 제정법에 우호적이다. 제정법이 입법자의 전지전능을 전제하고 있듯이 이제 법관도 효율성을 따질 수 있을 만큼 전지전능해야 할 것이다. 그리고 법관에게 선례나 한 사회의 자생적 행동규칙 같은 문화적 요인은 판결에 의미가 없다. 따라서 이러한 법경제학은 법관의 지적 자만심을 전제하는 구성주의적 합리주의의 오류를 범하고 있다.

레오니에게 최고의 사회적 가치는 자유다. 그리고 이 자유를 보호하기 위한 법을 좋은 법으로 여기고 있다. 그는 자유를 보장하는 법의 특징을 영국 전통의 법의 지배원칙에 적합한 성격으로 이해하고 있다. 그 원칙은 이미 잘 알려져 있듯이 추상성, 평등성 그리고 확실성이다. 레오니는 공자의 경구, 즉 "네가 하기 싫은 일을 남에게 시키지 말라"는 원칙과 관련하여 법 규칙의 추상성을 설명하고 있다. 어쨌든 레오니는 법의 세 가지 특성을 의미하는 법치와 관련하여 제정법을 비롯한 모든 제도를 평가하고 있다. 그는 법관의 법(및 보통법) 전통이야말로 법치원칙을 가장 잘 반영하고 있는 것으로 파악하고 있다.

한국사회와 레오니

입법은 위로부터 독점적으로 시민에게 부과되는 법체계다. 따라서 이것은 강제와 결부되어 있다. 이에 반해 법관의 법 또는 보통법은 사회의 내부로부터 생산되는 법체계다. 따라서 이것은 자유와 결부되어 있다. 그리고 입법은 인위적 질서(taxis)인 데 반해 보통법은 자생적 질서(nomos)다. 입법과 인위적 질서가 갖지 못하는 자생적 질서의 묘미는 레오니가 적절히 표현하고 있듯이 사회의 각처에 분산되어 있는 지식의 사용을 가능하게 하는 데 있다. 그리고 보통법 체계는 유연할 뿐만 아니라 열려 있는 법체계인 데 반해 입법체계는 경직된 닫힌 법체계다. 레오니의 핵심적 주장은 개인의 자유와 권리를 효과적으로 보호하기 위해서는 입법체계에서 보통법체계로 전환해야 한다는 것이다. 그렇지 않으면 만인이 만인에 대해 법률을 놓고 투쟁한다는 것이다.

레오니의 법의 진화 모델이 한국사회에 주는 의미는 무엇인가? 이 문제는 매우 광범위한 것인데, 우리의 '독점규제 및 공정거래법'(공정거래법)과 관련하여 그 문제에 대한 몇 가지 답을 모색해보자. 첫째로, 공정거래법은 독점적 생산체제에서 생산된 법이다. 그 내용은 레오니가 의미하는 법의 지배원칙과 양립할 수 없는 내용이 대부분이다. 특히 공정거래위원이라는 준사법기관을 둠으로써 일반 법원의 재판에서 제외시키고 있는 점이 그러하다.

둘째로, 이 법은 자유를 최고 가치로 인정하지 않고, 효율성이 법의 내용을 구성하고 있다. 그런데 우리가 자유를 기본 가치로 여긴다면, 공정거래법 같은 별도의 법이 필요가 없을 것이다. 왜냐하면 우리는 민법을 가지고 있기 때문이고, 민법에는 자유의 개념을 구성하는 강압이나 권력 남용을 금지하는 규정이 있기 때문이다. 이 조항만 가지고도 시장의 자유경쟁을 보호할 수 있다고 여겨진다. 셋째로, 성문화된 민법전이 과연 필요하냐의 문제다. 이것역시 매우 복잡한 문제다. 민법전에서 금지되고 있는 강압 또는 권력남용 개념과 관련해서만 이 문제를 생각해보자. 민법전에서는 이 개념을 사례마다 적용 가능할 만큼 자세히 규정하고 있지 않다. 선험적으로 빈틈없이 상세한 규정은 인간 이성의 구조적 한계 때문에 애초부터 불가능하다. 따라서 그 개념은 법관과 소송 당사자, 변호사 그리고 사회의 법 감정 및 법률가 등의 자율적인 상호작용에 의해 형성될 수밖에 없다. 그리고 이때 빼놓을 수 없는 것이 판례다. 따라서 실질적으로 중요한 것은 강압과 권력 남용에 관한 명문 규정 자체가 아니라 재판과정과 판결이라고 볼 수 있다. 명문 규정은 형식에 지나지 않는다. 넷째로, 이것은 세 번째 문제와 관련된 것인데, 만약 강압이나 권력남용이라는 용어를 법전에 명문화하지 않는다면 재판이 성립되지 않을까? 아마도 법실증주의 또는 성문법주의에서는 그럴 것이다. 그러나 이것은 중요하지 않다. 왜냐하면 불문법주의로 발상의 전환만 있으면 족하기 때문이다. 오히려 강제와 관련된 판례가 형성될 것이다.

인간은 남들에게 강제하고 싶어 하지만, 남들로부터 강제 받기는 싫어하는 것이 천성이다. 이 천성 때문에 역시 이를 막기 위한 행동규칙이 자생적으로 형성되고, 정의감과 법 감정이 형성된다. 민법규정의 대부분은 인간의 상호작용 과정에서 자생적으로 형성된, 그리고 스스로 지키는 행동규칙들을 명문화한 것에 지나지 않는다. 수많은 사람이 민법조항의 내용을 전혀 알지 못해도 일생을 편하게 지내고 있다는 사실은 성문화가 단순한 형식에 지나지 않는다는 것을 의미한다. 신뢰할 수 있는 법정만 존재한다면, 그리고 이 법정의 판결을 충실히 집행할 수 있는 국가가 존재한다면, 법관의 법 또는 보통법이 생겨날 수 있을 것이다.

따라서 우리에게 중요한 것은 입법자에 대한 근거 없는 신뢰와 입법만능주의를 버리는 일이다. 이것은 우리가 국가에 대한 의존심을 버려야 한다는 것을 의미한다. 역으로 표현한다면, 이것은 사회의 자생력에 대한 신뢰를 의미한다. 이러한 의미에서 레오니가 우리에게 매우 소중한 유산을 남겨놓았다고 해도 과장은 아니다. 서로 다른 사람들이 동일한 장소와 동일한 시점에서, 동일하게 주어진 입법대안 가운데 동일한 절차에 따라 선택하는 독점적 입법과정은 문명된 사회의 법 생산 과정이 아니다.

5
아나키즘의 자유와 법:
비판적 분석

　　루트비히 폰 미제스, 프리드리히 하이에크, 그리고 밀턴 프리드먼은 오늘날 가장 많이 알려진 자유의 수호자들이다. 프리드먼은 법과 질서의 유지, 소득분배를 위한 부의 소득세와 바우처 제도까지 포함하여 자유를 옹호하고 있다(Friedman, 1962). 미제스는 폭력으로부터 개인의 생명, 건강, 자유, 사유재산을 보호하는 과제를 국가에 부여하고 그 이상의 국가개입의 위험성을 경고했다(Mises, 1996/2011: 1401; 1985/1995: 100). 하이에크는 법치주의, 제한된 민주주의를 통해 자유를 보호하려고 했다(Hayek, 1960/1996 II: 48). 그는 국가 역할의 규모보다 질을 중시한다. 국가의 과제가 미제스의 국가보다 많다. 그런데 20세기 후반 로스바드(M. Rothbard)를 중심으로 한 '아나코-리버태리어니즘'(Anarcho-Libertarianism, '아나키즘'으로 축약)이라는 새로운 이념이 등장했다.[33] 이는 정부 없는 상태가 개인의 자유가 최대로 실현되는 사회라고 인식한다. 아나

---

33) 그 대표자는 로스바드(Rothbard, 1973; 1982), 호페(Hoppe, 2001/2004), 바네트(Barnett, 1998) 등이다. 로스바드는 1973(한글판 2015)년 저서 『새로운 자유를 위해서』에서 국가의 모든 과제를 민간 회사로 이양할 경우에 어떻게 효과적으로 민간 회사가 수행할 것인가를 설명하고 있다. 그리고 1982년 『자유의 윤리』에서는 정부의 완전한 제거를 정당화하는 윤리적 정당성을 설명하고 있다.

키즘은 유럽에서 찾아볼 수 없는 미국의 독자적인 사상적 흐름이다.

미국은 뉴딜 정책 이후 복지국가가 비대해졌고, 그래서 자유가 쇠락했음에도 여전히 강력한 자유의 전통을 가진 나라다. 자유와 국가에 대한 논쟁, 헌법과 민주주의에 대한 근원적인 철학적 논쟁이 벌어지는 나라다. 논쟁의 중심에는 카를 멩거, 오이겐 뵘바베르크에서 비롯되어 미제스, 하이에크로 이어지는 오스트리아학파의 사상이 있다. 그러한 논쟁을 통해 자유주의의 확고하고 건실한, 그리고 심오하고 원대한 지적 기반이 형성될 수 있다. 미국 같은 이념적·철학적 논쟁은 국가주의와 관료주의로 점철된 한국사회에서는 좀처럼 찾아보기 어렵다. 철학은 실용적이지도 않고 현실적이지 않은, 그래서 할 일 없는 전문가의 연구대상일 뿐이라고 치부해버리는 것이 한국의 현실이다.[34]

아나키즘이 주목을 끄는 이유가 있다. 고전적 자유주의, 특히 자생적 질서, 법의 지배, 제한된 민주주의를 근간으로 하는 스코틀랜드 계몽주의 전통의 자유주의에 대한 비판 때문이다.[35] 아나키스트들의 비판에서 드러나듯 (Rothbard, 1973: 219; Hoppe, 1994),[36] 무정부론과 작은 정부론 사이에는 단순히 정부과제의 규모와 관련된 차이만 존재하는 것이 아니다. 그 바탕을 이루고 있는 인식론, 법이론, 국가론과 관련된 근본적이고 질적인 차이가 있다.

이 글의 목적은 데이비드 흄, 애덤 스미스, 프리드리히 하이에크 등의 스

---

34) 최근 한국사회에 매우 고무적인 현상이 벌어지고 있다. 그 현상은 젊은 층에서 등장하고 있다. 대표적인 예가 박형진 학생을 중심으로 한 '한국자유당(Libertarian Party of Korea)'의 활동이다. 구성원들의 관심은 근원적이고 철학적이다.

35) 고전적 자유주의는 데이비드 흄, 애덤 스미스, 카를 멩거, 하이에크의 스코틀랜드 전통, 칸트, 훔볼트, 미제스 전통의 자유주의, 벤담과 시카고학파 전통의 공리주의, 그리고 로크, 바스티아, 노직 전통의 자연법사상 등 고전적 자유주의는 다양하다.

36) 로스바드는 자신의 1982년 저서 『자유의 윤리』에서 하이에크의 자유개념을 비판하고 있다. 반면에 호페는 진화론과 정부에 관한 하이에크 사상을 비판의 대상으로 여기고 있다. 그들에게 하이에크를 비롯하여 애덤 스미스 전통의 자유주의는 자유주의가 아니라 사회민주주의다.

코틀랜드 계몽주의 전통에 비추어 무정부론의 성격을 분명히 하면서 그 이념의 결함을 밝히는 일이다.[37] 주지하다시피, 국가철학은 두 가지 핵심 문제를 다룬다. 첫째로 어떻게 지배하느냐, 둘째로 누가 지배하느냐의 문제다. 이 문제들을 중심으로 우선 무정부자유주의의 이념적 구조를 개관한다.

이어서 어떻게 지배하는가의 문제와 관련된 자연법사상의 문제점을 다룰 것이다. 자연법사상은 스코틀랜드 전통의 진화론적 법사상과 달리 전통, 문화, 인간의 역사성과 사회성을 간과하는 합리주의를 전제하고 있다는 것을 강조할 것이다. 그다음에는 누가 지배하는가의 문제와 관련된 것으로서 사설(私設) 법원이 인위적으로 법을 만드는 권위주의 사회라는 것, 무정부사회는 존속할 수 없고 시민혁명이나 권력을 독점하는 국가가 필연적으로 등장한다는 것을 설명할 것이다. 마지막으로 미래를 위한 대안은 무정부적 자유주의가 아니라 자생적 질서, 법의 지배와 제한적 민주주의를 근간으로 하는 스코틀랜드 계몽주의 전통의 자유주의라는 것을 강조할 것이다.

자연법사상과 무정부론

자연법사상이 다루는 대상은 시장에서 교환되기 전의 자원, 즉 자기 자신의 육체와 육체를 통해 최초로 발견되고 전환된 주인 없는 물건은 누구의 소유인가의 문제를 다룬다.[38] 인간에게는 사회 이전에 또는 타고날 때부터

---

37) 프리드먼이나 스티글러를 중심으로 하는 시카고학파는 인간관과 관련하여 무정부주의와 유사점이 매우 많다.

38) 그 문제는 존 롤스(1970)의 '자연적 분배(natural distribution)', 뷰캐넌(1982)의 '시장 이전의 분배(pre-market distribution)'에 대한 도덕적 정당성 문제다.

이미 권리가 있다는 것이 존 로크 이래의 자연권 사상이다. 그러한 권리를 실현하기 위해 구성된 것이 사회다. 사회는 그러한 권리의 충족 수단에 지나지 않는다.

자연권을 이유로 국가를 철폐할 것을 주장한다. 국가의 존재 자체가 권리침해라는 이유에서다. 아나키스트에게 국가는 자유의 수호자가 아니라 파괴자요, 심지어 강도로 여긴다. 개인의 자연적 권리를 보호하는 법을 제정하고, 재산권 분쟁을 판결하고, 법을 집행하는 일은 국가 대신에 사설회사가 담당한다. 입법과 규범의 개발은 사적 기관으로서 재판관의 과제다. 그러한 사설회사가 사실상 '지배자'다. 자연권 사상과 자연권의 집행 메커니즘에 대한 무정부론의 생각을 설명하고 이어서 무정부론의 자연권사상 생성배경과 이념적 위상을 밝힐 것이다.

합리주의적 자연법사상

논리적으로 필연적이고 인류에게 보편타당한 권리가 존재한다는 것이 현대의 아나키즘을 이끌고 있는 로스바드의 인식이다. 자연권은 생명, 자유, 재산에 대한 절대적 권리인데, 이 권리는 '인간 이성'을 통해 찾아낼 수 있다고 한다. 자연권은 두 가지 원칙으로 구성되어 있다(Rothbard, 1997: 60).

① 인간은 누구나 자신의 신체를 통제하고 소유할 절대적 권리가 있다(자기소유의 권리).
② 인간은 누구나 자신의 육체를 통해 최초로 발견하고 전환한 것을 소유할 절대적 권리가 있다(소유자 발견자 원칙, 선점의 원칙).

두 가지 원칙으로부터 수천만이 사는 사회의 기초가 되는 법전을 선험적으로 도출한다. 로스바드가 『자유의 윤리』 제II부에서 다루고 있는 법률분야(Rothbard, 1997: 51-112), 즉 '소유와 범죄', '토지독점', '아동과 권리', '자기방어', '형벌과 비례성' 등과 관련된 법도 그 두 가지 원칙에서 도출된 것이다. 개인의 자유는 물질적 재산권과 자유로운 교환 및 계약의 권리와 끊을 수 없는 밀접한 관련성을 가지고 있다. 그리고 개인의 자유와 기업의 자유는 서로 분리하여 존재할 수 없다. 물질적 권리와 경제적 자유(이는 모두 '재산권'이라고 부를 수 있다)는 출판, 언론의 자유 등 흔히 '인권'이라고 부르는 것과 불가분의 관계가 있다는 것, 따라서 인권과 재산권을 구분하고 인권만을 중시하는 사상은 옳지 않다는 것이 아나키스트들의 인식이다(Rothbard, 1994/2013: 108).

공법이 없는 사법사회

중요한 것은 자연권을 어떻게 보호하는가의 문제인데, 이는 지배의 문제다. 국가의 독점적 강제권을 국가에 부여하여 그러한 지배 문제를 해결하는 것이 일반적이다. 그러나 이를 강력히 반대하는 것이 무정부주의다. 어떤 형태이든 정부는 자유를 제한하는 장본인이기 때문에 민주주의든, 독재든, 과두체제든, 정부가 어떤 식으로 조직되는가의 문제는 무정부주의에게는 의미가 없으며,[39] 국가를 철폐해야 한다고 한다.

권리장전과 미국 헌법의 권력제한 조항에서 볼 수 있듯이 고전적 자유주의가 의존하는 제한된 민주주의 등 국가권력을 제한하는 헌법장치도 국가

---

39) 그들은 국가의 강제권에 대한 비판이 매우 급진적이다. 예를 들면 과세는 합법적인 노상강도에 해당한다는 것이다. 국방의 의무는 기간을 정해놓고 그 기간 동안 젊은이를 노예로 만드는 것이다. 복지정책과 강제보험은 폭력에 의해 재산권을 탈취하는 것과 동일하다고 비판한다.

권력의 확장을 막을 수 없다고 주장한다. 그 제한장치에 대한 해석과 집행, 위헌심사 등의 역할이 국가기관에 속해 있다는 이유에서다. 국가가 철폐되면 우선 강제로 집행할 법이 필요하다. 권리분쟁이 발생하면 재판도 필요하다. 자연권을 침해하는 범법자들을 찾아내고 법을 집행하려면 경찰도 필요하다. 강제권의 행사는 사적 보호회사(재판회사와 경찰회사)가 담당한다. 보호회사의 재판관이 법을 만든다. 고객은 일정한 요금을 지불하고 보호서비스를 구매한다. 공법적 국가기관 대신에 사적인 회사가 생겨난다.[40] 공법이 사라지고 사법만 남는다. 고객의 소유권을 보호하고 분쟁을 해결하기 위해 필요한 규범과 법은 각 재판회사들이 만들어낸다. 과거의 상법, 해상법 그리고 보통법 발전사를 들어 무정부주의는 정부 없이도 안정적이고 일관된 법의 개발이 가능하다고 믿고 있다. 안정과 평화의 생산은 이제 더 이상 공공재화가 아니다. 그들은 보호회사들의 경쟁과정을 통해 공급된다.

요컨대 무정부주의에서도 강제는 필요하다. 강제권이 독점이 아니라 분권적이다. 강제가 허용된 것이 사설재판관 · 경찰 · 감옥이다. 이들이 지배하는 방법은 두 가지 자연법적 원칙에서 재판관들이 선험적으로 도출한 법전이다. 국가가 철폐되기 때문에 공법이 필요 없다. 사법만으로도 사회가 확립 · 유지된다고 믿고 있다.

아나키즘의 생성배경과 이념적 위치

1960년대 미국의 존슨 대통령이 주창한 '위대한 사회' 이후 분배평등과 복지정책으로 개인의 재산권이 심각하게 침해되었다. 특히 존 롤스의 정의

---

40) 이 설명을 바네트는 '우화(fable)'라고 표현하고 있다(Barnett, 1998: 284). 국가가 철폐된 후에 어떤 일이 발생할 것인가에 대한 문제는 전적으로 추측의 대상이기 때문이다.

론 등장은 자연권이론의 등장을 촉발시켰다. 개인의 타고난 재주, 능력 등은 우연의 산물이라는 이유로 '공유재'라고 주장하면서 소득재분배를 철학적으로 정당화한 것이 롤스의 정의론이다(Rawls, 1970; 민경국, 2007: 제7장). 그러나 자연권을 기초로 하여 정의론을 반박하고 나선 인물이 노직이다(Nozick, 1972).

개인의 신체와 두뇌는 개인의 재산이라는 자기소유의 원칙 그리고 자신의 노동과 무주물을 혼합한 결과도 개인의 소유라는 자연권적 원칙을 내세워 분배국가는 자연권의 위반이라는 것이 로크의 전통을 이어받은 노직의 자연권론의 핵심이다. 전통적인 자연권론의 치명적인 결함은 로크의 유명한 '단서조항'과 노동가치론인데(민경국, 2006),[41] 그 결함을 제거하여 일관성 있게 확대·심화한 것이 로스바드의 자연권사상이다.

자유주의 이념의 다양한 조류 중에서 무정부론이 어떤 위치에 있는 이념인가를 확인할 필요가 있다. 왜냐하면 무정부론의 일차적 성격을 밝히는 데 도움이 되기 때문이다. 우선 자유주의를 크게 다음과 같이 두 부류로 나눌수 있다. 하나는 애덤 스미스와 데이비드 흄의 스코틀랜드 계몽주의 전통에 따르는 자유주의다. 진화론적 인식론을 기초로 하는 이 전통은 멩거와 하이에크가 계승하고 있다.[42] 다른 하나는 프랑스 계몽주의 전통의 자유주의다. 데카르트의 합리주의적 인식론을 기초로 하는 이 전통에 속하는 것이 시카고학파 그리고 로크, 바스티아, 노직의 자연권이론과 로스바드, 호페, 바네트 등의 자연권이론이다.

---

41) 단서조항이란 어느 한 개인이 무주물을 사유화할 경우 그 무주물을 사유화하고 난 나머지가 사유화된 것과 질적으로 동일하고 양적으로도 충분히 남아 있어야 한다("enough and as good condition")는 것이다. 로크-노직의 노동의 소유자격론은 노동가치이론으로 소유를 설명하고 있다(Kirzner, 1989). 그러한 소유자격론을 기업가 정신의 소유자격론으로 바꾼 커츠너의 발견자 소유자 원칙이다. 이 모든 것에 대해서는 민경국(2006) 참조.

42) 미국에서 자유주의(liberalism)는 평등, 분배복지국가를 중시하는 이름을 말한다. 이는 유럽식으로 표현하면 사회주의다.

〈표 4〉 스코틀랜드 계몽주의와 프랑스 계몽주의 계보

스코틀랜드 계몽주의	프랑스 계몽주의		
진화론적 인식론	합리주의적 인식론		
진화론적 자연법사상	합리주의적 자연법사상	공리주의 (시카고학파)	공공선택론 (사회계약론)
흄, 스미스, 멩거, 하이에크, 풀러	*로크, 바스티아, 노직 *로스바드, 호페, 바네트	프리드먼, 베커, 포스너, 코스	*홉스, 롤스 *뷰캐넌, 털록

두 가지 자연권이론의 차이는 전자는 개인의 자연권을 보호하는 최소국가를 요구한다. 다른 하나는 국가의 철폐를 주장한다. 정부과제가 전혀 없는 상태를 요구하는 것이 로스바드를 중심으로 하는 무정부론이다.

이성의 역할과 자연법사상의 문제점

자연법사상은 법 개념에는 어떤 도덕적 의미도 내포해서는 안 된다는, 입법자가 정한 것이면 무엇이든 법이라고 여기는 법실증주의를 극복하는 데 기여했다. 로스바드의 두 가지 자연법적 원칙은 실정법을 비판하는 잣대다. 그리고 그러한 원칙으로부터 법을 도출한다. 자연권을 보호하는 법만 법으로 인정된다. 자유와 권리를 침해한다면 그러한 법은 법이 아니다.

우선 중요한 것은 두 가지 자연법적 원칙의 정당화 논리가 타당한가의 문제다. 두 번째로 다룰 문제는 이성과 도덕의 관계와 관련된 문제다. 세 번째는 인간본성과 도덕의 관계, 그리고 인간과 사회의 관계에 대한 문제다.

재산권의 도덕적 정당성의 문제

그런 문제에 대한 로스바드와 호페의 해결책을 나누어 설명할 필요가 있다. 로스바드는 인간이라는 사실에서 자연권을 도출하고 있다. 이에 반해 호페는 인간행동학적으로 접근하고 있다.

(1) 로스바드의 접근법

로스바드는 인간이라는 사실에서 자연권을 도출하고 있다. 그 사실은 무엇인가? 그는 자신의 저서 『자유의 윤리』 제6장 '로빈슨 크루소 사회철학'에서 로빈슨이 자신의 신체를 이용하여 자연을 변경하고 이를 통해 살아가는 모습을 기술한다(Rothbard, 1982: 30쪽 이하).[43]

흥미롭게도 그렇게 기술된 사실에서 자연권이라는 도덕적 가치를 도출하고 있다. 그러한 사실이 보편적이기 때문에 도출된 권리도 보편적으로 타당하고 객관적이라고 한다. 다시 말하면 자연권의 도덕적 정당성이 과학적으로 입증될 수 있다는 것이다. 그러나 그 논리는 문제가 많다. 사실에서 가치를 도출하는 것은 불가능하다는 이유로 자연권사상을 강력히 배척한 인물은 '자연주의의 오류'를 밝혀낸 데이비드 흄이었다.[44]

가치판단 문제와 관련하여 흄 이후 두 차례나 벌어진 거대한 역사적 논쟁이 보여준 것처럼[45] 사실을 연구하는 사회과학에게 선과 악, 좋고 나쁨을

---

43) 로스바드는 자신의 저서 『새로운 자유를 찾아서』에서 인간은 목적과 수단을 선택하는 특질을 타고났다고 한다. 세상을 배우고 지적 능력을 활용하여 가치관을 선택하는 등 그러한 특질이 인간의 본성이라고 한다(Rothbard, 1973/2013: 42). 바스티아는 인간의 목적 합리성과 주관성에서 자연권을 도출하고 있다(바스티아, 1964).

44) 그는 자신의 『인성론』 제3권 '도덕에 관하여'에서 밝혔듯이 사실명제에서 가치를 도출하는 것은 불가능하다(Hume, 1980/2014: 44).

45) 하나는 20세기 초 막스 베버와 구스타프 슈몰러의 방법론 논쟁이고, 다른 하나는 1960년대 포퍼의 반증주의 철학을 계승한 한스 알베르트와 좌파의 유르겐 하버마스 간의 방법론 논쟁이다.

과학적으로 판단하기는 불가능하다. 윤리의 객관성을 부정하는 '탈가치 판단의 원칙(Prinzip der Wertfreiheit)'도 그러한 논쟁의 결과에서 확립된 원칙이다. 재화의 증가와 자유의 극대화에서 사는 삶이 긍정적인 가치라는 것을 객관적으로 보여주기가 곤란하다. 인도와 기독교의 금욕을 중시하는 사람들에게는 그러한 가치를 의심할 것이다.

요컨대 로스바드의 주장은 이성적인 사람이라면 무제한적 자기 소유는 이성의 지시라는 것, 폭력은 부당하다는 것을 직시해야 한다는 논리 그 이상이 아니다. 그래서 그의 자연권론은 동의어 반복에 지나지 않는다는 하버만의 주장은 전적으로 옳다(Habermann, 1996: 135).

경제학이 과학적이려면 탈가치판단 원칙이 필요하다. 탈가치판단 원칙이라고 해서 사회과학이 가치를 다루지 말라는 것은 아니다. 사회과학이 과학적으로 보여줄 수 있는 것은 도덕적 가치의 생성과 변동, 가치들 간의 갈등 또는 보완관계, 일관성 등을 다룰 수 있다. 이러한 분석은 매우 중요하다. 그러나 탈가치판단의 경제학을 주장하면서 자유주의를 옹호하는 것이 가능한가? 이것이 가능하다고 주장한 인물이 미제스다(Mises, 1962/2013 II: 1708-1713).[46] 예를 들면 경제학자가 최소임금제도를 좋다거나 나쁘다고 말할 수는 없다. 그러나 그 정책을 지지하는 사람들이 나쁘다고 여기는 결과를 초래할 경우 경제학자는 그 정책을 나쁘다고 말할 수 있다. 나쁘다는 판단은 경제학자의 관점에서가 아니라 그 정책을 지지하는 사람의 입장에서 본 판단이다. 그래서 탈가치판단이다(Mises, 1962/2013 IIII: 1709).

그러나 미제스의 그러한 인식에 대해 반기를 든 인물이 로스바드다. 사

---

46) 윤리의 객관성을 인정하는 로스바드와는 달리 그는 윤리의 객관성을 강력히 부인한다. 흥미롭게도 하이에크는 객관적 도덕규칙은 자생적 질서의 기초가 되고 있는 기존의 일반적 법체계의 정의로운 행동규칙이라고 말한다.

회주의를 지향하는 사람들은 최소임금정책의 결과(실업의 증가)가 나쁘다고 해도 집단주의 계획경제를 위해 그러한 정책을 지지할 것이라는 이유에서 경제학자로서 최소임금제에 대한 미제스의 판단은 자의적이라는 것이 로스바드의 생각이다.

경제학에서 보여주는 것처럼 자유시장은 조화, 번영, 평화를 이끌고 국가개입은 갈등과 빈곤을 초래한다. 대부분의 사람들은 그러한 가치를 매우 높이 평가한다. 그래서 미제스는 자유를 철저히 예찬한다. 그러나 사람들이 추구하는 것은 번영, 평화 등과 같은 가치와 목표만이 아니다. 질투심을 가진 사람들은 자유시장보다 분배평등을 선호한다. 시간선호가 높은 사람들은 장기적으로 성장과 분배를 악화시킴에도 분배평등을 선호할 것이다.

따라서 로스바드가 주장하듯이(Rothbard, 1982: 216) 경제학만으로는 자유주의와 자유시장을 정당화하기가 곤란하다. 경제학과 실용주의를 넘어서 자유의 가지를 강력하게 만드는 윤리가 필요하다. 이성의 역할과 관련하여 설명하겠지만, 그렇다고 자연권의 윤리를 전면에 내세우는 것이 옳다고 볼 수도 없다.

(2) 호페의 행동학적 접근

인성과 자연으로부터 도출한 로스바드의 자연권이론의 취약성을 인식한 인물이 독일 태생의 미국인 한스 헤르만 호페다. 그는 로스바드의 『자유의 윤리』 서문에서 다음과 같이 쓰고 있다(Hoppe, 1998: xxxi).

"로스바드는 자신의 이론이 고전적인 자연권이론과 일치한다는 것을 지나치게 강조했을지도 모른다. 윤리에 대한 미제스의 행동학적 방법을 도입하여 이용한 자신의 탁월한 기여를 충분히 강조하지 못했다. 그래서 의도하지 않게 고전이론의 문제를 증폭시키고 말았다.

『민주주의는 실패한 신인가』에서 호페는 누구나 자신을 통제하고 소유할 권리가 있다는 로스바드의 '공준'이 참이라는 것을 두 가지 인간행동학적 접근방식으로 정당화하고 있다(Hoppe, 2001/2004: 326 각주 17). 하나가 반대논증이고, 다른 하나는 불가능 정리다. 반대논증은 어느 한 사람이 자신과 자신이 최초로 발견하고 전환한 재화와 장소의 소유자가 아니라면 우리에게 어떤 결과가 초래하는가의 문제를 다룬다. 불가능 정리는 모순을 범하지 않고서는 로스바드의 공준의 진리를 반증할 수 없다는 것을 보여주는 방식이다. 우선 반대논증부터 설명하자.

① 반대논증: 어느 한 사람이 자신과 자신이 최초로 발견하고 전환한 재화와 장소의 소유자가 아니라면 우리에게 주어진 것은 두 가지 방법이다.

- 천민과 양민을 구분하여 양민에게만 권리를 주는 방법이다. 천민은 양민의 노예와 착취의 대상이다. 인간을 그러한 식으로 구분할 수 있는지 모르겠지만, 이는 인간을 차별해서는 안 된다는 인간윤리에도 맞지 않는다.

  따라서 누구나 자신의 신체에 대한 소유권을 가져야 한다는 것이 호페의 주장이다. 그러나 왜 윤리는 차별 없이 보편적이어야 하는가를 설명하지 않고서는 그의 주장은 공허하다. 보편적이지도 않고 평등주의도 아닌 윤리가 대단히 많다. 예를 들면 인간을 노예와 주인으로 구분한 플라톤, 천민과 양민으로 구분한 니체의 윤리다(Godefridi, 2004: 131).

- 모든 사람이 공유하는 제도다. 이 제도에서는 인류가 모두 죽을 것이다. 왜냐하면 누구나 타인들의 동의 없이는 아무 일도 할 수 없기 때문이다. 따라서 누구나 자신의 신체에 대한 절대적 소유권을 가져야 한다는 것이 호페의 결론이다. 그러나 자신의 자원에 대한 절대적 소유권을 인정하지 않으면 인류가 멸종된다는 필연적 논리는 없다. 80~90%만 인정하는 윤리에 따른 사회(미제스나 하이에크 사상에 따른 사회)에서도 인간은 번창할 수 있다.

② 불가능 정리: 이는 모순을 범하지 않고서는 그 공준의 진리를 반증할 수 없다는 것을 보여주는 것이다. 그 정리를 통해 호페는 사유재산윤리의 행동학적 기초를 확립하는 데 결정적인 기여를 했다. 호페는 우선 윤리 문제의 해결을 위한 논리적 전제조건의 재구성에서 출발한나. 그는 전제조건을 세 단계로 구분하여 설명하고 있다(Hoppe, 2001/2004: 327-328).

- 첫째 단계: 소유의 윤리 문제는 희소성의 범주에서 생겨난다. 희소성이 없다면 갈등도 없으므로 윤리란 불필요하다.
- 두 번째 단계: 윤리 문제를 다루기 위해서는 논쟁이 필요하다. 논쟁과정에서 주장들의 참이 밝혀진다. 이 명제는 의심의 여지없이 참이다. 만약 어느 한 사람이 그 명제가 참이 아니라고 반박한다면 그 반대 주장 자체도 참이 아니다. 반박논리가 스스로 모순을 범하고 있다.
- 세 번째 단계: 윤리의 논쟁을 위해서는 입이라는 자신의 육체와 자신이 논쟁을 위해 서 있을 장소에 대한 소유가 전제되어야 한다. 그러한 소유가 전제되지 않으면 논쟁을 할 수 없다.

요컨대 윤리는 논쟁을 전제하고, 논쟁은 나는 내 몸과 두뇌를 통제할 수 있다는 것을 전제한다. 따라서 나는 내 몸의 소유자라는 것을 반박할 수 없는 자명한 이치라는 것이다. 호페는 로스바드의 원초적 소유의 윤리를 정당화하기 위해 '논쟁의 선험(the a priori of argumentation)'이라는 하버마스(Habermas, 1983)와 아펠(Apel, 1973)이 제안한 토론의 윤리를 이용하고 있다(Hoppe, 1993: 334). 그의 그러한 노력은 독창적이지만 설득력이 떨어진다.

첫째로 윤리는 언제나 토론과 논쟁을 전제로 한다는 주장은 문제가 없는 것이 아니다. 언어로 토론이나 논쟁 없이 지키는 도덕규칙들이 존재하기 때문이다. 초의식적 · 암묵적 행동규칙이 그것이다. 문화적 진화를 거쳐 자생적으로 형성된 도덕적 가치들의 대부분은 그러한 속성이 있다. 그러한 도덕체계는 우리의 정신을 구성하는 요소다. 토론 없이도 행동규칙이 자생적으로 생성되고 변동된다. 호페는 아펠이나 하버마스와 마찬가지로 구성주의적 합리주의에 속한다. 그래서 그들은 경험을 무시하고 이성을 통해 선험적으로 도덕규칙을 만들려는 노력만 보고 있다. 그들은 경험의 소산으로서 행동규칙의 자생적 질서를 간과한다.

두 번째 문제는 논쟁과 토론은 우리의 신체 일부 또는 우리가 서 있는 장소의 일부에 대한 통제(control)를 전제할 수 있다는 주장이다. 통제는 소유가 아니다. 통제는 사실(fact)이지만 소유는 가치다. 따라서 로스바드와 마찬가지로 호페도 존재에 관한 명제에서 당위에 관한 명제를 도출할 수 없다는 흄의 자연주의의 오류를 범하고 있다.

더구나 내가 누군가에게 말하기 위해 서 있는 모든 장소가 전부 정당한 내 소유라고 말하기 어렵다. 윤리를 토론하기 위해 사용하는 공공장소는 더욱더 그렇다. 논쟁을 위해 서 있는 장소가 내 것이라고 한다면 이미 장소에 대한 소유가 정해져 있다는 것을 의미한다.

끝으로 주목할 것은 자기 소유의 개념에 대한 미제스의 생각이다. 그는 자신의 저서 『사회주의』에서 그 개념 자체를 부정하고 있다. 쓸모가 없다는 것이다. 논리적으로도 맞지 않고 행동학적 가정과도 부합하지 않는다는 이유에서다. 미제스에 의하면 소유란 인간이 행동목적을 위해 수단으로 사용할 재화와 관련된 것이다. 그래서 행동하는 개인 자체는 행동학적 관점에서 볼 때 재화가 될 수 없다는 것이다. 개인은 행동하는 주체의 수단이 아니라 목적 자체라는 것이다. 개인은 결코 소유물이 될 수 없다고 한다.

이성과 도덕의 관계에 대한 자연법사상

로스바드의 전체 이론의 핵심은 자기 소유의 원칙과 최초의 소유원칙이라는 두 가지 자연법적 원칙이다. 그는 두 가지 원칙으로부터 모든 재산권 구조 또는 법질서가 도출될 수 있다고 믿는다. 도덕적 가치들은 우리에게 이성에 의해 객관적으로 밝혀진다는 것이 합리주의적 자연법론이다.[47] 그러한 인식은 데카르트로부터 유래하여 유럽을 지배했던 구성주의적 합리주의다. 이는 모든 관련 사실들이 어느 한 정신에 전부 알려져 있고, 이러한 지식에서 모든 시대와 장소에 적용할 수 있는 올바른 사회질서를 도출할 수 있다는 믿음이다(Hayek, 1973: 9-10).

그러나 선험적인 원칙에서 법 시스템 전체를 흠결 없이 도출하는 것은 불가능하다. 우리는 이성을 통해 선험적으로 그럴 만한 원칙을 만들어낼 수 없다. 왜냐하면 개별적인 사실에 관한 지식의 구조적 한계 때문이다. 재산권

---

47) 로스바드는 이성이 우리에게 객관적인 자연법을 알려준다고 인식한 토마스 아퀴나스의 전통을 따르고 있다. 이러한 입장은 인간 이성의 창조적 힘을 믿는 아인 랜드의 입장과 같다. 그러나 흄은 이성과 자연은 결코 우리에게 객관적인 도덕성을 알려주지 못한다는 흄 전통의 비관주의를 주지할 필요가 있다(Barry, 1986: 176).

으로부터 소멸시효, 상속의 구체적 문제를 위한 행동규칙을 도출하기 곤란하다. 경험적 지식이 없으면 약속이행의 도덕이 무엇을 의미하고, 그것이 어떤 효과를 야기할지 아무도 모른다.

바네트가 지적하고 있듯이(Barnett, 1998: 114) 복잡다기한 관행들에 관한 지식 없이는 계약관계를 맺을 때 인간행동을 안내하는 유용한 지침을 빠짐없이 창출하기는 불가능에 가깝다. 상황에 따라 약속이행의 구체적인 내용이 달라질 수 있다. 일반 상품과는 달리 건축물처럼 약속이행의 완전성을 파악하기가 곤란한 재화도 있다. 노동조합의 파업으로 계약위반이 예상되는 경우도 있다.

그러한 재화나 예상된 상황에서는 계약의무를 정상적인 경우와 달리 해석해야 할 것이다. 그러나 그와 관련된 법은 자연법적 원칙으로부터 선험적으로 도출할 수 없다.[48] 따라서 개별적이고 지역적인 지식이나 개별사례에 대한 경험이 필요하다. 권리와 의무에 관한 실체법도 자연법적 두 원칙으로부터 완전히 도출할 수 없는데, 하물며 자연법적 두 원칙에서 권리와 의무의 실현절차와 관련된 법을 도출하는 것은 불가능하다(Godefridi, 2005: 134).

대부분의 법은 국가로부터 나오는 것이 아니라 비국가적 제도로부터 나온다. 예를 들면 부족사회의 관습, 보통법의 재판관과 법원, 상인법정의 상인법 등이다. 합리주의적 자연법사상은 자생적으로 형성된 그러한 법체계가 왜 수세기 동안 존속되어왔는가를 설명하기가 곤란하다. 그러한 법은 재판관들이 인위적으로 만든 것이 아니라 보편적으로 수용된 행동규칙들을 찾아내어 특수사례에 적용한 결과다. 그러한 법은 현실의 복잡성과 변화 속에서 행동하던 인간의 수많은 역사적 경험을 구현한다. 재산권의 다발 속에 무엇이 포함되어야 하는가의 문제는 전적으로 경험에 달려 있다.

---

48) 예측된 계약위반 원칙, 실질적 이행 원칙, 구두증거 규칙이 보통법 체계에서 형성되었다.

합리주의적 자연법사상과 가짜 개인주의

아나키적 자본주의 이론에서 등장하는 것은 '개인'과 '권리'뿐이다. 개인은 누구인가? 사회와 개인을 어떻게 보고 있는가? 우선 주목할 것은 그 이론은 사회적 환경과 전통으로부터 독립된 인간을 전제하고 있다는 점이다. 그러한 인간상을 전제한 이념은 가짜 개인주의다(Hayek, 1954/1996: 제1장).

그러나 인간은 자신이 태어난 제도적 환경의 산물이다. 인간 이성은 제한되어 있지만 그렇다고 이를 슬퍼하거나 통제할 수 없는 영향으로부터 자유로운 세상을 염원하지도 않는다. 그러한 인간관이 스코틀랜드 계몽주의 인간관이다. 지식이 분산되어 있고 상황에 고유하고 암묵적인 지식의 세상에서 도덕규칙, 관습, 관행 같은 제도들은 사회질서의 등장을 위해 필연적이다. 인간은 사회적 산물이다. 우리는 우리 자신의 의식적인 구성의 산물이 아니라는 것을 인정해야 한다.

합리주의적 자연법 사상가들이 믿는 것처럼[49] 인간 이성은 완전한 것이 아니다. 타인들의 지식을 통해 안내받을 필요가 있다. 인간은 타인들과의 소통이 필요하며그 소통장치가 시장질서다. 시장참여자들은 시장을 통해 현명해진다. 그래서 이성의 역량은 제도의 산물이라는 말이 옳다. 제도의 존재로 비로소 현명해진다. 인간이 규칙을 따르는 동물인 이유다(McCann, 2002). 물 없는 물고기는 생각할 수 없는 것처럼 인간은 사회 없이는 존재할 수 없다. 물 없이도 물고기는 항상 물고기다. 그러나 그것은 살아있는 물고기가 아니라 죽은 물고기다.

---

49) 호페는 다음과 같이 말하고 있다. "모든 행동은 희소한 자원의 목적 합리적인 이용을 포함한다. 모든 행위자는 성공적인 행동과 실패한 행동을 구분할 수 있다. …… 모든 행동은 의식적이고 합리적이다."(Hoppe, 1993: 77-78) 행동의 모든 간접적인 원인과 결과를 인지할 수 있다고도 한다(93). 그러한 주장이 타당하기 위해서는 완전한 예측과 극단적인 인지적 능력을 전제해야 한다. 그러나 그러한 이성은 존재하지 않는다.

스코틀랜드 도덕철학이 전제하는 인간관은 공동체주의와도 일치하는 면이 있다. 후자는 사회가 인간을 형성한다는 점을 강조하는 데 반해 스코틀랜드 전통의 자유주의는 그러한 일방적 관계 대신에 사회와 인간의 상호작용관계를 강조한다. 합리주의는 인간이 사회에 영향을 미치는 일방적 관계를 중시한다. 합리주의적 자연법론의 최대 결함은 인간의 역사성을 무시하고 있다는 점이다. 자유사회를 위해서는 필수 불가결한 전통적인 규칙들과 전수된 소속감을 고려하고 있지 않다. 합리주의적 자연법론은 연고 없는 인간이라는 공동체주의의 비판으로부터 결코 자유롭지 못하다.

그러나 새로 태어난 사람은 오래전부터 이미 존재하고 개인의 존립을 가능하게 하는 연합에 발을 들여놓는다. 권리이론은 개인과 인간만 알고 있다. 그래서 인간이란 연고관계로 묶인 가족, 친족, 마을, 공동체, 신앙공동체의 일원이라는 사실을 망각한다. 개인은 제각기 구체적인 소속감을 가지고 태어났다. 권리이론은 소속감으로부터 정체성을 얻는다는 사실도 간과한다. 전통적 규칙들과 소속감이 인간을 거대한 사회로 통합하기 위한 수단이다. 그러나 아나키적 자유사회의 이상은 이기적인 인간의 연합이다. 그러한 세계에는 오로지 개별 인간과 권리만 있을 뿐이다.

인성은 도덕의 원인이 아니라 결과

로스바드는 18세기 합리주의자들처럼 인간본성을 알기 때문에 그 본성에 걸맞는 도덕을 쉽게 찾아낼 수 있다고 믿었다. 그러나 인간을 사회적 산물이라고 한다면, 인간의 본성에서 도덕규칙을 도출할 수 없다. 인간본성은 주어진 것이 아니다. 그것은 본능적일 수도 있다. 인간본성을 본능이라고 한다면 인간본능은 자유를 싫어한다. 인간은 본능적으로 사회주의자라는 진화심리학의 인식에 귀를 기울일 필요가 있다(Cosmides/Tooby, 1992). 자유를 요구하는 자연권은 그러한 본능으로부터 도출할 수 없다.

　　인간본성은 문화적으로 형성될 수 있다. 그것은 개인들이 언어와 사고로써 학습한 도덕관념의 결과다. 따라서 인간본성에서 도덕을 만들 수 없다. 도덕적 관념이 인성을 형성하기 때문이다. 도덕관념은 진화적 선별과정을 통해 자생적으로 형성된다. 그러한 형성은 상당 부분은 초의식적이다. 다시 말하면, 자아 또는 인간의 성품은 자신의 의도적이고 계획된 산물이 아니라 무의도적이고 초의식적이다. 우리는 우리 자신이 의식적으로 만든 결과가 아니다. 의식적인 부분은 제한적이다.

로스바드와 하이에크

　　합리주의적 자연법사상은 순박하다. 그러한 자연법사상과 실증주의 사이에 하이에크가 있다. 그는 스코틀랜드 계몽주의 전통의 자유주의를 이어받아 이를 심화시키고 정밀하게 만들었다. 하이에크가 보여주려고 했던 것은 진화를 통해 우리의 문명의 결실을 위태롭게 하지 않고는 무시할 수 없는 복잡한 가치와 제도가 선택되었다는 것이다. 대표적인 예가 소유의 안정성, 동의에 의한 이전 그리고 약속이행 등 발전된 법질서의 특징을 이루는 데이비드 흄의 세 가지 기본적인 자연법이다(Hayek, 1960/1997 I: 268; Hayek, 1976).[50]

　　그것들은 인간이 계획하여 만든 것이 아니라 진화적 선별과정을 통해 자생적으로 형성된 것이다.[51] 다시 말하면 규칙을 따르는 성공적인 행동의

---

50) 흄의 세 가지 기본적 자연법에 대한 설명은 Hume(1980/2014) 한글판 제3권 『도덕에 관하여』 제2부 참조. 세 가지 원칙 가운데 첫 번째 내용은 선점의 원칙, 소멸시효, 상속 등이다. 이러한 규칙이 원초적 습득을 말해준다.

51) 그러나 호페는 명시적으로 자생적 질서를 부정하고 있다(Hoppe, 1994).

무의도적 결과다. 로스바드는 문화와 전통은 결코 도덕을 지시하지 못하며, 오히려 그러한 일을 수행하는 것이 인간에게 속해 있는 이성이라고 주장한다. 합리주의자에게 관습과 관행은 의미가 없다. 합리주의자는 의도적인 계획의 결과로서 등장한 제도만 정당한 이유가 있다고 믿는다. 그러한 접근법은 자연권 실현에 적합한 도덕을 구성하는 것이 목적이다. 로스바드는 자신의 두 가지 기본원칙에서 선험적으로 도출된 것만이 법이라고 주장한다.

그러나 진화론적 인식에서 보면 도덕규칙의 존재로 비로소 이성이 생겨났고 인간은 합리적이게 되었다. 그러한 도덕규칙 속에는 인간행동을 안내하는 지식을 구현하고 있기 때문이다. 도덕규칙의 형성은 평화롭게 형성된 것은 결코 아니다. 인류는 때로 매우 고통스런 역사적 경험에서 도덕규칙을 배웠다. 배웠던 것들 가운데 중요한 것이 자유의 법은 특정한 성격을 가져야 한다는 것이었다. 그 성격이 차별 없이 특정한 행동을 금지하는 일반적·탈목적적·추상적 성격을 가진 '정의로운 행동규칙'이다. 그러한 성격을 가진 것만 법으로 인정된다.

흥미로운 것은 그러한 정의의 규칙은 인위적으로 만든 것이 아니라 진화적으로 형성되어 기존의 자생적 질서의 기초가 되고 있는 것이다. 간단히 말해 법은 기존의 정의의 규칙체계와 양립해야 한다. 법으로 하여금 그러한 정의로운 행동규칙의 성격을 갖게 하는 원칙이 법치주의다(Hayek, 1960/1996 II: 17). 그래서 하이에크의 사상은 진화론적 자연법사상이다. 그의 진화사상은 진지하고 심오한 이론이다. 수세기 동안 부정되었던 순박한 자연법사상의 재구성이 아니라는 것을 인식할 필요가 있다.

무정부론의 문제점과 국가존재의 필연성

무정부 자유주의도 강제의 필요성을 인정한다. 타인들의 재산을 약탈하고 폭력과 사기와 기만을 막기 위해서다. 재산권을 보호하기 위해서는 필요한 법을 만들고 이를 집행할 강제가 필요하다. 그 강제권이 사설보호회사(재판회사, 경찰회사)에게 있을 뿐이다. 재산권 보호에서 사설보호회사가 정부보다는 더 효율적이고 폭력이 없기 때문에 도덕적으로도 월등하다고 주장한다. 이것이 국가철폐의 이유다. 무정부론은 아나키가 자유의 가치를 존중하는 사회라고 주장하면서 그러한 무정부가 안정적으로 지속할 수 있다고 여긴다. 우리가 주목하는 것은 무정부론의 그러한 인식이 타당하냐의 문제다.

아나키: 자생적 질서 vs 인위적 질서

정부가 없으면 만인에 대한 만인의 투쟁상태가 야기된다는 이유로 무정부주의를 강력히 반대하는 대표적 인물이 맨슈어 올슨이다. 그는 2000년 저서 『지배권력과 경제적 번영』에서 아나키 상태에서는 홉스가 말한 대로 고독하고 가난하고 불결하고 야만적이라는 것이다(Olson, 2000/2010: 126). 이와 같이 무정부라고 하면 늘 무질서, 투쟁, 갈등, 혼란을 연상하기 마련이다. 그래서 올슨은 독재정치든 과두지배든 어떤 형태의 정부라고 해도 아나키보다는 좋다고 한다(Olson, 2000/2010: 126-127).

그러나 첫째로 자본주의의 기원을 보면 그러한 주장은 틀렸다. 자본주의 등장, 유럽문명 부흥의 기원과 존재는 정치적 무정부로부터 나왔다는 것은 확증된 사실이다(Hayek, 1988/1996: 74). 근대 산업자본주의가 성장한 곳은 강력한 정부 밑에서가 아니라 정부의 지배가 약했던 영국이었다. 시장, 화폐,

법도 정부 이전부터 존재했다. 국가 이전에 인간은 결코 외롭지 않았다. 그래서 시장경제는 '자생적 질서'다. 이러한 의미에서 무정부와 자생적 질서는 같은 내용이다. 국가의 개입이 없으면 시장은 저절로 형성된다. 국가의 손이 미치지 않는 곳에 시장이 형성되었다. 시장의 기초가 되는 행동규칙들도 어느 누군가가 계획하여 만든 것이 아니다.

둘째로 흥미로운 것은 오늘날의 국제질서다. 세계의 수백 개 나라는 서로 평화적으로 공존하고 있다. 대부분 나라들의 시민은 다른 나라의 시민과 대출과 투자자금을 주고받으면서, 또 재화와 서비스를 교환하면서 평화롭게 공존하고 있다. 이 거대한 교류에 참여하는 나라와 시민은 강제력을 가진 제3자의 도움 없이도 가능하다. 때로는 전쟁과 간섭으로 국제질서가 흔들렸지만, 역사의 대부분은 성공적으로 작동했다.

그러한 국제질서야말로 '국제적 아나키'가 아니고 무엇인가. 이는 '자생적' 국제질서다. 그러한 질서는 제3자의 계획의 산물이 아니라 인간행동의 무의도적 결과다. 그러나 무정부 자유주의자들의 의도는 그러한 질서를 인위적으로 만드는 것이다. 현재의 모든 법질서를 로스바드의 두 가지 자연법적 원칙에서 도출된 법전으로 교체해야 한다는 것이 무정부론의 요구다.

입법자는 재판관이다. 그는 보통법(common law)에서 볼 수 있듯이 보편적으로 수용된 행동규칙들을 찾아내어 특수사례에 적용하는 역할을 하는 것이 아니다. 그러한 행동규칙은 진화적으로 형성된 것들이다. 무정부론은 자연권의 기본 원칙에서 법관이 권리구조와 법을 만든다.[52] 무정부론의 법관을 리

---

52) 아나키에서 법을 만드는 사람은 재판관이기 때문에 재판관의 수만큼 법질서가 다양하게 등장할 것이다. 그러나 두 가지 문제가 야기된다. 하나는 법질서들의 충돌 문제다. 다른 하나는 재판관할권 문제다. 이러한 문제는 오늘날 우리에게 빈번히 발생하는 문제는 아니지만 무정부질서에서는 일상적인 문제다. 무정부상태에서는 복잡하고 다루기 어려운 국제사법(international private law) 문제가 발생한다는 고데프리디의 지적은 적절하다(Godefridi, 2005: 126). 인간의 상호작용을 통해 그러한 문제들은 평화롭게 해결될 것이라고 말하는 것은 충분한 논리가 아니다.

처드 포스너의 법관과 비교하면 흥미롭다. 포스너의 법관도 입법자로서 법을 만드는 역할을 수행한다. 법을 자유나 권리에서 도출하는 것이 아니라 성장이나 사회적 후생을 증진하는 법을 만드는 것이 그의 역할이다. 따라서 진화사상에서 말하는 아나키와 무정부자유주의가 말하는 아나키는 서로 상이하다는 것을 직시해야 한다.

무정부 자유사회의 권위주의와 시민혁명

아나키에서 보호서비스를 제공하기 위해서는 경찰, 법원, 교도소가 필요할 것이다. 그들은 특정한 지역과 관련된 재판 관할권을 가지고 있을 것이다. 이쯤에서만 보아도 영토, 주민, 주권을 가진 '국가'를 연상시키기에 족하다.[53] 경찰, 법원, 교도소 등 보호서비스를 공급하고 관리하고 책임지는 리더들이 있을 것이다.[54] 무정부적 자유사회의 지배자는 그러한 리더들이다. 그들은 선출된 인물이 아니다. 그 사회는 권위주의 체제라고 볼 수 있다.[55]

그러나 그러한 권위주의는 특수한 성격이 있다. 이주(移住)의 자유 때문이다. 재판관이 나쁜 법을 만들거나 경찰업무, 교도소 운영 등 보호서비스가 마음에 들지 않으면 고객은 좋은 법을 만드는 다른 법질서로 이주할 수 있다. 그러나 이주가 자유롭다고 해도 그것은 간단한 것이 아니다. 하루아침에 재

---

53) 보호 산업에는 네트워크가 필요하고, 이 때문에 자연적 독점의 가능성이 있다는 것. 그래서 보호서비스 공급을 독점하는 회사가 등장할 것이라는 주장이 일반적이다(Nozick, 1972; Cowan, 1992).

54) 하버만처럼 아나키란 강제가 없는 상태로 이해하는 것(Habermann, 1996: 137)은 잘못이다. 공동체의 폭력적인 집단행동이 국가 이전 상황의 본질이라고 선언한 인물은 막스 베버였다(Weber, 1964: 660). 가족공동체에서 지역공동체에 이르기까지 모든 공동체는 물리적인 폭력을 사용했다는 것이다. 그룹 내부의 집단적 폭력과 그룹 외부에 대한 약탈은 국가 이전의 지배방법이었다.

55) 고데프리디가 주장하듯이(Godefridi, 2005: 135) 아나키 상태에서 생겨날 질서가 자유사회라는 것을 그 어느 것도 보장하지 않는다(Friedman, 1973: 173)는 점이다. 그래서 '아나코 리버태리언' 또는 '아나코 자본주의'라고 말하는 것은 그 사상가들의 소망일 뿐이다.

산, 직장, 삶의 터전을 버리고 다른 지역으로 이주하는 것은 결코 용이한 일이 아니다. 종교 · 사회 · 오락 · 예술적 연합 등 사업관계 또는 비사업관계로 그동안 닦아놓은 애틋한 인연관계를 버리고 타 지역으로 이동하는 것은 쉽지 않다. 그동안 돈독히 쌓아온 이웃과의 친밀함, 교우관계도 하루아침에 끊어버릴 위험을 짊어질 인간이 그리 많지 않다. 따라서 재판관이 만든 나쁜 법, 재판의 불공정성 때문에 재산권과 자유가 억압된다고 해도, 또는 열악한 경찰서비스로 도둑이 창궐한다고 해도 사람들은 다른 법질서를 가진 지역으로 이주하기가 용이하지 않다.

그러면 주민이 그러한 나쁜 법을 회피할 방법은 무엇인가? 보호서비스 공급 관련 최고경영자를 바꾸라는 등 항의(voice)할 수 있는가? 항의는 이제 정치적 성격이다. 무정부 아나키에서 이러한 항의가 가능한가? 항의를 위해 필요한 것은 언론의 자유다. 그 자유를 행사할 수 있기 위해 필요한 것은 항의할 장소다. 무정부 사회에서는 공공장소가 없다. 호페가 생각하듯이 무정부 자유사회는 토지가 모두 사유화되어 있는 '계약공동체(covenent communities)'로 구성되어 있기 때문이다(Hoppe, 2002/2004: 347-349).[56]

사람들이 '토지소유주(proprietor)'로부터 계약을 통해 임대한 토지에서 '민주주의'를 도입하여 입법을 맡겨야 한다는 정치적 요구를 한다면 그는 토지이용계약 위반이라는 이유로 계약의 철회, 추방, 제명 같은 처벌을 받을 것이다(위의 책, 349). 무정부 자유사회의 구성원들이 선출되지 않은 사설 보호회사의 나쁜 공급을 참아낼 수 있을 것인가? 그러한 무정부사회는 지속하기가 곤란하다. 기다리는 것은 시민혁명이다.

---

56) 무정부적 자유사회에서 호페의 토지 '소유주'가 흥미롭다(Hoppe, 2002/2004: 348). 그 소유주는 봉건사회의 영주와 같은 인상이다. 호페의 『민주주의는 실패한 신인가』의 제10장 '보수주의와 자유지상주의'를 보면 자유지상주의는 마치 중세의 봉건사회를 연상시킨다. 토지 '소유주'는 독재자나 마찬가지다.

무정부론의 국가관과 국가의 존재이유

무정부 자유주의자들은 정부가 할 수 있는 것은 모두 시장이 더 잘할 수 있다거나 폭력을 사용하기에 비윤리적이라는 이유로 정부는 완전히 철폐되어야 한다고 주장한다. 이 주장이 설득력이 있으려면, 우선 정부의 존재이유가 시민의 삶을 개선하기 위해서라는 전제가 필요하다. 정부는 그러한 전제를 충족하리라는 기대 때문에 국가가 필요하다고 믿었지만 현실에서 번번이 그러한 전제를 위반하여 실망했다는 것이 무정부자유주의의 국가론이다. 그러므로 이제는 정부를 철폐해야 한다는 것이다.

그러한 국가론은 롤스(1971), 뷰캐넌(1975) 등 국가의 존재이유에 대한 사회계약론의 인식과 비교하면 흥미롭다. 사회계약론도 재산권을 보호하고 계약을 집행하기 위해 정부를 구성하는 것이 시민에게 득이 된다고 주장한다. 사회계약을 통해 아나키를 극복하면 보다 살기 좋은 사회가 될 수 있다는 것이나(민경국, 1993). 정부의 존재이유가 시민의 복지향상을 위해서라는 사회계약론과 무정부론의 공통된 전제다. 무정부론과 사회계약론의 차이는 전자는 국가의 도입으로 보다 살기 좋은 사회가 되기보다는 더 나빠졌고, 그래서 실망한 나머지 국가철폐를 주장한다는 점이다.

따라서 정말로 정부의 존재이유가 시민의 삶을 개선하기 위해서인가의 문제가 제기된다. 그러한 생각은 낭만적이고 비역사적이라는 주장이 있다. 이것이 홀컴의 주장이다(Holcombe, 2004). 정부의 존재이유가 공공재화를 생산하고 재산권을 보호하는 데 효과적이냐의 문제는 관련이 없다는 것이 그의 탁월한 인식이다. 아나키에서 탈출하면 모든 사람의 복지가 증진된다는 기대 때문에 정부가 만들어진 것이 아니라는 것이다.

대부분의 정부는 시민의 복지 증진과는 관련 없이 정부를 창출할 힘을 가진 사람들이 자신들의 목적을 달성하기 위해 만들었고 폭력에 의해 유지된다. 시민으로부터 자원을 빼앗아서 정부관료들 그리고 정부관료들을 지지하는 사람들에게 배분할 목적으로 만든 것이 정부다. 애초부터 폭력에 의해 만들어졌고, 힘의 논리에 의해 유지되고 있는 것이 정부의 본질이다. 그렇기 때문에 정부의 존재이유는 공공재화를 생산하고 재산권을 보호하는 데 효과적이냐의 문제와 관련이 없다. 정부를 교체하고, 질서정연한 무정부상태가 가능하고, 바람직하냐의 문제와도 관련이 없다.

국가존재의 불가피성

중요한 것은 아나키가 지속적일 수 있다는 무정부 자유주의자들의 인식이 타당하냐의 문제다. 다시 말하면 국가의 존재는 필연적이 아니냐의 문제가 중요하다. 이 문제에 대한 분석이 많다. 분석결과에 따르면 아나키는 존속할 수 없고 국가의 존재는 필연적이라는 것이 옳다는 것이다. 예를 들면 보호산업에는 네트워크가 필요하고 그래서 자연적 독점의 가능성이 있다는 것, 보호서비스 공급을 독점하는 회사가 정부의 형태로 등장할 것이라는 주장이 일반적이다(Nozick, 1974; Cowan, 1992).

정부는 힘 있는 자들의 독점적 산물이라는 주장을 수용한다면 홀컴이 강조하듯이(Holcombe, 2004) 아나키에서 특정 집단이 폭력을 통해 세력을 확장하고 지배의 독점이 형성되는 것은 필연이라고 볼 수 있다.[57] 정부 없는 사회는 존재하지 않는다. 세계의 모든 지역에는 정부가 지배하고 있다. 그래서 아나키는 현실적인 대안이 될 수 없다(de Jasay, 1989). 만약 정부가 없으면 누군가가 정부를 세웠을 것이다. 왜냐하면 권력, 소득, 권위 등과 같이 정부를 세우

---

57) 그러나 예외는 있다. 식민지에서 영국의 지배를 제거하고 시민의 자유를 보호하기 위해 새로운 정부로 교체했다. 한국사회도 일본 식민통치에서 벗어나 독립을 위해 정부를 세웠다.

기에 충분한 인센티브가 있기 때문이다.

존재하는 정부를 철폐할 수도 없다. 정부는 총과 칼, 교도소를 가지고 있는 유일한 집단이기 때문이다.[58] 정부를 철폐하고 아나키를 만들 힘 있는 자가 아무도 없다. 따라서 국가의 존재는 피할 수 없다. 싫든 좋든 우리는 숙명적으로 국가의 존재를 받아들여야 한다. 따라서 지극히 현실적인 문제는 정부를 철폐하여 아나키를 세우는 것이 아니라 국가를 길들여 이용하는 방법을 찾아내는 일이다. 국가의 생리를 제대로 이해하고 그것을 적절히 이용하는 방법을 모색한 것이 고전적 자유주의다. 그 방법이 정부권력을 제한하는 헌법적 제도인데, 이것이 고전적 자유주의의 유서 깊은 정치적 이상으로 여겨온 법의 지배원칙이다.

미래의 자유주의는 스코틀랜드 계몽주의 전통

아나키스트는 무정부 상태를 그 어떤 유형의 정부보다 우월하다고 믿는 낙관주의다. 국가구조는 대량학살을 위한 틀을 제공했다는 것이 역사적 사실이라고 한다. 그러한 주장은 일리가 있다. 실제로 정부는 세계 도처에서 숱한 범죄를 저질렀다. 주지하다시피 1900년부터 1987년까지 전쟁에서 죽어간 수천만 명을 제외하고 오로지 정부의 손에 의해 죽은 사람의 수가 1억 7,000만 명이나 된다(Higgs, 2004: 374). 정부는 경제에서 번영보다는 빈곤, 저성장, 분배의 양극화를 부른 장본인이었다.

그렇다고 무정부가 대안이라는 주장은 역사를 선택적으로 읽은 탓이

---

58) 시민이 누리지 못하는 매우 불평등한 권력을 향유하고 있다(Narveson, 2002).

다. 범세계적으로 확장된 질서가 형성되어 재화가 교환되는 치밀한 망이 성장할 수 있었던 것은 정부가 개인의 소유를 철저히 보호하는 법의 지배 그리고 제한된 정부의 덕택이 아닐 수 없다(Hayek, 1988/1996: 74).[59] 그 원칙을 넘어설 때면 언제나 찾아온 것이 대량학살과 경제의 혼란이었다. 국가가 지닌 강제력이나 범법자의 합법적인 처벌이 한 사회가 어떤 상황에 처하든 꼭 갖추어야 할 기능임을 자유주의는 부정하지도 않고 부정할 수도 없다(Mises, 1985/1995: 109).[60] 우리가 할 수 있는 것은 그러한 사람들을 설득하여 국가독점을 순화하고 제한할 수밖에 없다. 그 제한방법이 법치주의다(민경국, 2009).

무정부 자유주의는 객관적인 윤리의 존재를 믿고 그러한 윤리를 인간 이성에 의해 선험적으로 찾아낼 수 있다는 합리주의 사상에서 나온 것이다. 그러한 사상은 지극히 순박하다. 그러한 윤리의 자연법적 원칙으로부터 법전의 상당 부분을 도출할 수 없기 때문이다. 무정부론을 연구한 고데프리디가 주장하듯이 사법과 상법의 95%는 그러한 기본원칙으로부터 도출할 수 없다(Godefridi, 2005: 134).

무정부론은 재판을 하고 법을 만드는 사설법관의 판단과 이성에 인간의 삶을 맡겨버렸다. 그들은 입법자 없이도 인간의 상호작용을 통해 자생적으로 형성되는 관행, 관습, 도덕률이 법의 원천이라는 법의 자생적 형성원리를 이해하지 못했다. 특히 인간의 역사성과 사회성을 간과한 무정부론의 인식도 마땅치 못하다. 인간은 사회적 산물이다. 우리는 결코 우리 자신의 의식적인 구성의 산물이 아니라는 것을 인정해야 한다.

---

59) 법치와 경제적 번영에 대한 논의에 대해서는 김행범(2012) 참조.

60) "자유주의를 무정부주의와 연결한다면 이는 큰 오류다. 자유주의자에게 국가란 가장 중요한 책무가 주어져 있기 때문에 절대적으로 필요한 것이다. 그 책무란 사유재산은 물론 평화를 보호하는 것인데, 평화가 보장되지 않고서는 사유재산제도가 지니는 이익을 온전히 얻지 못한다."(Mises, 1985/1995: 109)

무정부 자유주의를 믿는 사람들은 인간본성은 도덕의 원천이 아니라 그 반대로 도덕의 함수라는 것도 간과했다. 인간은 규칙을 따르는 동물(rule-following animal)이라는 것을 이해하지 못했다. 무정부론이 권리를 앞세우는 것도 문제다. 공격적인 개념이다. 이는 자유주의가 제 것 챙기는 것을 최고로 여기는 사회라고 이해하기에 족하다. 타인의 가치를 인정하는 것(하이에크), 타인을 수단이 아니라 목적으로 인정하는 것(칸트) 등 자유주의의 고유한 가치를 반영하는 것이 법의 지배다. 인간, 법, 도덕, 사회, 국가에 대한 발전적 이해는 진화론적 인식론을 기초로 하는 스코틀랜드 계몽주의 전통을 통해서만 기대할 수 있다. 우리의 미래는 그 전통이 지향하는 자생적 질서와 법치를 통한 제한된 민주주의다. 무정부 자유주의가 우리의 미래가 될 수는 없다.

에필로그:
자유주의의 청사진

앞에서 자유사회가 만나는 도덕과 법의 성격을 논의했다. 자유사회, 도덕, 법을 통합한 자유사회의 청사진을 설명하고자 한다. 자유사회의 핵심적인 것은 자생적 질서 패러다임이다. 시장의 자생적 질서의 기초가 되는 가치들이 스코틀랜드 계몽주의 전통에 따른 자유사회의 청사진을 구성한다. 그들은 자유, 법치, 정의, 제한된 정부다. 미래의 자유주의는 그 전통에 있다고 믿는다.

자유

자유는 두 가지 차원에서 의미가 있다. 과학철학적 그리고 도덕철학적 의미다. 자유와 밀접한 관련이 있는 '자생적 질서'는 사회과학의 존재이유를 말해준다. 자생적 질서의 바탕에는 자유가 깔려 있다는 점을 직시할 필요가 있다. 자생적 질서의 존재를 부인하면 이는 시장의 보이지 않는 손을 부정하는 것과 같다. 더구나 자생적 질서를 부정하는 것은 사회과학의 존재이유를 부정하는 것과 마찬가지다. 제도가 신(神) 또는 특정인에 의한 계획의 산물이라면 신의 뜻 또는 계획한 사람의 심리를 규명하는 것으로 충분하기 때문이다.

자유의 도덕적 차원은 자유는 최고의 가치일 뿐만 아니라 평화, 번영 같은 다른 가치들의 조건이라는 점이다. 흥미로운 것은 번영이다. 부의 증대의 결과로서 오는 문명이 좋든 나쁘든 관계없이 물질적인 번영에 대한 요구가 압도적이다. 그러한 번영은 자유 없이는 불가능하다. 번영을 위해서는 개인들이 자신의 목적을 위해 자신의 지식을 이용할 수 있어야 한다. 개인의 목표 추구에 영향을 미치는 수많은 요인을 알 수 없다. 자유는 예측할 수 없는 상황의 대비를 위해 중요하다.

그러므로 모든 것을 완전히 아는 사람들이 사는 세계에는 자유란 의미 없다. 자유를 기초로 하는 시장경제의 존재이유도 없다. 발견의 절차 또는 창조적 과정으로서의 경쟁도 불필요하다. 화폐도 불필요하다. 완전히 알고 있는 세상에서는 물물교환으로 충분하기 때문이다. 자유는 타인들의 강제가 없는 상태다. 그래서 타인의 간섭으로부터 보호받을 사적 영역이 확보되어야 한다. 사적 영역의 핵심은 재산의 소유가 아니라 소유하고 있는 자산을 이용할 자유다. 계약의 자유와 집행이 중요한 이유다.

법의 지배

흔히 법치를 법에 따른 통치 또는 법과 질서를 세우는 것, 준법정신 등으로 이해한다. 법실증주의가 그러한 식으로 이해한다. 이는 잘못이다. 자유사회의 이상으로서 법치는 법이 무엇이어야 하는가에 대한 원칙이다. 법이 지녀야 하는 일반적 속성에 관한 것이다. 그 속성은 일반성, 추상성, 탈목적성 등 정의로운 행동규칙의 성격과 같다. 법치란 정의로운 행동규칙이라는 도덕철학적 개념을 법학적으로 해석한 것이라고 볼 수 있다(민경국, 2012). 그 같은 성격의 법으로 구성된 것이 사법(private law)이다. 그리고 사법을 기초로 하는 것이 자생적 질서이고 사법사회다. 그러한 자생적 질서로서 사법사회의 경제적 부분이 시장질서다.

법치의 취지는 개인의 자유를 위해 국가의 자의적인 강제를 제한하는 데 있다. 자유와 법치는 그래서 양립한다. 법치는 개인의 자유의 보장을 위한 전제조건이다. 법치가 없으면 자유도 없다. 법치는 사회의 역동적 진화를 허용하고 자생적 질서의 확장과 발전을 위한 법적 틀이다. 그래서 자생적 질서와 법치는 공통점이 있다. 그들은 명령이 없는 질서의 원리이며 구체적인 목적을 위한 조직이 아니다. 그렇기 때문에 법치는 시장의 자생적 질서의 전제조건이다. 그리고 자생적 질서는 법치를 위한 전제조건이다.

특히 주목할 것은 구조적 무지 때문에 두 개념이 필요하다. 의사소통을 가능하게 하여 우리의 구조적 무지를 극복할 수 있게 하는 것이 자생적 질서다. 구체적인 목표를 달성하는 데 필요한 구체적 지식을 갖고 있지 못하기 때문에 법의 성격은 일반적·추상적 행동규칙이다. 그러나 구성주의에서는 그러한 법치를 알지 못한다. 오히려 법치의 타락을 불렀다. 법을 특정한 국가목적을 위한 수단으로 간주하기 때문이다. 구성주의적 경제학은 시장의 자생적 질서를 부정하고 시장경제를 국가목적을 위한 수단으로 간주한다. 김행범 교수가 경험적으로 입증하듯이(김행범, 2012) 법회는 경제적 번영에도 강력한 영향을 미친다.

정의

자유주의에서 정의는 공로(노력, 능력), 욕구 또는 분배평등 같은 '유형화된'(Nozick, 1972) 사회정의를 말하는 것이 아니다. 정의는 실정법의 창조물이라는 법실증주의의 주장도 아니다. 의회에서 입법자가 정한 것이면 무엇이든 정의라는 것이 법실증주의 주장이다.

그러나 자유주의에서 정의란 행동과 관련되어 있다. 정의의 원칙은 정의로운 행동규칙이다. 이는 개별적인 특수한 것들을 알지 못하는 세상에서 우리의 행동을 안내하는 일반적·추상적 규칙들이다. 선호와 목표에 대해 중립적이고 탈목적적이다. 특정 행동을 금지하는 내용이다.

어느 하나의 법 규칙이 정의의 규칙인가를 테스트할 경우에 일반성, 추상성, 확실성을 검증할 뿐만 아니라 적용되고 있는 기존 정의의 법 시스템과 양립하는가를 검증해야 한다. 기존의 법 시스템은 현행 사법질서에 담겨 있는 원칙이다. 행동규칙은 개별적으로 고립하여 효과를 야기하는 것이 아니라 다른 행동규칙과 조합되어 효과를 발생하기 때문이다. 그래서 정의로운 행동규칙의 테스트는 성격상 소극적이다.

정의의 테스트는 특수이익의 비중을 따지는 것이 아니다. 특정계층의 이익을 보호하는 것도 아니다. 정의롭다고 여기는 특정 분배 상황을 달성하는 것도 아니다. 법의 판단 기준으로서 이 같은 소극적 성격의 기준이라는 점에서 카를 포퍼(K. Popper)의 과학철학과 매우 유사하다. 잘 알려져 있듯이 그의 과학철학에서 자연의 법칙은 무엇이 발생하는가가 아니라 발생하지 않는 것이 무엇인가를 말해준다. 그의 철학에서 이론의 테스트란 지속적인 반증 노력이다.

이성에 의해 보편적 도덕규범을 찾을 수 있다는 믿음을 전제로 한 것이 자연법사상이다. 그러나 우리의 이성이 그러한 도덕규범을 찾을 수 있는지는 여전히 의문이다. 그러한 자연법사상은 선험적이기 때문에 자생적으로 등장한 안정적인 시스템을 전복할 위험이 있다.

정의로우냐, 정의롭지 않으냐는 행동과 관련해서만 의미 있는 문제다. 시장경제의 분배결과를 놓고 정의롭다거나 정의롭지 않다고 말할 수 없다. 시장에 분배하는 사람이 없기 때문이다. 경제적 보수는 그 어떤 계획의 산물도 아니다. 그것은 수많은 사람의 상호작용에서 생겨나는 무의도적인 결과다. 분배하는 실체가 없음에도 시장경제의 분배결과를 분배정의로 평가하는 것은 의인화의 오류다. 따라서 분배정의는 시장에 적용할 수 있는 개념이 아니다. 시장에서 형성되는 보수체계를 사회정의로 교체하는 것은 발전을 정지시킬 뿐이다. '분배'를 위해 자원을 분배하려는 구성주의적 노력은 실패한다. 왜냐하면 공로나 욕구를 결정하고 비교할 객관적인 기준이 없기 때문이다. 공로는 시장방법을 제외하고는 측정이 불가능하다. 공로의 결정은 불가피하게 자의성을 피할 수 없다. 그러한 결정은 정의로운 행동규칙의 위반이다. 왜냐하면 그들의 물질적인 상황에 따라 상이하게 취급해야 하기 때문이다. 사회주의가 목표로 하는 분배정의는 법치는 물론 법치가 확보하려는 법 아래에서의 자유와도 화합할 수 없다.

헌법을 통한 권력의 제한

자유주의 비전을 마지막으로 장식하는 것은 헌법을 통한 국가권력의 제한이다. 국가권력을 제한할 필요성에서 헌법을 중시해야 한다는 헌법주의가 등장했다. 국가권력을 효과적으로 제한하는 장치가 없는 헌법은 헌법이 없는 나라나 마찬가지다.

헌법규칙을 통해 국가의 활동을 제한해야 국가권력이 확대되는 것을 막을 수 있다. 이러한 생각은 공공선택론과 동일하다. 그러나 그러한 결론에 도달하는 이론적 접근에서는 분명히 다르다. 공공선택론은 주류경제학처럼 정치가든 부의 생산자든 이기심과 극대화의 가정에 의존한다. 합리적으로 극대화하는 정치가들이 보편적 이익을 희생시켜 특수이익에 영합한다고 주장한다. 그래서 국가권력을 제한해야 한다고 주장한다.

그런데 만약 이타적인 정치가들이 제한 없이 선의로 권력을 행사한다면 왜 그것을 막아야 한단 말인가? 우리는 실제로 이타적이지 않다고 말함으로써 이타적 정치가에 의존하는 주장을 비판한다. 인센티브를 중시하는 공공선택론 입장을 반대할 이유는 없다. 그러나 이는 '지식의 문제'를 간과하고 있다. 정신이 자신이나 다른 정신을 완전히 알 수 없다. 그래서 의식적으로 경제를 통제하기가 불가능하다. 지식의 한계 때문에 자원을 의도적으로 통제할 수도, 법을 원하는 바대로 만들 수도 없다. 그래서 지적 자만을 막기 위해 국가권력을 제한해야 한다.

지적 자만의 불가피한 결과는 이익단체의 폭정이나 전체주의에 의해 지배되는 사회다. 의식적인 계획은 한계가 있다는 것을 직시해야 한다. 제아무리 좋은 의도로 경제계획을 세운다고 해도 그것은 실패의 운명에 처해 있고 우리를 노예의 길로 할 안내할 뿐이다. 진정한 정치질서는 국가의 행동을 제한하는 규칙이 필요하다.

참고문헌

강경근(2004), 『신판 헌법』, 법문사.

강정인 외(2010), 『한국정치의 이념과 사상』, 후마니타스.

김성국(2015), 『잡종사회와 그 친구들: 아나키스트 자유주의』, 이학사.

김일수/서보학(2006), 『형법총론』, 박영사.

김정호(1996), 『갈등하는 본능』, 한길사.

_____(1998), 「경제헌법 개정의 필요성과 방향」, 『제7회 자유주의 워크숍: 경제헌법 개정을!』, 자유기업원.

긴행번(2012), "법의 지배가 경제적 성과에 수는 영향", 『제도와 경제』 제6권 제2호.

남시욱(2006), 『한국 보수세력연구』, 나남출판.

민경국(2015), 『자유민주주의란 무엇인가?』, 백년동안.

_____(1993), 『헌법경제학: 진화론적 자유주의 관점에서 본 계약론적 헌법주의』, 강원대 출판부.

_____(1997), 『시장경제의 법과 질서: 오스트리아 학파와 신고전파의 비교』, 자유기업원.

_____(2006), "사유재산, 왜 소중한가?", 『철학연구』 vol. no. 72.

_____(2007), 『하이에크, 자유의 길: 하이에크의 자유주의 사상연구』, 한울아카데미.

_____(2009), "법치주의, 자유 그리고 번영", 『자유와 시장』 창간호 제1권.

_____(2009), "다윈이즘과 하이에크의 문화적 진화론", 2009년 7월 한국과학철학회 주최 '다윈 200주년 기념 학술대회' 논문집.

_____(2011), "신자유주의 이념의 역사적 기원", 『경제와 제도』 제5권 2호.

_____(2007), 『자유주의의 지혜』, 아카넷.

_____(1993), 『신정치경제학: 정치 관료시스템의 기능원리』, 도서출판 석정.

_____(2009a), 「경제학에서의 다윈혁명: 그 허와 실」, 자유기업원, CFE-Report 091.

박상기(2009), 『형법총론』, 박영사.

박세일(1993), 『법경제학』, 박영사.

배진영(2015), "이성과 본능에 관한 하이에크와 미제스의 학문적 간극에 대한 수렴적 해석", 『제도와 경제』

제9권 제3호.

_____(2013), 『경제학원론』, 율곡출판사.

슈메이커, 폴(2008/2010), From Ideologies to Public Philosophies, 한글판 『진보와 보수의 12가지 이념』, 후마니타스.

안재욱(2008), 「화폐금융제도의 변천과 최근의 금융위기」, 하이에크소사이어티, 10월 월례포럼 발표논문.

양동안(2011), 『사상과 언어』, 북앤피플.

유원일(2011), "대한민국 헌법, 사회민주주의와 통했는가?", 민주당 국회의원 사회민주주의연대 주체 토론회 자료집.

유정호(2009), 「시장경제로 가는 제도개혁」, 음선필 외 공저, 『한국경제의 선진화를 위한 제도개혁과제』, 경기개발연구원, 87-97.

이한구(2009), 「보편적 다원주의란 무엇인가?」, 『철학과 현실』, 여름 81호: 18-29.

윤평중(2016), 『시장의철학』, 나남.

임종훈(2009), 「한국사회와 법치주의」, 음선필 외 공저, 『한국경제의 선진화를 위한 제도개혁과제』, 경기개발연구원, 101-116.

최광(2011), "개념과 이념의 오류 및 혼란과 국가 정책", 『제도와 경제』 제5권 2호.

최대권(2014), 법치에 반하는 세월호 法, 문화일보, 2014. 08. 27.

최봉철(2004), 풀러의 합법성론, 법철학연구 7권 2호.

하이에크/민경국(1989), 『자본주의냐 사회주의냐』, 문예출판사.

허영(2001), 『한국헌법론』, 박영사.

Alesina, A. / Glaeser, E. (2004), Fighting Poverty in the US and Europe, Oxford.

Barnett, R. (1998), The Structure of Liberty Oxford.

Barry, N. P. (1987), The New Right, New York.

_____ (1986), On Classical Liberalism and Libertarianism, London.

Bell, D. (1976), The Cultural Contradictions of Capitalism, New York.

Benson B. L. (1990), The Enterprise of Law Justice without the State, San Francisco.

Blackmore, C. (1988), The Mind Machine, London.

Boettke, P. / Shubrick, J. (2003), "Rule of Law, Development, and Human Capability" http://economics.gmu.edu/pboettke/pubs/pdf

Bowles S. Gintis, H. (2004), "The Evolution of Strong Reciprocity Cooperation in heterogeneous populations" Theoretical Population Biology Vol. 65, Issue 1,

Buchanan, J. M. (1998), Politics by Principle, Not by Interests, Texas.

_____ (2005), Why I, too, am not a Conservative, Sheltenham.

_____ (1977), Freedom in Constitutional Contract, Texas.

_____ (1994), "Notes on the Liberal Constitution". Cato Journal, Vol. 14, No. 1 (Spring'Summer).

_____ / Congleton R. (1998), Politics by Principle, not Interests, Cambridge.

_____ (1975), Liberty between Anarchy and State, New York.

_____ (1982), Liberty Market and State, New York.

Buenstorf, G. (2006), "How Useful is generalized Darwinism as a Framework to Study Competition and Industrial Evolution?" Journal of Evolutionary Economics. 16.

Burg, Wibren van der (2014), "Lon L. Fuller's Lessons for Legislators", Erasmus Working Paper Series on Jurisprudence and Socio-Legal Studies No. 14-01.

Cairns, J. W. (1995), "Adam. Smith and the Role of the Courts in Sicuring Justice and Liberty", in R. P. Malloy J. Evensky (ed) Adam Smith and the Philosophy of Law and Economics Dordrecht. pp. 31-62.

Campbell, D. J. (1974), "Evolutionary Epistemology" in P. A. Schlipp(ed) The Philosophy of Karl Popper, 2. vols La Salle.

Cockett, R. (1995), Thinking the Unthinkable, London.

Coldwell, B. (2005), Hayek's Challenge, Chicago.

Corcora, J. (2009), "A New Era for the Rule of Law: Economic Development and Rule of Law" Law Council of Australia at POLA www.lawcouncil.asn.au

Cordes, C. (2006), "Darwinism in Economics: From Analogy to Continuity" In. Journal of Evolutionary Economics 16.

Cosmides, L. Tooby, J. (1996), The Adapted Mind Oxford.

Darwin, Ch. (1858/2006), 한글판 『종의 기원』, 박동현 역, 신원문화사.

Dawkins, R. (1976/1992), The Selfish Gene, 한글판 이용철 역, 『이기적 유전자』, 동아출판사.

_____ (1983), "Universal Darwinism", in Bendall, D. S. (ed) Evolution from Molecules to Men, pp. 403-425.

_____ (1998), Unweavering the Rainbo, Boston.

De Jasay, A. (1997), Against Politics: On Government, Anarchy and Order, London.

Dempsey, G. T. (1996), "Hayek's Terra Incognita of the Mind", Cato Institute, White Paper.

Dennett, D. (2003), Freedom Evolves, London.

Dicey, A. (1885/1993), The Rule of Law, in Introduction to the Study of the Law of the Constitution. 안경환 · 김종철 공역, 『헌법학 입문』, 서울: 경세원.

Edelman, G. M. (1992), Bright Air, Brilliant fire, New York.

Eucken, W, (1991) Grundsätze der Wirtschaftspolitik, Tübingen.

Fallon, R. (1997), "The Rule of Law'as a Concept in Constitutional Discourse" Columbia Law Review Vol.97, No.1. pp. 1-56.

Friedman, B. (2005), Moral Consequence of Economic Growth, New York.

Friedman, M. (1963/1995), Capitalism and Freedom, Chicago. 최정표 역, 『자본주의와 자유』

Fuller, L. (1969/2015), The Morality of Law. 『법의 도덕성』, 박은정 역, 서울대학교출판부.

Fuster, J. (1995), Memory in the Cerebral Cortex, MIT Press.

Gazzaniga, M. S. (2005), The Ethical Brain, New York.

Gifford, A. (2007), "The Knowledge Problem, Determinism, and The Sensory Order" Rev. of Austrian Economics vol. 20. pp. 269-291.

Godefridi, D. (2005), "The Anarcho-Libertarian Utopia" in Ordo, Bd 56.

Goschke, Th. (2008), "Der bedingte Wille", G. Roth/K. J. Grun (Hg) Das Gehirn und seine Freiheit, Göttingen. pp.107-156.

Habermann, G. (1996), "Der Liberalismus und die Libertarians" in Ordo Bd. 47.

Habermas, J. (1983), Moralbewusstsein und kommunikatives Handeln Frankfurt/M.

Hayek, F. A. (1958), Missbrauch und Verfall der Vernunft, München.

_____ (1952/2002), The Sensory Order, Oxford. 한글판 『감각적 질서』, 민경국 역, 자유기업원.

_____ (1967), Studies in Philosophy, Politics, and Economics, Chicago.

_____ (1973), Law, Legislation and Liberty, Vol. 1: Rule and Order, London.

_____ (1976), Law, Legislation and Liberty, Vol. 3: Political Order for Free People, London.

_____ (1978) New Studies in Philosophy, Politics, Economics and the History of Ideas, Chicago.

_____ (1988), The Fatal Conceit, London.

_____ (1948/1996), Individualism and Economic Order, 한글판 박상수 역, 『개인주의와 경제질서』

Hayek, F. A. (1960/1997), Constitution of Liberty, 김균 역, 『자유의 헌법』제권 자유기업원.

Hodgson, G. M. (2002), "Darwinism in Economics from analogy to ontology", in Journal of Evolutionary Economics, 12.

Holcombe, R. (2005), From Liberty to Democracy, Michigan.

_____ (2004), "Government: Unneccessary but Inevitable", The Independent Review n. VIII. n. 3. Winter.

Hoppe, H-H. (1994), "F. A. Hayek on Government and Social Evolution" in Review of Austrian Economics vol. 7, No. 1.

_____ (1998), "Introduction to Rothbard", M. Ethics of Liberty, New York.

_____ (2001/2004), Democracy-The God That Failed. 박효종 역, 『민주주의는 실패한 신인가?』 자유기업원, 나남출판.

Hoppmann, E. (1988), Wirtschaftsordnung und Wettbewerb, Baden-Baden.

Horwitz, S. (2010), "I am not a 'Neuro-Hayekian' I'm a subjectivist", in W. Butos(ed) The Social Science of Hayek's The Sensory Order, Bingley.

_____ (2000), "From the Sensory Order to the Liberal Order", in Review of Austrian Economics 13.

Hume, D. (1980/2014), A Treatise of Human Nature Book 3. 이준호 역,『인간본성에 대한 논고 3 도덕에 관하여』, 서광사.

Hutchinson, A. (ed) [1987], The Rule of Law: Ideal or Ideology, Toronto.

Khalil E. L. (1996), "Friedrich Hayek's Darwinian Theory of Evolution of Institution" in Australian Economic Papers, 6.

Kirk, R. (1953/2001), The Conservative Mind, Washington. D. C.

Kirzner, I. M. (1989), Discovery, Capitalism and Distributive Justice New York.

Kristol, I. (1978), Two Cheers for Capitalism, New York.

Leoni, B. (1961/1996), Freedom and Law.『자유와 법』, 자유기업원.

Locke, J. (1689/1980), Second Treatise of Government, Hacket.

Mayr, E. (1991), One Long Argument, Cambridge. 한글판 신현철 역(1998),『진화론 논쟁』, 사이언스북스.

McCann, C. R. (2002), "F. A. Hayek: The Liberal as Communitarian", The Review of Austrian Economics vol. 15 no. 1.

Mises, L. (1985/1995), Liberalism in the Classical Tradition. 한글판 이지순 역,『자유주의』, 자유기업원.

Narveson, J. (2002), Respecting Persons in Theory and Practice, Lanham.

Nelson, R. R. / Winter, S. G. (1982), An Evolutionary Theory of Economic Change, Cambridge.

Nisbet, R. (1986/2007), Conservatism Open University. 한글판『보수주의 이후』

O'Hara, K. (2011), Conservatism, London.

North, D. C. (2005), Understanding the Procee of Economioc Change, Princeton.

Nozick, R. (1972), Anarchy State and Utopia, Harvard.

Olson, M. (2000/2010), Power and Prosperity. 최광(역),『지배권력과 경제적 번영』, 나남출판사.

Pauen, M. (2008), "Philosophische und psychologische Beiträge" in E.-J. Lampe(Hg) Willensfreiheit und rechtliche Ordnung, Frankfurt/M.

Pennington, M.(2003). "Hayekian Political Economy and the Limits of Deliberative Democracy". Political Studies 51

Pipes, R. (1999), Property and Freedom, Knopf.

Popper, K. (1972), Objective Knowledge An Evolutionary Approach Oxford.

Prinz, W. (2004), "Der Mensch ist nicht frei, Ein Gespräch," Geyer, Ch. (hrsg.) Hirnforschung und Willensfreiheit , Frankfurt/M, pp. 20-26.

Radnitzky, R. (1987), "Erkenntnistheoretische Probleme im Licht von Evolutionstheorie und Ökonomie". in: Die Evolutionäre Erkenntistheorie Riedl, R. Wuketits, F. M.(Hrsg)

Hamburg.

Rasmussen, D. / D. Den Uyl (1991), Liberty and Nature: An Aristotelian Defence of Liberal Order La Salle, Ill.

Rawls, J. (1971), A Theory of Justice Harvard.

Ridley, M. (1997), The Origins of Virtue, London. 한글판 신좌섭 역(2006), 『이타적 유전자』, 사이언스북스.

Riedl, R. (1987), "Leben als Erkenntnisgewinnender Prozeß bei Konrad Lorenz" in: Riedl, R. (Hrsg.) Entwicklung Evolutionären Erkenntnistheorie. Wien.

Rose, J. (2004), "The Rule of Law in the Western World: An Overview", Journal of Social Philosophy Vol. 35 No. 4 Winter.

Roth, G. (2003), Fühlen Denken, Handeln. Wie das Gehirn unser Verhalten steuert, Frankfurt/M.

Rothbard, M. (1973/2013), For a New Liberty. 『새로운 자유를 찾아서』, 권기붕 · 정연교 · 정혜영 · 한학성 공역, 한국문화사.

Rothbard, M. (1982), The Ethics of Liberty, New York and London.

Rowley, Ch. (1998), "On the Nature of Civil Society". in The Independent Review v. II. n. 3. Winter.

Rubin, P. (2002), Darwinian Politics, New Brunswick.

Rundle, K. (2012), Forms liberate: Reclaiming the Jurisprudence of Lon Fuller Oxford.

Schwartz, P. (2006), "Evolution and Emergence in Hayek's Social Philosophy" Ordo Bd. 57.

Scruton, R. (1981), The Meaning of Conservatism, Harmondsworth.

Seabright, P. (2004), The Company of Strangers, Princeton.

Shermer, M. (2008/2009), The Mind of the Market. 『진화경제학』, 한국경제신문사.

Shklar, J. (1987), "Political Theory and The Rule of Law" in A. Hutchison/ P. Monahan(eds) The Rule of Law: Ideal or Ideology Toronto.

Singer, W. (2004), "Verschaltungen legen uns fest: Wir sollten aufhören, von Freiheit zu sprechen" Geyer, Ch. (hrg.) Hirnforschung und Willensfreiheit, Frankfurt/M.

Smith, V. (1999), "Reflections on Human Action After 50 Years", Cato Journal Vol. 19, No. 2.

Stein, R. (2009), "Rule of Law: What Does it Mean?" in Minesota Journal of Int'l Law. Vol. 18. 2.

Streit, M. E. (1995), Freiburger Beitraege zurOrdnugsoekonomik, Tübingen.

Tamanaha (2008), "The Darkside of the Relationship between the Rule of Law and Liberalism" in NYU Journal of Law & Liberty Vol. 3.

Tamanaha, B. (2004), On the Rule of Law Cambridge.

Trivers, R. L. (1971), "The evolution of reciprocal altruism". Quarterly Review of Biology, 46.

Vanberg, V. (2010a), "Freheit und Verantwortug: Neurowissenschaftliche Erkenntnisse und Ordungsökonomische Folgerungen", Ordo, Bd. 61.

_____ (2010b), "Freiheit und Verantwortug: Neurowissenschaftliche Erkenntnisse und Ordungsökonomische Folgerungen," Diskussions-Papiere zur Ordnungsökonomik 10/3 Walter Eucken Institut, pp. 1-28.

Vollmer, G. (1983), Evolutionäre Erkenntnistheoire. Stuttgart.

_____ (1987), "Was Evolutionstheorie nicht ist". in: Riedl, R./ Wukettits, F. M. (Hrsg.): Die Evolutionäre Erkenntnistheorie: Bedingungen. Lösungen. Kontroversen. Berlin.

Wegner, T. D. (2002), The Ilusion of Conscious Will, Cambridge.

Wilson, E. O. (1975), Sociobiology. A New Synthesis, Harvard.

Witt, U. (2003), "Economics and Darwinism," in: Aruka, Y. (ed) Evolutionary Controversies in Economics, New York. pp. 110-125.

_____ (2008), "What is Specific about evolutionary Economics?" Journal of Evolutionary Economics 8: pp. 547-573.

_____ (2003), The Evolving Economy, Cheltenham.

Wohlgemuth, M.(2005) "the Communicative Character of Capitalistic Competition" the Independent Review, v. X, n. 1,

Zywicki, T. (2003), "The Rule of Law, Freedom, and Prosperity" in. Supreme Court Economic Review Vol 10.

찾아보기